普通高等教育“十一五”国家级规划教材

材料连接原理

主　编　杜则裕
副主编　李亚江
参　编　武传松　王　勇　张彦华
主　审　单　平　邹增大

机械工业出版社

本书为普通高等教育“十一五”国家级规划教材，以材料连接方法的基本原理为重点，深入分析材料的连接特性，其主要内容包括熔焊热源及温度场、焊接化学冶金、焊缝及热影响区、焊接裂纹、高能束焊接、摩擦焊连接、钎焊连接、陶瓷材料的连接、高温合金的焊接和复合材料的焊接。

本书可作为高等学校材料成形及控制工程专业、焊接技术与工程专业、材料加工工程专业以及材料类相关专业的本科生和研究生教材，也可供企业的工程技术人员参考。

图书在版编目（CIP）数据

材料连接原理/杜则裕主编．—北京：机械工业出版社，2011.6
(2017.7重印)
普通高等教育“十一五”国家级规划教材
ISBN 978-7-111-34224-3

Ⅰ.①材…　Ⅱ.①杜…　Ⅲ.①工程材料－连接技术－高等学校－教材
Ⅳ.①TB30

中国版本图书馆CIP数据核字（2011）第072737号

机械工业出版社（北京市百万庄大街22号　邮政编码100037）
策划编辑：冯春生　责任编辑：冯春生　丁昕祯
版式设计：霍永明　责任校对：李秋荣
封面设计：张　静　责任印制：李　飞
北京机工印刷厂印刷（三河市南杨庄国丰装订厂装订）
2017年7月第1版第2次印刷
184mm×260mm·17.75印张·440千字
标准书号：ISBN 978-7-111-34224-3
定价：35.00元

前　　言

随着科学技术的发展，我国的经济建设取得了辉煌的成就。载人航天及探月工程、西气东输工程、西电东送工程、南水北调工程、高速列车工程等，这些举世瞩目的、关系到国家发展的重点工程都显示出我国在经济建设上的决心与实力。这些重点工程也使我们体会到能源、信息、材料是现代经济发展的坚强支柱，而且，材料是人类物质文明的基础，支撑着当代新技术的发展。

人类的生产实践表明，材料必须经过加工过程才能在各种工程中发挥重要的作用，连接是重要的材料加工技术之一。材料连接技术广泛应用于航空航天、石油化工、电力、冶金、机械、电子等工业部门。目前，材料连接科学与工程已经发展成为一门独立的学科体系。而且“连接”的技术含义比“焊接”的范畴更加宽泛，特别是在我国大规模发展经济的形势下，材料连接技术更面临着难得的发展机遇。

本书可作为高等学校材料成形及控制工程专业、焊接技术与工程专业、材料加工工程专业以及材料类相关专业的本科生和研究生教材。编写本书的指导思想是：以材料连接方法的基本原理为重点，深入分析材料的连接特性，以提高材料连接质量为目的，并且注意培养学生分析问题与解决问题的能力，尤其是在阐明基本概念、基本规律上进行详细说明。本书由天津大学博士生导师杜则裕教授任主编；山东大学博士生导师李亚江教授任副主编；中国机械工程学会焊接学会理事长、天津大学博士生导师单平教授，山东大学博士生导师邹增大教授担任主审。第1、5章由山东大学博士生导师武传松教授编写，第2、3章由杜则裕教授编写，第4章由中国石油大学（华东）博士生导师王勇教授编写，第6、7章由北京航空航天大学博士生导师张彦华教授编写，第8、9、10章由李亚江教授编写。

本书的出版承蒙机械工业出版社的大力支持及帮助，特别是在本书申报“普通高等教育‘十一五’国家级规划教材”立项工作中机械工业出版社的领导及编辑们付出的辛勤劳动，编者在此表示衷心的感谢。

在本书编写过程中，得到了天津大学、山东大学、中国石油大学（华东）、北京航空航天大学等院校的领导及老师们的热情支持与帮助，编者在此表示衷心的感谢。

在本书的编写过程中，引用了大量的相关技术文献及手册，在此向这些参考文献的作者及所在单位表示衷心的感谢。

由于编者的水平所限，书中不妥之处，敬请读者批评指正。

编　者

目　录

第1章

熔焊热源及温度场

1

在熔焊过程中，热源向被焊金属输入热，焊件上出现温度分布（温度场），经历加热、熔化和随后的连续冷却过程，通常称之为焊接热过程。焊接热过程贯穿于整个焊接过程，是影响和决定焊接质量和焊接生产率的主要因素之一。

焊接热过程比一般热处理条件下的热过程要复杂得多，它具有如下四个方面的主要特点：

(1) 焊接热过程的局部集中性　焊件在焊接时不是整体被加热，而热源只是加热直接作用点附近的区域，加热和冷却极不均匀。

(2) 焊接热源的运动性　焊接过程中热源相对于焊件是运动的，焊件受热的区域不断变化。当焊接热源接近焊件某一点时，该点温度迅速升高，而当热源逐渐远离时，该点又冷却降温。

(3) 焊接热过程的瞬时性　在高度集中热源的作用下，加热速度极快（在电弧焊情况下，可达1500℃/s以上），即在极短的时间内把大量的热能由热源传递给焊件，又由于加热的局部性和热源的移动而使冷却速度也提高。

(4) 焊接传热过程的复合性　焊接熔池中的液态金属处于强烈的运动状态，在熔池内部，传热过程以流体对流为主，而在熔池外部，以固体导热为主，还存在着对流换热以及辐射换热。因此，焊接热过程涉及各种传热方式，是复合传热问题。

以上几方面的特点使得焊接传热问题十分复杂。本章主要介绍熔焊过程中焊接热传导的基本知识。由于焊接热传导对焊接质量的控制和生产率的提高有重要影响，因此焊接工作者必须掌握其基本规律及在各种工艺参数下的变化趋势。

1.1 焊接热源的种类及其特点

到目前为止，实现金属焊接所需的能量主要是热能和机械能。对于熔化焊接，主要是热能，这里只讨论与熔焊有关的热源。

作为焊接热源，应当热量高度集中，快速实现焊接过程，并保证得到高质量的焊缝和最小的焊接热影响区。目前，能满足这些条件的热源有以下几种：

(1) 电弧热　利用气体介质中的电弧放电过程所产生的热能作为焊接热源，是目前焊接中应用最广泛的一种热源。

(2) 化学热　利用可燃气体（液化气、乙炔）或铝、镁热剂与氧或氧化物发生强烈反应时所产生的热能作为焊接热源（气焊、热剂焊所用的热源）。

(3) 电阻热　利用电流通过导体时所产生的电阻热作为焊接热源（电阻焊和电渣焊）。

(4) 摩擦热　由机械高速摩擦所产生的热能作为焊接热源（摩擦焊）。

(5) 等离子焰　由电弧放电或高频放电产生高度电离的气流（远高于一般电弧的电离度）并携带大量的热能和动能，利用这种能量作为焊接热源（等离子弧焊和切割）。

(6) 电子束　在真空中利用高压下高速运动的电子猛烈轰击金属局部表面，使这种动能转化为热能作为焊接热源。

(7) 激光束　利用激光即由受激辐射而增强的光（Laser），经聚焦产生能量高度集中的激光束作为焊接热源（激光焊及激光切割）。

每种焊接热源都有它自身的特点，一些常用焊接热源的主要特征，如最小加热面积、最大功率密度和正常焊接参数条件下的温度见表 1-1。

表 1-1 一些常用焊接热源的主要特性

热源	最小加热面积 /cm^2	最大功率密度 /$W \cdot cm^{-2}$	正常焊接参数下的温度 /K
氧乙炔焰	10^{-2}	2×10^3	3473
金属极电弧	10^{-3}	10^4	6000
钨极氩弧（TIG）	10^{-3}	1.5×10^4	8000
埋弧焊	10^{-3}	2×10^4	6400
电渣焊	10^{-3}	10^4	2273
熔化极氩弧焊（MIG）	10^{-4}	$10^4 \sim 10^5$	—
CO_2 气体保护焊			
等离子弧	10^{-5}	1.5×10^5	18000 ~ 24000
电子束	10^{-7}	$10^7 \sim 10^9$	—
激光束	10^{-8}		

1.2 焊接热效率

在电弧焊过程中，电弧功率 q_0，即电弧在单位时间内放出的能量（W）为

$$q_0 = UI \tag{1-1}$$

式中 U——电弧电压（V）；

I——焊接电流（A）。

由热源所产生的热量并不是全部被利用，而是有一部分热量损失于周围介质中，焊件吸收到的热量要少于热源所提供的热量。故真正有效用于加热焊件的功率为

$$q = \eta q_0 \tag{1-2}$$

式中 q——电弧有效热功率；

η——焊接电弧热功率有效利用系数，简称为焊接热效率。

根据定义，电弧加热焊件的热效率 η 是电弧在单位时间内输入到焊件内部的有效热功率 q 与电弧总功率 q_0 的比值，即

$$\eta = \frac{q}{q_0} \tag{1-3}$$

设

$$q = q_1 + q_2 \tag{1-4}$$

则

$$\eta = \frac{q_1 + q_2}{q_0} \tag{1-5}$$

式中 q_1——单位时间内熔化焊缝金属（处于液态时，金属温度为 T_m，T_m 为熔点）所需的热量（包括熔化潜热）；

q_2——单位时间内使焊缝金属处于过热（金属温度大于 T_m）的热量和向焊缝四周传导热量的总和。

式（1-4）说明，进入焊件的有效热功率 q 也不是全部用来熔化焊缝金属的。因此，定义使焊缝金属熔化的热有效利用率 η_m 为单位时间内被熔化的母材金属在 T_m 时（处于液态）

的热量与电弧有效热功率的比值，即

$$\eta_m = \frac{q_1}{q_1 + q_2} \tag{1-6}$$

从焊接热过程的计算角度来看，焊接热效率 η 的准确选取是提高计算精度的先决条件。在一定的条件下 η 值是常数，主要取决于焊接方法、焊接参数、焊接材料和保护方式等。一般情况下 η 值的大小见表 1-2。

表 1-2 不同焊接方法的 η 值

焊接方法	焊条电弧焊	埋弧焊	钨极氩弧焊（TIG）	电子束及激光焊	CO_2 气体保护	熔化极氩弧焊（MIG）
η	0.65～0.85	0.80～0.90	0.60～0.70	>0.9	0.75～0.85	0.70～0.80

1.3 焊件上的热量分布模式

按照热源作用方式的不同，可以将焊接热源作为集中热源、平面分布热源、体积分布热源来处理。当关心的焊件部位离焊缝中心线比较远时，可以近似地将焊接热源作为集中热源来处理。对于一般的电弧焊，焊接电弧的热流是分布在焊件上一定的作用面积内，可以将其作为平面分布热源。但对于高能束焊接，由于其产生较大的焊缝深宽比，说明焊接热源的热流沿焊件厚度方向施加影响，必须按某种恰当的体积分布热源来处理。

1.3.1 集中热源

所谓集中热源，就是把焊接电弧的热能看做是集中作用在某一点（点热源）、某条线（线热源）、某个面（面热源）上。显然，这是对实际情况加以简化的描述。焊接热过程的经典理论——雷卡林公式就是采用的集中热源。对于厚大焊件表面上的焊接，可以把热源看做是集中在电弧加热斑点中心的点热源；对于薄板对接焊，可以把电弧热看做是施加在焊件厚度上的线热源；对于某些杆件对接焊，可以认为是把电弧热加在杆件断面上的面热源。

1.3.2 平面分布热源

焊接电弧把热能传给焊件是通过焊件上一定的作用面积进行的。对于电弧焊来讲，这个面积称为加热斑点。根据加热斑点形状的不同，平面分布热源区分为高斯分布热源和双椭圆分布热源。

1. 高斯分布热源

如图 1-1 所示，设加热斑点的形状为圆，其半径为 r_H。r_H 的定义是：电弧传给焊件的热能中，有 95% 落在以 r_H 为半径的加热斑点内。在加热斑点上热流的分布，一般近似地用高斯函数来描述，即

$$q(r) = q_m \exp(-Kr^2) \tag{1-7}$$

式中 $q(r)$——距离热源中心 r 处的热流密度；

q_m——热源中心处的最大热流密度；

K——热能集中系数。

由于作用在焊件表面上的总热量等于焊接电弧的有效热功率 q，所以有

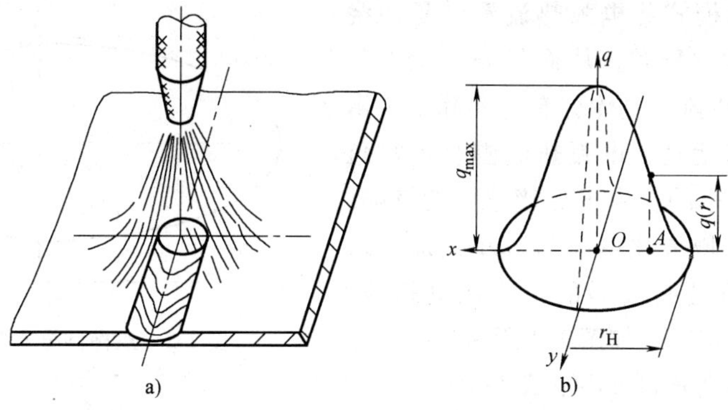

图 1-1　加热斑点上热流密度的分布
a）热源在焊件上的分布　b）热流密度的分布

$$q = \int_0^{\infty} q(r) 2\pi r \mathrm{d}r = \frac{q_m \pi}{K} \tag{1-8}$$

故

$$q_m = \frac{qK}{\pi} \tag{1-9}$$

式中 $q = \eta UI$，是式（1-2）定义的电弧有效热功率。

将式（1-9）代入式（1-7），有

$$q(r) = \frac{qK}{\pi}\exp(-Kr^2) \tag{1-10}$$

K 值说明热流集中的程度。由试验可知，它主要取决于焊接方法、焊接参数。不同焊接方法的 K 值见表 1-3。

表 1-3　不同焊接方法的 *K* 值

焊接方法	K/cm^{-2}	焊接方法	K/cm^{-2}
焊条电弧焊	1.2～1.4	TIG 焊	3.0～7.0
埋弧焊	6.0	气焊	0.17～0.39

根据加热斑点的定义

$$95\% q = \int_0^{r_H} q(r) 2\pi r \mathrm{d}r \tag{1-11}$$

将式（1-10）代入式（1-11），有

$$0.95q = \int_0^{r_H} \frac{qK}{\pi}\exp(-Kr^2) 2\pi r \mathrm{d}r = q[1 - \exp(-Kr_H^2)]$$

整理，得

$$Kr_H^2 = 3$$

由此可见，r_H 和 K 两者之间具有如下的关系

$$K = \frac{3}{r_H^2} \tag{1-12}$$

将式（1 12）代入式（1-10），可以得到国外文献中一般用到的焊接热源高斯分布公式

$$q(r) = \frac{3q}{\pi r_H^2}\exp\left(-\frac{3r^2}{r_H^2}\right) \tag{1-13}$$

2. 双椭圆分布热源

高斯分布热源模式将电弧热流看做是围绕加热斑点中心的对称分布，从而只需一个参数（r_H 或 K）来描述热流的具体分布。实际上，由于电弧沿焊接方向运动，电弧热流围绕加热斑点中心是不对称分布的。由于焊接速度的影响，电弧前方的加热区域要比电弧后方小；加热斑点不是圆形的，而是椭圆形的，并且电弧前、后的椭圆形状也不相同，如图 1-2 所示。

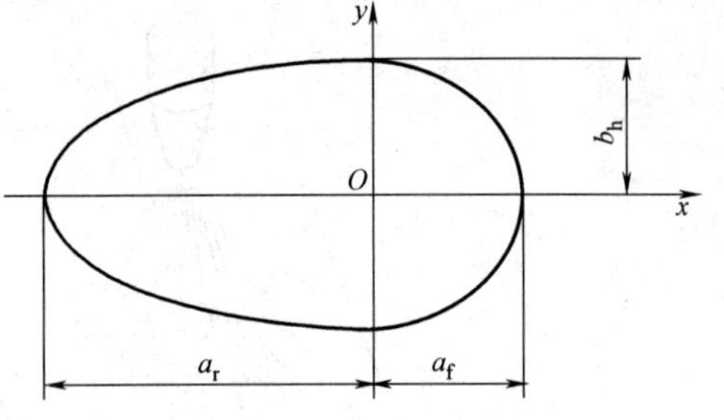

图 1-2　双椭圆分布热源示意图

电弧前部的热流分布可用下式表示

$$q_f(x,y) = q_{mf}\exp(-Ax^2 - By^2) \tag{1-14}$$

式中　q_{mf}——电弧前部的最大热流值；

A、B——椭圆分布参数。

电弧后部的热流分布可用下式表示

$$q_r(x,y) = q_{mr}\exp(-A_1x^2 - B_1y^2) \tag{1-15}$$

式中　q_{mr}——电弧后部的最大热流值；

A_1、B_1——椭圆分布参数。

电弧前部区域的总热量为

$$q_f = 2\int_0^\infty\int_0^\infty q_{mf}\exp(-Ax^2 - By^2)\mathrm{d}x\mathrm{d}y = q_{mf}\frac{\pi}{2\sqrt{AB}}$$

于是，有

$$q_{mf} = q_f\frac{2\sqrt{AB}}{\pi} \tag{1-16}$$

如图 1-2 所示，前半椭圆的长轴是 a_f，短轴是 b_h。假定电弧传给焊件的热能中，有 95% 落在以 a_f、b_h、a_r、b_h 为半轴的双椭圆内，则有

$$q_f(0,b_h) = q_{mf}\exp(-Bb_h^2) = 0.05q_{mf}$$

$$B = \frac{3}{b_h^2} \tag{1-17}$$

同理 $q_f(a_f,0) = q_{mf}\exp(-Aa_f^2) = 0.05q_{mf}$

$$A = \frac{3}{a_f^2} \tag{1-18}$$

将式（1-16）、式（1-17）和式（1-18）代入式（1-14）中，得到前部热流的分布公式为

$$q_f(x,y) = \frac{6q_f}{\pi a_f b_h}\exp\left(-\frac{3x^2}{a_f^2} - \frac{3y^2}{b_h^2}\right) \tag{1-19}$$

同理可得，后部热流的分布公式为

$$q_r(x,y) = \frac{6q_r}{\pi a_r b_h}\exp\left(-\frac{3x^2}{a_r^2} - \frac{3y^2}{b_h^2}\right) \tag{1-20}$$

其中

$$q = \eta UI = q_f + q_r, q_f = \frac{a_f}{a_f + a_r}q, q_r = \frac{a_r}{a_f + a_r}q \tag{1-21}$$

如果 $a_f = a_r = b_h = r_H$，则 $q_f = q_r = \frac{q}{2}$，式（1-19）和式（1-20）将转化为式（1-13），即为高斯分布。

1.3.3　双椭球体积分布热源

对于熔化极气体保护电弧焊或高能束流焊，焊接热源的热流密度不光作用在焊件表面上，也沿焊件厚度方向作用。此时，应该将焊接热源作为体积分布热源。为了考虑电弧热流沿焊件厚度方向的分布，可以用双椭球体模型来描述。

由于电弧沿焊接方向运动，电弧热流是不对称分布的。由于焊接速度的影响，电弧前方的加热区域要比后方小；加热区域不是关于电弧中心线对称的单个半椭球体，而是双半椭球体，并且电弧前、后的半椭球体形状也不相同，如图 1-3 所示。作用于焊件上的体积热源分成前、后两部分。设双半椭球体的半轴为 a_f、a_r、b_h、c_h，可以写出前、后半椭球体内的热流分布，即

$$\begin{cases} q_f(x,y,z) = \dfrac{6\sqrt{3}(f_f q)}{a_f b_h c_h \pi \sqrt{\pi}} \exp\left(-\dfrac{3x^2}{a_f^2} - \dfrac{3y^2}{b_h^2} - \dfrac{3z^2}{c_h^2}\right) & x \geqslant 0 \\ q_r(x,y,z) = \dfrac{6\sqrt{3}(f_r q)}{a_r b_h c_h \pi \sqrt{\pi}} \exp\left(-\dfrac{3x^2}{a_r^2} - \dfrac{3y^2}{b_h^2} - \dfrac{3z^2}{c_h^2}\right) & x < 0 \end{cases} \tag{1-22}$$

其中，$f_f + f_r = 2$，$q = \eta UI$。

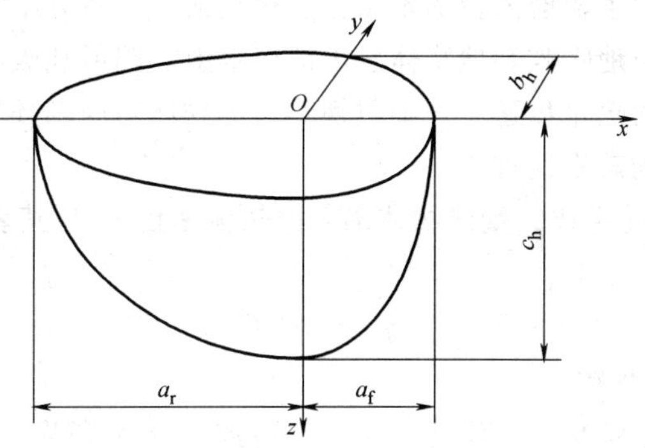

图 1-3　双椭球体分布热源示意图

1.3.4　其他体积热源模型

除了上面介绍的双椭球体分布热源之外，还有一些用于高能束焊接的其他体积热源模型，如锥体、曲面衰减型体积热源等。

1.4　焊接温度场

1.4.1　焊接传热的基本定律

1. 热传导定律

描述热传导现象的基本定律是傅里叶定律，其基本形式为

$$q_c = -\lambda \frac{\partial T}{\partial n} \tag{1-23}$$

式中　λ——热导率[W/(m·K)]；

$\partial T/\partial n$——温度梯度(单位长度上的温度变化，K/m)。

式（1-23）表明，在热传导现象中，通过物体某一点的热流密度 q_c（W/m^2）与垂直于该点处等温面的温度梯度成正比。

2. 对流换热定律

对流是指流体各个部分之间发生相对位移，冷、热流体相互掺混所引起的热量传递方式。对流仅能发生在流体中，而且必然伴有热传导现象。工程中经常遇到的不是单纯的对流方式，而是流体流过另一物体表面时，对流与热传导联合起作用的热量传递过程，这称之为对流换热。焊接过程中，空气流过焊件表面，冷却水流过焊炬内部，都是对流换热的例子。对流换热的基本计算式是牛顿冷却公式

$$q_k = \alpha_k \Delta T \tag{1-24}$$

式中　ΔT——流体温度与壁面温度的差值（K）；

α_k——表面传热系数［$W/(m^2 \cdot K)$］。

表面传热系数的大小与换热过程中的许多因素有关，它不仅取决于流体的物理性能以及换热表面的形状与布置，而且还与流速有密切的关系。

3. 辐射换热定律

物体因热的原因而发生辐射能量的现象称为热辐射。自然界中各个物体都不停地向空间发出热辐射，同时又不断地吸收其他物体发出的热辐射。辐射和吸收的综合结果就造成了以辐射方式进行的物体间的热量传递——辐射换热。当物体与周围环境处于热平衡时，辐射换热量等于零，这是一种动态平衡过程。

根据斯蒂芬-玻耳兹曼定律，受热物体辐射的热流密度 q_r 与其表面温度 T 的四次方成比例，即

$$q_r = \varepsilon C_0 T^4 \tag{1-25}$$

式中　ε——物体的黑度系数。

T 的量纲是热力学温度 K，绝对黑体的辐射系数 $C_0 = 5.67W/(m^2 \cdot K^4)$，适用于“绝对黑体”（即能够吸收全部落在它上面的辐射能的物体，$\varepsilon = 1$）；对于“灰体”而言，$0 < \varepsilon < 1$；对抛光后的金属表面，$\varepsilon = 0.2 \sim 0.4$；对粗糙、被氧化的钢材表面，$\varepsilon = 0.6 \sim 0.9$。$\varepsilon$ 会随温度而增加，在熔化温度范围内，$\varepsilon = 0.90 \sim 0.95$。

焊接时相对比较小的焊件（温度 T），在相对较宽阔的环境中（温度 T_f）冷却，通过热辐射发生的热损失可按以下方式计算

$$q_r = \varepsilon C_0 (T^4 - T_f^4) \tag{1-26}$$

为了计算中能用统一的形式，把辐射换热的热流 q_r 和焊件表面上的温度落差（$T - T_f$）联系起来，有

$$q_r = \alpha_r (T - T_f) \tag{1-27}$$

式中　α_r——辐射换热系数，可见

$$\alpha_r = \varepsilon C_0 \frac{T^4 - T_f^4}{T - T_f} \tag{1-28}$$

4. 全部换热

固体表面和外界的热量交换往往同时存在对流换热和辐射换热两种形式。为了应用方便，常常引用一个总的表面传热系数 α 来考虑这两种换热方式的综合影响

$$q_T = q_k + q_r = (\alpha_k + \alpha_r)(T - T_f) = \alpha(T - T_f)$$

即

$$q_T = \alpha\Delta T \tag{1-29}$$

式中　α——总的表面传热系数［W/（m^2·K）］，它等于对流和辐射换热系数之和。

传热系数 α 随表面温度的升高而增加。当表面温度不超过 200～300℃时，大部分热量是经对流放出的；在较高温度时，则主要由辐射换热放出，比如说 800℃时辐射的热量约占总放出热量的 80%。

1.4.2　焊接热传导问题的数学描述

1. 热传导微分方程式

在三维情况下，分析从物体中分割出来的微元平行六面体，并应用傅里叶公式和能量守恒定律，就可以建立起热传导微分方程式的普遍形式

$$\rho c_p \frac{\partial T}{\partial t} = \frac{\partial}{\partial x}\left(\lambda \frac{\partial T}{\partial x}\right) + \frac{\partial}{\partial y}\left(\lambda \frac{\partial T}{\partial y}\right) + \frac{\partial}{\partial z}\left(\lambda \frac{\partial T}{\partial z}\right) \tag{1-30}$$

式中　ρ——密度（kg/m^3）；

c_p——比定压热容［J/（kg·K）］；

T——温度（K）；

t——时间（s）；

λ——热导率［W/（m·K）］；

x、y、z——坐标（m）。

一般情况下，体积比热容 ρc_p［J/（m^3·K）］和热导率 λ 都是 x、y、z、T 的函数。对均匀、各向同性的材料，且其材料热物理性能参数值与温度无关，或在讨论的温度范围内取一平均值时，式（1-30）可简化为

$$\frac{\partial T}{\partial t} = \frac{\lambda}{\rho c_p}\left(\frac{\partial^2 T}{\partial x^2} + \frac{\partial^2 T}{\partial y^2} + \frac{\partial^2 T}{\partial z^2}\right) = a\,\nabla^2 T \tag{1-31}$$

式中　a——热扩散率。$a = \lambda/\rho c_p$，它表示物体在加热或冷却时，各部分温度趋于一致的能力，其单位是（m^2/s）。

对二维板材和一维棒材，热传导微分方程式可进一步简化。在稳态温度场中，所有各点的温度在不同时刻均为常数，即 $\partial T/\partial t = 0$，式（1-31）就可简化为与材料无关的拉普拉斯微分方程

$$\nabla^2 T = 0 \tag{1-32}$$

2. 运动热源情况下的热传导微分方程式

由于焊接热源是移动的，我们所处理的问题就是一个热流密度为 $q(r)$ 的热源以恒定速度 v 沿 x 轴移动，要求计算出热源周围的温度分布，即焊接温度场。如图 1-4 所示，设固定坐标系为（$O'\xi yz$）和动坐标系为（$Oxyz$），则 ξ 就是式（1-31）中的 x。根据两坐标系间的关系，用 ξ 代替式（1-31）中的 x，并将 $x = \xi - vt$ 代入式（1-31），那么热传导微分方程式就完成了从固定坐标系到以热源中心为坐标原点的移动坐标系的转换，其中 x 是所考察的点到

热源中心（即动坐标系原点）的距离，即

$$\frac{\partial T}{\partial t}-v\frac{\partial T}{\partial x}=a\left(\frac{\partial^2 T}{\partial x^2}+\frac{\partial^2 T}{\partial y^2}+\frac{\partial^2 T}{\partial z^2}\right) \tag{1-33}$$

式中 v——热源的运动速度（m/s）。

3. 初始条件和边界条件

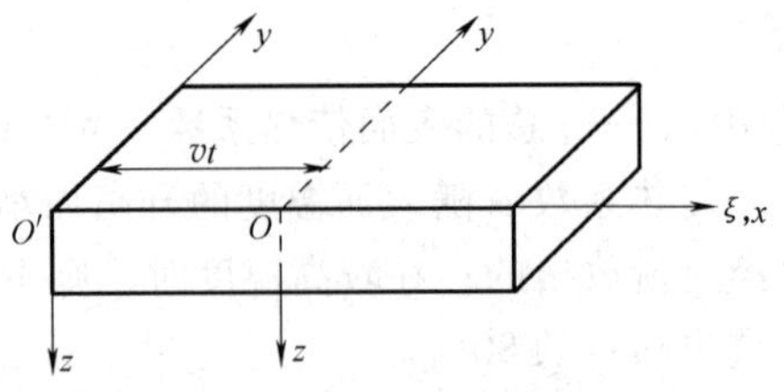

图 1-4 动坐标系

在焊接工作中，经常遇到的问题就是在确定状态和有限维数结构下，计算焊接热源产生的焊接温度场的问题，即求解给定了初始条件和边界条件的热传导微分方程式。初始条件指的是初始时刻物体上的温度分布，例如预热温度场或多道焊时前一焊道产生的温度场。边界条件指的是物体边界上的热损失条件。对于稳态热传导，没有初始条件，仅有边界条件。

热传导问题的常见边界条件可归纳为以下三类：

1）规定了边界上的温度值，称为第一类边界条件，即

$$T_s = T_s(x,y,z,t) \tag{1-34}$$

特殊情况是：等温边界条件，即物体边界上的温度是常数，且不随时间而变化。

2）规定了边界上的热流密度值，称为第二类边界条件，即

$$q_s = q_s(x,y,z,t) \tag{1-35}$$

特殊情况是：绝热边界条件，$q_s=\left.\frac{\partial T}{\partial n}\right|_s=0$。

3）规定了边界上的物体与周围介质间的换热系数及周围介质的温度 T_f，称为第三类边界条件，即

$$-\lambda\left.\frac{\partial T}{\partial n}\right|_s=\alpha(T_s-T_f) \tag{1-36}$$

当 $\alpha/\lambda\to\infty$ 时，$T_s=T_f$，即为等温边界条件，此时传热系数很大而热导率很小，使表面温度接近于周围介质的温度。当 $\alpha/\lambda\to 0$ 时，$\left.\frac{\partial T}{\partial n}\right|_s\to 0$，即为绝热边界条件，此时传热系数十分小，而热导率非常大，通过边界表面的热流趋近于零。

4. 材料热物理性能参数

根据热传导基本公式计算温度场时，需要材料的下列热物理性能的数值：

——热导率 λ[W/(m·K)]；

——比定压热容 c_p[J/(kg·K)]；

——密度 ρ(kg/m^3)；

——热扩散率 a(m^2/s)；

——表面传热系数 α[W/(m^2·K)]。

实际上，这些参数均随温度而变化，应将材料热物理性能参数随温度变化的瞬时值和在一定温度范围内的平均值区分开来。前者更适合于有限元分析，后者可供线性化的解析求解。

一些常用金属材料在焊接温度变化范围内的热物理性能参数的平均值可参见表 1-4。

表1-4 某些金属材料在焊接温度变化范围内的热物理性能参数的平均值

热物理性能参数	单 位	低碳钢	不锈钢	铝	纯铜
λ	W/(m·K)	37.8~50.4	16.8~33.6	265	378
c_p	J/(kg·K)	652~756	420~500	1000	1220
ρc_p	J/(m^3·K)	$(4.83\sim5.46)\times10^6$	$(3.36\sim4.2)\times10^6$	2.63×10^6	3.99×10^6
$a=\lambda/\rho c_p$	m^2/s	$(0.07\sim0.10)\times10^{-4}$	$(0.05\sim0.07)\times10^{-4}$	1.0×10^{-4}	0.95×10^{-4}
α	J/(m^2·s·K)	6.3~378(0~1500℃)	—	—	—

5. 焊件几何尺寸和相应的热输入简化模型

上述热传导微分方程式和定解条件能够完整地描述具体的热传导问题。为了计算焊接时金属焊件的加热和冷却过程，需要求解满足具体定解条件的热传导微分方程。为了得到合适的解，必须选择适当的计算方法，以突出所考虑过程的主要特点，忽略一些次要特点，从而不仅使计算简化，而且能够明显地揭示出过程中主要参数的影响。

前苏联H.H.雷卡林院士，在美国学者D.罗森塞尔研究工作的基础上对焊接传热问题作了系统的研究，建立了焊接热过程计算的经典理论——解析法（雷卡林公式）。雷卡林公式是在如下一些假设条件的基础上推导出来的：

1）材料热物理性能参数不随温度而变化。

2）材料无论在什么温度下都是固体，不发生相变，即忽略在焊接熔池中的复杂过程。

3）焊件的几何尺寸是无限的。根据焊件几何形状的大小，将其分为半无限体、无限大板和无限长杆。在半无限体中，为三维传热。在无限大板中，为二维传热，热流密度在板厚度方向上为零，温度沿板厚均匀分布。在无限长杆中，为一维传热，在杆的横截面上热流密度为零。

4）在厚大焊件表面堆焊时，可以把热源看成是集中在焊件表面电弧加热斑点的中心上——点热源。当对接焊薄板时，可以把电弧热看做是施加在沿板厚方向的直线微元上——线热源。而模拟焊条（焊丝）或杆件在摩擦加热时，可以认为热源均匀地作用于杆的横截面上——面热源。

因此，雷卡林公式将焊接热过程计算归纳为三大类问题：

1）厚大焊件焊接——点热源。

2）薄板焊接——线热源。

3）细棒焊接——面热源。

1.4.3 典型的焊接温度场

1. 焊接温度场的准稳定状态

在正常焊接条件下，焊接热源都是以一定的速度沿接缝移动的，因此，相应的焊接温度场也是运动的。由电弧或其他集中热源产生的运动温度场，在加热开始时温度升高的范围会逐渐扩大，在达到一定的极限尺寸后，不再变化，只随热源移动，即热源周围的温度分布变为恒定。将这种状态称为准稳定态。当功率不变的焊接热源在焊件上作匀速运动时，所产生的焊接温度场就是准稳态温度场。式（1-33）中，当$\partial T/\partial t=0$时，即为准稳态时的热传导方程。

2. 厚大焊件焊接时的温度场

厚大焊件连续焊接时，温度场的计算公式为

$$T - T_0 = \frac{q}{2\pi\lambda R}\exp\left(-\frac{vx}{2a}-\frac{vR}{2a}\right) \tag{1-37}$$

式中 T_0——焊接的初始温度；

q——电弧有效热功率；

λ——热导率；

v——焊接速度；

a——热扩散率；

R——焊件上某点到热源中心的距离，$R^2=x^2+y^2+z^2$；

x、y、z——该点在动坐标系的坐标值，热源沿 x 方向移动。

厚大焊件焊接时的温度场如图 1-5 所示，其中 $q=4200\text{W}$，$v=0.1\text{cm/s}$，$\lambda=0.42\text{W/(cm}\cdot\text{℃)}$，$a=0.1\text{cm}^2\text{/s}$。

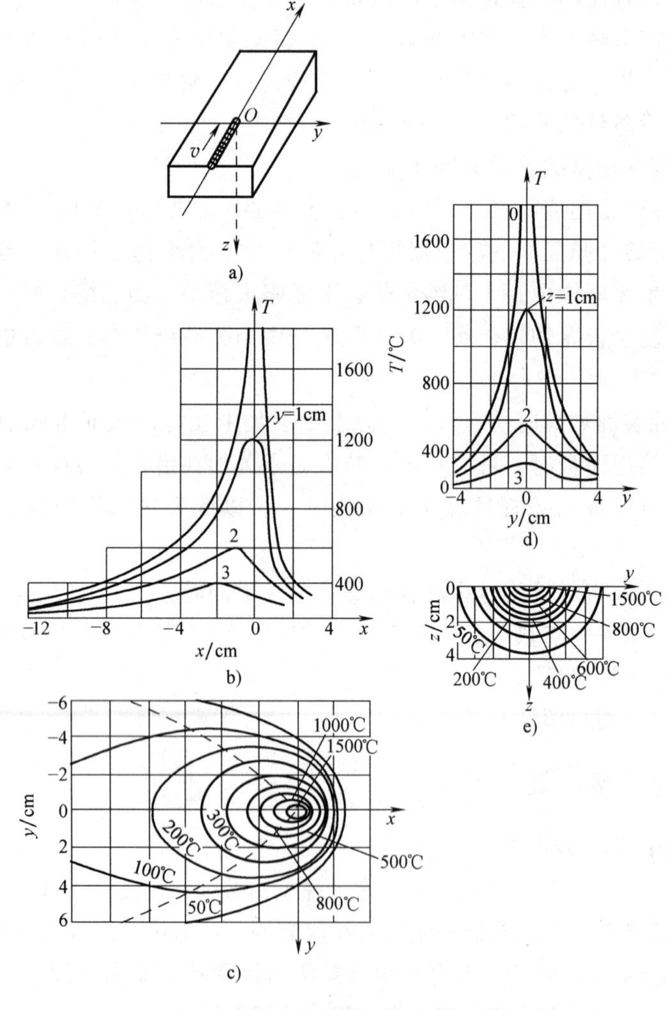

图 1-5 厚大焊件上点状移动热源的温度场

a）坐标示意图 b）Oxy 面上沿 x 轴的温度分布 c）Oxy 面上的等温线

d）Oyz 面上沿 y 轴的温度分布 e）Oyz 面上的等温线

3. 薄板焊接时的温度场

薄板连续焊接时，温度场计算公式为

$$T - T_0 = \frac{q}{2\pi\lambda\delta}\exp\left(-\frac{vx}{2a}\right)K_0\left(r\sqrt{\frac{v^2}{4a^2}+\frac{b}{a}}\right) \tag{1-38}$$

式中 q——电弧有效热功率；

λ——热导率；

δ——板厚；

v——焊接速度；

a——热扩散率；

r——焊件上某点到热源中心的距离 $r^2 = x^2 + y^2$；

x、y——动坐标系的坐标值，热源沿 x 方向运动；

b——薄板的散温系数，$b = 2\alpha/(\rho c_p \delta)$，$\alpha$ 是表面传热系数，ρc_p 为体积比热容。

其中函数 K_0（u）是第二类虚自变量零阶贝塞尔函数。函数 K_0（u）的数值有详表可查。表 1-5 列出了一些常用范围内的 K_0（u）的数值。

表 1-5 常用范围内的 K_0（u）值

u	K_0（u）	u	K_0（u）
0.00	∞	0.60	0.7775
0.02	4.0285	0.70	0.6605
0.04	3.3365	0.80	0.5654
0.06	2.9329	0.90	0.4867
0.08	2.6475	1.00	0.4210
0.10	2.4471	1.20	0.3185
0.20	1.7525	1.40	0.2437
0.30	1.3725	1.60	0.1880
0.40	1.1145	1.80	0.1459
0.50	0.9242	2.00	0.1139

图 1-6 表示出了薄板焊接时的温度场，其中，焊接参数为 $q = 4200\text{W}$，$v = 0.1\text{cm}$，$\lambda = 0.42\text{W}/(\text{cm}\cdot℃)$，$a = 0.1\text{cm}^2/\text{s}$，$b = 28\times10^{-4}\text{s}^{-1}$，$\delta = 1\text{cm}$。

4. 中厚板焊接时的温度场

前面所讨论的厚大焊件和薄板焊接时的温度场计算，都是根据半无限体和无限大板的假设条件而推导出来的。实际上在焊接工作中常遇到的不是这种情况，而是具有一定厚度的中厚焊件，即既不能忽略板的下表面对传热过程的限制，又不能认为温度沿板厚均匀分布。中厚焊件的传热过程，既不同于厚大焊件，也不同于薄板，其传热过程有自己的特点。图 1-7 是中厚焊件焊接时的温度场，其中，焊接参数为 $q = 4200\text{W}$，$v = 0.1\text{cm}$，$\lambda = 0.42\text{W}/(\text{cm}\cdot℃)$，$a = 0.1\text{cm}^2/\text{s}$，$b = 28\times10^{-4}\text{s}^{-1}$，$\delta = 1\text{cm}$。由图可以看出，中厚板焊件上表面传热情况与厚大焊件相似，而下表面的传热情况与薄板相似。

解决中厚焊件的温度场计算问题，可以通过引入厚度修正系数后直接利用厚大焊件或薄板焊接时的计算公式。

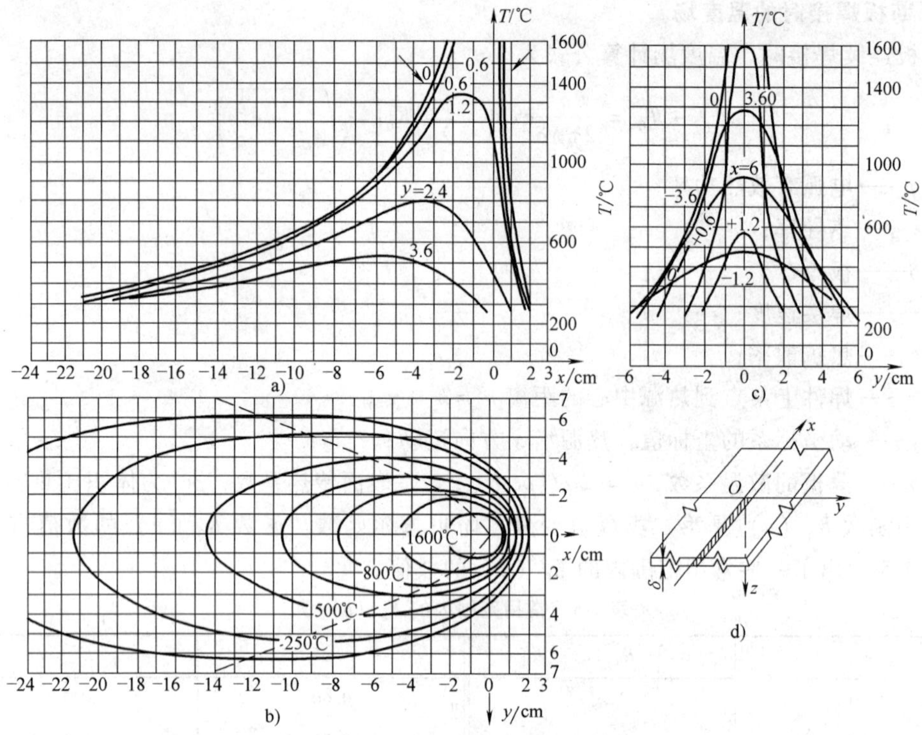

图 1-6　薄板焊接时的温度场

a）Oxy 面上平行 x 轴的温度分布　b）Oxy 面上的等温线　c）Oxy 面上平行 y 轴的温度分布　d）坐标示意图

5. 大功率高速移动热源的温度场

大功率高速移动热源以高热功率 q 和高移动速度 v 为特征。定义单位长度焊缝上输入的热量 q/v 为热输入（J/m），工艺参数 q 和 v 成比例增加。当移动速度极高时，热传播主要在垂直于热源运动的方向上进行，在热源运动方向上的传热很小，可忽略不计。厚大焊件或薄板可以再划分为大量的垂直于热源运动方向的平面薄层，当热源通过这一薄层时，输入的热量仅仅在此薄层扩散，与相邻薄层的状态无关，这将有助于大大简化计算公式。作用于厚大焊件高速运动大功率点热源温度的计算公式为

$$T - T_0 = \frac{q}{2\pi\lambda vt}\exp\left(-\frac{r_0^2}{4at}\right) \tag{1-39}$$

式中　r_0^2——某点 A 到热源距离的平方，$r_0^2 = x_0^2 + y_0^2$；

t——热源在到达所求点 A 所在截面时起算的传热时间。

由式（1-39）可见，温度升高值正比于热输入 q/v。

作用于薄板上的高速移动大功率线热源，温度计算公式为

$$T - T_0 = \frac{q}{v\delta(4\pi\lambda\rho c_p t)^{1/2}}\exp\left[-\left(\frac{y_0^2}{4at} + bt\right)\right] \tag{1-40}$$

式中　y_0——距热源运行轴线的垂直距离。同样，温度升高正比于热输入。

式（1-39）和式（1-40）也可用于一般焊接速度下的传热过程计算。焊接速度越大，计算结果就越准确。一般低碳钢焊接时，焊接速度大于 600mm/min 就可应用。但应指出，式（1-39）和式（1-40）只能用于热源作用点的后方毗邻焊缝的区域，而距焊缝较远的点和热

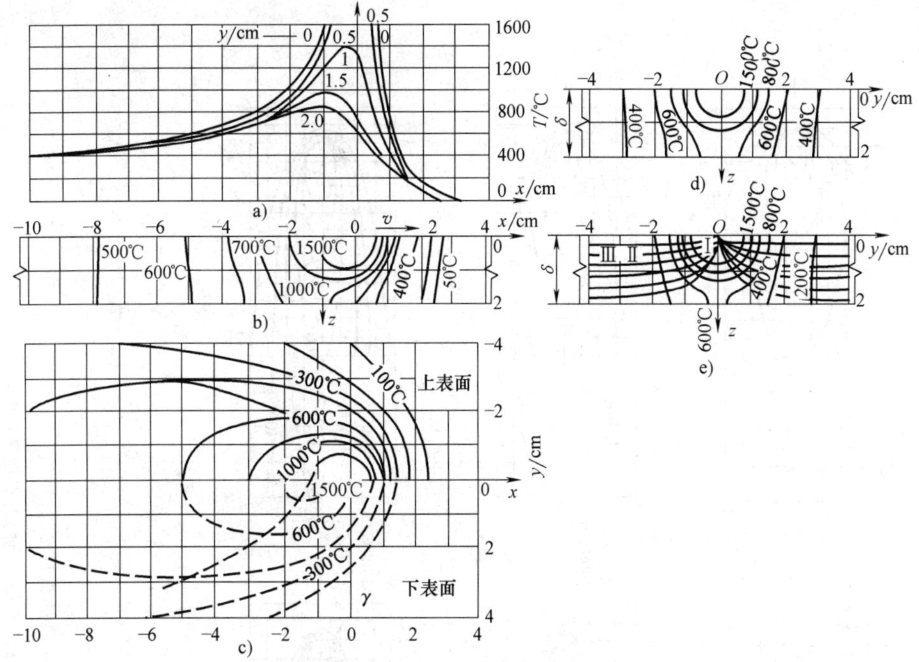

图 1-7　中厚焊件焊接时的温度场

a）中厚件上表面不同 y 值时 x 方向上的温度分布曲线　b）Oxz 平面上的等温线　c）中厚焊件的表面温度场　d）Oyz 平面，$x=0$ 时的温度分布　e）Oyz 平面，$x=0$ 时的热流分布（Ⅰ区相当厚大焊件，Ⅲ区相当于薄板，Ⅱ区为无定型传热区）

源作用的前方区域均不能利用。

1.4.4　影响焊接温度场的主要因素

焊接温度场受许多因素影响，其中主要是热源的种类、焊接参数、材质的热物理性能、焊件的形态以及热源的作用时间等。

1. 焊接参数

由于采用的焊接热源种类不同（电弧、氧乙炔焰、电子束、激光等），焊接时温度场的分布也不同。电子束焊接时，热能极其集中，所以温度场的范围很小；而在气焊时加热面积很大，因而温度场的范围也很大。

即使采用同样的焊接热源，如果焊接参数不同，温度场也相差很大。图 1-8 表示出了焊接参数对 10mm 厚低碳钢试件焊接温度场的影响。当热源功率 q = 常数时，随焊接速度 v 的增加，等温线的范围变小，即温度场的宽度和长度均变小，而宽度变小得较显著，所以等温线的形状变得细长，如图 1-8a 所示。当 v = 常数时，随热源功率 q 的增大，等温线在焊缝横向变宽，在焊缝方向伸长，如图 1-8b 所示。当 q/v 保持定值即热输入一定时，同比例改变 q 和 v，会使等温线拉长，因而使温度场的范围也拉长，如图 1-8c 所示。

当热功率 q 和焊接速度 v 为常数时，增加预热温度 T_0，则使温度场中加热到某一温度以上的范围增大。

2. 被焊金属的热物理性能

金属材料的热物理性能也会显著地影响焊接温度场的分布。例如，不锈钢导热很慢，而

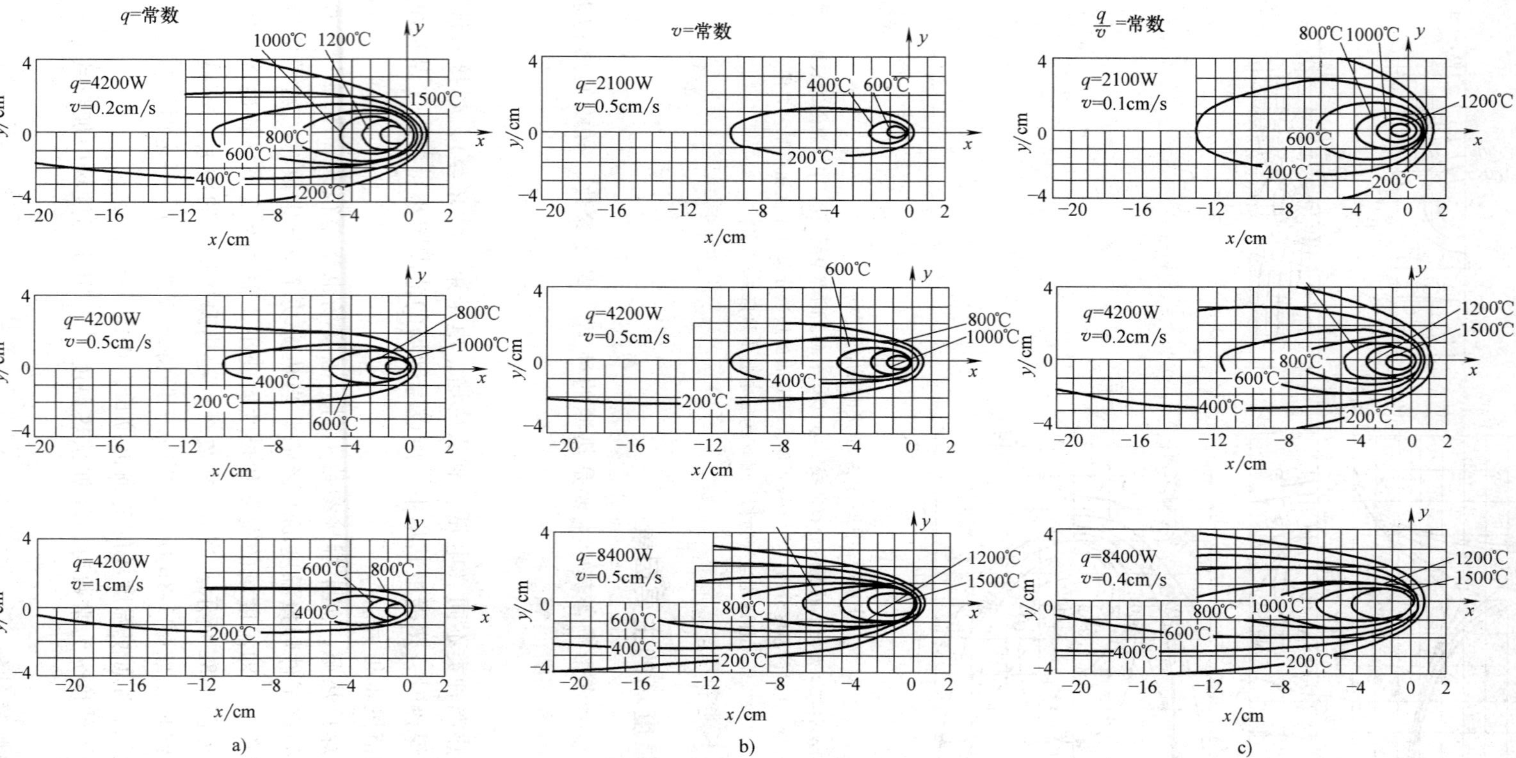

图 1-8 焊接参数对温度场分布的影响（10mm 厚的低碳钢板）

a）q = 常数，v 的影响　b）v = 常数，q 的影响　c）q/v = 常数，q 及 v 等比例变化时对温度场的影响

铜、铝导热很快，在相同的焊接热源、相同的焊接尺寸情况下，温度场的分布情况就有很大差别。

热导率 $\lambda = ac_p\rho$，对加热到某一温度以上的范围大小有决定性影响（图 1-9）。当 λ 值小时，焊接时需要较小的热功率；当 λ 值大时，则需要较大的热功率 q。因此，奥氏体 CrNi 钢（λ 小），可以用较小的热输入焊接；而铝和铜（λ 大），需要较大的热输入焊接。

3. 焊件的形态

焊件的几何尺寸、板厚和所处的状态（预热及环境温度等），对传热过程均有很大的影响，因而也就影响了温度场的分布。对于厚大焊件、薄板和细棒，热源相应地被简化为点状、线状和面状，温度场也相应地成为三维、二维和一维。

此外，接头形式、坡口形状、间隙大小以及施焊工艺等对温度场的分布均有不同程度的影响。

4. 热源的分类

根据热源的作用时间来分类，可分为瞬时集中热源和连续作用热源，前者对应于具有短暂加热和随后冷却的焊接过程（如点焊），后者用于描述电弧等焊接热源在金属焊件上长时间作用的加热和随后的冷却过程。

在连续作用热源中，根据热源移动速度又可分为：固定不动热源，相当于缺陷焊补的情况；正常移动热源，相当于一般电弧焊；高速移动热源，相当于快速自动焊。

通过 1.3 节的讨论，可以看出不同种类的热源作用所产生的焊接温度场也有很大的不同。

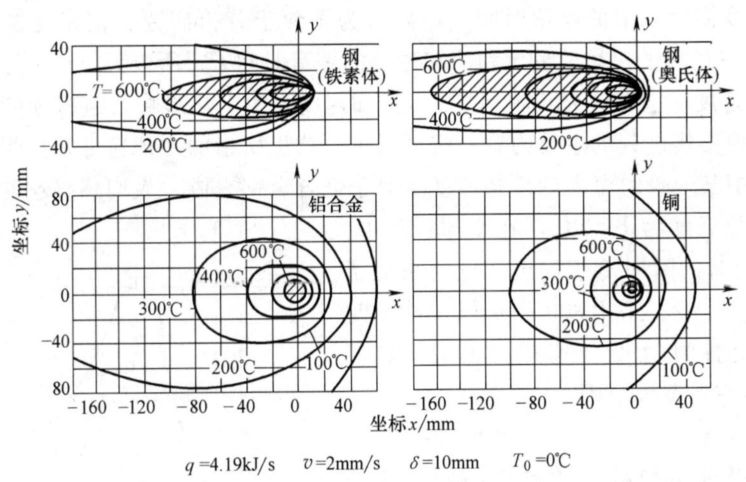

图 1-9　在相同的热功率 q、热源移动速度 v 和相同板厚 δ 条件下，不同材料板上移动线热源周围的温度场

1.5　焊接热循环

在焊接过程中，热源沿焊件移动时，焊件上某点的温度随时间由低变高，达到最大值后又由高而低的变化，称为焊接热循环。它描述焊接热源对被焊金属的热作用过程。在焊缝两侧不同距离的点，所经历的热循环是不同的，如图 1-10 所示。

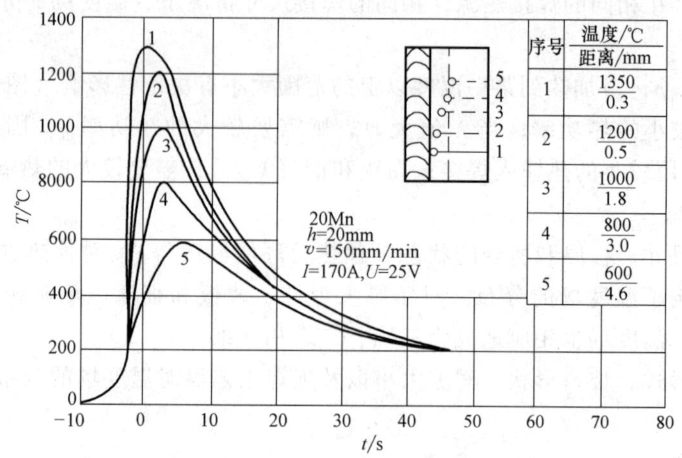

图 1-10 焊缝两侧不同距离的点所经历的热循环

根据焊接热循环对焊接接头组织和性能的影响，研究焊接热循环主要考虑以下四个参数：

（1）加热速度（v_H） 加热速度受许多因素影响，例如不同的焊接方法、不同的被焊金属、不同厚度及不同的焊接热输入等。

（2）加热的最高温度（T_M） 距焊缝远近不同的各点，加热的最高温度不同，如图 1-10 所示。

（3）在相变温度以上的停留时间（t_H） 为了便于分析研究，把相变温度以上的停留时间 t_H 分为加热过程的停留时间 t' 和冷却过程的停留时间 t''，所以 $t_H = t' + t''$。

（4）冷却速度 v_c（或冷却时间 $t_{8/5}$） 冷却速度是决定热影响区组织性能最重要的参数之一，是研究焊接热过程的主要内容。应当指出，这里所指的冷却速度是指焊件上某点热循环的冷却过程中某一瞬时温度的冷却速度。对于低合金钢来讲，人们感兴趣的是熔合线附近的点（最高加热温度为 1350℃）在冷却过程中，约在 540℃ 左右时的瞬时冷却速度。近年来为了便于测量和分析比较，采用 800～500℃ 的冷却时间（$t_{8/5}$）来代替瞬时冷却速度，因为 800～500℃ 是相变的主要温度范围。

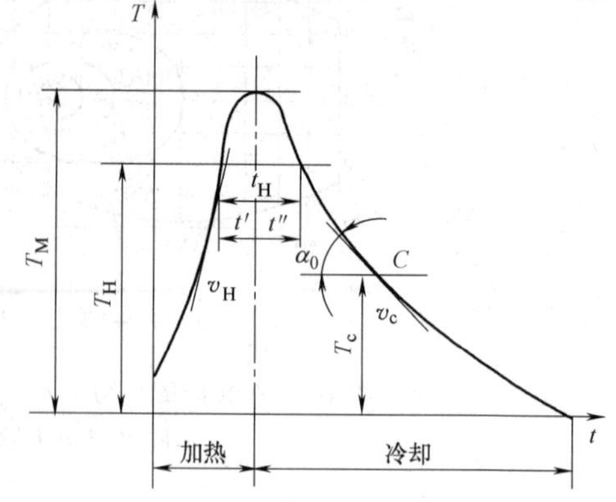

图 1-11 焊接热循环的四个主要参数

以上焊接热循环的四个主要参数如图 1-11 所示。焊接热循环是焊接时所经历的特殊热处理，也是对焊件上热作用的清晰描述。与一般热处理相比，焊接时的加热速度要大得多，而在高温停留的时间又非常短（几秒到十几秒），是自然冷却，由于加热的局部性，冷却速度较快，不像热处理那样可以任意保温，这就是焊接热循环所具有的主要特征。

冷却时间不同时，焊接热影响区将得到不同的组织和性能。对低合金高强度钢，根据不同焊接条件下的冷却时间（$t_{8/5}$、$t_{8/3}$、t_{100}），再配合不同钢种的焊接连续冷却组织转变曲线（即 SHCCT），可以较准确地判断焊接热影响区的组织和硬度，可以间接地评价焊接接头的性能和抗裂性。因此，能预先估算出不同焊接条件下的冷却时间（$t_{8/5}$、t_{100}等）是很有价值的。

1.6 焊接热传导与熔池形态的数值模拟简介

正如1.4.2节已经指出的那样，焊接热过程解析法（雷卡林公式）是以一些假设条件为基础的。这些假设条件与焊接传热的实际情况有较大差异，导致雷卡林公式在距离热源较近部位的温度计算发生了较大的偏差。但这里恰恰是焊接工作者最关心的部位，因为从工艺上来说，确定熔化区域的尺寸和形状是十分有意义的，从冶金上来说，相变点以上的加热范围是研究的重点。

高速电子计算机的广泛应用使得焊接热过程的数值模拟得到了发展。因此，很多过去难以用解析法求解的非线性问题可以在计算机上用数值模拟的方法求解。

1.6.1 数值模拟的基本概念

在焊接工程中经常遇到的一些问题，如焊接热过程、热应力变形以及氢扩散等问题，可以归结为解某一（或某些）特定的微分方程。然而只有在十分简单的情况下并且作许多简化的假定，才有可能求得这些微分方程的解析解。事实上，由于实际问题多种多样，边界条件十分复杂，用解析法来求解微分方程是十分困难的。为了满足生产和工程上的需要，必须应用数值模拟方法。数值模拟是用一个或一组控制方程来描述某一物理过程的基本参数的变化关系。首先将整个求解区域划分成很多小块（离散化），由于任何复杂问题在小块中都会显得很简单，对每一个小块作相应的分析和计算；然后总体合成，将微分方程转化为线性代数方程组；最后求解线性代数方程组以获得该过程定量的结果。有限差分法和有限单元法是被广泛应用的两种数值模拟方法。

1.6.2 焊接热传导的有限差分法计算

有限差分法从微分方程出发，将区域经过离散处理后，近似地用差分代替微分，用差商代替微商，建立以节点温度为未知量的代数方程组，然后求解得到各节点温度的近似值。它是将原来求解物体内随空间、时间连续分布的温度问题，转化为求解在时间领域和空间领域内有限个离散节点的温度值问题，再用这些节点上的温度值去逼近连续的温度分布。

在用有限差分法求解焊接热传导问题时，首先把焊件划分成网格，可以是均匀网格（网格节点之间的距离相等），也可以是非均匀网格（网格节点之间的距离不相等）；然后，对于每个节点，采用偏微分方程替代法或控制容积法建立差分方程，得到线性代数方程组；再求解该代数方程组，得到各个节点的温度值。

有限差分法的优点是：对于具有规则的几何形状和均匀的材料性能的问题，差分法的线性代数方程组的计算格式比较简单，方程的物理意义比较清楚，程序设计比较简便，收敛性也比有限单元法好，计算过程也比有限单元法简单得多。缺点是：差分网格大多局限于正方形、矩形或正三角形等，显得死板僵硬，不容易处理具有复杂形状或边界的物体。

1.6.3 焊接热传导的有限单元法计算

有限单元法（简称有限元法）是根据变分原理来求解数学物理问题的一种数值计算方法。用有限元法求解热传导的过程是：

1）把传热问题转化为等价的变分问题。

2）对物体进行有限单元分割，把变分问题近似地表达为线性方程组。

3）求解线性方程组，将所得的解作为热传导问题的近似值。

差分法注意到了节点的作用，对于把节点连接起来的单元是不予注意的，而正是这些单元构成整体，有限元法则以单元作为基础，在各节点温度（或其他物理量）的计算过程中，单元"会"起到自己应有的"贡献"。有限元法恰恰是抓住了单元的贡献，使得这种方法具有很大的灵活性和适应性，特别适用于具有复杂形状和边界条件的物体。对于由几种材料组成的物体，可以利用分界面作为单元的界面，从而使问题能很好地处理。同时根据实际需要，在一部分求解区域配置较密的单元（即单元剖分得比较细），而在另一部分求解区域配置较疏的单元，这样就可以在不过分增加节点总数的情况下，提高计算精度。此外，由于有限元法是用统一的观点对区域内节点和边界节点列出计算格式，因此能自然满足边界条件，使各个节点在精度上比较协调。有限元法要求线性代数方程组的系数矩阵是对称的，特别有利于计算机运算。但是，在有限元法中，由于热传导问题是转化为变分问题后计算出来的，因此，计算公式的物理意义不能像差分法那样一目了然。

在焊接热传导问题中，有限元法得到广泛应用的另一个重要原因是焊接温度场的计算往往服务于焊接热应力场的计算。例如，计算焊接过程中的瞬时应力和焊接过程结束后的残余应力时，首先就要计算焊接温度场。由于焊接应力场的计算通常是采用有限元法的，温度场计算如果也能采用有限元法，将有利于将两者统一起来。

有限元法可以解决一些解析法解决不了的问题，例如：

1）材料性能随温度变化。在有限元法中，以单元节点温度为未知数的代数方程组，是用迭代方法解的。在每一个计算步长，都可以根据前一步长时各点的温度值重新确定材料的性能数值。这就使得在整个计算过程中，材料的性能参数都在随温度而变化。

2）各向异性材料。整个求解区域被划分成若干单元，每个单元上的材料性能数值都可以分别选取。

3）几何形状复杂。可以将求解区域划分成一系列的三角形、矩形或任意四边形的单元，当这些单元小到一定程度时，就能很好地逼近几何形状复杂的焊件边界。

4）边界条件复杂。尽管在整个求解区域上的边界条件复杂，涉及各种热的传播和扩散方式，但是在一个个具体的小单元块中，只有某一种边界条件。对各单元块分别处理，就不存在复杂的边界条件。

1.6.4 焊接熔池形态的数值模拟

按照传热理论，焊接热过程分为两个部分：一是熔池内部高温过热液态金属以对流为主的传热；二是熔池外部热影响区和母材区域中的固体热传导。这两部分的传热过程是相互联系和相互影响的。为了更准确地计算和分析焊接热过程，必须深入研究熔池中液态金属的流体动力学状态。

熔焊时，熔池中的液态金属不是静止的，而是高速流动着的。熔池中液态金属的流动主要受以下几种力的驱动：

（1）表面张力梯度　表面张力是温度的函数。由于熔池表面的温度分布不均匀，也就带来了表面张力的不均匀分布，从而在熔池表面上存在着表面张力梯度。表面张力梯度是熔池中流体流动的主要驱动力之一，它使流体从表面张力低的部位流向表面张力高的部位。对于液态钢，一般情况下温度越高，表面张力越小，即表面张力温度系数（$\partial\gamma/\partial T$）为负值。此时,熔池中心部位温度高，表面张力小；而熔池边缘处温度低，表面张力大。因此，熔池表面上作用的这个表面张力梯度，使液态金属沿径向从中心向边缘流动（图 1-12a、图 1-13b），在熔池中心处由下向上流动。

但是，如果向熔池中加入某些表面活性元素（如 S、O、Se），就会使液态钢的表面张力温度系数（$\partial\gamma/\partial T$）从负值变为正值。此时，熔池中心部位温度高，表面张力大；熔池边缘处温度低，表面张力小。因此，表面张力梯度使液态金属沿径向从边缘向中心流动，在熔池中心处由上向下流动（图 1-12b）。就是说，表面张力温度系数的大小和符号能够改变熔池内的液体流动方向，进而影响着熔池内的温度分布及熔合区形状，如图 1-12 所示。

（2）电磁力　电弧焊时，焊接电流从斑点进入熔池后会产生电流线的发散，熔池内部电流同其自身的磁场相互作用就产生了电磁力（洛伦兹力），对熔池中的流体流动有着重要的影响。它推动熔池的液态金属在熔池中心处向下流动，然后沿熔合线返回熔池表面，在熔池表面沿径向由边缘向中心流动（图 1-13c）。

（3）浮力　浮力是由于熔池中存在着温度梯度或成分梯度，使得液态金属的密度发生变化而产生的。温度高的地方液态金属密度小，温度低的地方液态金属密度大。在浮力作用下，熔池中过热的液态金属将上升至表面，较冷的液态金属被推至底部。与表面张力梯度和电磁力对流体流动的作用相比，浮力所起的作用很小（图 1-13a）。

（4）冲击力　高能束焊接时，高能束流对熔池的冲击力所引起的流动类似于电磁力，如图 1-13d 所示。

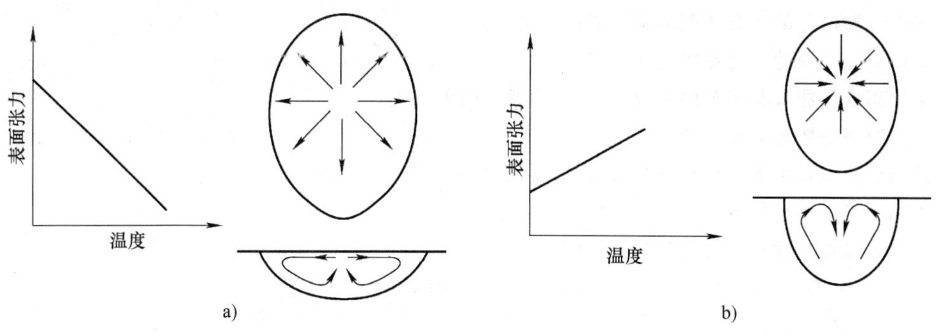

图 1-12　焊接熔池表面及内部的流体流动模式

a) $\partial\gamma/\partial T<0$　b) $\partial\gamma/\partial T>0$

焊接熔池形态指的是熔池的几何形状、熔池中的流体动力学状态、熔池中的传热过程。焊接熔池形态的数学描述涉及一组偏微分方程，包括热能方程、动量方程和连续性方程等。另外，焊接过程中，液态熔池的表面是自由表面，作用于熔池表面的力有电弧压力、表面张力、熔池重力等。在熔化极气体保护焊（GMAW）焊接时，还有熔滴的冲击力。在各种力的作用下，熔池表面产生三维变形，尤其是焊件熔透之后，焊接熔池的正面和背面都产生明

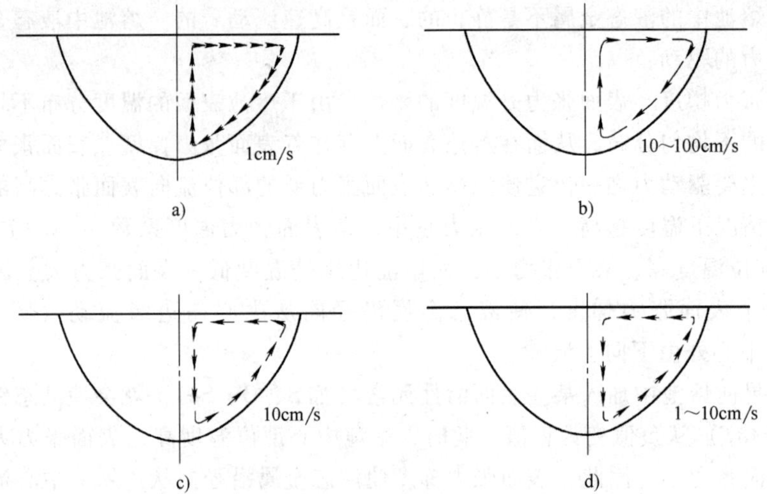

图 1-13 各种力单独作用时造成的熔池流体流动模式（箭头表示流动方向和流速）

a）浮力 b）表面张力 c）电磁力 d）冲击力

显的变形，需要两个偏微分方程描述熔池正面和背面的变形。因此，熔池形态问题不再像焊接固体热传导时只涉及一个热传导微分方程。问题的处理和求解过程更为复杂。但是，由于这种处理更接近实际，会大大提高计算精度。

由于焊接熔池流体动力学状态及传热过程的数值计算涉及一组偏微分方程的联立求解，又加上流体速度场求解的特殊性和复杂性，需要使用特殊的计算流体动力学和传热学的算法。国际上广泛采用的有 SIMPLER 算法。

复习思考题

1. 焊接热过程有什么特点？
2. 焊接热效率是如何定义的？
3. 焊缝金属熔化的热有效利用率是如何定义的？
4. 高斯分布热源的主要参数是什么？
5. 推导高斯热源分布函数的参数 r_H 和 K 两者之间关系式。
6. 热扩散率的物理意义是什么？
7. 给出运动坐标系下的导热方程式（1-33）的推导细节。
8. 影响焊接温度场的主要因素有哪些？
9. 什么是焊接热循环？其主要参数有哪些？
10. 表面张力温度系数对熔池中的流体流动有什么影响？

第2章

焊接化学冶金

2

熔焊时，焊接区内的各种物质之间在高温下相互作用的过程，称为焊接化学冶金过程。这是一个极为复杂的物理化学变化过程。焊接化学冶金过程对于焊缝金属的成分、性能、某些焊接缺欠（如气孔、结晶裂纹等）以及焊接工艺性能都有很大的影响。因此，引起焊接工作者广泛深入的研究。目前，它已发展成为焊接学科理论的一个重要分支——焊接化学冶金学。

焊接化学冶金学主要研究在各种焊接工艺条件下，冶金反应与焊缝金属化学成分、性能之间的关系及其变化规律。研究的目的是运用这些规律合理地选择焊接材料，控制焊缝金属的成分和性能使之符合使用要求，以及设计、开发新型的焊接材料，以满足焊接工程实际的需要。

本章是以焊条电弧焊焊接低碳钢或低合金钢时的化学冶金过程为重点，从热力学的角度来阐明焊接化学冶金的一般规律。这些规律可以作为分析其他熔焊方法及材料化学冶金过程的基础。由于目前焊接化学冶金动力学方面的研究还很不成熟，因此在本章中不作讨论。

2.1 焊接化学冶金过程的特点

焊接化学冶金过程实质上是金属在焊接条件下再熔炼的过程。焊接化学冶金过程与炼钢冶金过程相比，无论是原材料还是冶炼条件方面都有很大的不同。因此，必须研究焊接化学冶金的特点，总结出它的规律性，才能指导焊接实践，使冶金反应向有利的方向发展，从而获得优质的焊缝金属。

2.1.1 焊接区的金属保护

1. 金属保护的必要性

使用低碳钢光焊丝在空气中进行无保护焊接时，与母材和焊丝比较，焊缝金属的成分及性能发生了很大的变化。由于焊接过程中熔化金属与周围的空气激烈地相互作用，使焊缝金属中的氧、氮含量显著增加。据资料介绍，其氧的质量分数为0.14%～0.72%，比焊丝高7～35倍；氮的质量分数可达0.105%～0.218%，比焊丝中含氮量高20～45倍。同时，锰、碳等有益元素因烧损和蒸发而减少，致使焊缝金属的塑性和韧性急剧下降。但是由于氮的强化作用，最终使强度变化比较小（表2-1）。应当说明的是，用光焊丝焊接时，电弧不稳定，焊缝易产生气孔。因此，光焊丝无保护焊接在工程中没有实用价值。

表2-1 低碳钢无保护焊时母材及焊缝的性能比较

性能指标	抗拉强度 σ_b/MPa	伸长率 δ（%）	弯曲角 α/（°）	冲击吸收功 A_K/J
母材	390～440	25～30	180	>117.6
焊缝	334～390	5～10	20～40	3.9～19.6

为了使熔焊方法成为工程结构制造的重要加工手段，就应当提高焊缝金属的质量，就必须尽量减少焊缝中有害杂质的含量，减少有益合金元素的烧损，使焊缝金属得到合适的化学成分。因此，焊接化学冶金的首要任务就是对焊接区的金属加强保护，使它们不受到氧化、氮化等空气的有害作用。

2. 金属保护的形式与效果

大多数熔焊方法，都是基于对金属进行保护的考虑而发展和完善起来的。焊接实践中，已经找到许多保护材料（如焊条药皮、焊剂、药芯焊丝和各种保护气体等）和保护手段。熔焊方法的保护方式见表 2-2。

表 2-2 熔焊方法的保护方式

保护方式	熔焊方法
熔渣保护	埋弧焊、电渣焊、不含造气成分的焊条和药芯焊丝焊接
气体保护	气焊、在惰性气体和其他保护气体（如 CO_2、混合气体）中焊接
气体和熔渣联合保护	使用具有造气成分的焊条和药芯焊丝焊接
真空保护	真空电子束焊接
自保护	用含有脱氧、脱氮剂的自保护焊丝焊接

但是，各种保护方式的保护效果是不同的。例如，焊条药皮和药芯焊丝内填充的药粉一般是由造渣剂、造气剂及铁合金等组成的，这些物质在焊接过程中能形成气体和熔渣联合保护。造渣剂熔化后形成熔渣，覆盖在熔滴和熔池的表面上，将空气隔开。熔渣凝固后，在焊缝上面形成渣壳，它可以防止处于高温的焊缝金属与空气接触。同时，造气剂（如有机物、碳酸盐等）受热后分解出大量气体。据计算，熔化 100g 焊芯时，焊条可以析出 2500 ~ 5080mL 的气体，这些气体在焊条药皮的套筒中被电弧加热而膨胀，并形成定向气流吹向熔池，从而使焊接区与空气隔离。使用焊条和药芯焊丝焊接时的保护效果，取决于它们的保护材料含量、熔渣的性质和焊接参数等。用熔敷金属中的含氮量可以说明保护的效果如何。随着药芯中保护材料含量的增加，熔敷金属中的含氮量减少，就表明保护的效果好（图 2-1）。焊条熔化时析出的气体数量越多，熔敷金属中的含氮量越少（图 2-2）。工业生产中使用的焊条和药芯焊丝，其焊缝中氮的质量分数约为 0.010% ~0.014%（低碳钢为 0.004%），证明这种保护基本上是可靠的。

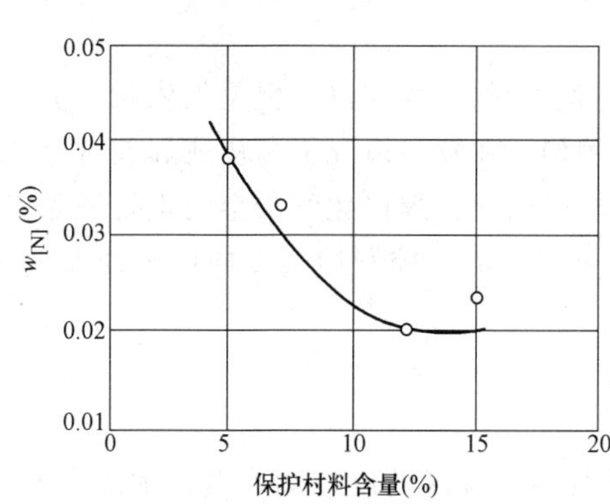

图 2-1 熔敷金属中的含氮量与药芯中保护材料含量的关系

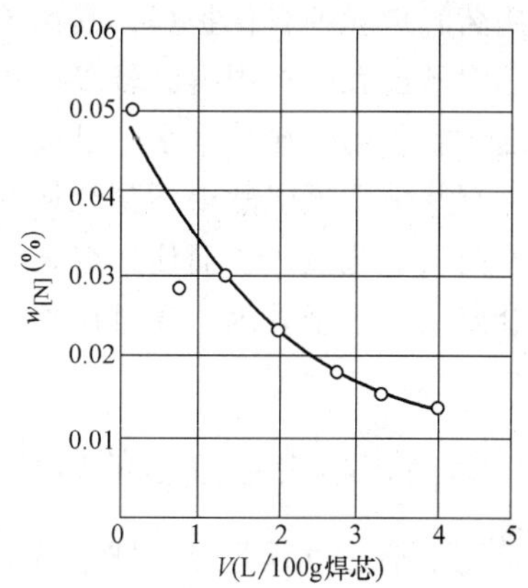

图 2-2 焊条熔化时析出气体的数量 V 对熔敷金属含氮量的影响

埋弧焊是利用焊剂熔化以后形成的熔渣隔离空气而保护金属的。它的保护效果取决于焊剂的结构和颗粒度。例如，多孔型的浮石状焊剂比玻璃状焊剂具有更大的表面积，吸附的空气更多，因此保护效果较差。试验表明，焊剂的颗粒度越大，其松装密度（单位体积内焊剂的质量）越小，透气性越大，焊缝金属中的含氮量越多，说明保护效果越差（表 2-3）。然而并不是焊剂的松装密度越大越好，因为当熔池中有大量气体析出时，如果焊剂的松装密度过大，则透气性减小，这将阻碍气体外逸，使焊缝中形成气孔，或在焊缝金属表面出现压坑等缺欠，所以焊剂应当具有适当的透气性。埋弧焊的焊缝中氮的质量分数一般为 0.002% ~0.007%，显然，比焊条电弧焊的保护效果好。

表 2-3 高硅中锰低氟焊剂的松装密度与焊缝含氮量的关系

松装密度/（kg/m^3）	透气性 K①	焊缝金属中氮的质量分数（%）
550	3800	0.0094
800	3000	0.0043
1000	2500	0.0022
1200	2000	0.0022

① 利用测定造型混合物透气性的方法测定，以无因次系数 K 作为指标。

气体保护焊的保护效果取决于保护气体的性质与纯度、焊炬的结构以及气流特性等因素。通常情况下，氩、氦等惰性气体的保护效果比较好。因此，它适用于焊接合金钢和化学活泼性强的金属及其合金。

真空保护多指利用电子束焊接。电子束焊接是在真空度高于 1.33×10^{-2}Pa 的真空室内进行的，所以它的保护效果最理想。这时虽然不能把空气完全排除掉，但是随着真空度的提高，可以把氧和氮的有害作用降到最小。

自保护焊是利用自保护焊丝在空气中焊接的一种工艺方法。自保护焊丝是不需要外加气体或焊剂保护，仅依靠焊丝自身的合金元素及在高温时的反应，以防止空气中的氧、氮等气体侵入和补充合金成分的一种焊丝。由于自保护焊不是采用隔离空气的方法来保护金属，而是在焊丝中加入脱氧剂和脱氮剂，把从空气中进入熔化金属中的氧和氮脱出来，故称自保护。采用药芯焊丝的自保护焊，其保护形式及效果与采用焊条、焊剂的情况类似。目前，自保护药芯焊丝已在生产中得到较多应用。

总之，目前的焊接技术水平已成功地解决了隔离空气的技术难点，但是仅依靠保护熔化金属，在有些情况下仍然得不到合格的焊缝成分。例如，在较多情况下药皮或焊剂对金属具有程度不同的氧化性，从而使焊缝金属的含氧量增加。因此，焊接化学冶金的重要任务就是对熔化金属进行冶金处理，通过调整焊接材料的成分和性能，控制冶金反应的方向及速度，从而获得理想的焊缝成分。

2.1.2 焊接化学冶金过程的区域性与连续性

焊接化学冶金过程是分区域（或阶段）连续进行的，各区的反应物性质、浓度、温度、反应时间、相接触面积、对流及搅拌运动等反应条件也有着较大的差异。反应条件的不同，也就影响着反应进行的可能性、方向、速度及限度。

不同的焊接方法有不同的反应区。焊条电弧焊时有三个反应区：药皮反应区、熔滴反应区和熔池反应区，如图 2-3 所示；熔化极气体保护焊只有熔滴反应区和熔池反应区；钨极氩弧焊及电子束焊则只有熔池反应区。现以焊条电弧焊为例，分析如下：

1. 药皮反应区

在电弧热的作用下，焊条端部的固态药皮开始发生物理化学反应，主要是水分的蒸发、某些物质的分解及铁合金的氧化。这一区域的温度范围是从100℃至焊条药皮的熔点（对于结构钢焊条约为1200℃）。

当焊条药皮被加热时，其中的吸附水就开始蒸发。加热温度超过100℃，吸附水全部蒸发完。加热温度超过200～400℃时，药皮中某些组成物（如白泥、白云母）中的结晶水将被排除。化合水则需要更高的温度才能析出。当药皮加热到一定温度时，其中的有机物（如木粉、纤维素等）开始分解和燃烧，形成CO_2、CO及H_2等气体。药皮中所含的碳酸盐和高价氧化物也要发生分解，如菱苦土（$MgCO_3$）、大理石（$CaCO_3$）、赤铁矿（Fe_2O_3）与锰矿（MnO_2）等分解形成CO_2与O_2等气体。

药皮反应阶段中的物理化学反应形成了大量的气体，这些气体一方面对熔化金属起机械保护作用；另一方面对母材和药皮成分中的锰铁、钛铁等铁合金起强烈的氧化作用。当温度达到600℃以上时，药皮中的铁合金就会发生明显的氧化，使气体的氧化性大大下降。这个过程就是"先期脱氧"，这将在本章的熔渣脱氧反应中讨论。

总之，药皮反应阶段的反应产物为熔滴阶段及熔池阶段提供了反应物。这一阶段对于焊接化学冶金的全过程及焊接质量有着重要的影响。

2. 熔滴反应区

焊条金属熔化后，是以熔滴形式过渡到熔池中去的。从熔滴的形成、长大，以及过渡到熔池中，这一阶段称为熔滴反应区。这个反应区与炼钢冶金相比，有如下特点：

（1）熔滴温度高、过热度大　对于钢材的电弧焊接，熔滴的平均温度为1800～2400℃，所以，熔滴的过热度为300～900℃，而炼钢时达不到这样高的温度。

（2）熔滴金属与气体、熔渣的接触面积大　通常，熔滴的比表面积为$1\times10^3\sim1\times10^4cm^2/kg$。比炼钢时约大$1\times10^3$倍。

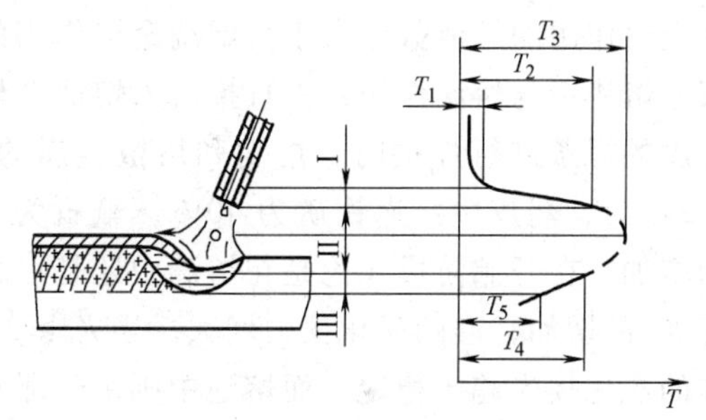

图2-3　焊接化学冶金反应区

Ⅰ—药皮反应区　Ⅱ—熔滴反应区　Ⅲ—熔池反应区　T_1—药皮开始反应温度　T_2—焊条端部熔滴温度　T_3—弧柱间熔滴温度　T_4—熔池最高温度　T_5—熔池凝固温度

（3）各相之间的冶金反应时间短　熔滴在焊条末端长大及停留的时间仅为$1\times10^{-2}\sim1\times10^{-1}s$。熔滴向熔池过渡的速度高达2.5～10m/s，熔滴经过弧柱区的时间只有$1\times10^{-4}\sim1\times10^{-3}s$。因此，在熔滴反应区各相接触的时间约为$1\times10^{-2}\sim1s$。所以，熔滴阶段的反应主要是在焊条末端进行的。

（4）熔滴金属与熔渣发生强烈混合　焊条熔化时不仅熔滴表面包着一层熔渣，而且熔滴内部也包含熔渣质点，其最大尺寸可达50μm。熔滴金属与熔渣的混合不仅增加了两相的接触面积，而且有利于反应物及产物的运动，从而使反应速度加快。

总之，在熔滴反应区的冶金反应时间比较短暂，由于该区的温度很高、相接触面积较大以及液态金属与熔渣的强烈混合，所以冶金反应最激烈。许多冶金反应在熔滴反应区内可以进行到接近终了的程度，因此对于焊缝成分的影响很大。在熔滴反应区内进行的主要物理化学反应有：金属的蒸发，气体的分解及溶解，金属及其合金成分的氧化与还原，以及焊缝金属的合金过渡等。

3. 熔池反应区

熔滴和熔渣落入到熔池中，立即与熔池中的液态金属混合。同时，各相之间仍然进行着复杂的物理化学反应，直至温度降低，熔池金属凝固而形成焊缝金属。熔池反应区有以下两个特点：

（1）熔池反应区的物理条件 熔池的温度分布是很不均匀的。它的前半部分由于温度高而进行金属的熔化、气体的吸收，有利于吸热反应。熔池的后半部分由于温度下降而进行着金属的凝固、气体的逸出，并且有利于放热反应。所以，同一个反应在熔池的两个部分可以向相反的两个方向进行。

熔池的平均温度比较低，约为1600～1900℃。它的比表面积较小，约为3～130cm^2/kg。反应时间稍长一些，但也不超过几十秒，焊条电弧焊时熔池存在时间约为3～8s，埋弧焊时约为6～25s。由于熔池的强烈搅拌运动，加快了反应速度，同时也为熔池中的气体及非金属质点的逸出创造了良好的条件。

（2）熔池反应区的化学条件 熔池反应区中反应物的浓度与平衡浓度之差比熔滴反应区小。所以，在相同的条件下，熔池中的反应速度比熔滴阶段要小。

此外，当焊条药皮质量系数 K_b（单位长度焊条的药皮与焊芯质量之比）较大时，与熔池金属作用的熔渣数量大于与熔滴金属作用的熔渣数量。其原因是：当 K_b 较大时，则有一部分熔渣不与熔滴作用，而直接流入熔池中与液体金属进行冶金反应。图2-4为具有氧化型药皮的焊条进行焊接时，熔滴和熔敷金属的含硅量与 K_b 的关系，焊芯为H35MnSi（w_{Si} = 1.24%），药皮中：赤铁矿为40%，氟石为60%（质量分数）。从该图可以看出：随着 K_b 的增加，在开始阶段无论是在熔滴中还是在熔敷金属中，含硅量都迅速减少。这就表明，随着 K_b 的增加，硅的氧化损失增大。当 $K_b \geqslant 0.18$（相当于焊条药皮厚度为1mm）时，熔滴中硅的氧化损失趋于稳定，而熔池中则由于那些未与熔滴作用的熔渣而使硅继续氧化，所以熔敷金属中的含硅量一直下降。从这个试验结果中可以推论出：焊条存在一个临界的药皮厚度 δ_0，超过 δ_0 的药皮所形成的熔渣不与熔滴接触，只与熔池金属进行反应。所以，增加焊条药皮厚度可以加强熔池反应区的冶金反应。显然，临界的药皮厚度 δ_0 与药皮成分和焊接参数有关。

最后还应指出的是：熔池反应区的反应物质是不断更新的，由于熔池前半部分不断熔化新的母材，焊芯和药皮熔化后也进入熔池，而凝固的金属和熔渣从熔池的后半部分不断地退出熔池反应区。在焊接参数保持稳定不变的情况下，熔入与凝固的更替过程可以形成相对的稳定状态，这种情况下焊缝金属的成分是均匀的。

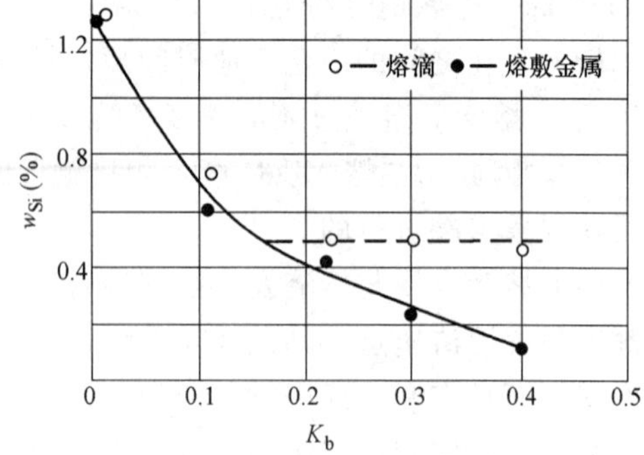

图2-4 熔滴和熔敷金属中的含硅量与 K_b 的关系

总之，熔池阶段的反应速度比熔滴阶段小，并且在全部的冶金反应中，熔池阶段的作用比较小，从合金元素在熔池阶段被氧化的程度比较小就说明了这一点（表2-4）。当然，如果采用大厚度药皮的焊条时，熔池阶段的冶金作用也会是比较大的。通过以上的分析可知，焊接化学冶金过程是电弧气氛、熔渣与液态金属之间的高温多相反应，它是分区域连续进行的。在各阶段上进行冶金反应的综合结果，决定了焊缝金属的化学成分，从而影响着焊接接头的力学性能与焊接质量。

表 2-4 合金元素在不同阶段的损失

药皮	元素	元素的损失占原始含量的百分数（%）		
		总的	熔滴中	熔池中
赤铁矿 $K_b=0.5$	C	87.5	80	7.5
	Mn	97	97	0
	Si	98.3	98.3	0
大理石80%，氟石20% $K_b=0.27$	C	40	30	10.0
	Mn	47.2	29.2	18.0
	Si	75	47.5	27.5

2.1.3 焊接工艺条件对化学冶金反应的影响

焊接方法及焊接参数的不同，必然引起化学冶金反应条件（反应温度、反应时间和反应物的种类、数量及含量等）的不同，因此就会影响到冶金反应的过程及结果。

1. 熔合比的影响

焊缝金属是由熔化了的母材与填充金属组成的。熔焊时，被熔化的母材部分在焊道金属中所占的比例，称为熔合比。熔合比与焊接方法、焊接参数、板厚和坡口的形式及尺寸、母材性质以及焊接材料种类等许多因素有关，焊接方法、接头形式、母材厚度对低碳钢熔合比的影响见表2-5。熔合比可通过实测的方法得到。

表 2-5 焊接工艺条件对低碳钢熔合比的影响

焊接方法	接头形式	母材厚度/mm	熔合比 θ
焊条电弧焊	I形坡口对接	2~4	0.4~0.5
		10	0.5~0.6
	V形坡口对接	4	0.25~0.5
		6	0.2~0.4
		10~20	0.2~0.3
	角接及搭接	2~4	0.3~0.4
		5~20	0.2~0.3
	堆焊	—	0.1~0.4
埋弧焊	对接	10~30	0.45~0.75

当填充金属与母材的化学成分不同时，熔合比对焊缝金属的成分有很大的影响。假设在焊接过程中合金元素没有任何损失，此时焊缝金属中的合金元素含量称为原始含量，它与熔合比的关系为

$$C_0 = \theta C_b + (1-\theta) C_e \qquad (2\text{-}1)$$

式中 C_0——某元素在焊缝金属中的原始含量（%）；

θ——熔合比；

C_b——该元素在母材中的含量（%）；

C_e——该元素在焊条中的含量（%）。

然而在焊接时，焊条中的合金元素实际上是有损失的，母材中的合金元素几乎可以全部过渡到焊缝金属中。因此，焊缝金属中合金元素的实际含量 C_w 为

$$C_w = \theta C_b + (1-\theta) C_d \tag{2-2}$$

式中 C_w——某元素在焊缝金属中的实际含量（%）；

C_d——熔敷金属（完全由填充金属熔化后所形成的那部分焊缝金属）中该元素的实际含量（%）。

C_b、C_d、θ 均可由技术资料中查得或通过化学分析及实测得到，从而可以计算出焊缝的化学成分。

从式（2-2）可以看出：通过调整熔合比可以改变焊缝金属的化学成分。这个结论对于焊接生产具有重要的实用价值。例如，在堆焊时应当调整焊接参数，使熔合比尽可能小，以减少母材成分对堆焊层性能的影响。在异种钢焊接时，熔合比对焊缝的成分及性能的影响更大，因此应当根据熔合比进行焊接材料的选择。

2. 熔滴过渡特性的影响

熔滴阶段的反应时间就是熔滴存在的时间。试验表明，熔滴存在的时间随着焊接电流的增加而变短，随着电弧电压的增加而变长。因此，可以推论出：随着焊接电流的增加，冶金反应进行的程度会减小；随着电弧电压的增加，冶金反应进行的程度会增大。例如，采用相同配方分别制成焊条与药芯焊丝，研究焊接参数与熔敷金属中含硅量的关系，研究结果发现熔敷金属中的含硅量随着电弧电压的增加和焊接电流的减小而增加（图 2-5）。在 CO_2 气体保护焊时，增大焊接电流会使熔滴过渡的频率增大，由于氧化反应时间变短，所以硅的氧化损失率减小（图 2-6）。

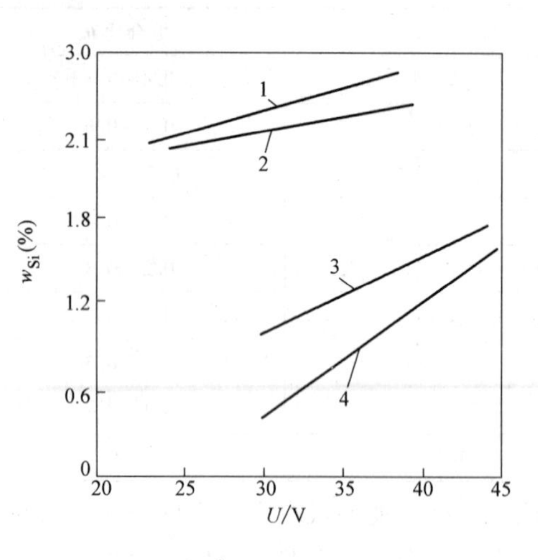

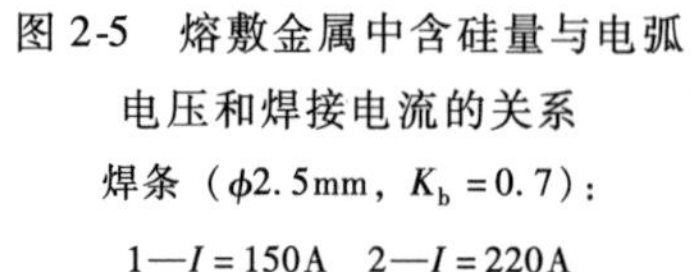

图 2-5 熔敷金属中含硅量与电弧电压和焊接电流的关系

焊条（ϕ2.5mm，K_b = 0.7）：

1—I = 150A 2—I = 220A

药芯焊丝（ϕ4mm，K_b = 0.66）：3—I = 240A 4—I = 410A

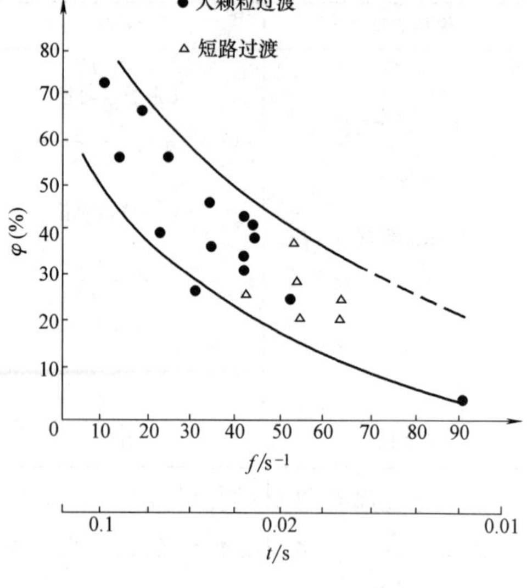

图 2-6 低碳钢 CO_2 堆焊时熔滴过渡频率 f 和过渡时间 τ 与硅的氧化损失率 φ 的关系

2.1.4　焊接化学冶金系统的不平衡性

焊接化学冶金系统是复杂的高温多相反应系统。由物理化学可知，多相反应是在相界面上进行的，并与传热、传质、动量传输过程密切相关。对于焊条电弧焊和埋弧焊，系统中有液态金属、熔渣和电弧气氛三个相互作用的相；电渣焊主要是液态金属和熔渣之间的作用；而气体保护焊主要是气相与金属之间的相互作用。由于影响多相反应的方向、速度和限度的因素很多，这就使焊接化学冶金研究工作的难度较大。

焊接化学冶金反应系统平衡的可能性曾引起许多学者的关注。近年来多数研究认为，焊接区的不等温条件排除了整个系统平衡的可能性。但是，在系统中的个别部分可能出现某个反应的短暂平衡状态。试验表明，焊缝金属的最终成分与熔池凝固温度下的平衡成分相差较远。然而，各种反应距离平衡的远近程度是不同的。系统的不平衡性是焊接化学冶金过程的特点。因此，不能直接应用热力学平衡的计算公式定量地分析焊接化学冶金反应，但是作为定性分析还是有益的。例如，通过热力学计算可以确定焊接化学冶金反应最大可能的方向、发展的趋势以及影响因素等。

2.2　焊接区内的气体

焊接过程中，焊接区内存在着大量的气体，这些气体不断地与熔化金属发生冶金反应，从而影响焊缝金属的成分和性能。

2.2.1　气体的来源

1. 焊接材料

焊接区内的气体主要来源于焊接材料。一般焊条药皮、焊剂及焊丝药芯中都含有造气剂，药皮及焊剂中的高价氧化物和水分也是气体的重要来源。气体保护焊时，焊接区内的气体主要是所采用的保护气氛及其杂质，如氧、氮、水蒸气等。

2. 热源周围的气体介质

热源周围的空气是难以避免的气体来源，而焊接材料中的造气剂所产生的气体，并不能完全排除焊接区内的空气。焊条电弧焊时，侵入电弧中的空气约占 3% 左右。

3. 焊丝和母材表面上的杂质

焊丝表面和母材坡口附近的铁锈、油污以及吸附水等，在焊接过程中受热而析出气体进入气相中。

2.2.2　气体的产生

除直接输送和侵入焊接区内的气体外，焊接过程中所进行的物理化学反应也产生了不少气体。

1. 有机物的分解和燃烧

焊条药皮中常含有淀粉、纤维素、糊精等有机物，作为造气剂和焊条涂料的增塑剂。这些物质以及焊丝、母材表面的油污等受热以后，发生复杂的分解和燃烧反应，放出气体，这种反应称为热氧化分解反应。纤维素的热氧化分解反应为

$$(C_6H_{10}O_5)_m + \frac{7}{2}mO_2 = 6mCO_2 + 5mH_2 \tag{2-3}$$

色谱分析证明，反应产物主要是 CO_2，并且还有少量的 CO、H_2、烃和水蒸气。研究表明，有机物加热到 220～250℃时，就开始分解。因此，对于含有机物的焊条，烘干温度应控制在 150℃左右，不应超过 200℃。

2. 碳酸盐和高价氧化物的分解

（1）碳酸盐的分解　焊接材料常用的碳酸盐有 $CaCO_3$、$MgCO_3$ 和 $BaCO_3$ 等。当加热超过某一温度时，碳酸盐开始分解，产生 CO_2 气体。$CaCO_3$ 和 $MgCO_3$ 的分解反应及分解产物的气相分压如下所示

$$CaCO_3 = CaO + CO_2$$

$$\lg p_{CO_2} = -\frac{8920}{T} + 7.54 \tag{2-4}$$

$$MgCO_3 = MgO + CO_2$$

$$\lg p_{CO_2} = -\frac{5785}{T} + 6.27 \tag{2-5}$$

空气中 CO_2 的分压为 30.4Pa。利用式（2-4）和式（2-5）可以计算出在空气中 $CaCO_3$ 开始分解的温度为 545℃，$MgCO_3$ 为 325℃。假设电弧气氛的总压力为 $p = 101\text{kPa}$（即 1atm），并且认为 $p_{CO_2} = p = 101\text{kPa}$，则可计算出 $CaCO_3$ 剧烈分解的温度为 910℃，$MgCO_3$ 为 650℃。显然，在焊接条件下它们是能够完全分解的。

对于含 $CaCO_3$ 的焊条，选择的烘干温度不应超过 450℃，对于含 $MgCO_3$ 的焊条则不应超过 300℃。

（2）高价氧化物的分解　焊接材料中常用的高价氧化物有 Fe_2O_3 和 MnO_2，它们在焊接过程中发生的逐级分解反应如下

$$6Fe_2O_3 = 4Fe_3O_4 + O_2$$

$$2Fe_3O_4 = 6FeO + O_2$$

$$4MnO_2 = 2Mn_2O_3 + O_2$$

$$6Mn_2O_3 = 4Mn_3O_4 + O_2$$

$$2Mn_3O_4 = 6MnO + O_2$$

上述逐级分解的结果是生成大量的氧气和低价氧化物。

3. 材料的蒸发

焊接过程中，在电弧的高温作用下由于焊接材料中的水分、金属元素和熔渣的各种成分发生蒸发而形成大量的蒸气。各种物质的蒸发与它们的饱和蒸气压（或沸点）、在溶液中的浓度、系统的总压力和焊接参数等因素有关。

在一定温度下，物质的沸点越低越容易蒸发。由表 2-6 可知，金属元素中 Zn、Mg、Pb、Mn 的沸点较低，因此它们在熔滴反应区最容易蒸发，所以在焊接黄铜、Al-Mg 合金及铅时，一定要做好安全防护工作，以保障焊工的身体健康。在氟化物中，AlF_3、KF、LiF 及 NaF 的沸点都较低，因此易于蒸发，如果在焊条药皮中增加这些氟化物的含量，就会使焊接烟尘量增加。显然，这一点在配制焊接材料时应当重视，并予以解决。

如果物质处于溶液当中，则物质的浓度越高，其饱和蒸气压越大，越容易蒸发。因此，

在焊接铁合金时，虽然铁的沸点较高，但由于铁的浓度较大，使得气相中铁的蒸气也相当多。

表 2-6 纯金属和氟化物的沸点

物质	沸点/℃	物质	沸点/℃	物质	沸点/℃	物质	沸点/℃
Zn	907	Al	2327	Ti	3127	LiF	1670
Mg	1126	Ni	2459	C	4502	NaF	1700
Pb	1740	Si	2467	Mo	4804	BaF_2	2137
Mn	2097	Cu	2547	AlF_3	1260	MgF_2	2239
Cr	2222	Fe	2753	KF	1500	CaF_2	2500

总之，焊接过程中的蒸发现象使气相中的成分和冶金反应复杂化，这不仅造成合金元素的损失，而且容易产生焊接缺欠。由于蒸发也增加了焊接烟尘和环境污染，影响焊工的身体健康，因此在实际工作中应注意防止材料的蒸发。

2.2.3 气体的分解

电弧空间的气体状态可以是分子、原子及离子态。由于不同的气体状态对气体在金属中的溶解和与金属的作用有较大的影响，所以必须研究焊接区内的气体是如何分解的。

1. 简单气体的分解

气相中的简单气体如 N_2、H_2、O_2 等双原子气体，对焊接质量的影响很大。

在电弧空间，气体受热而使其原子的振动和旋转能增加，当原子的能量达到足够大时，将使原子键断开，分解为单个原子或离子与电子。表 2-7 为某些气体分解反应在标准状态下的热效应 ΔH_{298}^0，这些反应都是吸热反应。由表中的数据可以比较各种气体或同一种气体按不同方式进行分解的难易程度。

表 2-7 气体分解反应在标准状态下的热效应 ΔH_{298}^0

编号	反应式	ΔH_{298}^0/（kJ/mol）	编号	反应式	ΔH_{298}^0/（kJ/mol）
1	$F_2 = F + F$	-270	6	$CO_2 = CO + \frac{1}{2}O_2$	-282.8
2	$H_2 = H + H$	-433.9	7	$H_2O = H_2 + \frac{1}{2}O_2$	-483.2
3	$H_2 = H + H^+ + e$	-1745	8	$H_2O = OH + \frac{1}{2}H_2$	-532.8
4	$O_2 = O + O$	-489.9	9	$H_2O = H_2 + O$	-977.3
5	$N_2 = N + N$	-711.4	10	$H_2O = 2H + O$	-1808.3

设双原子气体分解反应的平衡常数为 K_p，分解后混合气体的总压力为 p_0，则分解度（分解的分子数与原有分子总数之比）α 可表示为

$$\alpha = \sqrt{\frac{K_p}{K_p + 4p_0}} \qquad (2\text{-}6)$$

利用式（2-6）可以计算出双原子气体的分解度 α 与温度的变化关系曲线，如图 2-7 所示。从图 2-7 可以看出：在焊接温度（5000K）时，氢和氧的分解度很大，绝大部分以原子

状态存在，而氮的分解度很小，基本上以分子状态存在。

2. 复杂气体的分解

焊接时气相中常见的复杂气体有 CO_2 和 H_2O。在电弧的热作用下，CO_2 可按表 2-7 中编号 6 的反应式进行分解，分解反应的产物是 CO 和 O_2，使气相的氧化性增加。CO_2 的分解度如图 2-8 所示。从图中可以看出，在 4000K 时，CO_2 的分解度是很大的。

水蒸气的分解是比较复杂的，它可按表 2-7 中编号 7～10 的反应式进行分解。由热力学计算可知，当温度低于 4500K 时，按编号 7 的反应式进行分解的可能性最大；当温度高于 4500K 时，按编号 10 的反应式进行分解的可能性最大。H_2O 气的分解产物有 H_2、O_2、OH、H 及 O 等。H_2O 气的分解度与温度的关系示于图 2-8 中。由于 H_2O 气的分解产物比较复杂，这不仅增加了气相的氧化性，而且增加了气相中氢的分压，其最终结果可能使焊缝金属增氧和增氢。

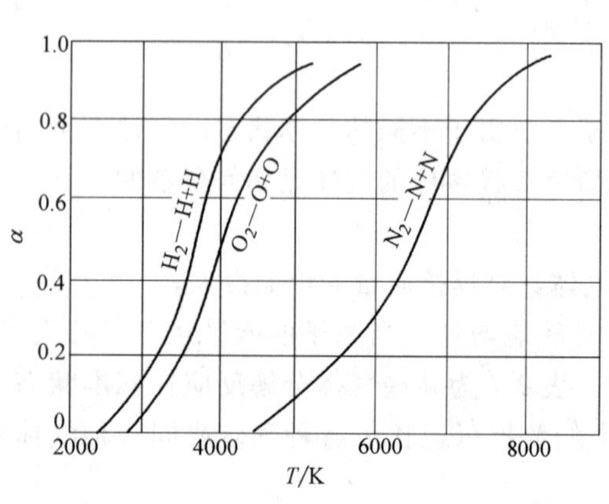

图 2-7 双原子气体的分解度 α 与温度 T 的关系（$p_0=101\text{kPa}$）

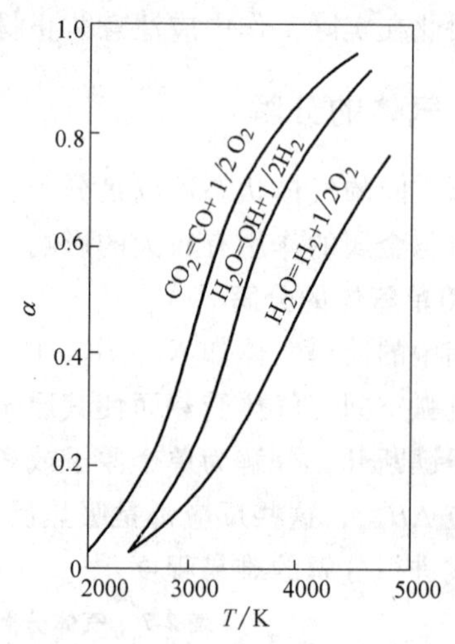

图 2-8 双原子气体的分解度 α 与温度 T 的关系（$p_0=101\text{kPa}$）

2.2.4 气相的成分

在焊接过程中，测定焊接区内气相的成分是很困难的。目前采用光谱法、色谱法测试，研究尚不成熟。常用的方法是把焊接区内的气体抽取出来，待其冷却到室温再进行分析。气体从高温冷却下来，其成分必然要发生变化。虽然测试结果不能准确反映出高温时的状况，但这对于分析气相与熔化金属的作用还是具有一定的参考价值。

焊接时气相的成分及数量随着焊接方法、焊接参数、焊条或焊剂类型等因素的不同而变化。焊接碳钢时气相冷至室温的成分见表 2-8。通过比较发现，使用低氢型焊条进行焊条电弧焊接时，气相中含 H_2 和 H_2O 少，所以称它为“低氢型”。埋弧焊和采用中性焰气焊时，由于气相中含 CO_2 和 H_2O 很少，因而氧化性很小；但是，焊条电弧焊时气相的氧化性就相对较大。

总之，电弧区内的气体是由 CO、CO_2、H_2O、N_2、H_2、O_2、金属和熔渣的蒸气以及它们分解或电离的产物所组成的混合物，其中对于焊接质量影响最大的是 N_2、H_2、O_2、CO_2

及 H_2O 等。

表 2-8 焊接碳钢时气相冷至室温的成分

焊接方法	焊条和焊剂类型	气相体积分数（%）				
		CO	CO_2	H_2	H_2O	N_2
焊条电弧焊	钛钙型	50.7	5.9	37.7	5.7	—
	钛铁矿型	48.1	4.8	36.6	10.5	—
	纤维素型	42.3	2.9	41.2	12.6	—
	钛型	46.7	5.3	35.5	13.5	—
	低氢型	79.8	16.9	1.8	1.5	—
	氧化铁型	55.6	7.3	24.0	13.1	—
埋弧焊	HJ330	86.2	—	9.3	—	4.5
	HJ431	89~93	—	7~9	—	<1.5
气焊	$\frac{O_2}{C_2H_2}=1.1\sim1.2$（中性焰）	60~66	有	34~40	有	—

2.3 气相对金属的作用

2.3.1 氮对金属的作用

焊接时电弧气氛中氮的主要来源是周围的空气。虽然不同的焊接方法都有保护措施，但是空气中的氮或多或少地会侵入焊接区，与熔化金属发生作用。

按照氮与金属作用的特点，可将金属分为两类：一种是不与氮发生作用的金属，如 Cu、Ni、Ag 等，它们既不溶解氮，又不形成氮化物，因此焊接这类金属时，可以使用氮作为保护气体；另一种是与氮发生作用的金属，如 Fe、Mn、Ti、Si、Cr 等。它们既能溶解氮，又能与氮形成稳定的氮化物，因此焊接这类金属时，防止焊缝金属的氮化是非常重要的，工业生产中的金属材料多为这类金属及其合金，所以本节重点讨论这类金属与氮的作用。

1. 氮在金属中的溶解

气体的溶解过程分为以下四个阶段：

1）气体分子向气体与金属两相界面处运动。

2）气体分子被金属表面吸附。

3）在金属表面上，气体分子分解为原子。

4）气体原子穿过金属表面层，并向金属内部扩散。

气体的溶解过程不受电场的影响，它属于纯化学溶解。

氮在金属中的溶解反应可表示为

$$N_2 = 2[N] \tag{2-7}$$

由式（2-7）可以求出氮在金属中的溶解度 S_N（平衡时的含量）

$$S_N = K_{N_2}\sqrt{p_{N_2}} \tag{2-8}$$

式中 K_{N_2}——氮溶解反应的平衡常数，取决于温度和金属的种类；

p_{N_2}——气相中分子氮的分压。

式（2-8）称为平方根定律。从式中可知，降低气相中氮的分压可以减少金属中的含氮量。

通过计算，可以得到氮在铁中的溶解度与温度的关系，如图 2-9 所示，其中 $p_{N_2}+p_{Fe}=$ 101kPa（1atm）。从图 2-9 中可知，氮在液态铁中的溶解度随着温度的升高而增大。当温度为 2200℃时，氮的溶解度达到最大值，为 47cm^3/100g；继续升高温度，氮的溶解度急剧下降，至铁的沸点 2750℃时，氮的溶解度为零，这是金属的蒸气压急剧增加的结果。此外，在液态铁凝固时，氮的溶解度发生突变，降低至 1/4 左右。

在液体铁中加入 C、Si、Ni，会减少氮的溶解度；而加入 V、Nb、Cr，会增加氮的溶解度。

电弧焊时的气体溶解过程比普通的气体溶解过程要复杂得多，所以电弧焊时熔化金属所吸收的氮量高于平衡含量（溶解度）。其原因主要是，在电弧中受激的氮分子，特别是氮原子的溶解速度高于没有受激的氮分子；电弧中的氮离子 N^+ 可在阴极溶解；在氧化性电弧气氛中形成的 NO，遇到温度较低的液态金属时又分解为 N 和 O，此时 N 会迅速溶于金属中。

2. 氮对焊接质量的影响

1）在碳钢焊缝中，氮是有害杂质，是促使焊缝产生气孔的主要原因之一。由于液态金属在高温时可以溶解大量的氮，而在凝固结晶时氮的溶解度突然下降。这时过饱和的氮以气泡的形式从熔池中逸出，如果焊缝金属的结晶速度大于氮的逸出速度时，就形成气孔。此外，因保护不良而产生的气孔，一般都与氮有关，例如焊条电弧焊的引弧端和弧坑处的气孔。

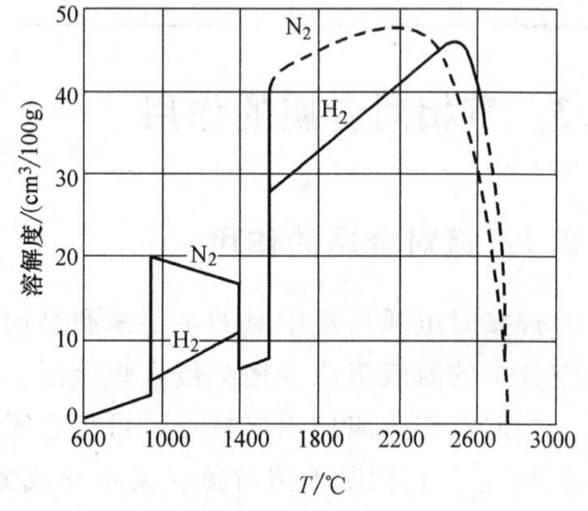

图 2-9 氮和氢在铁中的溶解度与温度的关系

2）氮是提高低碳钢、低合金钢焊缝金属强度，降低塑性和韧性的元素。室温下氮在 α-Fe 中的溶解度仅为 0.001%。如果熔池中含有比较多的氮，由于焊接时冷却速度很大，一部分氮将以过饱和的形式存在于固溶体中；另一部分氮则以针状氮化物 Fe_4N 的形式析出，分布于晶界或晶内，因而使焊缝金属的强度、硬度升高，而塑性、韧性，特别是低温冲击韧度急剧下降（图 2-10 和图 2-11）。

3）氮是促使焊缝金属时效脆化的元素。焊缝金属中过饱和的氮处于不稳定状态，随着时间的延长，过饱和的氮逐渐析出，形成稳定的针状氮化物 Fe_4N，因而使焊缝金属的强度增高，塑性、韧性降低。如果在焊缝金属中加入能形成稳定氮化物的元素，如 Ti、Al、Zr 等，则可以抑制或消除时效现象。

3. 控制焊缝含氮量的措施

为消除氮对焊缝金属的有害作用，必须分析焊缝含氮量的影响因素，确定控制含氮量的措施。

（1）加强焊接区的保护　如果氮溶入液态金属中，再把它脱出来就非常困难；所以控制含氮量的主要措施就是加强保护，防止空气侵入焊接区，与液态金属发生作用。然而各种焊接工艺方法的保护效果是不同的，可以从焊缝的含氮量数据来衡量保护效果的优劣（表 2-9）。

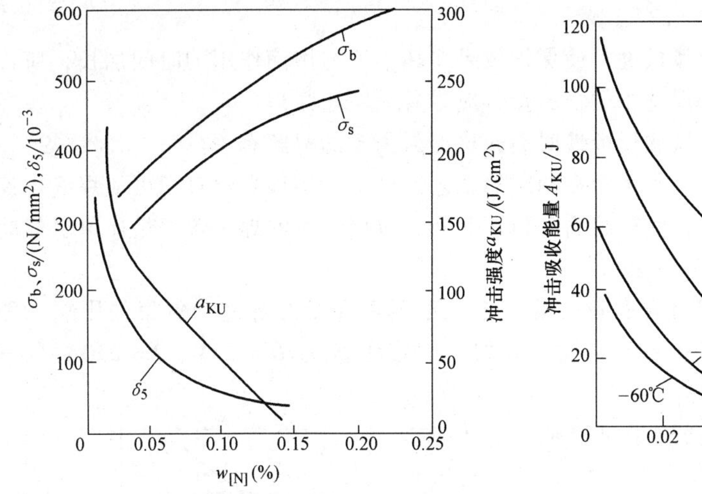

图 2-10　氮对焊缝金属常温力学性能的影响

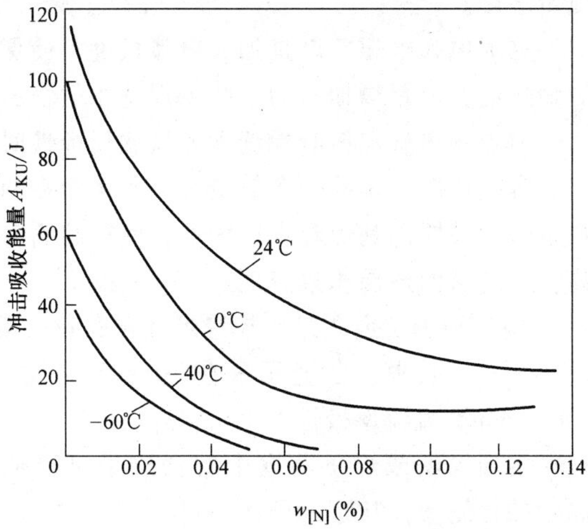

图 2-11　氮对低碳钢焊缝低温冲击韧度的影响

表 2-9　用不同焊接方法焊接低碳钢时焊缝的含氮量

焊接方法		$w_{[N]}$（%）	焊接方法	$w_{[N]}$（%）
焊条电弧焊	钛型焊条	0.015	埋弧焊	0.002～0.007
	钛铁矿型焊条	0.014	CO_2 气体保护焊	0.008～0.015
	纤维素型焊条	0.013	熔化极氩弧焊	0.0068
	低氢型焊条	0.010	药芯焊丝明弧焊	0.015～0.04
气焊		0.015～0.020	实心合金焊丝自保护焊	<0.12

焊条电弧焊时的保护作用，主要取决于焊条药皮的成分与数量。通常以药皮质量系数 K_b 表示单位长度焊芯上药皮数量的多少。试验结果表明：随着 K_b 的增加，焊缝的含氮量下降。当 $K_b > 30\%$ 时，焊缝中氮的质量分数保持在 0.04%～0.05% 的水平不再下降。此外，如果 K_b 过大，焊条的工艺性能变坏。所以，单纯用增加 K_b 的方法加强保护是有局限性的。如果在焊条药皮中加入碳酸盐、有机物等造气剂，可以形成气渣联合保护，使焊缝中氮的质量分数下降到 0.02% 以下（图 2-12）。药芯焊丝的保护效果，主要取决于保护成分的含量（图 2-1）和形状系数（单位长度药芯焊丝腔体内金属带的质量与外壳金属带质量的比值）。形状系数为 1.3 的双层结构比形状系数为 0 的管状结构的保护效果要好。

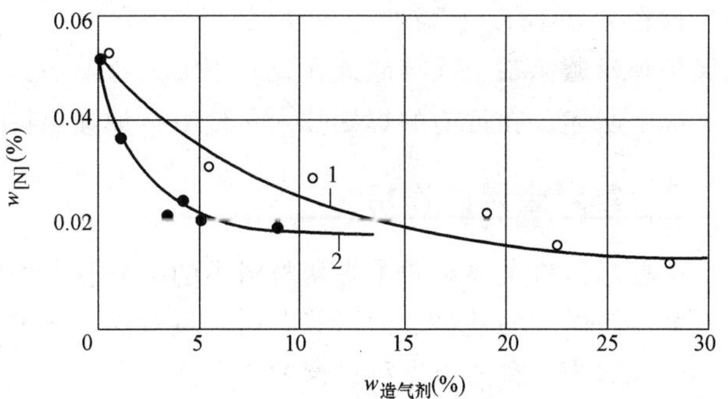

图 2-12　气渣联合保护型焊条药皮中造气剂数量与焊缝含氮量的关系

1—碱性焊条：$K_b = 35\%$，造气剂为 $CaCO_3$

2—氧化铁型焊条：$K_b = 40\%$，造气剂为淀粉

（2）确定合理的焊接参数　试验结果表明，焊接参数对焊缝含氮量的影响较大。

增大焊接电流，可以增加熔滴的过渡频率，从而使熔滴阶段的作用时间缩短，焊缝的含氮量下降。

增大电弧电压，就是加大电弧长度，使保护效果变坏，氮与熔滴作用的时间加长，所以焊缝中的含氮量增加。为了减少焊缝中的含氮量，应尽量采用短弧焊。

直流正极性焊接时焊缝含氮量比反极性时高，这与氮离子的溶解有关。

焊接速度对焊缝的含氮量影响不大。在相同的工艺条件下，增加焊丝直径可使焊缝含氮量下降。其原因是焊丝直径增加，使得熔滴变粗。此外，多层焊时的焊缝含氮量比单层焊时高，这与氮的逐层积累有关。

（3）利用合金元素，控制焊缝含氮量　焊丝中合金元素含量对焊缝含氮量的影响如图2-13所示。其中，合金元素在101kPa空气中焊接，焊接参数为 $U=25\text{V}$、$I=250\text{A}$、$v=20\text{cm/min}$、直流反极性。

增加焊丝或焊条药皮中的含碳量可降低焊缝的含氮量，其原因是：

1）碳能够降低氮在铁中的溶解度。

2）碳氧化生成CO、CO_2 而加强了保护作用，降低了氮的分压。

3）碳的氧化引起熔池沸腾，有利于氮的逸出。

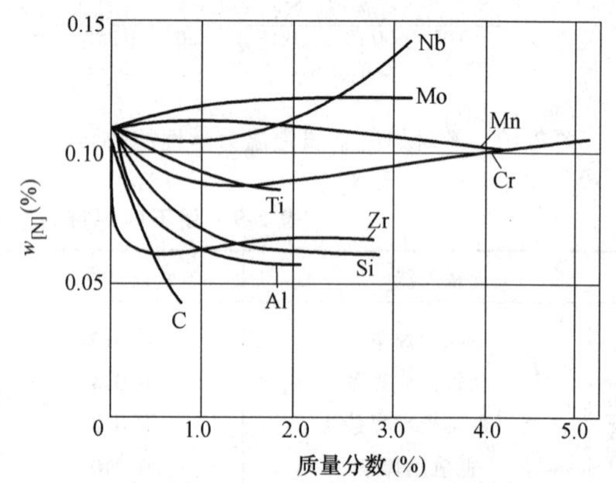

图2-13　焊丝中合金元素含量对焊缝含氮量的影响

Ti、Al、Zr和稀土元素对氮有较大的亲和力，易形成稳定的氮化物，并且这些氮化物不溶于铁液而进入熔渣中。由于这些元素对氧的亲和力也很大，可减少气相中NO的含量，这在一定程度上减少了焊缝的含氮量。自保护焊丝就是基于这种原理在焊丝中加入这一类元素进行脱氮的。

综上所述，在目前的焊接技术条件下，加强保护是控制焊缝含氮量最有效的措施。

2.3.2　氢对金属的作用

焊接时，氢主要来源于焊接材料中的水分及有机物、电弧周围空气中的水分以及焊丝和母材坡口表面上的铁锈、油污等杂质。氢对焊接质量是有害的。因此，关于焊接时氢的行为是国内外焊接学科的重点科研课题之一。

各种焊接方法的气相中含氢量和含水蒸气量见表2-8。显然，在熔焊时氢总是要与金属发生作用的。

1. 氢在金属中的溶解

按照氢与金属作用的情况，可将金属划分为两类。

（1）能形成稳定氢化物的金属　这类金属如Zr、Ti、V、Ta、Nb等。其特点是：这类金属吸收氢的反应是放热反应；温度较低时吸氢量多，温度较高时吸氢量少（图2-14）；当吸氢量较多时，可形成氢化物（ZrH_2、TiH_2、VH、TaH、NbH）；当温度超过氢化物保持稳定的临界温度时，氢化物发生分解，氢则扩散逸出；当吸氢量较少时，这类金属与氢形成固溶体。所以，焊接此类金属时，必须注意防止在固态时吸收大量的氢，否则将严重影响焊接接头的性能。

（2）不形成稳定氢化物的金属　这类金属如 Al、Fe、Ni、Cu、Cr、Mo 等。氢能够溶解于这类金属及其合金中，溶解反应是吸热反应。由于这类金属在工业中应用广泛，所以重点讨论氢在它们中的溶解过程。

焊接方法不同，氢向金属中溶解的途径也不同。例如，气体保护焊时，氢是通过气相与液态金属的界面以原子或质子的形式溶入金属的；电渣焊时，氢是通过熔渣层溶入金属的；而焊条电弧焊和埋弧焊时，氢的溶入是上述两种途径的综合结果。

当氢通过气相向金属中溶解时，其溶解度取决于氢的状态。如果氢以分子状态存在，那么它在金属中的溶解度符合平方根定律

$$S_{H_2} = K_{H_2}\sqrt{p_{H_2}} \tag{2-9}$$

式中　S_{H_2}——氢在金属中的溶解度；

K_{H_2}——氢溶解的平衡常数，是温度的函数；

p_{H_2}——气相中分子氢的分压。

如果气相中氢以分子及原子状态存在时，氢的溶解度为

$$S_{H_2,H} = K_{H_2,H}\sqrt{p_{H_2,H}^{1+\alpha}} \tag{2-10}$$

式中　$K_{H_2,H}$——氢溶解的平衡常数，是温度的函数；

$p_{H_2,H}$——分子和原子氢的分压。

当氢通过熔渣向金属中溶解时，氢或水蒸气首先溶于熔渣。溶解在熔渣中的氢主要以 OH^- 离子的形式存在。例如，对于含有自由氧离子的酸性或碱性渣

$$H_2O_{气} + (O^{2-}) \Leftrightarrow 2(OH^-) \tag{2-11}$$

对于不含自由氧离子的渣

$$H_2O_{气} + (Si_mO_n^{q-}) \Leftrightarrow 2(OH^-) + (Si_mO_{n-1}^{(q-2)-}) \tag{2-12}$$

所以，渣中自由氧离子越多，熔渣的碱度越大，水在渣中的溶解度也就越大（图 2-15）。含 SiO_2 多的熔渣中，由于自由氧离子很少，所以水的溶解度比较小。

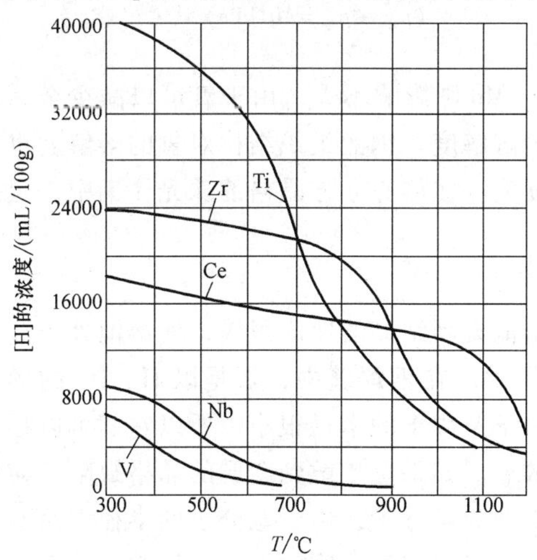

图 2-14　第一类金属吸收氢的浓度与温度的关系（p_{H_2} = 101kPa）

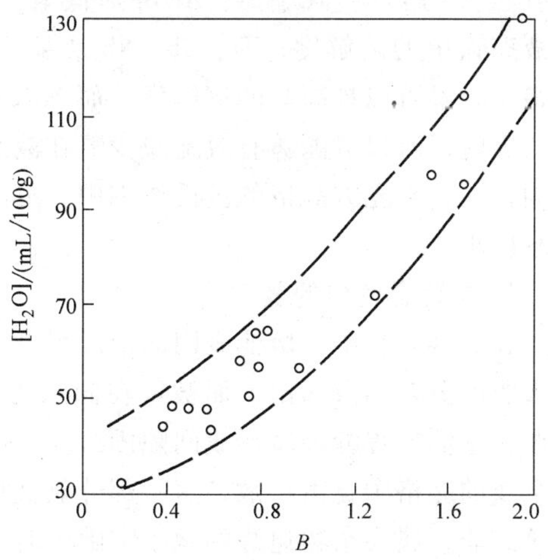

图 2-15　熔渣中水的溶解度与熔渣碱度 B 的关系（$CaO\text{-}Al_2O_3\text{-}SiO_2$ 渣系，1600℃，P_{H_2} = 101kPa）

氢从熔渣向金属中过渡的反应是

$$(Fe^{2+}) + 2(OH^-) \Leftrightarrow [Fe] + 2[O] + 2[H] \tag{2-13}$$

$$[Fe] + 2(OH^-) \Leftrightarrow (Fe^{2+}) + 2(O^{2-}) + 2[H] \tag{2-14}$$

$$2(OH^-) \Leftrightarrow (O^{2-}) + [O] + 2[H] \tag{2-15}$$

式中 ( )——熔渣中成分；

[ ]—— 金属中成分。

所以，氢通过熔渣溶入金属时，其溶解度取决于气相中氢和水蒸气的分压、熔渣的碱度和金属中的含氧量等因素。

通过计算可以得到氢在液态铁中的溶解度与温度的关系，如图 2-16 所示。从图中可以看出，氢在铁中的溶解度曲线与氮的溶解度曲线具有同样的特征。随着温度的升高，氢的溶解度增大，当温度约为 2400℃时，溶解度达到最大值 43mL/100g，说明在熔滴阶段吸收的氢比熔池阶段多。继续增加温度，由于金属的蒸气压急剧增加，使氢的溶解度迅速下降。在金属沸点温度时，氢的溶解度为 0。从图中还可以看出，在金属的变态点氢的溶解度发生突变。因此，这时很容易形成气孔、裂纹等焊接缺欠。试验表明，在焊条电弧焊时，气相中的氢不完全是分子状态的，还有相当多的原子氢与质子等。因此，焊条电弧焊时氢的溶解度比用平方根定律计算出来的数值要高得多。

氢在 Al、Cu 和 Ni 中的溶解度曲线如图 2-16 所示。它们与氢在铁中的溶解度曲线类似，具有相同的特征。

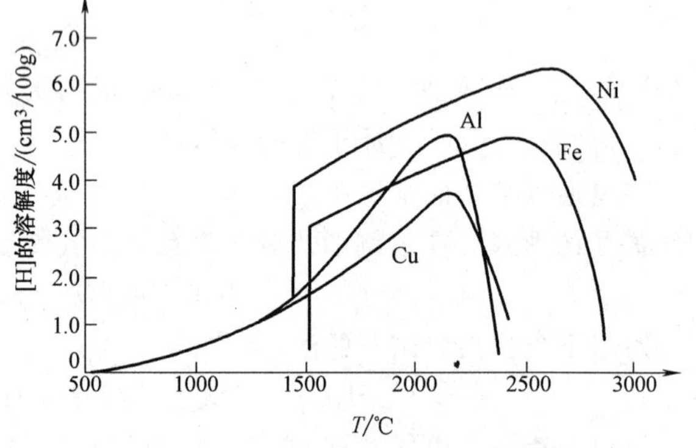

图 2-16 氢在金属中的溶解度与温度的关系

($p_{H_2} + p_{金} = 101kPa$)

此外，合金元素对氢在铁中的溶解度有较大的影响，C、Si、Al 可降低氢在液态铁中的溶解度；Ti、Zr、Nb 及某些稀土元素可以提高氢的溶解度；而 Mn、Ni、Cr、Mo 则影响不大。由于氧可以减少金属对氢的吸附，所以氧能够有效地减少氢在液态铁中的溶解度。钢的组织结构对氢的溶解度也有影响，在面心立方晶格的奥氏体钢中，氢的溶解度大；在体心立方晶格的珠光体钢中，氢的溶解度小。

2. 焊缝金属中的氢

在焊接过程中，熔池凝固而形成焊缝。由于熔池凝固结晶的速度很快，使熔池处于液态时吸收的氢来不及逸出，而被留在固态的焊缝金属中。在钢焊缝中，氢是以 H、H^+ 的形式存在，它们与焊缝金属形成间隙固溶体。由于氢原子及离子的半径很小，所以它们可以在焊缝金属的晶格中自由扩散，这一部分氢被称为扩散氢。如果氢扩散到金属的晶格缺陷、显微裂纹或非金属夹杂物边缘的微小空隙中时，可以结合成氢分子，由于氢分子的半径大而不能自由扩散，所以这部分氢称为残余氢。对于铁等不形成稳定氢化物的金属，扩散氢约占总氢量的 80% ~90%。扩散氢对焊接接头性能的影响比残余氢大。

焊缝金属的含氢量是随焊后放置时间而变化的，如图 2-17 所示，焊后放置时间越长，扩散氢越少，残余氢越多，而焊缝的总氢量下降。这是由于氢的扩散运动，使一部分扩散氢从焊缝中逸出，而另一部分转变为残余氢。为了得到准确的测氢数据，许多国家都制定了熔敷金属扩散氢测定的标准。常用的测氢方法有水银法、甘油法、气相色谱法和排液法。GB/T 3965—1995《熔敷金属中扩散氢测定方法》规定使用的是甘油法。熔敷金属中扩散氢含量是试样经焊接后，立即冷却，按照测氢标准规定的方法测定并换算成标准状态下的含氢量。将试样在真空室内加热至650℃可以测定残余氢的含量。各种焊接方法焊接碳钢时熔敷金属中的含氢量见表2-10。低碳钢板和焊丝的含氢量很低，一般约为0.2～0.5mL/100g。由表2-10可以看出，所有的焊接方法都使熔敷金属增氢。焊条电弧焊中，只有采用低氢型焊条时扩散氢含量最少。CO_2 气体保护焊的扩散氢含量极少，它是一种超低氢的焊接方法。

氢沿焊缝长度方向的分布是不均匀的（图2-18），弧坑处含氢量最大。氢在焊接接头横断面上的分布如图2-19所示。其分布特征与母材成分、组织、焊缝金属的类型等因素有关。从图上可以看出，氢不仅在焊缝中存在，而且还向近缝区中扩散，并且扩散深度比较大。

3. 氢对焊接质量的影响

氢对许多金属及合金的焊接质量都是有害的。氢对结构钢焊接的有害作用有以下几点：

（1）形成气孔　如果焊接熔池在高温时吸收了大量的氢，在它冷却过程中氢的溶解度将下降。当熔池凝固结晶时，由于氢的溶解度突然下降，使氢处于过饱和状态，这样就促使如下反应发生

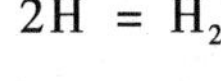

$$2H = H_2$$

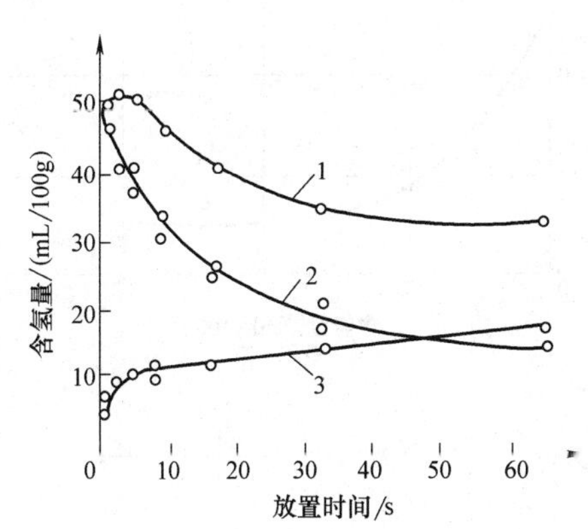

图2-17　焊缝中的含氢量与焊后放置时间的关系

1—总氢量　2—扩散氢　3—残余氢

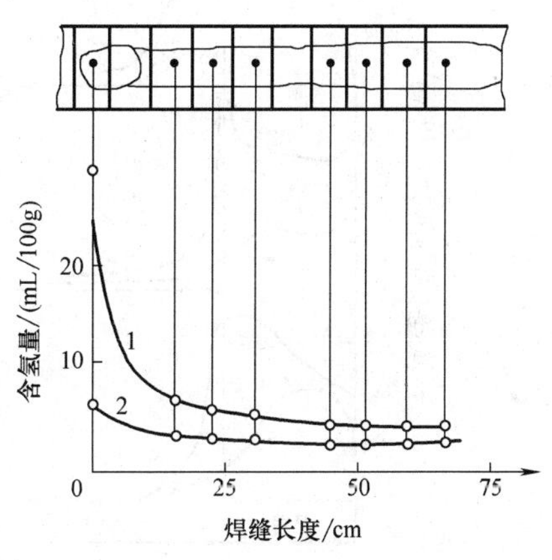

图2-18　氢沿焊缝长度的分布

1—熔敷金属　2—焊缝金属

反应生成的分子氢不溶于金属，而是在液态金属中形成气泡。当气泡向外逸出的速度小于熔池的凝固速度时，就在焊缝中形成了气孔。

（2）产生冷裂纹　焊接接头冷却到较低温度下（对于钢来说，是在 *Ms* 温度以下）时产生的焊接裂纹称为冷裂纹。焊接冷裂纹的危害性很大，它的产生与焊接接头中的含氢量、热影响区的马氏体转变、结构的刚度等三个因素有关。

（3）造成氢脆　氢对钢的强度没有明显的影响，而对钢的塑性有很大的影响（图2-20）。氢在室温附近使钢的塑性严重下降的现象称为氢脆。一般认为氢脆是由于原子氢扩散聚集于钢的显微空隙中，结合成为分子氢，造成空隙内产生很高的压力，阻碍金属塑性变形的发展，导致金属变脆。焊缝金属的氢脆性与它的含氢量、试验温度、变形速度及焊缝的组

织结构有关。焊缝的含氢量越高，氢脆的倾向越大。焊缝金属经过去氢处理，其塑性可以恢复。

表 2-10 焊接碳钢时熔敷金属中的含氢量

焊接方法		扩散氢 /（mL/100g）	残余氢 /（mL/100g）	总氢量 /（mL/100g）	备注
焊条电弧焊	纤维素型	35.8	6.3	42.1	
	钛型	39.1	7.1	46.2	
	钛铁矿型	30.1	6.7	36.8	
	氧化铁型	32.3	6.5	38.8	
	低氢型	4.2	2.6	6.8	
埋弧焊		4.40	1~1.5	5.90	在 40~50℃ 停留 48~72h，测定扩散氢；真空加热测定残余氢
CO_2 气体保护焊		0.04	1~1.5	1.54	
氧乙炔焊		5.00	1~1.5	6.50	

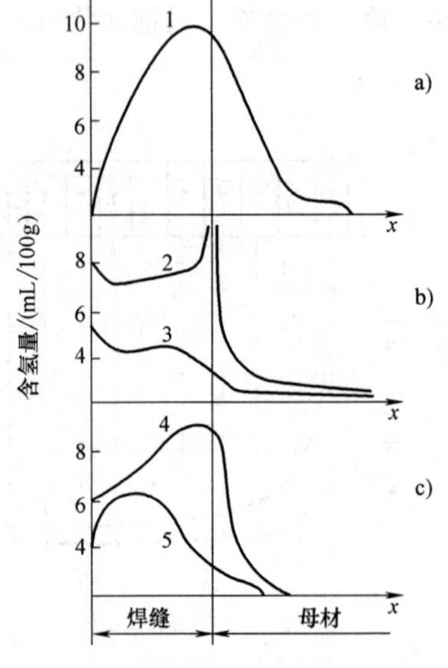

图 2-19 氢在焊接接头横断面上的分布
a）工业纯铁 b）30CrMnSi 钢 c）低碳钢
1—纤维素型焊条焊接 2—奥氏体焊缝
3—铁素体焊缝 4—钛型焊条焊接
5—碱性焊条焊接

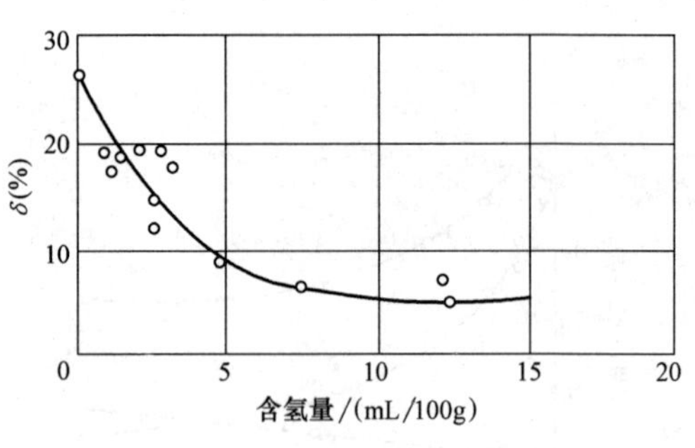

图 2-20 含氢量对低碳钢塑性的影响

（4）出现白点 白点是出现在焊缝金属拉伸或弯曲试件断口上的一种银白色圆形斑点。白点的直径约为 0.5~3mm。它的中心含有微细气孔或夹杂物，周围则为银白色的脆化部分，其形状类似鱼眼珠中的白点。它主要是在外力作用下，氢在微小气孔或夹杂物处的集结造成脆化。白色圆形斑点区常显示有从中心向四周的放射线结构，微观上则显示为小的准解理断口。

焊缝金属对白点的敏感性与含氢量、金属组织类型及变形速度等因素有关，当焊缝中含氢量较高时，出现白点的可能性就比较多。碳钢及用 Cr、Ni、Mo 合金过渡的焊缝，尤其是这些合金元素含量较多时，容易出现白点。试件如果经过去氢处理，可以消除白点。

4. 控制氢的措施

（1）限制焊接材料中的含氢量　制造焊条、焊剂及药芯焊丝的各种原材料，如有机物、天然云母、水玻璃、铁合金等，都不同程度地含有吸附水、结晶水、化合水或溶解的氢。因此，在制造低氢或超低氢（含氢量小于 1mL/100g）型焊条和焊剂时，应尽量选用不含或少含氢的原材料。

在制造焊条、焊剂时，适当提高烘焙温度可以降低焊接材料中的含水量，相应地降低了焊条药皮的含水量，使焊缝的含氢量降低。焊条、焊剂长期存放时也会吸潮，其结果会使焊缝增氢，并使焊材的工艺性能变坏。焊条药皮的吸水量取决于药皮的成分、粘结剂的种类及大气中水蒸气的分压等因素。几种国产焊条的吸潮性能曲线如图 2-21 所示。采用高模数、低浓度的水玻璃，或使用含锂的水玻璃可以提高焊条的抗潮性。烧结焊剂的吸潮性则主要取决于制造时的烧结温度，如果经过 700 ~ 800℃ 的烧结，可以大大降低吸潮性。

由于焊接材料有吸潮性，所以在使用前应进行烘干，这是生产上去氢的有效方法。当使用低氢焊条时，一定要按照技术要求，认真进行烘干。提高烘干温度可以降低焊缝金属的含氢量，然而烘干温度也不能太高，否则焊条药皮中的成分受热而发生反应，使焊条药皮失去应有的冶金作用。焊条、焊剂烘干后应立即使用，或暂时存放于低温烘箱及保温筒内，以免重新吸潮。

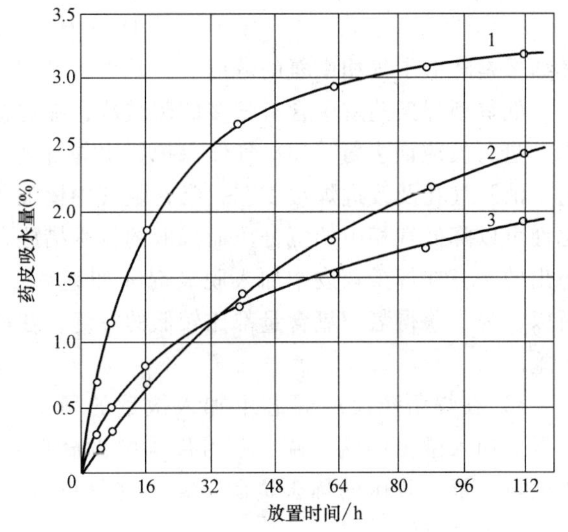

图 2-21　焊条药皮吸水量与放置时间的关系
（试验前均按焊条产品的说明书要求烘干，环境温度 32℃，相对湿度 80%）
1—E5015　2—D-6 低尘焊条　3—E4303

（2）清除焊件及焊丝表面上的油污、杂质　焊件坡口附近以及焊丝表面上的铁锈、油污、水分等是使焊缝增氢的原因之一，所以，焊前应认真清除。尤其在焊接铝、铜等有色金属时，更应认真清除表面杂质及氧化膜。否则，由于氢的作用可能产生气孔、裂纹，从而导致焊接接头的性能变坏。

（3）冶金处理　通过控制焊接冶金反应，降低气相中氢的分压，从而减少氢在液体金属中的溶解度。具体做法是：调整焊接材料的成分，使焊接时冶金反应的产物是稳定的 HF 和 OH。

1）在焊条药皮和焊剂中加入氟化物。其中最常用的是 CaF_2，在药皮中加入质量分数为 7% ~ 8% 的 CaF_2 便可急剧减少焊缝的含氢量。在药皮中加入 MgF_2、BaF_2 等也可以不同程度地降低焊缝中的含氢量。试验证明，在高硅高锰焊剂中加入适当比例的 CaF_2 和 SiO_2，可以显著降低焊缝的含氢量。其去氢机理为：当熔渣中 CaF_2 和 SiO_2 共存时，可进行如下反应

$$2CaF_2 + 3SiO_2 = 2CaSiO_3 + SiF_4 \tag{2-16}$$

生成的 SiF_4 沸点为 90℃，以气态存在，并与气相中的原子氢和水蒸气发生以下反应

$$SiF_4 + 3H = SiF_{气} + 3HF \tag{2-17}$$

$$SiF_4 + 2H_2O_{气} = SiO_{2气} + 4HF \tag{2-18}$$

应当指出，反应式（2-16）～（2-18）的去氢效果与 SiO_2 的活度或熔渣碱度有关。在酸性渣中，由于 SiO_2 含量高，活度大，式（2-16）反应顺利进行，所以去氢效果比较好。对于碱性焊条，CaF_2 和水蒸气及氢可进行如下反应

$$CaF_{2气} + H_2O_{气} = CaO_{气} + 2HF \tag{2-19}$$

$$CaF_{2气} + 2H = Ca_{气} + 2HF \tag{2-20}$$

因而可以降低焊缝中的含氢量。氟化物去氢的机理比较复杂，目前有许多假说，此处不进行过多介绍。

2）控制焊接材料的氧化还原势。研究工作表明，熔池中氢的平衡浓度为

$$[H] = K\sqrt{\frac{p_{H_2}p_{H_2O}}{[O]}} \tag{2-21}$$

由式（2-21）可知，增加气相中的氧化性，或增加熔池中的含氧量都可以减少熔池中氢的平衡浓度。其原因是氧化性气体可以夺氢生成稳定的 OH，反应式为

$$CO_2 + H = CO + OH \tag{2-22}$$

$$\left.\begin{aligned} O + H &= OH \\ O_2 + H_2 &= 2OH \end{aligned}\right\} \tag{2-23}$$

其结果是降低了气相中氢的分压。

低氢型焊条药皮中含有很多的碳酸盐，在焊接时碳酸盐受热分解析出 CO_2，按照式（2-22）进行反应而去氢。CO_2 气体保护焊中焊缝的含氢量比较低，也是这个原因。氩弧焊时，为了消除气孔及改进焊接工艺，常在氩气中增加 5% 左右的氧气，这也是根据增加气体的氧化性可以降低气相中的氢分压而采取的技术措施，使之进行式（2-23）中的脱氢反应。应当指出的是：在焊条药皮中加入脱氧剂（如锰铁、钛铁等），则增加了焊缝中扩散氢的含量。所以，为了获得氢、氧含量都比较低的焊缝，在增加脱氧剂的同时，还必须采取其他的去氢措施。

3）在焊条药皮或焊芯中加入微量的稀土元素。加入微量的钇、碲、硒可以大幅度降低扩散氢含量。我国的稀土资源丰富，这是很有前途的去氢方法。

（4）控制焊接参数　焊条电弧焊时增大焊接电流会使熔滴吸收的氢量增加，同时，电流的种类和极性对焊缝的含氢量也有影响。试验表明，当采用 E4303 焊条、交流电源焊接时，焊缝含氢量最大；直流反接时最小；而直流正接时则介于这两者之间。但是，调整焊接参数来控制焊缝含氢量有很大的局限性。

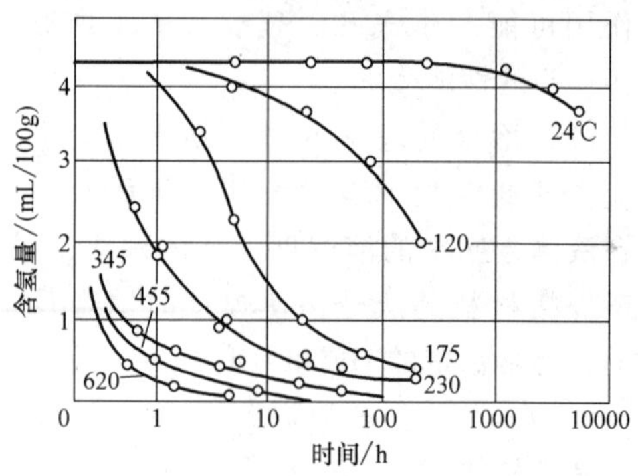

图 2-22　焊后脱氢处理对焊缝含氢量的影响

（5）焊后脱氢处理　焊件焊后经过特定的热处理可以促使氢扩散外逸，从而减少接头中的含氢量。焊后脱氢处理的温度与时间对焊缝含氢量的影响如图 2-22 所示。从图中可以看出，焊后把工件加热到 345℃，保温 1h，可将绝大部分扩散氢去除。在生产实践中，脱氢处理常用于易产生冷裂的工件。应当指出，对于奥氏体钢焊接接头进行脱氢处理的效果不

大。

综上所述，对氢的控制，首先应限制氢及水分的来源；其次应防止氢溶入金属；最后应对溶入氢的金属进行脱氢处理。

2.3.3 氧对金属的作用

金属的氧化是焊接时重要的冶金过程之一。因此，研究焊接冶金过程就要了解氧如何与金属作用、氧对焊缝金属性能的影响以及制订控制氧的技术措施。

根据氧对金属作用的特点，可以把金属划分为两类：一类金属（如 Mg、Al 等）无论固态和液态都不溶解氧，在焊接时它会发生激烈的氧化，所形成的氧化物容易造成夹杂、未焊透等缺欠；另一类金属（如 Fe、Ni、Cu、Ti 等）可以有限地溶解氧，焊接时也会发生氧化，所形成的氧化物能够溶解于相应的金属中，例如，焊接铁时生成的 FeO 能溶于铁及其合金中。本节主要讨论氧对铁及其合金的作用，以便找出控制氧的措施。

1. 氧在金属中的溶解

氧是以原子氧和氧化亚铁 FeO 两种形式溶于液态铁中的。如果与液态铁平衡的是纯 FeO 熔渣，则溶于液态铁中的氧量达到最大值，用 $[O]_{max}$ 表示。它与温度的关系为

$$\lg[O]_{max} = -\frac{6320}{T} + 2.734 \tag{2-24}$$

从式（2-24）可以看出，温度升高时，氧在液态铁中的溶解度增大。试验所得的液态铁中氧的溶解度与温度的关系如图 2-23 所示。当液态铁中含有合金元素时，随着合金元素含量的增加，氧的溶解度下降（图 2-24）。

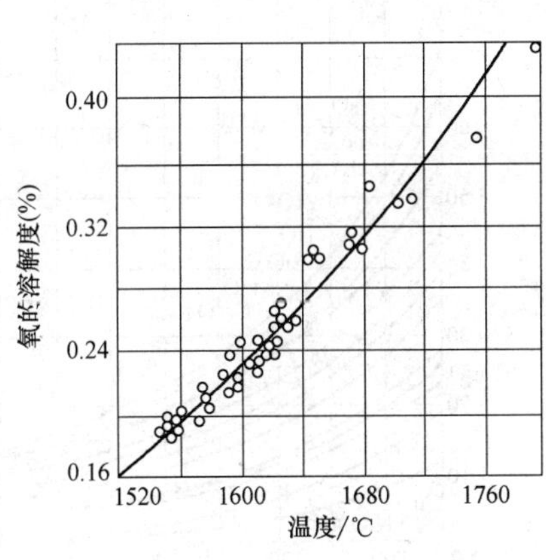

图 2-23 液态铁中氧的溶解度与温度的关系

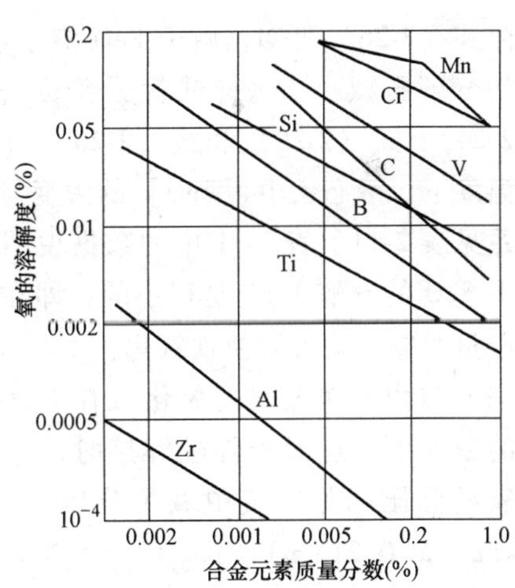

图 2-24 合金元素含量对液态铁中氧的溶解度影响（1600℃）

在铁的凝固温度（约 1520℃）时，氧的溶解度约为 0.16%；当 δ-Fe 转变为 γ-Fe 时，氧的溶解度降到 0.05% 以下；室温下 α-Fe 中几乎不溶解氧（溶解度 $<0.001\%$）。所以，在冷却过程中氧在 Fe 中的溶解度急剧下降。焊缝金属和钢中含有的氧，多以氧化物（如 FeO、SiO_2、MnO、Al_2O_3 等）和硅酸盐夹杂物的形式存在。焊缝含氧量通常是指总的含氧量，既包括溶解在金属中的氧量，也包括非金属夹杂物中的氧量。

2. 氧化性气体对金属的氧化

焊接时金属的氧化，是在药皮、熔滴及熔池三个反应区中，由 O_2、CO_2、H_2O 等氧化性气体，以及活性熔渣与金属相互作用而实现的。这里先讨论氧化性气体对金属的氧化，关于活性熔渣对金属的氧化将在后续章节中介绍。

（1）金属氧化还原方向的判据　在金属、氧化性气体及金属氧化物组成的系统中，是发生金属的氧化，还是金属被还原，需要用一个判据来判断。由物理化学可知，金属氧化物的分解压 p_{O_2}可以作为判据。假设在金属、氧、金属氧化物系统中氧的分压为 $\{p_{O_2}\}$，则

$$\{p_{O_2}\} > p_{O_2} \quad 金属被氧化$$

$$\{p_{O_2}\} = p_{O_2} \quad 处于平衡状态$$

$$\{p_{O_2}\} < p_{O_2} \quad 金属被还原$$

金属氧化物的分解压 p_{O_2}是温度的函数，随着温度的升高而增加，如图 2-25 所示。从图中可以看出，除 Cu_2O 和 NiO 外，在同样温度下 FeO 的分解压最大，说明此时 FeO 处于最不稳定的状态。在 FeO 为纯凝聚相时，其分解压为

$$\lg p_{O_2} = -\frac{26730}{T} + 6.43 \tag{2-25}$$

实际上，FeO 不是纯凝聚相，而是溶于液态铁中，这时的 FeO 分解压可用下式表示

$$p'_{O_2} = p_{O_2}\frac{[FeO]^2}{[FeO]^2_{max}} \tag{2-26}$$

式中　[FeO]——溶解在液态铁中的 FeO 浓度；

$[FeO]_{max}$——在液态铁中 FeO 的饱和浓度(即 FeO 的最大溶解度)，可用式(2-24)经过折算求出。

由式（2-26）可知，由于 FeO 溶于液态铁中，使它的分解压减小，这样铁就更容易氧化。利用式（2-24）、式（2-25）和式（2-26）可计算出在不同温度下，液态铁中［FeO］的浓度与其分解压的关系见表 2-11。表 2-11 中的数据说明：在焊接温度下 FeO 的分解压 p'_{O_2}是很小的，即在气相中只要有微量的氧，就可以使铁氧化。

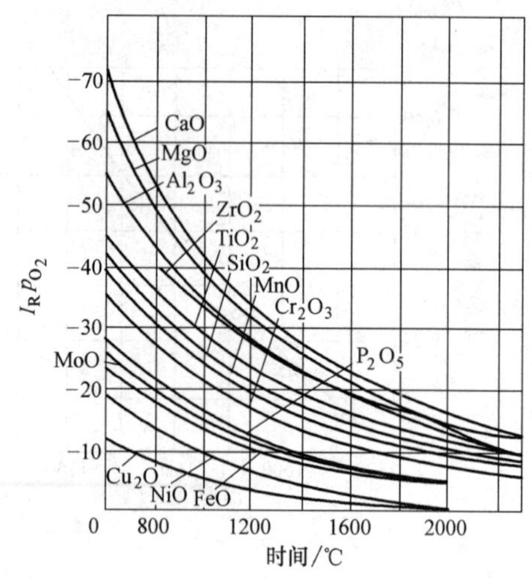

图 2-25　自由氧化物的分解压与温度的关系

（2）自由氧对金属的氧化　在空气中无任何保护的条件下，进行光焊丝焊接时，可以认为气相中氧的分压就是空气中氧的分压，$\{p_{O_2}\}$ = 21.3kPa（即 0.21atm），$\{p_{O_2}\}$ 远大于焊接温度下 FeO 的分解压（表 2-11），所以铁被氧化，H08 光焊丝焊接时焊缝的含氧量高达 0.15% ~ 0.30%（表 2-13）。

焊条电弧焊时，虽然有焊条药皮熔化而产生的气氛及熔渣的保护，但是空气中的氧总还会侵入焊接区；同时，高价氧化物等受热分解也会产生氧气，其结果使气相中自由氧的分压大于 FeO 的分解压，使铁氧化。反应式如下：

$$[Fe] + \frac{1}{2}O_2 = FeO + 26.97kJ/mol$$

$$[Fe] + O = FeO + 515.76kJ/mol$$

从反应的热效应判断，原子氧对铁的氧化比分子氧更为激烈。

表 2-11 在不同温度下液态铁中［FeO］的浓度与其分解压 p'_{O_2} 的关系

液态铁中的浓度（%）／ $p'_{O_2}/\times101.3kPa$ ／ 温度/℃		1540	1600	1800	2000	2300
[FeO]	[O]					
0.10	0.0222	7.4×10^{-11}	1.7×10^{-10}	1.56×10^{-9}	6.1×10^{-9}	4.8×10^{-8}
0.20	0.0444	2.9×10^{-10}	6.7×10^{-10}	6.25×10^{-9}	2.4×10^{-8}	1.9×10^{-7}
0.50	0.1110	1.8×10^{-9}	4.2×10^{-9}	3.9×10^{-8}	1.5×10^{-7}	1.2×10^{-6}
1.00	0.2220	—	—	1.5×10^{-7}	6.1×10^{-7}	4.8×10^{-6}
2.00	0.4440	—	—	—	2.4×10^{-6}	1.9×10^{-5}
3.00	0.6660	—	—	—	—	4.3×10^{-5}
$[FeO]_{max}$	—	4.0×10^{-9}	1.5×10^{-8}	3.4×10^{-7}	4.8×10^{-6}	1.08×10^{-4}

此外，在焊接钢时，钢液中对氧亲和力比铁大的合金元素，例如 C、Si、Mn 等也要被氧化，即

$$[C] + \frac{1}{2}O_2 = CO\uparrow$$

$$[Si] + O_2 = (SiO_2)$$

$$[Mn] + \frac{1}{2}O_2 = (MnO)$$

（3）CO_2 对金属的氧化 焊接区中的 CO_2，可能来源于 CO_2 气体保护焊的保护气体；也可能来源于焊条药皮中含有的大理石（$CaCO_3$）、菱苦土（$MgCO_3$）等碳酸盐，因为碳酸盐受热分解而产生 CO_2 气体。

纯 CO_2 高温分解得到的平衡气相成分见表 2-12。从表 2-12 的数据可以看出：当温度高于铁的熔点时，气相中氧的分压 $\{p_{O_2}\}$ 远远大于 FeO 的分解压 p_{O_2}。所以，高温时 CO_2 对于液态铁和其他金属是很强的氧化剂。当温度为 3000K 时，可以认为 $\{p_{O_2}\}\approx20.3kPa$（即 0.2atm），也就是说此时气相中氧的分压约等于空气中氧的分压。所以，高于 3000K 时，CO_2 的氧化性超过了空气。CO_2 气与液态铁的反应式及平衡常数 K 表示如下：

表 2-12 纯 CO_2 高温分解得到的平衡气相成分

温度/K		1800	2000	2200	2500	3000	3500	4000
气相体积分数（%）	CO_2	99.34	97.74	93.94	81.10	44.26	16.69	5.92
	CO	0.44	1.51	4.04	12.60	37.16	55.54	62.72
	O_2	0.22	0.76	2.02	6.30	18.58	27.77	31.36
气相中氧的分压 $\{p_{O_2}\}/\times101.325kPa$		2.2×10^{-2}	7.6×10^{-2}	2.02×10^{-2}	6.3×10^{-2}	18.58×10^{-2}	27.77×10^{-2}	31.36×10^{-2}
饱和时 FeO 的分解压 $p_{O_2}/\times101.325kPa$		3.81×10^{-9}	1.08×10^{-7}	1.35×10^{-6}	5.3×10^{-5}	—	—	—

$$CO_2 + [Fe] = CO + [FeO] \tag{2-27}$$

$$\lg K = \lg\frac{CO[FeO]}{CO_2} = -\frac{11576}{T} + 6.855 \tag{2-28}$$

显然，当温度升高时，式（2-27）的平衡常数增大，反应向右进行，促使铁被氧化。从而说明 CO_2 在熔滴阶段对金属的氧化程度比熔池阶段要大。

最后，应当说明的是：CO_2 作为保护气体只能防止空气的侵入，并不能防止金属的氧化。所以，在 CO_2 气体保护焊时必须采用含 Si、Mn 量较高的焊丝（如 H08Mn2Si 等）或药芯焊丝，这样可以进行脱氧，并获得优质的焊缝。同理，在含有碳酸盐的焊条药皮中也应该加入脱氧剂，以利于金属脱氧。

（4）$H_2O_{气}$ 对金属的氧化　气相中的水蒸气分解既能使焊缝金属增氢，又使铁及其他合金元素氧化，其反应式及平衡常数 K 表示如下：

$$H_2O_{气} + [Fe] = [FeO] + H_2 \tag{2-29}$$

$$\lg K = \lg\frac{H_2[FeO]}{H_2O} = -\frac{10200}{T} + 5.5 \tag{2-30}$$

由式（2-30）可知：当温度 T 升高时，$H_2O_{气}$ 的氧化性增强。通过比较式（2-28）和式（2-30）可知，在铁液存在的温度下，CO_2 的氧化性大于 $H_2O_{气}$ 的氧化性。此外，当气相中含有较多的 $H_2O_{气}$ 时，仅仅进行脱氧并不能保证焊缝质量，所以必须同时去氢或减少 $H_2O_{气}$。

（5）混合气体对金属的氧化　焊条电弧焊时，焊接区的气相并不是单一的气体，而是多种气体的混合物（表 2-8）。理论计算表明，钛铁矿型、低氢型两种焊条的电弧气氛中氧的分压 $\{p_{O_2}\}$，在温度高于 2500K 时，大于 FeO 的分解压 p'_{O_2}，因此混合气体对铁是氧化。为保证焊接质量，在焊条药皮中必须加入脱氧剂。

3. 氧对焊接质量的影响

焊接过程中，气相、熔渣与金属反应会使焊缝增氧。用各种方法焊接时焊缝的含氧量见表 2-13。从表中可以看出：焊接低碳钢时，虽然母材和焊丝的含氧量很低，但是由于焊接冶金的多相反应会使焊缝的含氧量增加。当然，不同的焊接方法、焊接材料和焊接参数，焊缝的含氧量也不同。

表 2-13　用各种方法焊接时焊缝的含氧量

材料及焊接方法	平均氧的质量分数（%）	材料及焊接方法	平均氧的质量分数（%）
低碳镇静钢	0.003～0.008	纤维素型焊条	0.090
低碳沸腾钢	0.010～0.020	氧化铁型焊条	0.122
H08 焊丝	0.01～0.02	铁粉型焊条	0.093
H08 光焊丝焊接	0.15～0.30	埋弧焊	0.03～0.05
低氢型焊条	0.02～0.03	电渣焊	0.01～0.02
钛铁矿型焊条	0.101	气焊	0.045～0.05
钛钙型焊条	0.05～0.07	CO_2 气体保护焊	0.02～0.07
钛型焊条	0.065	氩弧焊	0.0017

氧在焊缝金属中以溶解状态和氧化物夹杂两种形式存在，通常所说的焊缝含氧量是针对

总含氧量而言的，一般溶解在钢中的氧很少，绝大部分氧是以夹杂物的形式存在。但是，氧在焊缝中不论以何种形式存在，对焊缝的性能都有很大的影响。随着焊缝含氧量的增加，其强度、塑性、韧性明显下降（图 2-26），尤其是焊缝金属的低温冲击韧度急剧下降（图 2-27）。

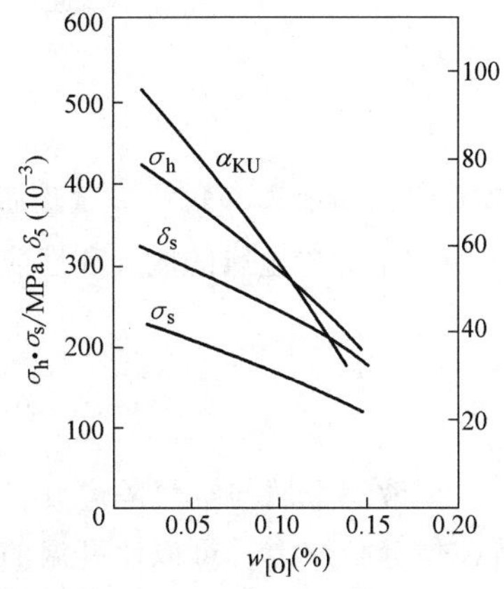

图 2-26 氧（以 FeO 形式存在）对低碳钢常温力学性能的影响

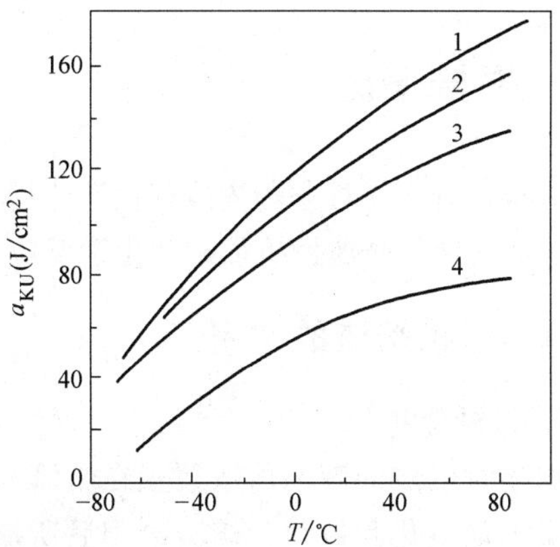

图 2-27 低碳钢埋弧焊时硅酸盐夹杂物对焊缝低温冲击韧度的影响

1—0.028% ~0.030% 2—0.034% ~0.053% 3—0.104% ~0.110% 4—0.196%

此外，随着焊缝含氧量的增加，还会引起焊缝金属的时效硬化、热脆及冷脆等，以及物理和化学性能的变化。特别是在焊接有色金属、难熔金属时，氧的有害作用就更大。

在熔池阶段，溶解的氧与碳发生冶金反应，反应产物是不溶于金属的 CO。如果在熔池凝固时 CO 气泡来不及逸出，就会形成 CO 气孔。

在焊接过程中，氧能烧损钢中的有益合金元素，从而使焊缝金属的性能变坏。在熔滴中所进行的氧与碳的冶金反应，其反应产物 CO 受热膨胀，造成熔滴爆炸，形成飞溅，从而破坏了焊接过程的稳定性。

总之，氧对焊接过程及焊缝金属性能的影响是有害的。但是，在某些情况下使焊接材料具有氧化性是有利的。例如，焊接耐热钢时为了抑制硅的还原过程，有时也要加入氧化剂；铸铁冷焊时，为了烧损多余的碳而在某些焊条药皮中加入氧化剂；为了减少焊缝的含氢量、改进电弧的特性等，也需要在焊接材料中加入适量的氧化剂。

4. 控制氧的措施

焊接实践证明，在正常的焊接条件下，焊缝中氧的主要来源不是空气，而是来自焊接材料，焊件表面的铁锈、氧化膜、水分等。所以，控制氧的措施是预防和脱氧。

1）采用纯度高的焊接材料，在焊接活性金属及某些合金钢时，应尽量采用不含或少含氧量的焊接材料。例如，采用低氧或无氧焊条、焊剂；采用高纯度的惰性气体作为保护气体；或者采用真空条件下焊接，这样可以降低焊缝金属的含氧量。

2）采用冶金方法进行脱氧。通过向焊丝或焊条药皮中加入某种合金元素，使这些合金元素在焊接过程中被氧化，从而保护被焊金属及其合金元素不被氧化。脱氧的目的就是尽量减少焊缝中的含氧量，就要求减少金属中溶解的氧，以及要排除脱氧的产物，尽量减少金属中的氧化物夹杂。这种措施在生产实际中是行之有效的。

3）控制焊接参数。焊条电弧焊时，增加电弧电压使空气容易侵入电弧，并且增加了氧与熔滴接触的时间，致使焊缝含氧量增加，所以，为了减少焊缝含氧量应尽量采用短弧焊。此外，焊接方法、焊接电流种类和极性以及熔滴过渡特性等对于焊缝含氧量也有一定的影响。必须指出：采用控制焊接参数来减少焊缝含氧量的办法是很有局限性的。

2.4 焊接熔渣

焊接过程中，焊条药皮或焊剂溶化后，在熔池中参与化学反应的熔融状非金属物质称为熔渣。熔渣与液体金属发生的物理化学反应，在很大程度上决定了焊缝金属的成分和性能。

2.4.1 焊接熔渣的作用

1. 机械保护

焊接时形成的液态熔渣覆盖在熔滴和熔池的表面上，把液态金属与空气隔离开，保护液态金属不被氧化和氮化。熔渣凝固后所形成的渣壳覆盖在焊缝金属上，可以使高温的焊缝金属不受空气的侵害。

2. 冶金处理

在一定的条件下，熔渣可以去除焊缝中的有害杂质，如脱氧、脱氢、脱硫、脱磷，以及向焊缝金属过渡有益的合金元素。总之，可以通过控制熔渣的成分和性能来调整和控制焊缝金属的成分及性能。

3. 改善焊接工艺性能

在熔渣中加入某些物质可以使电弧容易引燃、稳定燃烧，减少飞溅，获得良好的焊缝成形等。

2.4.2 焊接熔渣的成分和分类

1. 盐型熔渣

盐型熔渣主要是由氟酸盐、氯酸盐和不含氧的化合物组成的，例如：CaF_2-NaF、CaF_2-$BaCl_2$-NaF、KCl-NaCl-Na_3AlF_6、BaF_2-MgF_2-CaF_2-LiF 等渣系。盐型熔渣的特点是氧化性很小，主要用于铝、钛和其他化学活性金属及其合金的焊接，也可用于含活性元素的高合金钢的焊接。

2. 盐-氧化物型熔渣

盐-氧化物型熔渣主要是由氟化物和强金属氧化物组成的，常用的有：CaF_2-CaO-Al_2O_3、CaF_2-CaO-SiO_2、CaF_2-CaO-Al_2O_3-SiO_2 等渣系。此类熔渣的氧化性比较小，可用于焊接合金钢。

3. 氧化物型熔渣

氧化物型熔渣主要是由金属氧化物组成的。应用广泛的 MnO-SiO_2、FeO-MnO-SiO_2、CaO-TiO_2-SiO_2 等渣系都是氧化物型熔渣。其特点是含有较多的弱氧化物，如 MnO、SiO_2 等，因此氧化性较强，主要用于焊接低碳钢和低合金钢。

焊接熔渣的化学成分见表 2-14。实际的熔渣是多种化合物组成的复杂体系。为便于研究，常简化为由含量比较多、影响比较大的成分组成的渣系。例如，表 2-14 中低氢型焊条熔渣，可简化为 $CaO-SiO_2-CaF_2$ 三元渣系。本节重点讨论盐-氧化物型及氧化物型熔渣。

表 2-14 焊接熔渣的化学成分

焊条和焊剂类型	熔渣化学成分（%）										熔渣碱度		焊渣类型
	w_{SiO_2}	w_{TiO_2}	$w_{Al_2O_3}$	w_{FeO}	w_{MnO}	w_{CaO}	w_{MgO}	w_{Na_2O}	w_{K_2O}	w_{CaF_2}	B_1	B_2	
钛铁矿型焊条	29.2	14.0	1.1	15.6	26.5	8.7	1.3	1.4	1.1	—	0.88	-0.1	氧化物型
钛型焊条	23.4	37.7	10.0	6.9	11.7	3.7	0.5	2.2	2.9	—	0.43	-2.0	氧化物型
钛钙型焊条	25.1	30.2	3.5	9.5	13.7	8.8	5.2	1.7	2.3	—	0.76	-0.9	氧化物型
纤维素型焊条	34.7	17.5	5.5	11.9	14.4	2.1	5.8	3.8	4.3	—	0.60	-1.3	氧化物型
氧化铁型焊条	40.4	1.3	4.5	22.7	19.3	1.3	4.6	1.8	1.5	—	0.60	-0.7	氧化物型
低氢型焊条	24.1	7.0	1.5	4.0	3.5	35.8	—	0.8	0.8	20.3	1.86	+0.9	盐-氧化物型
HJ430	38.5	—	1.3	4.7	43.0	1.7	0.45	—	—	6.0	0.62	-0.33	氧化物型
HJ251	18.2 ~ 22.0	—	18.0 ~ 23.0	≤1.0	7.0 ~ 10.0	3.0 ~ 6.0	14.0 ~ 17.0	—	—	23.0 ~ 30.0	1.15 ~ 1.44	+0.048 ~ +0.49	盐-氧化物型

2.4.3 焊接熔渣的结构理论

熔渣的物理化学性质及熔渣与金属的作用等都和液态熔渣的内部结构有密切关系。关于液态熔渣的结构有两种理论。

1. 熔渣的分子理论

熔渣的分子理论以对凝固熔渣进行相分析和化学分析的结果为依据，其要点如下：

1）液态熔渣由不带电的分子组成。其中包括氧化物分子，如 CaO、SiO_2 等；复合物的分子，如 $CaO \cdot SiO_2$、$MnO \cdot SiO_2$ 等；硫化物、氟化物的分子等。

2）氧化物及其复合物处于平衡状态。例如在熔渣中进行着如下反应

$$CaO + SiO_2 \rightleftharpoons CaO \cdot SiO_2 \tag{2-31}$$

由于这是一个放热反应，所以当温度升高时，反应式（2-31）向左进行，渣中独立存在的自由氧化物含量增加，复合物的含量减少，熔渣的活性增大；当温度下降时，则引起相反的结果。各种复合物的稳定性可用它们自身的生成热效应来衡量（表 2-15），生成热效应的值越大，这种复合物就越稳定。

表 2-15 复合物的生成热效应

复合物	热效应/（kJ/mol）	复合物	热效应/（kJ/mol）
$Na_2O \cdot SiO_2$	264	$(FeO)_2 \cdot SiO_2$	44.5
$(CaO)_2 \cdot SiO_2$	119	$MnO \cdot SiO_2$	32.5
$BaO \cdot SiO_2$	61.5	$ZnO \cdot SiO_2$	10.5
$FeO \cdot SiO_2$	34	$Al_2O_3 \cdot SiO_2$	-193

3）只有自由氧化物才能参与和液态金属的反应。例如只有渣中的自由氧化物 FeO 才能参与如下的反应

$$(FeO) + [C] = [Fe] + CO\uparrow$$

而复合物 $(FeO)_2 \cdot SiO_2$ 中的 FeO 不能参与上述反应。

由于熔渣的分子理论能简明地、定性地解释熔渣与金属间的冶金反应，故至今在焊接化

学冶金中仍然得到了广泛的应用。但是，熔渣的分子理论所假设的熔渣结构与实际不符，致使许多重要的现象，如熔渣的导电性就无法解释。因此，又出现了熔渣的离子理论。

2. 熔渣的离子理论

熔渣的离子理论是在研究熔渣电化学性质的基础上提出的，离子理论的要点如下：

1）液态熔渣是由阳离子和阴离子组成的电中性液体。熔渣中离子的种类和存在形式取决于熔渣的成分和温度。负电性大的元素以阴离子形式存在，例如 F^-、O^{2-}、S^{2-} 等；负电性小的元素形成阳离子，例如 K^+、Na^+、Ca^{2+}、Mg^{2+}、Fe^{2+}、Mn^{2+} 等，而负电性比较大的元素，如 Si、Al、B 等，其阴离子往往不能独立存在，而是与氧离子形成复杂的阴离子，如 SiO_4^{4-}、$Si_3O_9^{6-}$、$Al_3O_7^{5-}$ 等。

2）离子的分布、聚集和相互作用取决于综合矩大小。离子的综合矩可以表示为

$$\text{综合矩} = \frac{z}{r} \tag{2-32}$$

式中 z——离子的电荷（静电单位）；

r——离子的半径（10^{-1}nm）。

各种离子在0℃时的综合矩，如表 2-16 所示。当温度升高时，离子半径 r 增大，综合矩减小，但是表中综合矩大小的顺序是不变的。

离子的综合矩越大，表明它的静电场越强，与异号离子的作用力也就越大。由表 2-16 可知，阳离子中 Si^{4+} 的综合矩最大，而阴离子中 O^{2-} 的综合矩最大，所以它们能很牢固地结合为 SiO_4^{4-} 或更复杂的离子。

表 2-16 离子的综合矩

离子	离子半径/nm	综合矩/×10²（静电单位/cm）	离子	离子半径/nm	综合矩/×10²（静电单位/cm）
K^+	0.133	3.61	Ti^{4+}	0.068	28.2
Na^+	0.095	5.05	Al^{3+}	0.050	28.8
Ca^{2+}	0.106	9.0	Si^{4+}	0.041	47.0
Mn^{2+}	0.091	10.6	F^-	0.133	3.6
Fe^{2+}	0.083	11.6	PO_4^{3-}	0.276	5.2
Mg^{2+}	0.078	12.9	S^{2-}	0.174	5.6
Mn^{3+}	0.070	20.6	SiO_4^{4-}	0.279	6.9
Fe^{3+}	0.067	21.5	O^{2-}	0.132	7.3

综合矩的大小影响了离子在渣中的分布。相互作用力大的异号离子彼此接近而形成集团，而相互作用力小的异号离子也形成集团。所以熔渣的化学成分在微观上是不均匀的，离子的分布是近似有序的，不是完全无序的。

盐型熔渣主要含简单的阴、阳离子，并且综合矩的差异不大，可以认为是结构简单的均匀离子溶液；盐-氧化物型熔渣属于结构比较复杂的化学成分微观不均匀的离子溶液；氧化物型熔渣则属于具有复杂网络结构的化学成分更不均匀的离子溶液。

3）熔渣与金属的作用是熔渣中的离子与金属原子交换电荷的过程。例如硅还原（即铁氧化）的过程是熔渣中的硅离子与铁原子在熔渣与金属的两相界面上交换电荷的过程，即

$$(Si^{4+}) + 2[Fe] = 2(Fe^{2+}) + [Si]$$

反应结果，硅进入金属，铁变成离子进入熔渣。

总之，焊接熔渣是相当复杂的，某些熔渣中既含有离子，又含有少量分子。虽然熔渣的离子理论对许多现象的解释更合理，但是目前还缺乏系统的热力学资料，所以焊接化学冶金领域中仍在应用分子理论。

2.4.4 焊接熔渣的性能

1. 熔渣的碱度

熔渣的碱度是熔渣冶金性能的重要指标，它与熔渣的活性、粘度和表面张力等性能有着密切的关系。不同的熔渣结构理论对于碱度的定义和计算方法是不同的，现分别介绍如下。

（1）分子理论关于碱度的定义与计算　分子理论认为焊接熔渣中的氧化物按其性质可分为三类：

1）酸性氧化物。按照其酸性由强变弱的顺序为：SiO_2、TiO_2、P_2O_5、V_2O_5 等。

2）碱性氧化物。按照其碱性由强变弱的顺序为：K_2O、Na_2O、CaO、MgO、BaO、MnO、FeO、PbO 等。

3）中性氧化物。主要有 Al_2O_3、Fe_2O_3、Cr_2O_3、V_2O_3 等，它们在不同性质的熔渣中，可呈酸性，也可呈碱性。例如，在强酸性熔渣中常呈弱碱性，而在强碱性熔渣中常呈弱酸性。

根据分子理论，熔渣碱度的定义为

$$B = \frac{\sum(R_2O + RO)}{\sum RO_2} \tag{2-33}$$

式中　B——熔渣碱度，其倒数称为酸度；

R_2O、RO——熔渣中碱性氧化物的摩尔分数；

RO_2——熔渣中酸性氧化物的摩尔分数。

根据碱度值可将焊接熔渣分为酸性渣和碱性渣。理论上认为：当 $B>1$ 时为碱性渣；$B=1$ 时为中性渣；$B<1$ 时为酸性渣。实际上，使用式（2-33）计算碱度是不准确的。根据经验，只有当 $B>1.3$ 时熔渣才是碱性的。造成不准确的原因是，式（2-33）既没有考虑氧化物酸、碱性的强弱程度，也没有考虑酸、碱性氧化物之间形成中性复合物的情况。因此，对式（2-33）进行了修正，提出了比较精确的计算公式，即

$$B_1 = \frac{0.018CaO + 0.015MgO + 0.006CaF_2 + 0.014(Na_2O + K_2O) + 0.007(MnO + FeO)}{0.017SiO_2 + 0.005(Al_2O_3 + TiO_2 + ZrO_2)} \tag{2-34}$$

式中的 CaO、MgO、CaF_2……以质量分数计。

当 $B_1>1$ 时为碱性渣；$B_1=1$ 时为中性渣；$B_1<1$ 时为酸性渣。表 2-14 中的 B_1 值就是使用式（2-34）计算出来的。从表 2-14 中可以看出，只有低氢型焊条和 HJ251 的熔渣才是碱性的，这是符合实际情况的。

（2）离子理论关于碱度的定义与计算　离子理论把液态熔渣中自由氧离子的含量（或氧离子的活度）定义为碱度。自由氧离子就是指游离状态的氧离子。所以，焊接熔渣中自由氧离子的含量越大，熔渣的碱度就越大。关于熔渣碱度的计算方法中最常用的是日本的森氏法，即

$$B_2 = \sum_{i=1}^{n} a_i M_i \tag{2-35}$$

式中 B_2——熔渣碱度；

a_i——熔渣中第 i 种氧化物的碱度系数（见表 2-17）；

M_i——熔渣中第 i 种氧化物的摩尔分数。

结果表明，当 $B_2<0$ 时为酸性渣；$B_2=0$ 时为中性渣；$B_2>0$ 时为碱性渣。表 2-14 中的 B_2 值就是用式（2-35）计算的结果。表 2-14 的数据表明，式（2-34）与式（2-35）的计算结果完全一致。

表 2-17　氧化物的 a_i 值及相对分子质量

分类	氧化物	a_i 值	相对分子质量
碱性	K_2O	9.0	94.2
	Na_2O	8.5	62
	CaO	6.05	56
	MnO	4.8	71
	MgO	4.0	40.3
	FeO	3.4	72
酸性	SiO_2	-6.31	60
	TiO_2	-4.97	80
	Al_2O_3	-0.2	102
	ZrO_2	-0.2	123
	Fe_2O_3	0	159

根据熔渣的碱度可以把焊条和焊剂划分为酸性和碱性两类。这两类焊接材料的冶金性能、焊接工艺性能以及焊缝的成分及性能均有显著的不同。

2. 熔渣的粘度

熔渣的粘度是熔渣的重要物理性能之一，对焊接的工艺性能、金属的保护以及焊接冶金反应都有显著的影响。熔渣的粘度取决于熔渣的成分、结构及温度。熔渣结构越复杂，阴离子的尺寸越大，熔渣质点的移动越困难，熔渣的粘度就越大。

（1）温度对粘度的影响　熔渣粘度与温度的关系如图 2-28 所示。从图 2-28 可以看出，随着温度的升高，熔渣粘度下降。图中的酸性渣粘度曲线，下降比较缓慢，而碱性渣粘度曲线下降比较迅速。当这两种渣的粘度都变化 $\Delta\eta$ 时，含 SiO_2 多的酸性渣对应的温度变化 ΔT_2 较大，即凝固时间长，称为长渣，长渣不适于仰焊。而碱性渣粘度变化 $\Delta\eta$ 时，对应的温度变化 ΔT_1 较小，即凝固时间短，称为短渣。低氢型和氧化钛型焊条的熔渣属于短渣，适用于全位置焊接。

（2）熔渣成分对粘度的影响　在酸性渣中加入 SiO_2，使 Si-O 离子的聚合程度增大，其尺寸也增大，因而熔渣粘度迅速升高。如减少 SiO_2，同时增加 TiO_2，可使复杂的 Si-O 离子减少，即降低高温时熔渣的粘度。所以，含 TiO_2 多的酸性渣，它的粘度随温度变化急剧，属于短渣。在酸性渣中，加入碱性氧化物能破坏 Si—O 离子键，减小其尺寸，因而可降低渣的粘度。

在碱性渣中加入高熔点的碱性氧化物（如 CaO），则有可能出现未熔化的固体颗粒，由于增大了渣的流动阻力，而使粘度增加。如果在碱性渣中加入少量SiO_2，由于CaO与SiO_2形成低熔点的硅酸盐（如CaO·SiO_2，熔点为1540℃），会使粘度下降。当加入的SiO_2满足$w_{CaO}/w_{SiO_2}=1.87$（或$w_{CaCO_3}/w_{SiO_2}=3.3$）时，则形成正硅酸盐$(CaO)_2 \cdot SiO_2$，此时熔渣中的Si-O离子主要以尺寸最小的SiO_4^{4-}的形式存在，所以其粘度比较小。在碱性渣中加入CaF_2，可以促使CaO熔化，而降低碱性渣的粘度。此外，CaF_2也能降低酸性渣的粘度，因为CaF_2在渣中产生的F^-可以破坏Si—O键，而减小聚合离子的尺寸。

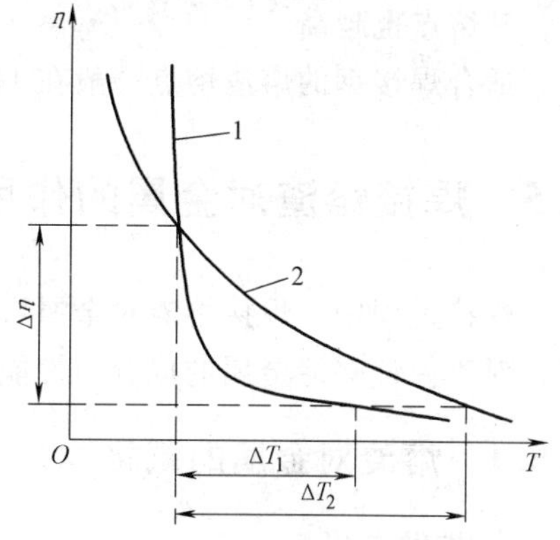

图2-28　熔渣粘度η与温度T的关系
1—碱性渣　2—含SiO_2多的酸性渣

焊接钢时，在1500℃时适宜的熔渣粘度为0.1～0.2Pa·s。

3. 熔渣的表面张力

熔渣的表面张力对熔滴过渡、脱渣性、焊缝成形及许多冶金反应有着重要的影响。

熔渣的表面张力就是气相与熔渣之间的界面张力。它主要取决于熔渣的结构和温度。原子之间的键能越大，则表面张力也越大，由于金属键的键能最大，所以液体金属的表面张力最大。具有离子键的物质，如FeO、MnO、CaO、MgO等键能比较大，它们的表面张力也较大；具有共价键的物质，如TiO_2、SiO_2、B_2O_3、P_2O_5键能较小，它们的表面张力也较小，见表2-18。

表2-18　氧化物的物理化学性能

物理化学性能	Na	Ca	Mg	Fe	Mn	Al	Ti	Si	B	P	O
原子的负电性	0.9	1.0	1.2	1.25	1.25	1.5	1.6	1.8	2.0	2.1	3.5
氧化物中离子键（%）	82	80	73	72	72	63	59	50	44	39	—
氧化物熔体中金属与氧的键能/（kJ/mol）	710	1200	1180	1180	1130	1170	1040	995	710	725	—
氧化物的表面张力/（$\times10^{-3}$N/m）	297	614	512	590	653	580	380	400	100	—	—

在熔渣中加入酸性氧化物，如TiO_2、SiO_2、B_2O_3等，由于它们形成的阴离子综合矩较小，与阳离子的结合力较弱，而使表面张力减小。在熔渣中加入碱性氧化物CaO、MgO、MnO等，可以增加表面张力。此外，加入CaF_2也能降低焊接熔渣的表面张力，因为在1470～1550℃时液态CaF_2的表面张力仅为0.28N/m。

升高温度可使熔渣的表面张力下降，因为温度升高，离子半径增大，综合矩减小，同时也增大了离子之间的距离，这样就减弱了离子之间的相互作用力。

4. 熔渣的熔点

熔渣的熔点是影响焊接工艺性能和焊接质量的重要因素之一，因此要求熔渣的熔点（或焊条药皮的熔点、焊剂的熔点）与焊丝和母材的熔点相匹配。

焊接熔渣是多元体系，它由固态转变为液态是在一定的温度区间内进行的。通常把固态熔渣开始熔化的温度称为熔渣的熔点。焊条药皮开始熔化的温度称为焊条药皮的熔点，又称为造渣温度。药皮的熔点越高，其熔渣的熔点也越高。

熔渣的熔点取决于组成物的种类、数量和颗粒度。焊条药皮中难熔的物质越多、颗粒越大，其熔点也越高。

适合焊接钢的熔渣熔点一般在1150～1350℃范围内。

2.5 焊接熔渣对金属的作用

焊接过程中，焊接熔渣对金属可以起到机械保护作用。更重要的是熔渣参与焊接冶金反应，对于保证焊缝金属的成分与性能也起到了重要的作用。

2.5.1 熔渣对金属的氧化

1. 扩散氧化

焊接钢时，FeO既溶于渣又溶于液态钢中。在一定温度下达到平衡时，FeO在两相中的浓度应符合分配定律

$$L=\frac{(\mathrm{FeO})}{[\mathrm{FeO}]} \tag{2-36}$$

若温度不变，当熔渣中的FeO增多时，它将向焊缝金属中扩散，而使焊缝的含氧量增加。熔渣中的FeO含量与焊缝中含氧量的关系如图2-29所示。由图中可以看出，焊缝中的含氧量随着熔渣中FeO含量的增加而增加。

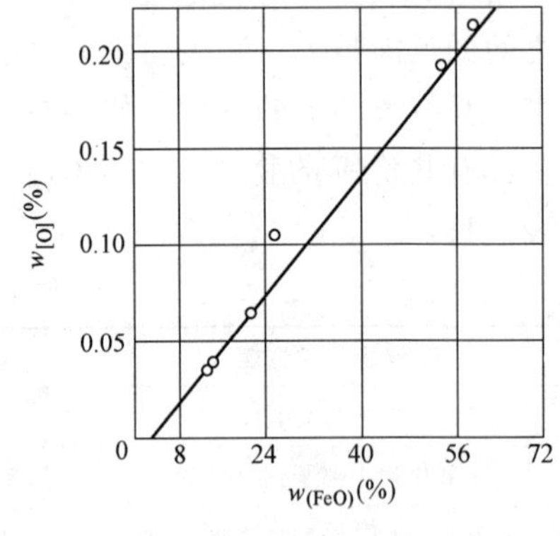

图2-29 熔渣中的FeO含量与焊缝中含氧量的关系

FeO的分配常数L与熔渣的性质和温度有关。在SiO_2饱和的酸性渣中

$$\lg L=\frac{4906}{T}-1.877 \tag{2-37}$$

在TiO_2饱和的碱性渣中

$$\lg L=\frac{5014}{T}-1.980 \tag{2-38}$$

由式（2-37）和式（2-38）可以看出，当温度T增大时，L值减小，这说明在高温时FeO更容易向液态钢中分配，所以扩散氧化主要是在熔滴阶段和熔池的高温区进行。在焊接温度下，$L>1$，所以FeO在熔渣中的量总是大一些。

由式（2-37）和式（2-38）可知，在相同温度下，FeO在碱性渣中比在酸性渣中更容易向金属中分配。也就是说，当熔渣中的FeO含量相同时，碱性渣焊缝的含氧量要高（图2-30）。这是因为碱性渣含SiO_2、TiO_2等酸性氧化物较少，FeO的活度大，容易向金属中扩散而使焊缝的含氧量增加。因此，在碱性焊条药皮中一般不加含FeO的物质，并且要求焊接时严格清除工件表面的铁锈及氧化皮，否则将会使焊缝增氧，并且会产生气孔等焊接缺陷。然而，在酸性渣中因为含SiO_2、TiO_2等酸性氧化物较多，它们与FeO形成复合物，例如$FeO\cdot SiO_2$，从而使FeO的活度减小。所以，在熔渣中，当FeO含量相同时，酸性渣会使焊缝的含氧量较少。

必须指出，不能由此误认为碱性焊条的焊缝含氧量高于酸性焊条。实际上，碱性焊条的焊缝含氧量低于酸性焊条（表2-13），这是因为碱性焊条药皮的氧化势小的缘故。而上述分

析中的前提条件是“熔渣中 FeO 含量相同”，这在实际上是不可能的。

2. 置换氧化

如果熔渣中含有较多容易分解的氧化物，它们就可能与液态铁发生置换反应，其结果使铁氧化，该氧化物中的元素被还原。例如，用低碳钢焊丝配合高锰高硅焊剂（例如 HJ431）埋弧焊时，发生如下反应

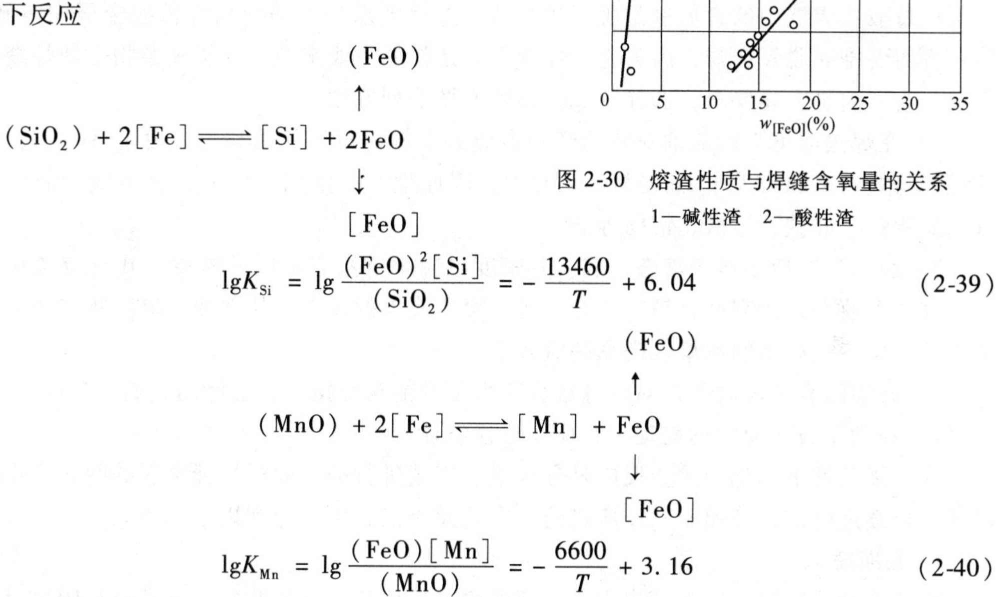

图 2-30 熔渣性质与焊缝含氧量的关系
1—碱性渣 2—酸性渣

$$(SiO_2)+2[Fe]\rightleftharpoons[Si]+2FeO \quad (\uparrow (FeO),\ \downarrow [FeO])$$

$$\lg K_{Si}=\lg\frac{(FeO)^2[Si]}{(SiO_2)}=-\frac{13460}{T}+6.04 \tag{2-39}$$

$$(MnO)+2[Fe]\rightleftharpoons[Mn]+FeO \quad (\uparrow (FeO),\ \downarrow [FeO])$$

$$\lg K_{Mn}=\lg\frac{(FeO)[Mn]}{(MnO)}=-\frac{6600}{T}+3.16 \tag{2-40}$$

反应的结果使铁氧化，生成的 FeO 大部分进入熔渣，小部分溶于液态铁中使焊缝增氧。同时，会使焊缝增硅、增锰。

上述反应的方向和限度取决于温度及反应物质的活度与浓度等。由式（2-39）和式（2-40）可知，升高温度则平衡常数增大，反应向右进行。说明置换氧化主要发生在熔滴阶段和熔池前部的高温区域。表 2-19 中的试验数据也证明了这个论点。在熔池的后部，由于温度下降而使上述反应向左进行，此时已还原的硅、锰有一部分又被氧化，所生成的 SiO_2、MnO 有可能在焊缝中形成非金属夹杂物。但是，由于温度低，反应速度慢，所以总的结果是焊缝中增氧、增锰、增硅。

表 2-19 各反应区中金属的成分（埋弧焊，HJ431）

材质及部位	w_{Si}（%）	w_{Mn}（%）
母材	0.01	0.52
焊丝	0.01	0.45
焊丝端部熔滴金属	0.15	0.63
基本上由焊丝构成的焊缝（间接电弧）	0.20	0.86
完全由母材构成的焊缝（不熔化极）	0.04	0.56
由母材和焊丝混合成的焊缝	0.10～0.15	0.6～0.65

虽然上述反应使焊缝增氧，但是由于硅、锰的含量同时增加，综合的结果使焊缝性能仍能满足使用要求。所以采用高硅高锰焊剂配合低碳钢焊丝的埋弧焊工艺广泛应用于低碳钢和

低合金钢的焊接实践中。对于中、高合金钢的焊接，如果焊缝增氧、增硅，会造成焊缝金属抗裂性及力学性能降低，特别是低温韧性显著降低。

2.5.2 焊缝金属的脱氧

脱氧就是在焊丝、焊剂或焊条药皮中加入某种元素或铁合金，使它在焊接过程中夺取FeO中的氧，而自身被氧化，从而使被焊金属不被氧化，或者减少氧化。用于脱氧的元素或铁合金称为脱氧剂。

尽量减少焊缝中的含氧量是脱氧的目的。这就要求一方面应减少液态金属中溶解的氧，另一方面要排除脱氧产物，因为它是焊缝中夹杂物的主要来源，这类夹杂物会使焊缝含氧量增加。为了满足上述要求，选择脱氧剂必须遵循下列原则：

1）在焊接温度下脱氧剂对氧的亲和力应大于母材对氧的亲和力。由于Al、Ti、Si、Mn等元素与氧的亲和力大于Fe与氧的亲和力，因此生产中常用它们的铁合金或金属粉末来脱氧，如钛铁、硅铁、锰铁、铝粉等。

2）脱氧产物应不溶于液态金属，其密度也应小于液态金属的密度，并且应该尽量使脱氧产物处于液态，使它们容易在液态金属中聚集成大的质点，从而使脱氧产物尽快上浮到渣中去，以减少夹杂物的数量，提高脱氧效果。

3）必须综合考虑脱氧剂对焊缝成分、力学性能及焊接工艺性能的影响。

4）在满足技术要求的前提下，应注意经济性。

在焊接条件下，化学冶金反应是分区域、连续进行的。同样焊缝金属的脱氧反应也是分区域、连续进行的，按照脱氧反应进行的方式及特点，可以分为以下三种。

1. 先期脱氧

在药皮加热阶段，固态药皮中所进行的脱氧反应称为先期脱氧，其特点是脱氧过程和脱氧产物与熔滴不发生直接关系。先期脱氧反应主要发生在焊条端部反应区。

含有脱氧剂的药皮被加热时，其中的高价氧化物或碳酸盐分解出的氧和二氧化碳便和脱氧剂发生反应，例如

$$Fe_2O_3 + Mn = MnO + 2FeO$$

$$FeO + Mn = MnO + Fe$$

$$MnO_2 + Mn = 2MnO$$

$$2CaCO_3 + Ti = 2CaO + TiO_2 + 2CO$$

$$3CaCO_3 + 2Al = 3CaO + Al_2O_3 + 3CO$$

$$2CaCO_3 + Si = 2CaO + SiO_2 + 2CO$$

$$CaCO_3 + Mn = CaO + MnO + CO$$

反应的结果使气相的氧化性减弱，起到先期脱氧的作用。

先期脱氧的效果取决于脱氧剂对氧的亲和力、脱氧剂的粒度和数量以及焊接参数等因素。

碳在先期脱氧中的作用是比较复杂的。虽然碳在高温下对氧的亲和力很大，但是在实际生产中并不用碳作为脱氧剂，否则熔池中的含碳量增加，容易产生气孔、裂纹等缺欠。

应当指出，由于药皮加热阶段温度低，先期脱氧是不完全的，仍然有一部分氧进入熔

池，所以必须进一步脱氧。

2. 沉淀脱氧

沉淀脱氧是在熔滴和熔池内进行的。其原理是脱氧剂和 FeO 直接反应而把铁还原，脱氧产物浮出液态金属。按照质量作用定律进行的沉淀脱氧，对于减少焊缝的含氧量起着重要的作用。常用的脱氧反应有以下几种。

（1）锰的脱氧反应　在焊条药皮中加入适量的锰铁或焊丝中含有较多的锰，可进行如下脱氧反应，即

$$[Mn] + [FeO] = [Fe] + (MnO)$$

$$K = \frac{\alpha_{MnO}}{\alpha_{Mn}\alpha_{FeO}} = \frac{\gamma_{MnO}(MnO)}{\alpha_{Mn}\alpha_{FeO}}$$

式中　γ_{MnO}——渣中 MnO 的活度系数；

α_{MnO}——渣中 MnO 的活度；

α_{Mn}——金属中 Mn 的活度；

α_{FeO}——金属中 FeO 的活度。

当金属中含 Mn 和 FeO 量少时，则 $\alpha_{Mn} \approx [Mn]$，$\alpha_{FeO} \approx [FeO]$，于是得到

$$[FeO] = \frac{\gamma_{MnO}(MnO)}{K[Mn]} \tag{2-41}$$

由式（2-41）可知，增加金属中的含锰量，减少渣中的 MnO，即可以提高脱氧效果。

熔渣的性质对锰的脱氧效果有很大的影响。酸性渣中含有较多的 SiO_2 和 TiO_2，它们与脱氧产物 MnO 反应生成复合物 $MnO \cdot SiO_2$ 和 $MnO \cdot TiO_2$，从而使 γ_{MnO}减小，因此脱氧效果比较好。相反，在碱性渣中 γ_{MnO}大，不利于锰脱氧。所以，酸性焊条一般用锰铁作脱氧剂，而碱性焊条不单独用锰铁作脱氧剂。

（2）硅的脱氧反应　硅的脱氧反应式如下

$$[Si] + 2[FeO] = 2[Fe] + (SiO_2)$$

$$[FeO] = \sqrt{\frac{\gamma_{SiO_2}(SiO_2)}{K[Si]}} \tag{2-42}$$

显然，提高熔渣的碱度和金属中的含硅量，可以提高硅的脱氧效果。

硅的脱氧能力比锰大，但脱氧产物 SiO_2 的熔点比较高（表 2-20），通常认为它处于固态并且不容易聚合为大的质点，所以容易造成夹杂；此外，SiO_2 与钢液的界面张力小，润湿性好。因此，SiO_2 不容易从钢液中分离，而造成夹杂。所以，一般不单独用硅进行脱氧。

（3）锰硅联合脱氧　将锰、硅按适当比例加入金属中进行联合脱氧，可以得到较好的脱氧效果。实践证明，当 $w_{[Mn]}/w_{[Si]} = 3 \sim 7$ 时，脱氧产物可形成硅酸盐 $MnO \cdot SiO_2$，它的熔点低（表 2-20），密度小，在钢液中处于液态（图 2-31）。因此容易聚合为半径大的质点（表 2-21）而浮到熔渣中去，可以减少焊缝中的夹杂物，从而降低焊缝中的含氧量。

根据锰硅联合脱氧的原则，常在 CO_2 气体保护焊焊丝中加入适当比例的锰和硅。通常焊丝中 $w_{[Mn]}/w_{[Si]} = 1.5 \sim 3$。用锰硅焊丝所形成的熔渣主要是由 MnO 和 SiO_2 组成的（表 2-22）。焊缝中的锰硅比不同，脱氧产物的形态也不同。当 $w_{[Mn]}/w_{[Si]} = 3.1$ 时，形成的脱氧产物是液态硅酸盐（图 2-31 中Ⅳ点），所以焊缝中夹杂物较少。而锰硅比小时，脱氧产物出现

固态 SiO_2，使焊缝夹杂物增多。

表 2-20 几种化合物的熔点和密度

化合物	FeO	MnO	SiO_2	TiO_2	Al_2O_3	$(FeO)_2SiO_2$	$MnO \cdot SiO_2$	$(MnO)_2SiO_2$
熔点/℃	1370	1580	1713	1825	2050	1205	1270	1326
密度/(g/cm^3)(20℃)	5.80	5.11	2.26	4.07	3.95	4.30	3.60	4.10

表 2-21 金属中 $w_{[Mn]}/w_{[Si]}$ 对脱氧产物质点半径的影响

$w_{[Mn]}/w_{[Si]}$	1.25	1.98	2.78	3.60	4.18	8.70	15.90
最大质点半径/cm	0.00075	0.00145	0.0126	0.01285	0.01835	0.00195	0.0006

其他焊接材料也可利用锰硅联合脱氧的原则。例如，一般在碱性焊条药皮中加入锰铁和硅铁进行联合脱氧，其脱氧效果也比较好。

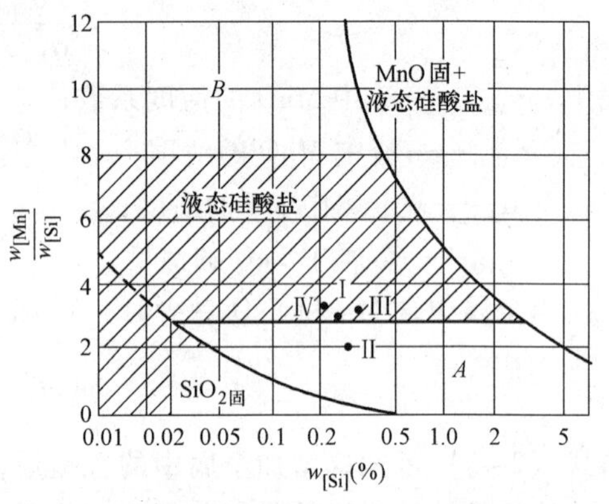

图 2-31 脱氧产物形态与 $w_{[Mn]}/w_{[Si]}$ 的关系

A、B—固体+液态硅酸盐区，1600℃

3. 扩散脱氧

扩散脱氧是以分配定律为基础的，是在液态金属与熔渣的两相界面上进行的脱氧反应。

由式（2-37）和式（2-38）可知，当温度下降时 FeO 的分配系数 L 增大，即发生如下扩散过程：

$$FeO \rightarrow (FeO)$$

这就是在熔池后部低温区内进行的扩散脱氧。

在酸性渣中，由于 SiO_2 和 TiO_2 能与 FeO 生成复合物 $FeO \cdot SiO_2$ 和 $FeO \cdot TiO_2$，而使 FeO 的活度减小。因此，酸性渣有利于扩散脱氧。而碱性渣的扩散脱氧能力比酸性渣差。

焊接时熔池和熔渣产生强烈的搅拌作用，在吹力的作用下熔渣不断地向熔池后部运动，这些都有利于沉淀脱氧与扩散脱氧的进行。但是，在焊接条件下冷却速度比较大，扩散时间短，因此扩散脱氧是不充分的。

表 2-22 CO_2 气体保护焊焊接低碳钢时焊缝成分与夹杂物的关系

焊丝	焊缝成分(%)				渣的成分(%)				焊缝夹杂物(%)	在图 2-31 上的位置
	$w_{[Mn]}/w_{[Si]}$	w_C	w_{Mn}	w_{Si}	w_{MnO}	w_{SiO_2}	w_{FeO}	w_S		
H08MnSiA	2.6	0.13	0.78	0.29	38.7	48.2	10.6	0.016	0.014	Ⅰ
	1.7	0.14	0.82	0.47						Ⅱ
H08Mn2SiA	2.74	0.12	0.85	0.31	47.6	41.9	8.5	0.050	0.009	Ⅲ
	3.1	0.14	0.72	0.23						Ⅳ

2.5.3 焊缝金属的脱硫、脱磷

1. 硫的危害

硫是焊缝金属中的有害元素。通常，硫以 MnS、FeS 两种形式存在于钢中，其中 MnS 对金属的性能影响不大，因为 MnS 不溶于液态铁，而浮到熔渣中。即使有少量的 MnS 以夹杂物的形式存在于焊缝中，也是以弥散质点形式分布的。当硫以 FeS 的形式存在时，危害性最大，因为 FeS 与 Fe 在液态可以无限互溶，在室温时 FeS 在固态铁中的溶解度仅为0.015% ~ 0.02%。在熔池凝固时 FeS 容易发生偏析，以低熔点共晶 Fe + FeS（熔点为985℃）或 FeS + FeO（熔点为940℃）的形式呈片状或链状分布于晶界，因此使焊缝金属增加了结晶裂纹的倾向，同时还会降低焊缝的韧性和耐蚀性。在焊接合金钢，尤其是高镍合金钢时，硫更为有害。因为此时形成的 NiS 又与 Ni 形成熔点为644℃的低熔共晶 NiS + Ni，使焊缝产生结晶裂纹的倾向更大。在钢焊缝中，增加含碳量会促使硫发生偏析而加剧它的危害性，因此应尽量减少焊缝中的含硫量。一般在低碳钢焊缝中，$w_S < 0.035\%$，合金钢焊缝中，$w_S < 0.025\%$。

2. 控制硫的措施

（1）限制焊条、焊剂原材料中的含硫量　焊缝金属中硫的主要来源为母材、焊丝、焊剂或焊条药皮三个方面。但是母材及焊丝中的含硫量一般是比较少的，所以，严格控制焊条药皮、焊剂的含硫量是非常重要的。

制造焊条、焊剂时，应严格按照有关标准选择药皮、药芯的原材料。低碳钢、低合金钢焊丝硫的质量分数应小于0.03% ~ 0.04%；合金钢焊丝硫的质量分数应小于0.025% ~ 0.03%；不锈钢焊丝硫的质量分数应小于0.02%。药皮、焊剂、药芯的原材料都含有硫，均应严格控制其含量。当某些原材料含硫量过高时，应预先进行处理，使之达到技术要求（表2-23）。

表2-23　焊条、焊剂原材料的焙烧处理

原材料名称	原硫质量分数（%）	处理方法	处理后硫质量分数（%）
TiO_2	0.14	1000℃焙烧25 ~ 30min	0.07
CaF_2	0.32	焙烧	0.13

（2）用冶金方法脱硫　选择对硫亲和力比铁大的元素进行脱硫反应，例如

$$[FeS] + [Mn] = (MnS) + [Fe]$$

$$\lg K = \frac{8220}{T} - 1.86 \tag{2-43}$$

反应产物 MnS 实际上不溶于钢液，大部分进入熔渣。由式（2-43）可以看出，降低温度使平衡常数 K 增大，有利于脱硫。然而，熔池后部温度低，冷却快，反应时间短，是不利于脱硫反应的，所以必须增加熔池中的含锰量（>1%），才可获得较好的脱硫效果。

在熔渣中，碱性氧化物 MnO、CaO、MgO 进行脱硫的反应如下

$$[FeS] + (MnO) = (MnS) + (FeO)$$
$$[FeS] + (CaO) = (CaS) + (FeO)$$
$$[FeS] + (MgO) = (MgS) + (FeO)$$

上述反应产物 MnS、CaS、MgS 不溶于钢液而进入熔渣。显然，增加渣中 MnO、CaO 的含量，减少渣中 FeO 的含量是有利于脱硫的。

但是，目前常用的焊条药皮和焊剂的碱度都不高，通常 $B<2$，脱硫的能力有限；而且，由于碱度不能随意增加，冶金反应时间短暂等原因，使焊接时的实际脱硫效果受到限制。所以，严格限制焊接材料的含硫量才是主要的措施。研究结果表明，稀土元素不仅可以脱硫和改善硫化物的形态、尺寸及分布状况，而且可以提高焊缝的韧性。因此，加强这方面的研究，对于解决新型洁净钢、精炼钢焊接时脱硫问题是很有帮助的。

3. 磷的危害

磷在多数钢中是有害杂质。磷在钢中主要以 Fe_2P、Fe_3P 的形式存在。在液态铁中可溶解较多的磷，而在固态铁中磷的溶解度只有千分之几。磷与铁、镍可以形成低熔点共晶，如 Fe_3P+Fe（熔点为1050℃），Ni_3P+Ni（熔点为880℃）。因此，当熔池凝固时，磷易造成偏析。磷化铁常分布于晶界，减弱了晶间结合力，这样就增加了焊缝金属的冷脆性，使得冲击吸收功降低，韧脆转变温度升高。此外，焊接奥氏体钢或低合金钢焊缝的含碳量较高时，磷还能促使结晶裂纹形成。所以，应当采取技术措施，限制焊缝中的含磷量。

4. 控制磷的措施

（1）限制焊条、焊剂原材料的含磷量　焊条药皮和焊剂中的锰矿是焊缝增磷的主要来源，锰矿中通常磷的质量分数为0.22%，其存在形式为 $(MnO)_3 \cdot P_2O_5$，因此，高锰熔炼焊剂磷的质量分数约为0.15%，而不含锰矿的焊剂一般磷的质量分数小于0.05%。

（2）用冶金方法脱磷　将进入液态金属中的磷脱除，采用以下脱磷方法：第一步将磷氧化为 P_2O_5；第二步使 P_2O_5 与渣中的碱性氧化物生成稳定的磷酸盐，其反应式如下：

第一步：
$$2[Fe_3P]+5(FeO)=P_2O_5+11[Fe]$$

第二步：
$$P_2O_5+3(CaO)=((CaO)_3 \cdot P_2O_5)$$
$$P_2O_5+4(CaO)=((CaO)_4 \cdot P_2O_5)$$

将上述反应合并得到

$$2[Fe_3P]+5(FeO)+3(CaO)=((CaO)_3 \cdot P_2O_5)+11[Fe]$$
$$2[Fe_3P]+5(FeO)+4(CaO)=((CaO)_4 \cdot P_2O_5)+11[Fe]$$

这些反应说明，增加熔渣的碱度可以减少焊缝的含磷量，这已被焊接试验所证明。

总之，焊接熔渣的碱度受焊接工艺性能的限制，不可过分增大。同时，在碱性渣中也不允许含有较多的FeO，否则会使焊缝增氧，不利于脱硫，甚至产生气孔。所以，碱性渣的脱磷效果很不理想。酸性渣中虽然含有较多的FeO，有利于磷的氧化，但由于碱度很低，其脱磷能力比碱性渣更低。所以，在焊接时脱磷比脱硫更加困难，因此控制焊缝含磷量的主要办法是严格限制焊接材料中的含磷量。

2.6 焊缝金属的合金过渡

合金过渡就是把所需要的合金元素通过焊接材料过渡到焊缝金属或堆焊金属中去的过程。

2.6.1 合金过渡的目的

1）补偿焊接过程中由于氧化、蒸发造成的合金元素损失。

2）消除焊接缺陷，改善焊缝金属的组织和性能。例如，为了消除因硫引起的热裂纹，需要向焊缝中过渡锰；为了提高焊缝的韧性，向焊缝中加入Al、Ti、Mo、V、Nb、B、RE等合金元素以细化晶粒。

3）获得具有特殊性能的堆焊金属。许多工具和零件（热锻模、轧辊、阀门等）要求表面具有耐磨性、耐热性、耐蚀性、热硬性，生产上常用堆焊过渡Cr、Mo、W、Mn等合金元素，使零件表面获得具有特殊性能的堆焊层，以满足使用要求。

2.6.2　合金过渡的方式

1. 应用合金焊丝或带极

把需要的合金元素加入到焊丝或带极内，配合碱性焊条药皮或低氧、无氧焊剂进行焊接或堆焊，从而把合金元素过渡到焊缝或堆焊层中去。其优点是焊缝成分均匀、稳定，合金利用率高；缺点是焊丝制造工艺复杂，对于某些硬质合金不能轧制、拔丝，则不能采用此种方式。

2. 应用合金药皮或粘结焊剂

把所需要的合金元素以铁合金或其他形式加入药皮中，或加入粘结焊剂中，并配合普通焊丝使用。这种方法的优点是简便易行，成本低；缺点是合金氧化损失大，并有一部分残留于渣中，所以合金利用率较低，此外，合金成分也不够均匀。

3. 应用合金粉末

将需要的合金元素按照比例配制成具有一定粒度的粉末，采用喷涂或喷熔工艺形成堆焊层。其优点是合金的比例调配方便，合金损失少；缺点是制粉工艺比较复杂，堆焊层成分均匀性较差。

4. 应用药芯焊丝或药芯焊条

药芯焊丝是在普通低碳钢带卷制成薄壁圆形钢管或异形钢管的同时，填满铁合金、铁粉等一定成分的药粉，经拉制而成的一种焊丝。它可进行埋弧焊、气体保护焊，也可以在药芯焊丝表面涂敷碱性药皮，制成药芯焊条。其优点是药芯中合金成分的配比可任意调整，以满足堆焊工作的需要，合金的利用率比较高；缺点是不容易制造，成本较高。

5. 从氧化物中还原金属

从金属氧化物中还原出金属进行合金过渡，如利用硅锰还原反应等。但是，这种方法只有还原对氧亲和力弱的金属时才是有效的。缺点是会使焊缝增氧。

2.6.3　合金过渡过程分析

比较各种过渡方式可知，通过焊丝进行合金过渡的过程比较简单。它是经过焊丝熔化后，合金元素就溶解在液态金属中了。本节主要讨论通过焊条药皮、焊剂、药芯焊丝的合金过渡过程。

1. 合金剂过渡的方式

试验证明，合金过渡过程主要是在液态金属与熔渣的界面上进行的。焊条药皮、焊剂和药芯熔化时，其中的合金剂在多数情况下来不及完全熔化，因为合金剂的熔点一般都比较高，这时，合金剂的颗粒以悬浮状存在于液态熔渣中。

合金过渡的过程是：悬浮的合金剂颗粒一部分被熔渣的运动带到液态金属与熔渣两相的界面上，并溶解于液态金属的表面层，然后由表面层向金属的内部扩散，或通过搅拌而使成分均匀化。没有被带到界面上的合金剂颗粒，或虽已到达界面，但因接触时间很短，未能过渡到金属中去的合金剂颗粒，都随着温度的降低而被凝固在焊渣中，通常称这部分合金颗粒为残留在渣中的损失。

2. 合金过渡过程中各阶段的作用

在 2.1 节中已经指出，当药皮厚度 $\delta < \delta_0$（临界药皮厚度）时，全部熔渣都可以与熔滴

相互作用；当 $\delta > \delta_0$ 时，则只有一部分熔渣与熔滴作用，而另一部分直接流入熔池。焊缝合金过渡时也发生相同的情况，如图 2-32 所示，当 $K_b \leqslant 0.4$ 时，熔滴中的含锰量等于熔敷金属中的含锰量，并随 K_b 的增大而增大，说明焊缝合金过渡过程几乎全部是在熔滴阶段完成的。当 $K_b > 0.4$ 时，熔滴的含锰量与 K_b 无关，是一个常数，而熔敷金属中的含锰量随着 K_b 的增加而直线增长，这就说明有一部分熔渣直接与熔池作用，从而加强了熔池阶段的合金过渡过程。

总之，随着熔池阶段在合金过渡过程中的作用逐渐增大，焊缝化学成分的不均匀性增大，因而就引起焊缝金属力学性能的分散度加大，这是制造焊条时必须引起注意的。

3. 合金过渡的物质平衡

通过药皮、焊剂和药芯合金过渡时，合金元素的平衡关系为

$$M_d = M_o - (M_{sl} + M_{ox}) \tag{2-44}$$

式中 M_d——过渡到熔敷金属中的某元素量；

M_o——某元素的原始含量；

M_{sl}——残留在渣中自由的某元素量；

M_{ox}——被氧化的（或由于其他冶金反应而损失的）某元素量。

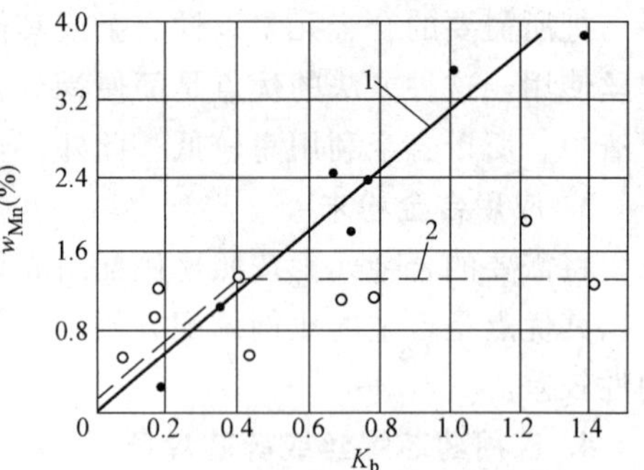

图 2-32 锰在熔滴和熔敷金属中的含量与 K_b 的关系
1—熔敷金属中 2—熔滴中

显然，尽量减少合金元素的残留量及氧化损失量，可以提高合金元素的过渡效果。

残留损失与合金剂的密度和粒度无关，熔渣成分对它的影响也很小。增加熔池存在时间、加强搅拌运动可以减少残留损失。

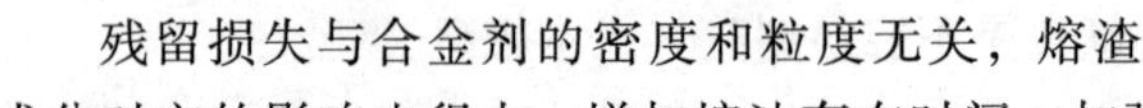

合金元素的氧化损失取决于药皮和焊剂的氧化性以及合金元素与氧亲和力的大小、气相和熔渣的氧化性等因素。

采用埋弧焊工艺通过 $MgO-Al_2O_3-CaF_2$ 渣系粘结焊剂过渡锰元素时的平衡关系，见表 2-24。这是假定锰的原始含量为 100%，用式（2-44）计算的结果。由表 2-24 可以看出，锰的残留损失是相当大的。在氧化损失中，熔池中的氧化损失占较大的比例。在总损失中，残留损失与氧化损失的比例主要取决于药皮或焊剂的氧化性。

表 2-24 埋弧焊通过焊剂过渡锰时的平衡关系

项 目	原始含量	熔敷金属中	总损失	残留损失	氧化损失		
					总的	熔滴中	熔池中
平衡关系（%）	100	46	54	26.5	27.5	9.7	17.8
各种损失（%）	—	—	100	49	51	18	33

2.6.4 合金过渡系数及其影响因素

1. 合金过渡系数

为了说明焊接过程中合金元素的利用率，常引用过渡系数的概念。合金过渡系数的定义是：焊接材料中的合金元素过渡到焊缝金属中的数量与其原始含量的百分比，即

$$\eta = \frac{C_d}{C_e} = \frac{C_d}{C_{cw} + K_b C_{co}} \tag{2-45}$$

式中 η——合金过渡系数；

C_d——合金元素在熔敷金属中的含量；

C_e——合金元素的原始含量；

C_{cw}——合金元素在焊芯中的含量；

K_b——焊条药皮质量系数；

C_{co}——合金元素在焊条药皮中的含量。

应当指出，式（2-45）是简化的表达式，因为它没有考虑合金元素的各种损失以及药皮中金属填加剂对熔敷金属质量的影响。

若已知 η 值及有关数据，则可用式（2-45）预先计算出合金元素在熔敷金属中的含量 C_d，再把 C_d 代入式（2-2）即可求出该元素在焊缝金属中的含量。或者，根据对熔敷（或焊缝）金属成分的要求，求出合金元素在焊条或焊剂中应当具有的含量 C_{co}，然后再通试验加以校正。所以，合金过渡系数对于设计和选择焊接材料是有实用价值的。

式（2-45）所表示的是总的合金过渡系数，它不能说明合金元素由焊丝和药皮每一方面过渡的情况。实际上，这两种过渡形式的过渡系数是不相等的，尤其当药皮氧化性较强时更为明显（见表2-25）。一般情况下，通过焊丝合金过渡时过渡系数较大，而通过药皮合金过渡时过渡系数较小。

表2-25 锰的过渡系数

含锰量及过渡系数（%）	药皮类型		
	氧化铁型	钛铁矿型	氧化锰型
药皮中锰的质量分数	9.0	4.3	5.4
焊芯中锰的质量分数	0.14~1.3	0.14~1.3	0.14~1.33
熔敷金属中锰的质量分数	0.77~1.2	0.77~1.28	0.55~1.04
过渡系数	8.4~11.8	15.6~21.6	10~15
由焊丝过渡的系数	42	45	33
由药皮过渡的系数	7~8	14~17	9~11.5

2. 影响过渡系数的因素

（1）合金元素的物理化学性质　合金元素的沸点越低，焊接时的蒸发损失越大，其过渡系数越小。

合金元素对氧的亲和力越大，氧化损失越大，其过渡系数越小。当用几个合金元素同时合金过渡时，其中对氧亲和力大的元素将依靠自身的氧化，而减少其他元素的氧化，从而提高了其他合金元素的过渡系数。例如，在碱性药皮中加入铝、钛，可以提高硅和锰的过渡系数。

（2）合金元素的含量　随着药皮或焊剂中合金元素含量的增加，其过渡系数逐渐增加，最后趋于一个定值。

（3）合金剂的粒度　增大合金剂的粒度，其表面积和氧化损失减少，而残留损失不变，因此过渡系数增大。但是粒度过大，则不易熔化，使过渡系数减小。

（4）药皮（或焊剂）的成分　药皮（或焊剂）的成分决定了气相和熔渣的氧化性、熔渣的碱度和粘度等性能，因此直接影响着合金的过渡系数。

药皮或焊剂的氧化势越大，则合金过渡系数越小。若合金元素及其氧化物在药皮中同时存在，由质量作用定律可知，这样能够提高该元素的过渡系数。

若其他条件相同，合金元素的氧化物性质与熔渣的酸碱性相同，有利于提高过渡系数。性质相反，就会降低过渡系数。例如，SiO_2 是酸性的，随着熔渣碱度的提高，硅的过渡系数下降；而 MnO 是碱性的，随着熔渣碱度的提高，锰的过渡系数增大。

（5）药皮质量系数及焊接参数　试验证明，在药皮中合金剂含量相同时，K_b 增加，过渡系数减小。

复习思考题

1. 焊接冶金过程的特点是什么？
2. 试述焊接化学冶金过程的区域性与连续性。
3. 氢是如何进入焊缝金属的？它对焊接接头有哪些害处？应该如何控制焊缝中的氢？
4. 焊缝金属中的含氧量应尽可能地少，但为什么还在某些焊条药皮中加入高价氧化物？
5. 焊接熔渣的结构理论有几种？每种理论的要点有哪些？熔渣结构理论对分析焊接冶金反应有何意义？
6. 熔渣的性能有哪些？
7. 熔渣的碱度如何表示？熔渣碱度对渣的物理化学性能、金属的氧化还原、脱硫、脱磷、焊缝金属合金过渡等方面有何影响？
8. 试综合叙述金属的氧化还原反应有几种？
9. 为什么酸性焊条一般用锰铁脱氧，而不用硅铁脱氧？而碱性焊条为什么用锰铁和硅铁同时作为脱氧剂？
10. 什么是合金元素的过渡系数？如何在合金过渡中提高过渡系数？

第3章

焊缝及热影响区

3

熔焊过程中，母材在高温热源的作用下，发生了局部熔化，并且与熔化了的焊丝金属混合，形成了熔池。焊接热源离开以后，熔池金属便逐渐冷却，当温度达到材料的固相线时，熔池开始凝固结晶，最终形成了焊缝金属。熔池凝固过程对焊缝金属的组织、性能具有重要的影响。在熔池凝固的过程中还可能会产生气孔、裂纹、夹杂、偏析等缺欠。由于焊接过程属于非平衡的热力学状态，因此熔池金属在凝固过程中会产生一些晶体缺陷。这些缺陷都会严重影响焊缝金属的性能，成为失效事故发生的隐患。

焊接熔池凝固以后的连续冷却过程中，焊缝金属将发生组织转变。转变后的组织，取决于焊缝的化学成分及冷却条件。焊缝金属固态相变的机理与金属学论述的钢铁材料固态相变机理是一致的。本章将根据焊接的特点和母材成分的不同进行分析和讨论。

焊接接头是由焊缝及热影响区组成的。热影响区是焊接过程中，母材因受热的影响（但未熔化）而发生金相组织和力学性能变化的区域。本章将讨论焊接加热及冷却过程中，母材受热源作用而发生金属组织转变的特点，以及焊接热影响区的组织分布及性能。这对于深入了解焊接接头的组织状态，以及保证焊接接头的质量及可靠性具有重要的意义。

3.1 熔池凝固

分析焊接时熔池的凝固过程，应当讨论熔池凝固的特点、熔池结晶的规律、熔池结晶的速度和熔池结晶的形态等。

3.1.1 熔池凝固的特点

焊接熔池的凝固条件与一般铸钢锭的凝固结晶不同，焊接熔池的凝固有如下特点：

（1）熔池的体积小、冷却速度快　在电弧焊的条件下，熔池的最大体积约为 $30cm^3$，熔池的质量在单丝埋弧焊时，最大约为 100g，而铸钢锭一般可达数吨以上。由于熔池的体积小，而周围又被冷金属所包围，所以熔池的冷却速度很大，平均约为 4～100℃/s。铸钢锭的平均冷却速度，根据尺寸、形状的不同，约为 $(3\sim150)\times10^{-4}$℃/s。由此可见，熔池的平均冷却速度比铸钢锭的平均冷却速度大 10^4 倍左右。因此，对于含碳量较高、合金元素较多的钢种容易产生淬硬组织，甚至焊道上产生裂纹。由于冷却很快，熔池中心和边缘还有较大的温度梯度，致使焊缝中的柱状晶能够迅速成长。所以，在通常情况下电弧焊的焊缝中没有等轴晶。

（2）半熔化状态的母材金属晶粒是熔池结晶的“模壁”　铸钢锭的结晶是从铸锭模壁开始形核及长大的。焊接熔池的凝固结晶，是从母材半熔化晶粒处开始生长的，它的“模壁”就是温度等于熔点的熔池等温面。

（3）熔池中的液态金属处于过热状态　在电弧焊的条件下，对于低碳钢或低合金钢材料，熔池的平均温度可达 (1770±100)℃，而熔滴的温度更高，约为 (2300±200)℃。一般铸钢锭的温度很少超过 1550℃。因此，熔池中的液态金属处于过热状态。由于液体金属的过热程度较大，合金元素的烧损比较严重，使熔池中非自发晶核的质点大为减少，这也是促使焊缝中柱状晶得到发展的原因之一。

（4）熔池在运动状态下结晶　铸钢锭的结晶是在钢锭模中静态下进行结晶的，而一般熔焊时，熔池凝固是随热源移动而进行的。在熔池中金属的熔化和凝固是同时进行的，如图 3-

1所示，在熔池的前半部 abc 进行熔化过程，而熔池的后半部 cda 进行凝固过程。此外，在焊接条件下，气体的吹力、焊条的摆动以及熔池内部的气体外逸，都会产生搅拌作用。这对于排除气体和夹杂、得到致密而性能良好的焊缝是很有利的。

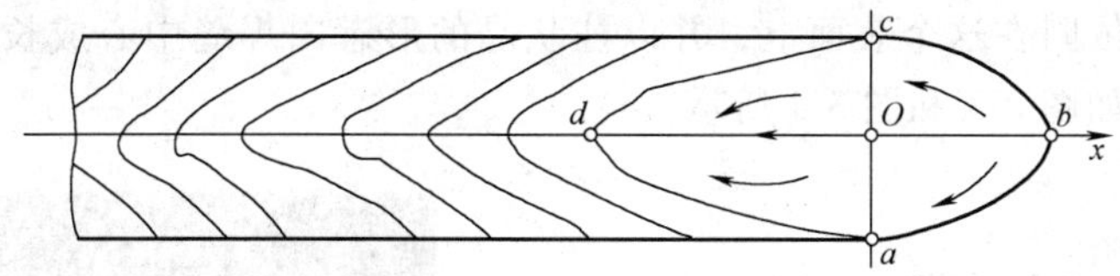

图3-1　熔池在运动状态下的结晶

3.1.2　熔池结晶的一般规律

熔池金属的结晶与一般金属的结晶基本一样，同样也是生核和晶核长大的过程。由于熔池凝固的特点，其结晶过程有其自身的规律。

1. 熔池中晶核的形成

由金属学理论可知，生成晶核的热力学条件是过冷度而造成的自由能降低，进行结晶过程的动力学条件是自由能降低的程度。这两个条件在焊接过程都是具备的。

根据结晶理论，晶核有两种：自发晶核和非自发晶核。但在液相中无论形成自发晶核或非自发晶核都需要一定的能量。在液相中形成自发晶核所需的能量为

$$E_{K} = \frac{16\pi\sigma^{3}}{3\Delta F_{v}^{2}} \tag{3-1}$$

式中　σ——新相与液相间的表面张力系数；

ΔF_{v}——单位体积内液固两相自由能之差。

研究表明，在焊接熔池结晶中，非自发晶核起了主要作用。

在液相金属中有非自发晶核存在时，可以降低形成临界晶核所需的能量，使结晶易于进行。

在液相中形成非自发晶核所需的能量为

$$E'_{K} = \frac{16\pi\sigma^{3}}{3\Delta F_{v}^{2}}\left(\frac{2-3\cos\theta+\cos^{3}\theta}{4}\right) \tag{3-2}$$

即

$$E'_{K} = E_{K}\left(\frac{2-3\cos\theta+\cos^{3}\theta}{4}\right) \tag{3-3}$$

式中　θ——非自发晶核的浸润角（图3-2）。

由式（3-3）可以看出，当 $\theta=0°$ 时，$E'_{K}=0$，说明液相中有大量的悬浮质点和某些现成表面。当 $\theta=180°$ 时，$E'_{K}=E_{K}$，说明液相中只存在自发晶核，不存在非自发晶核的现成表面。由此可见，当 $\theta=0°\sim180°$ 时，$E'_{K}/E_{K}=0\sim1$，即在液相中有现成表面存在时，将会降低形成临界晶核所需的能量。

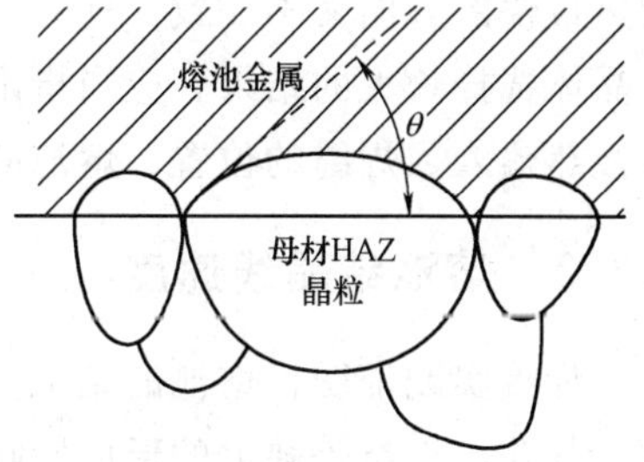

图3-2　非自发晶核的浸润角

试验研究证明，θ 角的大小（图3-2）取决于新相晶核与现成表面之间的表面张力。新核与液相中原有现成表面固体粒子的晶体结构越相似，也就是点阵类型与晶格常数相似，则二者之间的表面张力越小，θ 角也越小，

那么形成非自发晶核的能量也越小。

焊接熔池中存在有两种现成表面：一种是合金元素或杂质的悬浮质点，在通常情况下这种现成表面所起作用不大；另一种就是熔合区附近加热到半熔化状态的母材金属的晶粒表面，非自发晶核就依附在这个表面上，并以柱状晶的形态向焊缝中心成长，形成交互结晶，也称为联生结晶，如图 3-3 和图 3-4 所示。

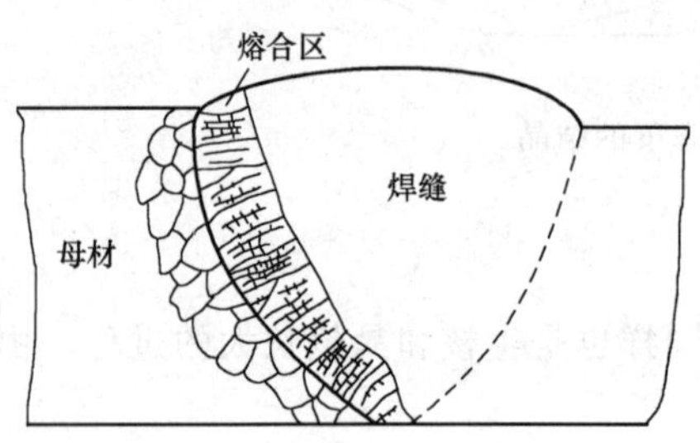

图 3-3 熔合区母材半熔化晶粒上成长的柱状晶

图 3-4 不锈钢埋弧焊时的交互结晶

为了改善焊缝金属的性能，通过焊接材料加入一定量的合金元素（如钼、钒、钛、铌等）作为熔池中非自发晶核的质点，从而达到细化焊缝金属晶粒的目的。

2. 熔池中晶核的长大

熔池中晶核形成之后，就以这些新生的晶核为核心，不断地向焊缝中成长。熔池金属结晶开始于熔合区附近母材半熔化晶粒的现成表面。从靠近熔合线处的母材上，以联生结晶的形式长大。由于每个晶粒的长大趋势不尽相同，有的柱状晶体迅速长大，一直可以成长到焊缝中心；有的晶体却在长大中途停止，不再继续成长；少数晶粒没有明显长大。

晶粒是由众多晶胞所组成的。在一个晶粒内晶胞具有相同的方位称为“位向”。不同的晶粒具有不同的位向，称为各向异性。因此，在某一个方向上的晶粒就最容易长大。此外，散热方向对晶粒的长大也有很大的影响。当晶体最容易长大的方向与散热最快的方向（或最大温度梯度方向）一致时，则最有利于晶粒长大，晶粒便优先得到成长，可以一直长大到熔池的中心，形成粗大的柱状晶。有的晶体由于取向不利于成长，与散热最快的方向又不一致，这时晶粒的成长就会停止下来，如图 3-5 所示，这就是焊缝中柱状晶体选择长大的结果。应当指出，柱状晶体成长的形态与焊接条件有着密切的关系，例如焊接热输入、焊缝的位置、熔池的搅拌与振动等。

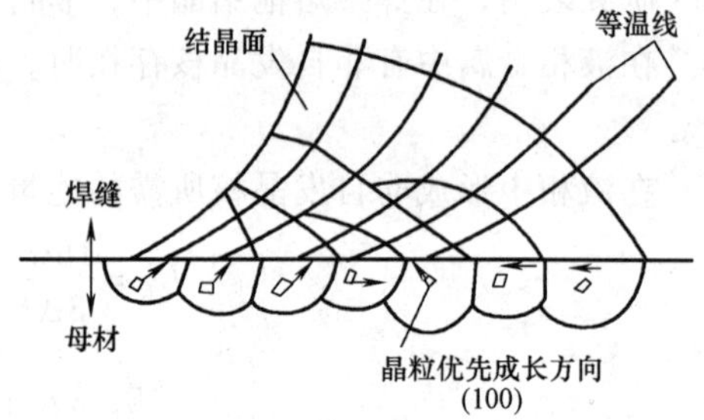

图 3-5 焊缝中柱状晶的选择长大

3.1.3 熔池结晶线速度

焊接实践证明，熔池的结晶方向和结晶速度对焊接质量有着很大的影响，特别是对裂纹、气孔、夹杂等缺欠的形成影响更大。

焊接熔池的外形是半个椭球状的曲面，这个曲面就是结晶的等温面。熔池的散热方向是垂直于结晶等温面的，因此晶粒的成长方向是垂直于结晶等温面的。由于结晶等温面是曲面，理论上认为，晶粒成长的主轴必然是弯曲的。这种理论上的分析已被大量的试验所证实，如图3-6所示，晶粒主轴的成长方向与结晶等温面正交，并且以弯曲的形状向焊缝中心成长。

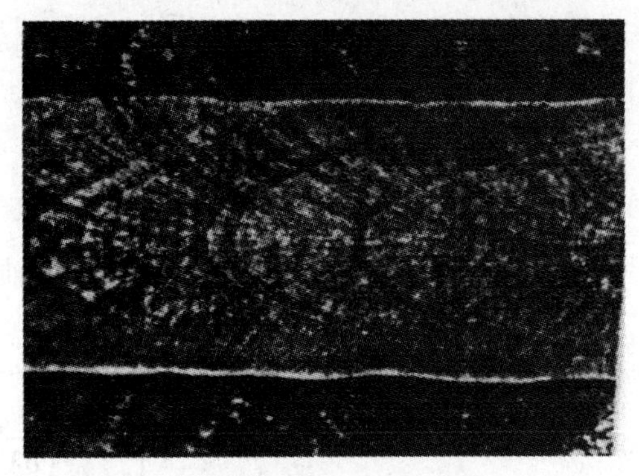

图3-6 弯曲状成长晶粒

试验证明，熔池在结晶过程中晶粒成长的方向与晶粒主轴成长的线速度及焊接速度等有密切的关系。

晶粒成长线速度分析图如图3-7所示。由图3-7可以看出，任一个晶粒主轴，在任一点A的成长方向是过A点的法线（S-S线）。此方向与X轴之间的夹角为θ，如果结晶等温面在dt时间内，沿x轴移动了dx，此时结晶等温面从A移到B，同时晶粒主轴由A成长到C。当dx很小时，可把$\overset{\frown}{AC}$看做是$\overline{AC'}$，同时还可以认为$\triangle ABC'$是直角三角形，如令$\overline{AC'}=ds$，则

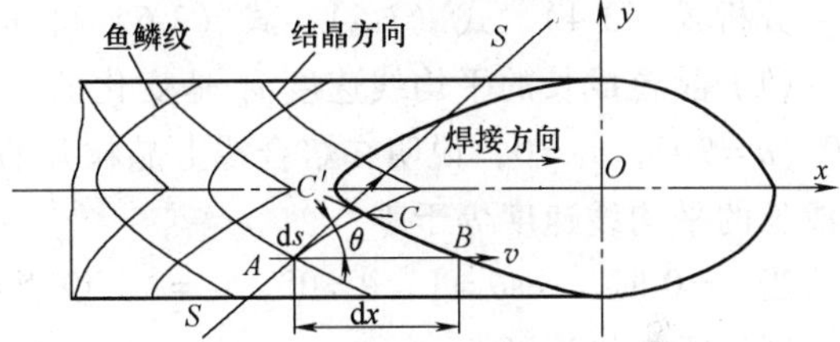

图3-7 晶粒成长线速度分析图

$$ds = dx\cos\theta$$

将上式两端除以dt

$$\frac{ds}{dt} = \frac{dx}{dt}\cos\theta$$

即

$$v_c = v\cos\theta \tag{3-4}$$

式中 v_c——晶粒成长的平均线速度；

v——焊接速度；

θ——v_c与v方向之间的夹角。

由式（3-4）可以看出，晶粒成长的平均线速度，在一定的焊接速度下，主要取决于$\cos\theta$值。而$\cos\theta$值又取决于焊接参数和被焊金属的热物理性能。根据焊接传热学理论可以推导出它们之间的数学关系式。这种计算虽然是定性的，但仍能概要地说明熔池中结晶的一般规律。

为了深入了解θ角的影响因素，可将熔池的形状简化为半个椭球体，如图3-8所示，可以推导出以下方程式：

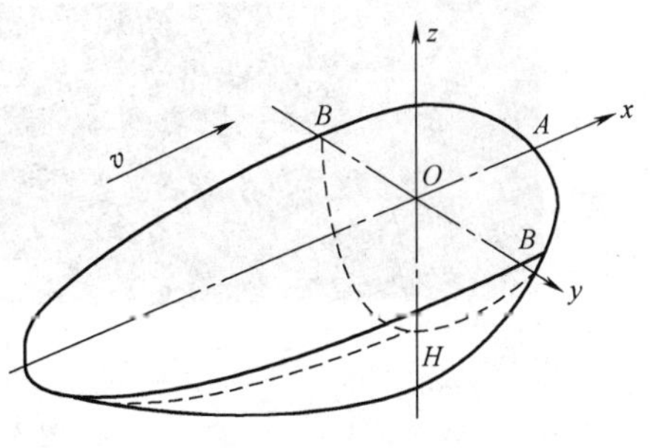

图3-8 熔池形状

1. 在厚大焊件的表面上快速堆焊时

$$\cos\theta = \left\{1 + A\frac{qv}{a\lambda T_M}\left(\frac{K_y^2 + K_z^2}{1 - K_y^2 - K_z^2}\right)\right\}^{-\frac{1}{2}} \tag{3-5}$$

式中 A——常数，$A=0.043217$；

q——热源的有效热功率（J/s）；

v——焊接速度（cm/s）；

a——热扩散率（cm^2/s）；

T_M——被焊金属的熔点（℃）。

λ——热导率［W/（cm·℃）］。

$K_y=\dfrac{y}{OB}$（图 3-8），OB 为熔池椭球的短轴之半；$K_z=\dfrac{z}{OH}$，OH 为熔池椭球的熔深半轴。

2. 在薄板上自动焊接时

$$\cos\theta=\left\{1+A\left(\frac{q}{\delta\lambda T_M}\right)^2\left(\frac{K_y^2}{1-K_y^2}\right)\right\}^{-\frac{1}{2}} \tag{3-6}$$

式中 δ——薄板的厚度（cm）。

分析式（3-4）、式（3-5）、式（3-6）可知：

（1）晶粒成长的平均线速度 v_c 是变化的　在式（3-6）中，当 $y=OB$ 时，$K_y=1$，$\cos\theta=0$，$\theta=90°$，$v_c=0$，说明在熔合线上晶粒开始成长的瞬时，成长的方向垂直于熔合线，晶粒成长的平均线速度等于零。

当 $y=0$ 时，$\cos\theta=1$，$\theta=0°$，$v_c=v$，说明当晶粒成长到接触 Ox 轴时，晶粒成长的平均线速度等于焊接速度。

由此可见，在晶粒成长过程中，当 y 由 OB 逐渐趋近于 O 时，θ 值由 90°逐渐趋近于 0°，晶粒成长的平均线速度 v_c 由 0 逐渐增大到 v。这就表明晶粒成长的方向是变化的；晶粒成长的平均线速度也是变化的，在熔合线上最小（其值为零），在焊缝中心最大（其值等于焊速）。

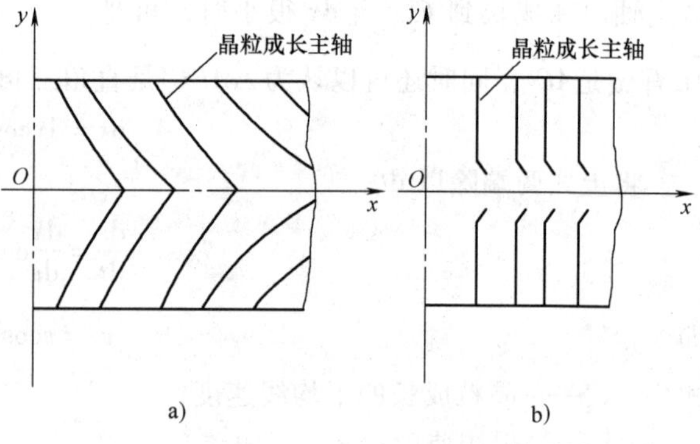

图 3-9　焊接速度对晶粒成长的影响

a）小焊接速度　b）大焊接速度

（2）焊接参数对晶粒成长方向及平均线速度的影响　由式（3-5）可以看出，当焊接速度 v 越小时，θ 角越小，晶粒主轴的成长方向越弯曲（图 3-9a）。当焊接速度 v 越大时，θ 角越大，也就是晶粒主轴的成长方向越垂直于焊缝的中心线（图 3-9b）。工业纯铝的 TIG 焊不同焊接速度时的晶粒成长方向如图 3-10 所示。

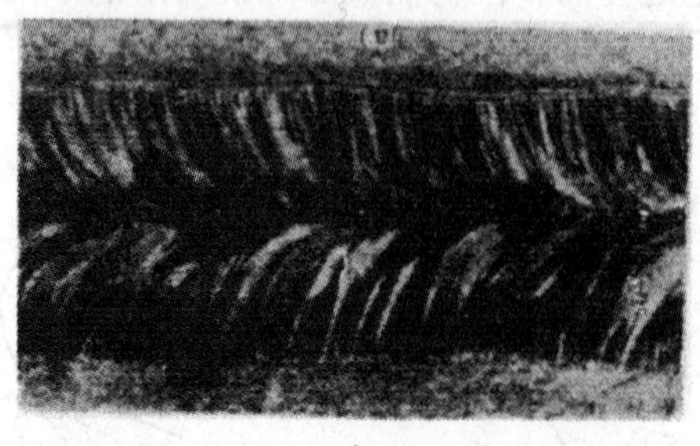

a)

b)

图 3-10　工业纯铝 TIG 焊

a）焊接速度 25cm/min　b）焊接速度 150cm/min

当晶粒主轴垂直于焊缝中心时，容易形成脆弱的结合面。因此，采用过大的焊接速度时，在焊缝中心常出现纵向裂纹，如图 3-11 所示。对于焊接奥氏体钢和铝合金时应特别注意不能采用大的焊接速度。

图 3-11　大焊接速度时焊缝的纵向裂纹

实际上，熔池结晶速度与焊接热源作用的周期性变化、化学成分的不均匀性、合金元素的扩散、结晶潜热的析出等因素都有密切关系。因此，熔池结晶速度的变化规律是很复杂的。

研究结果表明，焊缝晶粒成长的线速度围绕着平均线速度作波浪式变化，而且波浪起伏的振幅越来越小，最后趋向平均线速度。

最后应当指出，晶粒（核）长大同样需要一定的能量，这个能量是由两部分所组成：一是因为体积长大而使体系自由能下降；二是因长大而产生的新固相表面使体系的自由能增加。晶核长大时所增加的表面能比形成晶核时所增加的表面能要小，因此长大比形核所需的过冷度要小。因此焊缝金属开始凝固时，优先在母材的基体上进行联生长大。

3.1.4　熔池结晶的形态

对焊缝的断面进行金相分析发现，焊缝中的晶体形态主要是柱状晶和少量等轴晶。在显微镜下进行微观分析时，可以发现在每个柱状晶内有不同的结晶形态，如平面晶、胞晶及树枝状晶等。结晶形态的不同，是由于金属纯度及散热条件不同所引起的。

熔池结晶过程中晶体的生核和长大都必须具有一定的过冷度。由于在纯金属凝固结晶过程中不存在化学成分的变化，因此纯金属的凝固点理论上为恒定的温度。液相中的过冷度取决于实际结晶温度低于凝固点的数值。例如冷却速度越大，实际结晶温度越低，过冷度就越大。

工业上用的金属大多是合金，即使是纯金属，也不是理论上的纯金属。从相图中可以看出，合金的结晶温度与成分有关，先结晶与后结晶的固液相成分也不相同，造成固液界面一定区域的成分起伏，因此合金凝固时，除了由于实际温度所造成的过冷之外（温度过冷），还存在由于固液界面处成分起伏而造成的成分过冷。所以合金结晶时不必需要很大的过冷就可出现树枝状晶，而且随着不同的过冷度，晶体成长亦出现不同的结晶形态。

根据成分过冷理论的分析，由于过冷程度的不同，焊缝组织会出现不同的形态。试验表明，结晶形态大致可分为平面结晶、胞状结晶、胞状树枝结晶、树枝状结晶及等轴结晶五种。不同的结晶形态都是具有内在的因素。大量的试验表明，结晶形态主要取决于合金中溶质的浓度 C_0、结晶速度（或晶粒长大速度）R 和液相中温度梯度 G 的综合作用。它们对结晶形态的影响如图 3-12 所示。

当结晶速度 R 和温度梯度 G 不变时，随着合金中溶质浓度的提高，则成分过冷增加，从而使结晶形态由平面晶变为胞状晶、胞状树枝晶、树枝状晶、最后到等轴晶。

当合金中溶质的浓度 C_0 一定时，结晶速度 R 越快，成分过冷的程度越大，结晶形态也可由平面晶过渡到胞晶、树枝状晶，最后到等轴晶。

当合金中溶质浓度 C_0 和结晶速度 R 一定时，随着液相温度梯度的提高，成分过冷的程度减小，因而结晶形态的演变方向恰好相反，由等轴晶、树枝晶逐步演变到平面晶。

总之，上述关于不同结晶条件对晶体成长形态影响的一般规律，对于分析焊缝金属的凝固结晶组织、焊缝金属的性能和形成缺陷等都具有重要的指导意义。

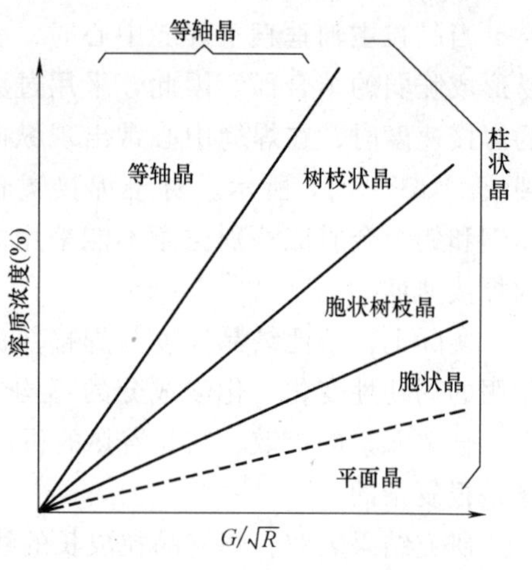

图 3-12 C_0、R 和 G 对结晶形态的影响

1. 实际焊缝的结晶形态

焊接实践表明，熔池中成分过冷的情况在焊缝的不同部位是不同的。因此，将会出现不同的焊缝结晶形态。在熔池的熔化边界，由于温度梯度 G 较大，结晶速度 R 又较小，所以成分过冷接近于零，所以平面晶得到发展。当远离熔化边界向焊缝中心过渡时，温度梯度 G 逐渐变小，而结晶速度逐渐增大，所以结晶形态将由平面晶向胞状晶、胞状树枝晶，一直到等轴晶的方向发展。图 3-13 为焊缝结晶形态的变化过程。在对焊缝凝固组织的金相观察中，证实了上述结晶形态变化的趋势。

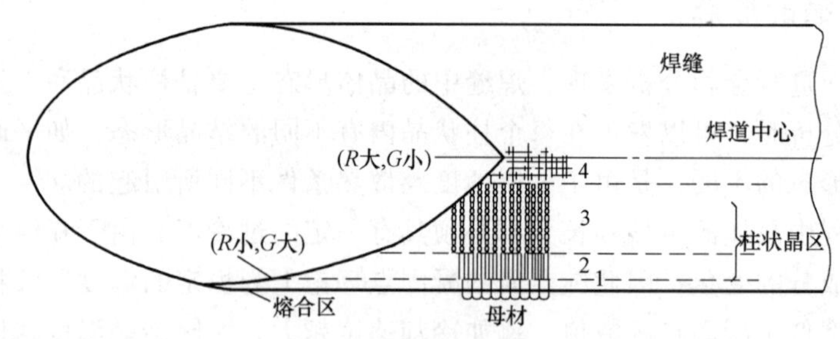

图 3-13 焊缝结晶形态的变化过程

1—平面晶 2—胞状晶 3—树枝柱状晶 4—等轴晶

实际焊缝中，由于板材的化学成分、厚度及接头形式的不同，不一定具有上述全部结晶形态。图 3-14a 所示的，纯度为 99.99% 的铝焊缝中，在熔合线附近为平面晶；到焊缝中心为胞状晶；而纯度为 99.6% 的铝焊缝就出现胞状树枝晶（图 3-14b），焊缝中心可出现等轴晶（图 3-14c）。

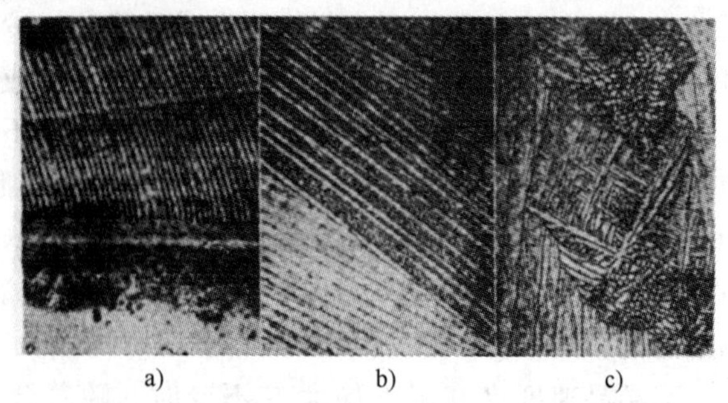

图 3-14 纯铝薄板（1mm）TIG 点焊焊缝凝固结晶组织形态

a）平面晶-胞状晶 b）胞状树枝晶 c）等轴晶

2. 焊接参数对熔池结晶形态的影响

（1）焊接电流的影响 当焊接速度一定时，焊接电流对焊缝凝固结晶组织的影响如图 3-15 所示。焊接电流较小时，焊缝得到胞状组织（图 3-15a）；增加电流时，得到胞状树枝晶（图 3-15b）；电流继续增大，出现更为粗大的胞状树枝晶（图 3-15c）。

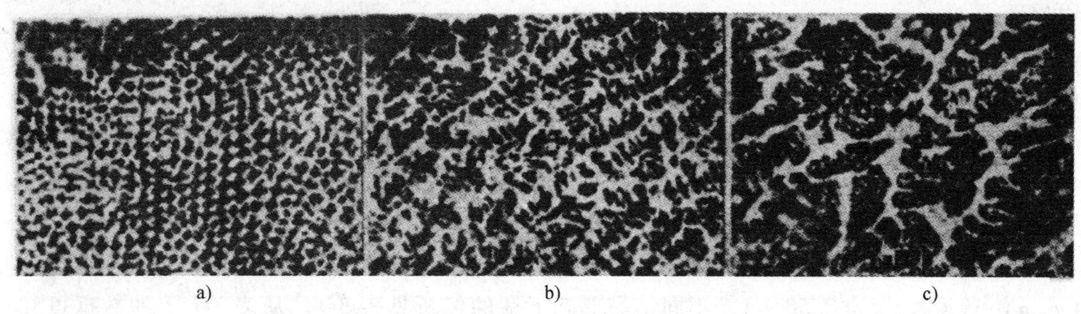

a) b) c)

图 3-15 HY80 钢焊接电流的影响

a) 150A b) 300A c) 450A

(2) 焊接速度的影响 当焊接速度增大，熔池中心的温度梯度下降很多，因此快速焊接时，在焊缝中心往往出现大量的等轴晶（图 3-16c）；而低速焊接时，在熔合线附近出现胞状树枝晶，在焊缝中心出现较细的胞状树枝晶（图 3-16a、图 3-16b）。

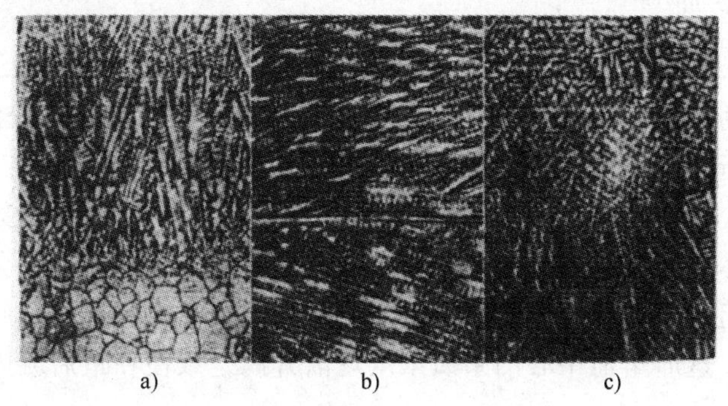

a) b) c)

图 3-16 焊接速度对焊缝结晶形态的影响

a) 低焊接速度（16cm/min）熔合线的胞状树枝晶 b) 低焊接速度（16cm/min）焊缝中心的胞状树枝晶 c) 高焊接速度（64cm/min）焊缝中心的等轴晶

3.1.5 焊接接头的化学成分不均匀性

在熔池进行结晶的过程中，由于冷却速度很快，熔池金属中化学成分来不及扩散，合金元素的分布是不均匀的，熔池金属凝固后出现了偏析现象。在焊缝边界处的熔合区，也出现了明显的化学成分不均匀，这个地区就成为焊接接头的薄弱地带。

1. 焊缝中的化学成分不均匀性

熔池金属在结晶过程中，由于来不及扩散而表现出化学成分的不均匀性。例如，在低碳钢焊缝的晶界，碳的含量要比焊缝的平均含碳量略高一些，称为晶界偏析，这是一种微观偏析。这种现象将影响到焊缝的性能，严重时将会引起焊接裂纹。根据焊接过程的特点，焊缝中的偏析主要有三种。

(1) 显微偏析 根据金属学平衡结晶过程的理论可以知道，钢在凝固过程中，液固两相的合金成分都在变化。通常，先结晶的固相含溶质的浓度较低，也就是先结晶的固相比较纯，而后结晶的固相含溶质的浓度较高，并富集了较多的杂质。由于焊接的冷却速度较快，固相内的成分来不及扩散，而在相当大的程度上保持着由于结晶的先后所造成的化学成分不均匀性。

当焊缝结晶的固相呈胞状晶长大时，胞状晶体中心所含溶质的浓度最低，而在胞状晶体相邻的边界上溶质的浓度最高。

当固相呈树枝晶长大时，先结晶的树干含溶质的浓度最低，后结晶的树枝含溶质浓度略高，最后结晶的部分，即填充树枝间的残液，也就是树枝晶和相邻树枝晶之间的晶界上，溶质的浓度是最高的。

焊缝中的组织由于结晶形态不同，也会造成不同程度的偏析。例如，低碳钢焊缝中（$w_C=0.19\%$，$w_{Mn}=0.50\%$），不同结晶形态下锰的偏析见表 3-1。从表 3-1 上的数据可知，树枝状晶的晶界偏析较胞状晶的晶界偏析严重。

表 3-1　不同结晶形态的偏析

位置	w_{Mn}（%）
树枝状晶的晶界	0.59
胞状晶的晶界	0.57
胞状晶的中心	0.47

此外，细晶粒的焊缝金属，由于晶界的增多，偏析分散，偏析的程度将会减弱。因此，就焊缝金属中的偏析而言。希望得到细晶粒的胞状晶。

（2）区域偏析　焊接时由于熔池中存在激烈的搅拌作用，同时焊接熔池又不断向前移动，不断有新的液体金属溶入熔池。因此，结晶后的焊缝，从宏观上不会像铸钢锭那样有大体积的区域偏析。但是，在焊缝结晶时，由于柱状晶继续长大和推移，此时会把溶质或杂质成分推向熔池中心。这时熔池中心的杂质浓度逐渐升高，致使在最后凝固的部位产生较严重的区域偏析。

当焊接速度较大时，成长的柱状晶最后会在焊缝中心附近相遇（图 3-17）。使溶质和杂质都聚集在那里，凝固后在焊缝中心附近出现的区域偏析，在应力作用下，很容易产生焊缝的纵向裂纹。

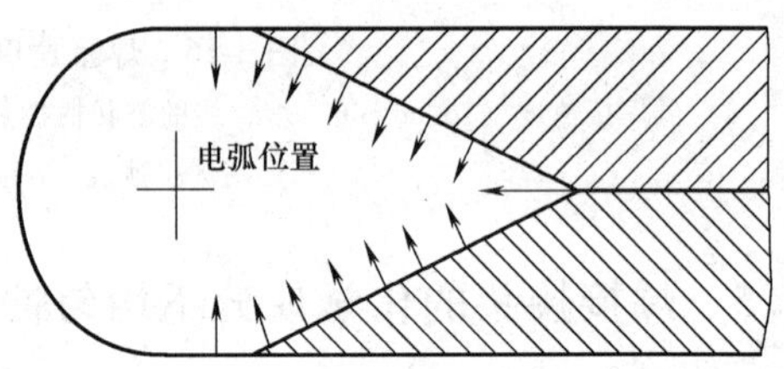

图 3-17　快速焊时柱状晶的成长

（3）层状偏析　在焊缝断面经过浸蚀的金相试件上，可以明显地看出层状分布图像。这些分层反映出结晶过程的周期性变化，这是由于化学成分分布不均匀所造成的。这种化学不均匀性称为层状偏析，如图 3-18 所示。

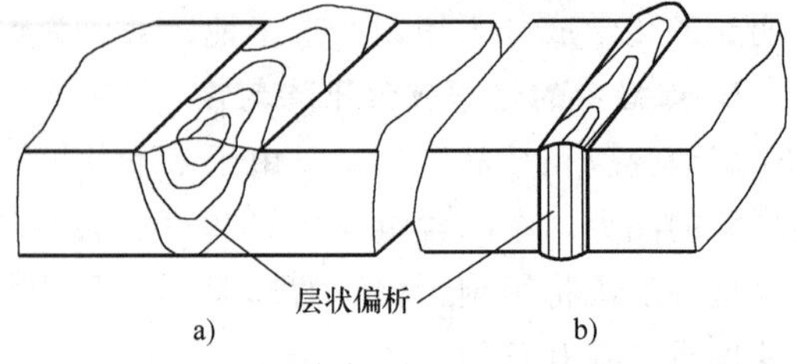

图 3-18　焊缝的层状偏析
a）焊条电弧焊　b）电子束焊

熔池金属结晶时，在结晶前沿的液体金属中，溶质的浓度较高，同时也富集了一些杂质。当冷却速度较慢时，这一层浓度较高的溶质和杂质可以通过扩散而减轻偏析的程度。但冷却速度很快时，还没有来得及“均匀化”就已凝固，从而造成了溶质和杂质较多的结晶层。

由于结晶过程放出结晶潜热及熔滴过渡时热能输入的周期性变化，致使凝固界面的液体金属成分也会发生周期性变化，采用放射性同位素进行焊缝中元素分布规律研究证明，产生层状偏析的原因是由于热的周期性作用而引起的。

试验证明，层状偏析常集中了一些有害的元素（如碳、硫、磷等），因而缺欠也往往出现在偏析层中。图 3-19 是由层状偏析所造成的气孔。层状偏析也会使焊缝的力学性能不均匀。耐蚀性能下降、断裂韧度降低等。

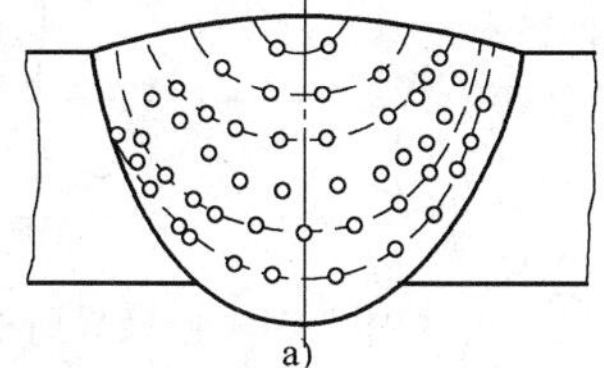

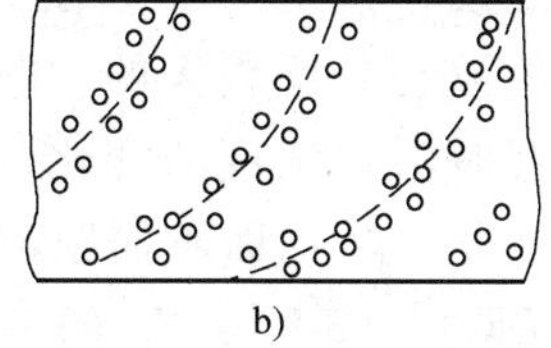

图 3-19　层状偏析与气孔

2. 熔合区的化学不均匀性

熔合区是焊接接头中的一个薄弱地带，许多焊接结构的失效事故常常是由熔合区的某些缺欠引起的。例如冷裂纹、再热裂纹和脆性相等常起源于熔合区。因此，对这个地区的一些性能，应给以足够的重视。

（1）熔合区的形成　在焊接条件下，熔化过程是很复杂的，即使焊接参数十分稳定，由于各种因素的影响，也会使热能的传播极不均匀，例如熔滴过渡的周期性、电弧吹力的变化等。此外，在半熔化的基体金属上，晶粒的导热方向彼此不同，有些晶粒的主轴方向有利于热的传导，所以该处就受热较快，熔化较多。因此，对于不同的晶粒，熔化程度可能有很大的不同。如图 3-20 所示，有阴影的部分表示熔化了的晶粒，其中有些晶粒有利于导热而熔化得较多（图中的 1、3、5），有些晶粒熔化较少（图中的 2、4）。所以母材与焊缝交界的地方并不是一条线，而是一个区，称为熔合区。

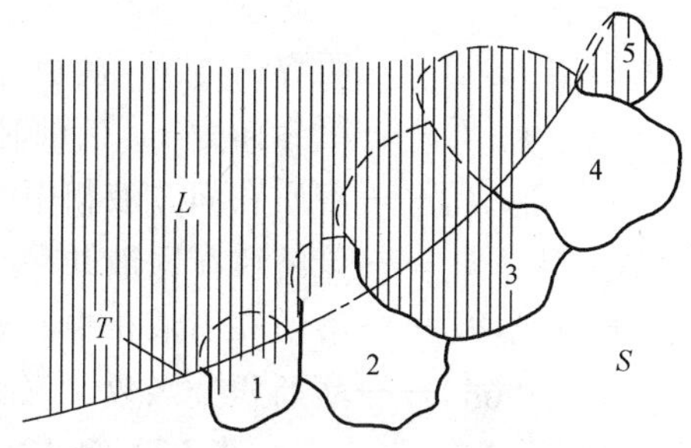

图 3-20　熔合区晶粒熔化的情况

T—温度等于母材熔点的等温面　L—液态金属（熔池）　S—固态金属（HAZ）

（2）熔合区宽度　熔合区的大小取决于材料的液相线与固相线之间的温度范围、被焊材料本身的热物理性质和组织状态。熔合区宽度可按式（3-7）进行估算

$$A=\frac{T_{\mathrm{L}}-T_{\mathrm{S}}}{\left(\dfrac{\Delta T}{\Delta y}\right)} \tag{3-7}$$

式中　A——熔合区的宽度（mm）；

T_{L}——被焊金属的液相线温度（℃）；

T_{S}——被焊金属的固相线温度（℃）；

$\dfrac{\Delta T}{\Delta y}$——温度梯度（℃/mm）。

碳钢、低合金钢熔合区附近的温度梯度约为 80～300℃/mm，液固相线的温度差约为

40℃。因此，一般电弧焊的条件下，熔合区宽度约为

$$A=(40/300\sim40/80)\text{mm}=0.13\sim0.50\text{mm}$$

对于奥氏体钢的电弧焊时，$A=0.06\sim0.12$mm。

(3) 熔合区的成分分布　熔合区由于存在着严重的化学成分不均匀性，导致性能下降，成为焊接接头中一个薄弱的地带。通过试验研究和理论分析可知，在固液界面处溶质浓度的分布如图 3-21 所示。界面附近溶质浓度的波动是比较大的，图中的实线是表示固液两相共存时溶质浓度的变化，虚线表示凝固后的溶质浓度变化。与界面不同距离处的溶质浓度的理论计算公式见式（3-8）、式（3-9）。

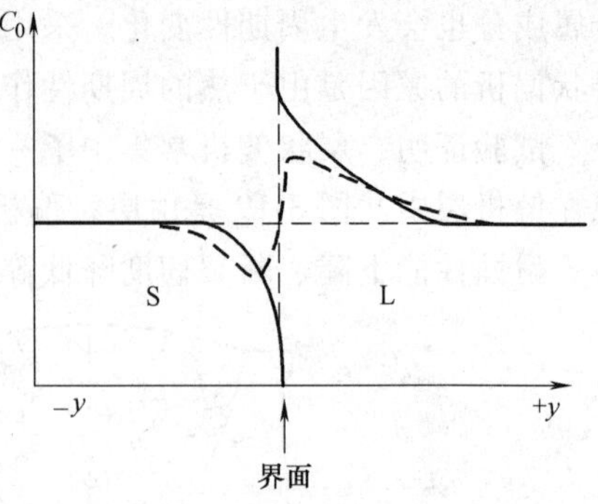

图 3-21　固液界面处溶质浓度的分布

当 $y<0$

$$C_S(y,t)=C_0-\frac{C_0-K_0C_0'}{K_0\left(\frac{D_S+1}{D_L}\right)^{1/2}}\left[1+\phi\left(\frac{y}{2(D_St)^{1/2}}\right)\right] \tag{3-8}$$

当 $y>0$

$$C_L(y,t)=C_0'-\frac{K_0C_0'-C_0}{K_0+\left(\frac{D_L}{D_S}\right)^{1/2}}\left[1-\phi\left(\frac{y}{2(D_Lt)^{1/2}}\right)\right] \tag{3-9}$$

式中　$C_S(y,\ t)$——距界面为 y、接触时间为 t 时，溶质在固相中的质量分数；

$C_L(y,\ t)$——距界面为 y、接触时间为 t 时，溶质在液相中的质量分数；

C_0、C_0'——溶质在固、液相中的质量分数；

D_S、D_L——该溶质在固液共存时，在固、液相中的扩散系数；

$K_0=C_S/C_L$——溶质在固液相中的分配系数，K_0 值见表 3-2；

$\phi(A)$——高斯积分函数（又称克兰伯超越函数），可查专用函数表。

表 3-2　Fe (δ) 中各元素的平衡分配系数 K_0

Al	B	C	Cr	Co	Cu	H	Mo	Mn	O	Ni	N	P	Si	S	Ti	W	V	Zr
0.92	0.11	0.20	0.95	0.94	0.90	0.27	0.86	0.90	0.02	0.83	0.25	0.13	0.83	0.02	0.40	0.95	0.96	0.5

由式（3-9）和式（3-10）中可以看出，熔合区固液界面附近溶质元素的浓度分布决定于该元素在固、液相中的扩散系数和分配系数。

焊接条件下，在熔合区元素的扩散转移是激烈的，特别是硫、磷、碳、硼、氧和氮等。采用放射性同位素 S^{35} 研究熔合区硫的分布，如图 3-22 所示。图中排在上面的数据是在热输入 $E=11.76$kJ/cm 的情况下测得的；排在下面的数据是在热输入 $E=23.94$kJ/cm 的情况下测得的。由该图可以看出，硫在熔合区的分布是跳跃式变化的。

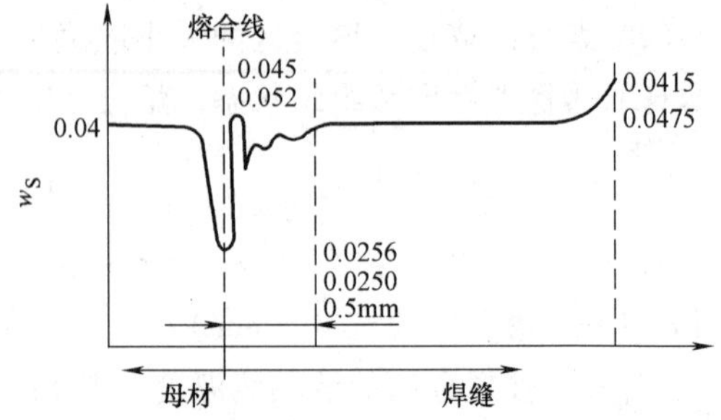

图 3-22　熔合区中硫的分布

总之，熔合区存在着严重的化学不均匀性和组织性能上的不均匀性。因此，熔合区是焊接接头中的薄弱部位。关于熔合区组织性能的研究，越来越引起国内外焊接生产与研究人员的重视，特别是异种金属焊接时的接头不均匀

性更是学术研究的热点之一。

3.2 焊缝固态相变

焊接熔池凝固以后，随着连续冷却过程的进行，焊缝金属组织将会发生转变。焊缝金属的组织状态，受焊缝的化学成分和冷却条件的影响。焊缝金属固态相变的机理与一般钢铁固态相变的机理相同，本节根据焊接的特点，对低碳钢、低合金钢材料焊缝的固态相变进行分析和讨论。

3.2.1 低碳钢焊缝的固态相变

由于低碳钢的含碳量较低，所以低碳钢焊缝固态相变后的结晶组织主要是铁素体加少量珠光体。铁素体一般首先沿原奥氏体边界析出，这样就画出了凝固组织的柱状晶轮廓，其晶粒十分粗大，甚至一部分铁素体还具有魏氏组织的形态。魏氏组织的特征是铁素体在奥氏体晶界呈网状析出，也可从奥氏体晶粒内部沿一定方向析出，具有长短不一的粗针状或条片状，直接插入珠光体晶粒之中。魏氏组织主要出现在晶粒粗大的过热的焊缝之中（图3-23)，它的脆性比较大，在焊缝中通常不希望出现这种组织。

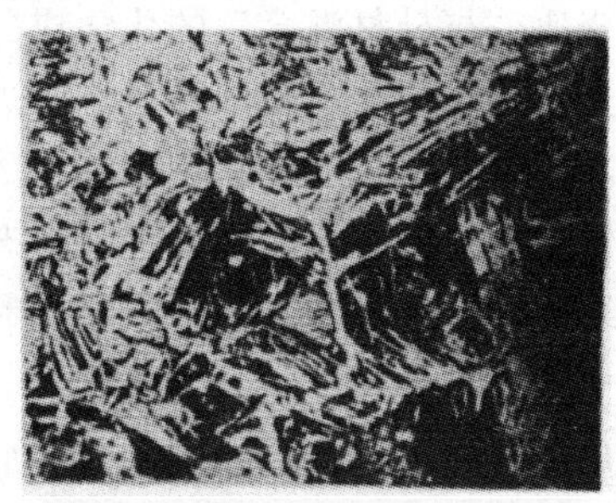

图3-23 低碳钢焊缝的魏氏组织

在多层焊的焊缝及经过热处理的焊缝中，由于焊缝受到了重复加热或二次加热焊缝的性能将会得到改善。这时焊缝的组织将会是细小的铁素体和少量珠光体，并使柱状晶组织得到改善。一般使钢中柱状晶消失的临界温度约在 A_3 点以上20~30℃，图3-24为低碳钢焊缝柱状晶消失的临界温度与加热温度及加热时间的关系。由图看出，约在900℃以上短时间加热，即可使柱状组织消失。但是，多层焊时由于受热温度和时间不同，所以柱状晶消失程度也不尽相同。由图3-25可见，低碳钢单层焊缝受不同温度的再加热时，使柱状晶的细化程度不同，因而具有不同的冲击韧度。由图看出，在900℃附近的再加热效果最好，超过1100℃时则发生晶粒粗化，在600℃左右加热时，

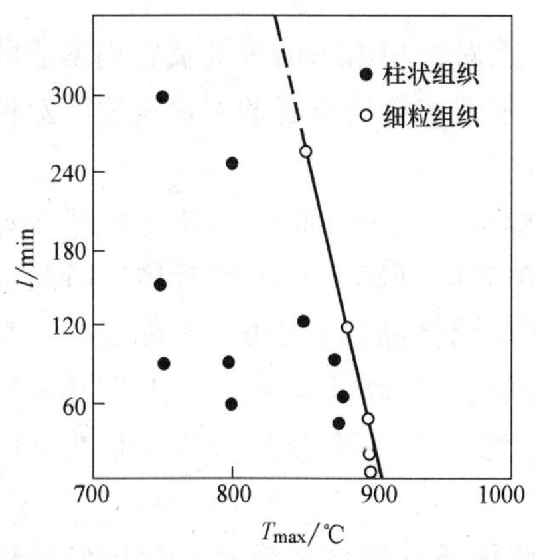

图3-24 低碳钢单层焊缝消失柱状晶的临界温度

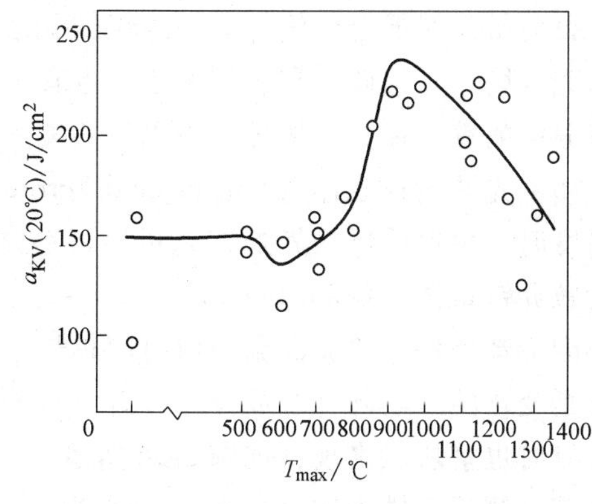

图3-25 低碳钢单层焊缝再加热时的冲击韧度变化

由于焊缝金属中的碳、氮元素发生时效而使冲击韧度下降。

相同化学成分的焊缝金属，由于冷却速度不同，也会使焊缝的组织有明显的变化。冷却速度越大，焊缝金属中的珠光体越多，晶粒越细化，硬度变大，见表3-3。

表3-3 低碳钢焊缝冷却速度对组织和硬度的影响

冷却速度 /（℃/s）	焊缝组织（质量分数,%）		焊缝硬度 HV
	铁素体	珠光体	
1	82	18	165
5	79	21	167
10	65	35	185
35	61	39	195
50	40	60	205
110	38	62	228

3.2.2 低合金钢焊缝的固态相变

低合金钢焊缝固态相变后的组织比低碳钢焊缝组织要复杂得多，随着焊接材料的种类、熔合比、与母材混合后的化学成分及冷却条件的不同，可出现不同的焊缝组织。除铁素体和珠光体外，还会出现多种形态的贝氏体和马氏体，它们对焊缝金属的性能具有十分重要的影响。应当指出，与低碳钢焊缝中的铁素体、珠光体相比，虽然低合金钢焊缝中的铁素体、珠光体在组织结构上相同，但在形态上确有很大的差别，因此也会表现出不同的性能。此外，焊缝是在非平衡状态下进行凝固和固态相变的，所以相变后的组织也不会像母材那样均匀。由于焊缝是铸态组织，焊缝中的气体往往比母材约高10倍以上，氧的质量分数可达10^{-2}%数量级。较高的氧含量不仅影响焊缝的性能，同时也影响组织转变，使连续冷却转变图（CCT图）向左移动。

根据低合金钢焊缝化学成分和冷却条件的不同，可能出现以下四种固态相变。

1. 铁素体转变

大量研究表明，低合金钢焊缝中的铁素体形态比较复杂，对于焊缝金属的强韧性具有重要的影响。

目前虽然对低合金钢焊缝的组织作了许多研究，但对金相组织的分类及它们本质的认识尚未完全统一。因此，在名词术语上也有一些分歧。根据多数研究者的习惯用法，对低合金钢焊缝中的铁素体，大体可分为以下四类：

（1）先共析铁素体（Proeutectoid Ferrite，PF） 焊缝中的先共析铁素体是焊缝冷却到较高温度时，由奥氏体晶界处首先析出（转变温度约在770～680℃）的铁素体，因此也有人称为粒界铁素体（Grain Boundary Ferritel，GBF）。在奥氏体晶界析出的PF数量，与焊接热循环的冷却条件有关。高温停留时间越长，冷却的越慢，PF数量就越多。PF在晶界析出的形态是变化的，它与合金成分和冷却条件有关，一般情况下，PF呈细条状分布在奥氏体晶界，有时也呈块状出现，如图3-26所示。

（2）侧板条铁素体（Ferrite Side Plate，FSP） 侧板条铁素体的形成温度比先共析铁素体稍低，约在700～550℃，它的转变温度范围较宽。侧板条铁素体是从奥氏体晶界PF的侧

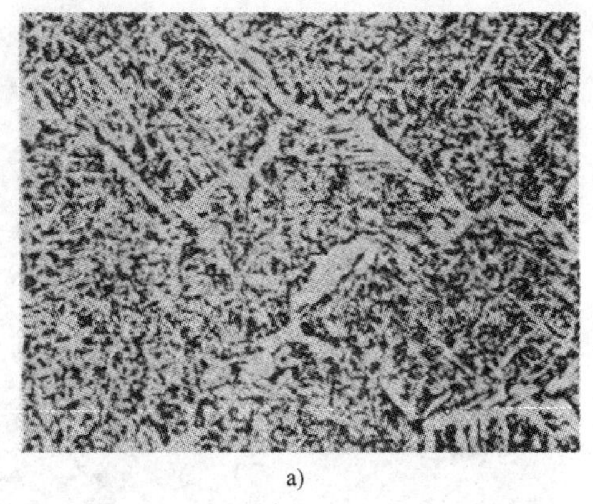

a)

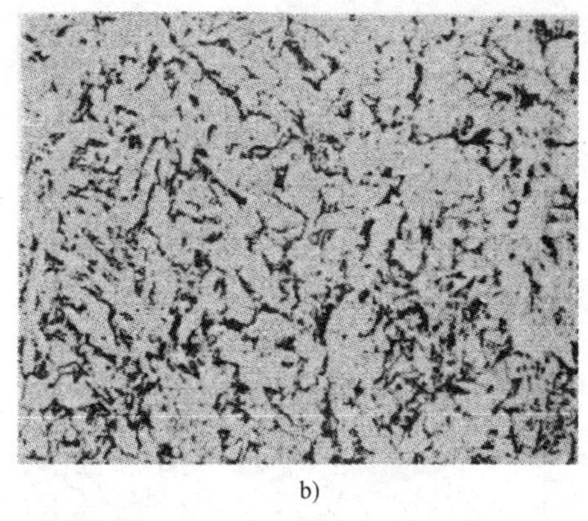

b)

图 3-26　低合金钢焊缝 PF 的形态

a）Q345 钢焊缝的粒界条状铁素体　600×　b）Q420（15MnVN）焊缝的块状铁素体　400×

面以板条状向晶内成长，从形态上看有如镐牙状（图 3-27）。由于它的转变温度偏低，使低合金钢焊缝中的珠光体转变受到抑制。由于扩大了贝氏体的转变领域，也有人把这种组织称为无碳贝氏体（Carbon Free Binete，CFB）。

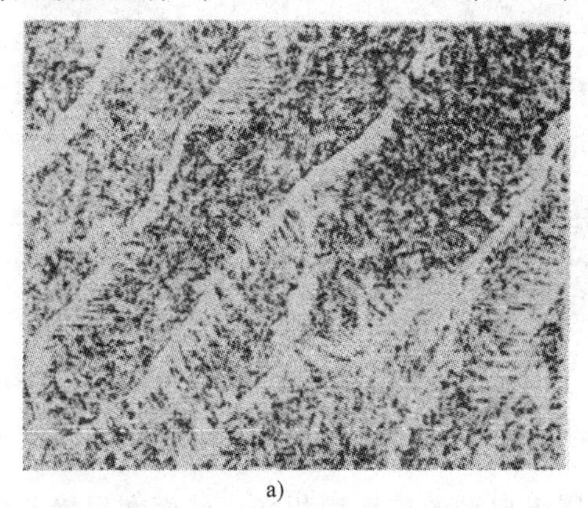

a)

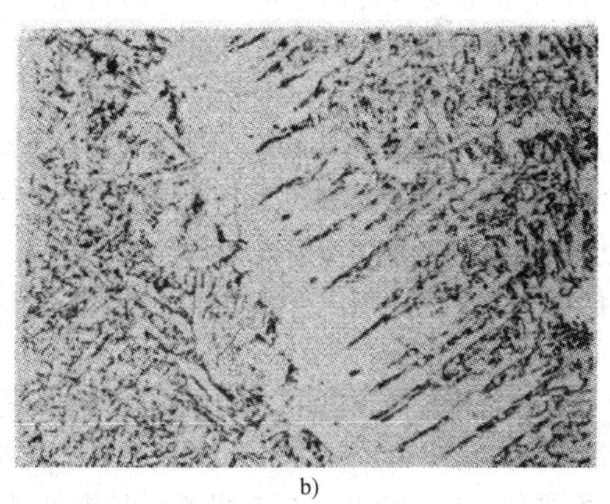

b)

图 3-27　焊缝中侧板条铁素体

a）Q420（15MnVN）钢焊缝（E5015 型焊条）　160×　b）Q420（15MnVN）钢焊缝（E5015 型焊条）　400×

（3）针状铁素体（Acicular Ferrite，AF）　针状铁素体的形成温度比 FSP 更低些，约在 500℃附近形成。它在原始奥氏体晶内以针状分布，常以某些氧化物弥散夹杂质点为核心放射性成长。典型针状铁素体组织如图 3-28 所示，从该图可以看到在先共析铁素体作为晶界的晶粒内部就是针状铁素体组织。

（4）细晶铁素体（Fine Grain Ferrite，FGF）　细晶铁素体在奥氏体晶粒内形成，通常这种材质都含有细化晶粒的 Ti、B 等元素。在细晶之间有珠光体和碳化物（Fe_3C）析出。细晶铁素体是介于铁素体与贝氏体之间的转变产物，故又称贝氏铁素体（Binetic Ferrite，BF）。细晶铁素体的转变温度通常在 500℃以下，如果温度在约 450℃时转变，可以获得上贝氏体组织。图 3-29 是 Q345（16Mn）钢采用 E5015 型焊条得到的焊缝组织，其中为多量的细晶铁素体加少量的珠光体组织。

总之，上述四种铁素体类型是低合金钢焊缝中常见的基本形态。应当指出，由于焊接条件下的影响因素比较复杂，往往会多种组织同时存在，有时可能会有珠光体、贝氏体，甚至

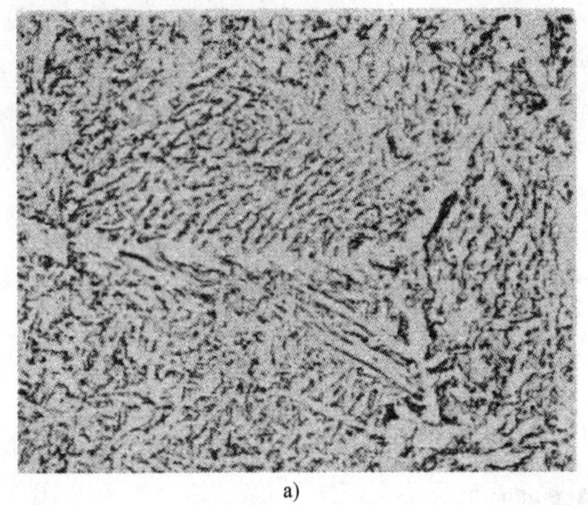

a)

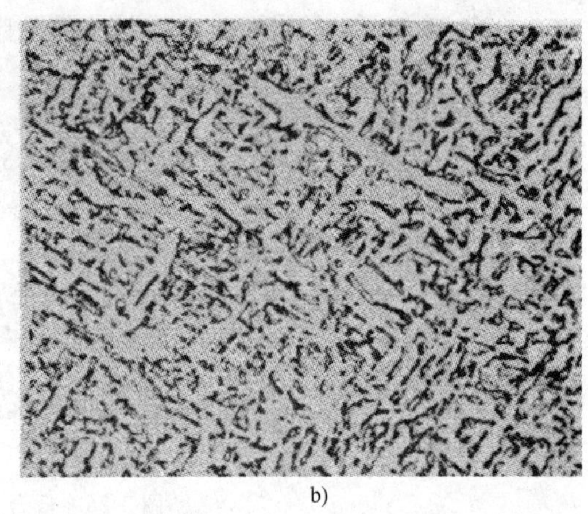

b)

图 3-28 低合金钢焊缝中的针状铁素体

a) Q420 (15MnVN) 钢焊缝晶中 AF 500× b) a 图中的 AF 800×

马氏体等组织。此外，上述四种铁素体类型也不只是在低合金钢焊缝中出现，有时在低碳钢焊缝中也会出现，只是所占的比例不同而已。

2. 珠光体转变

焊接条件是属于非平衡的介稳状态，通常在低合金钢焊缝的固态转变中很少能得到珠光体组织。然而在很缓慢的冷却条件下，例如采取预热、缓冷及后热等技术措施的情况下，才有可能获得珠光体组织。

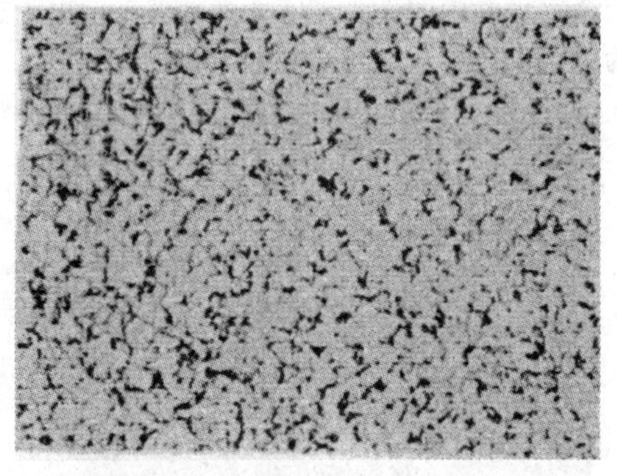

图 3-29 Q345 钢焊缝中的细晶铁素体 400×

在接近平衡的状态下，例如热处理时的连续冷却过程，珠光体转变大约发生在 Ar_1 ~ 550℃之间，碳和铁原子的扩散都比较容易进行，属于典型的扩散型相变。然而在焊接条件下，珠光体转变将受到抑制，即合金元素来不及充分扩散。因此，扩大了铁素体和贝氏体转变的领域。当焊缝中含有硼、钛等细化晶粒的元素时，珠光体转变可全部被抑制，如图 3-30 所示。

从“金属学”中知道，珠光体是铁素体和渗碳体的层状混合物，领先相为 Fe_3C。但随转变温度的降低，珠光体的层状结构越来越薄而密，在一般光学显微镜下须放大 1000 倍以上方能观察到细层片的结构。根据细密程度的不同，珠光体又分为层状珠光体（Lamellar Pearite）；粒状珠光体（Grain Pearite）；细珠光体，又称索氏体（Sorbite）。低合金钢焊缝中的珠光体如图 3-31 所示。

3. 贝氏体转变

贝氏体（Bainite，B）转变属于中温转变，此时合金元素已不能扩散，只有碳还能扩散，它的转变温度约为 550℃ ~ *Ms*。贝氏体组织的转变机理十分复杂，这方面的内容在“金属学及热处理”等相关课程中已有系统的讨论。在焊接条件下，低合金钢焊缝金属的贝氏体转变更为复杂，出现许多非平衡条件下的过渡组织。按贝氏体形成的温度区间及其特性来分，可分为上贝氏体（Upper Bainite，B_U）和下贝氏体（Lower Bainite，B_L）。

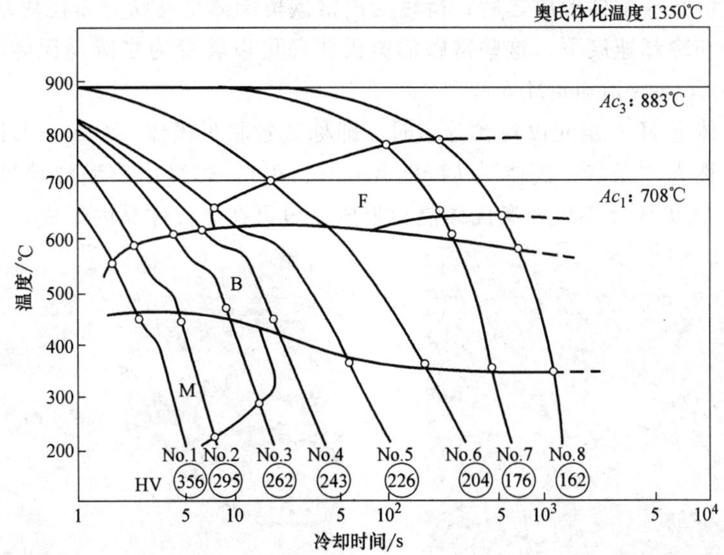

图 3-30 含钛及硼低合金钢焊缝金属的连续冷却转变图

（$w_C=0.09\%$，$w_{Ti}=0.025\%$，$w_B=6\times10^{-4}\%$，$w_O=0.034\%$）

上贝氏体在光学显微镜下呈羽毛状，一般沿奥氏体晶界析出。在电子显微镜下可以看出，在平行的条状铁素体间分布有渗碳体。

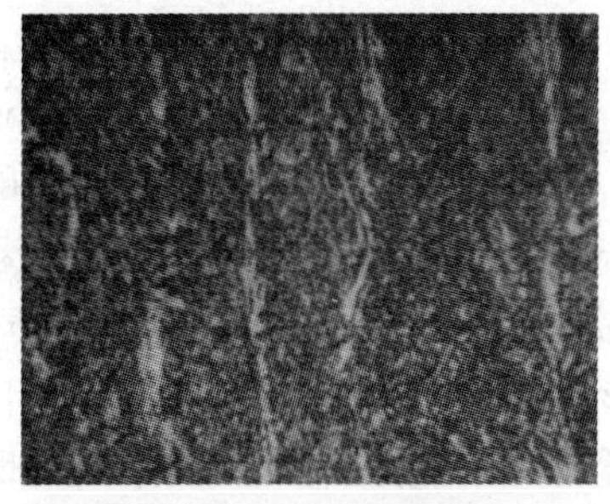

图 3-31 低合金钢焊缝中的珠光体

下贝氏体在光学显微镜下观察时，有些与回火针状马氏体相似。在电子显微镜下可以看到许多针状铁素体和针状渗碳体机械混合，针与针之间呈一定的角度。由于下贝氏体的转变温度较低，碳的扩散也较为困难，故在铁素体内分布有碳化物颗粒。下贝氏体的形成温度区间约在 450℃ ~ *Ms* 之间。上贝氏体和下贝氏体的形态如图 3-32 所示。

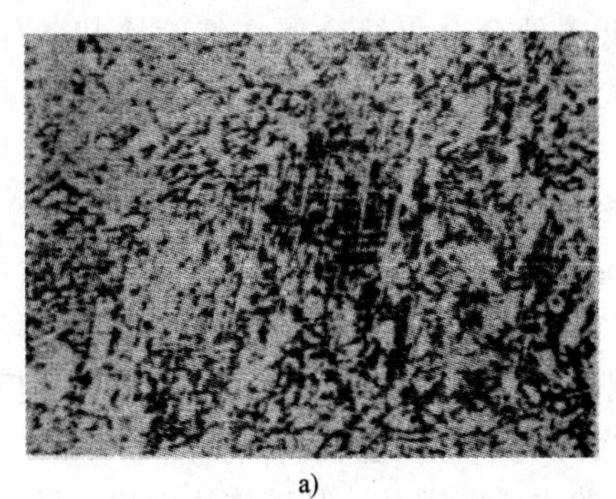

a)

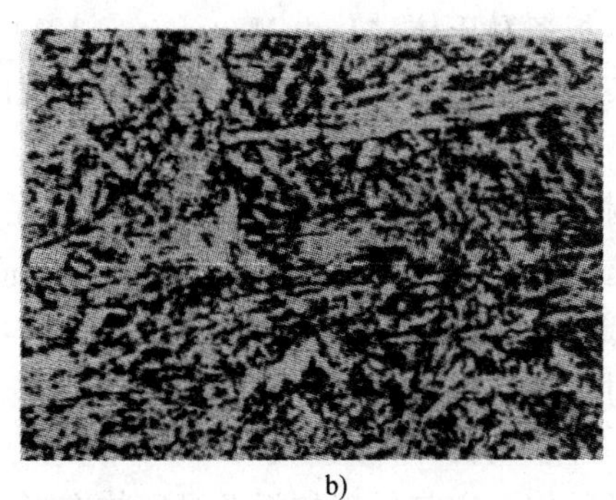

b)

图 3-32 低合金钢焊缝中的贝氏体

a）上贝氏体 500×（10CrMo910 钢 E6015-B3，即 R407 焊条）

b）下贝氏体 300×（12CrMoVSiTiB 钢，E5515-B3-VNb，即 R417 焊条）

在贝氏体转变温度区间，由于焊缝化学成分和冷却条件的影响，还可能会出现粒状贝氏体组织。它是在块状铁素体形成之后，待转变的富碳奥氏体呈岛状分布在块状铁素体中，在一定的合金成分和冷却速度下，这些富碳的奥氏体岛可以转变为富碳马氏体和残留奥氏体，又称为M-A组元（Constitution M-A）。

在块状铁素体上M-A组元以粒状分布时，即称“粒状贝氏体”（Grain Bainite，B_G）。如以条状分布时，称为“条状贝氏体”（Lath Bainite，B_l）。焊缝中典型粒状贝氏体的形态如图3-33所示。粒状贝氏体不仅在奥氏体晶界形成，也可在奥氏体晶内形成。

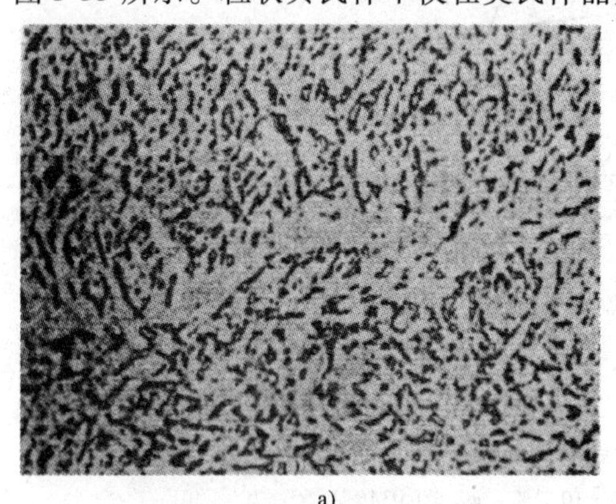
a)

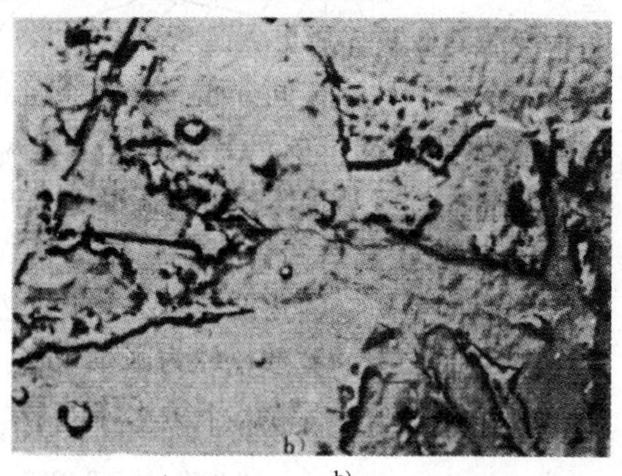
b)

图3-33　焊缝中的粒状贝氏体

a）Q345（16Mn）钢　440×　b）Q345（16Mn）钢　4800×

关于粒状贝氏体对焊缝强度和韧性的影响还没有取得统一的结论。多数研究表明，粒状贝氏体会降低韧性。少数研究认为，粒状贝氏体可提高韧性。这种相反的观点，主要是由于粒状贝氏体的奥氏体岛，可有不同的转变或分解。当岛内在冷却过程中部分地转变为马氏体（形成M-A组元）时，此时韧性下降；而岛内奥氏体也可能在较缓冷却时，部分分解为铁素体和渗碳体并有残留奥氏体，则此时的韧性提高。

4. 马氏体转变

当焊缝金属的含碳量偏高或合金元素较多时，在快速冷却条件下，奥氏体过冷到Ms温度以下时将发生马氏体转变。根据含碳量的不同，可形成不同形态的马氏体。

（1）板条马氏体（Lath Martensite，LM）　低碳低合金焊缝金属在连续冷却条件下，常出现板条马氏体。它的特征是在奥氏体晶粒内部形成细条状马氏体板条，条与条之间有一定的交角，如图3-34a所示。

透射电镜观察表明，马氏体板条内存在许多位错，经测量其密度约为$(3\sim9)\times10^{11}$。因此，这种马氏体又称位错型马氏体（Dislocation Martensite）。由于这种马氏体的含碳量低，又称为低碳马氏体（Low Carbon Martensite）。研究结果表明，低碳马氏体不仅具有较高的强度，同时也具有良好的韧性。一般低碳低合金钢焊缝中出现的马氏体主要是低碳马氏体。

（2）片状马氏体（Plate Martensite，PM）　当焊缝中含碳量较高（$w_C \geq 0.4\%$），将会出现片状马氏体，它与低碳的板条马氏体在形态上的主要区别是：马氏体片不相互平行，初始形成的马氏体较粗大，往往贯穿整个奥氏体晶粒，使以后形成的马氏体片受到阻碍。片状马氏体的大致形态如图3-34b所示。在低合金钢焊缝中，由于含碳量较低，通常不存在这种组织。

透射电子显微镜观察薄膜试样表明，片状马氏体内部的亚结构存在许多细小平行的带

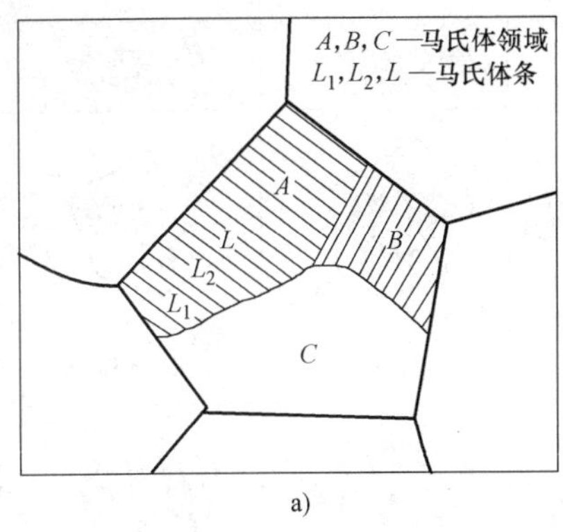

a)

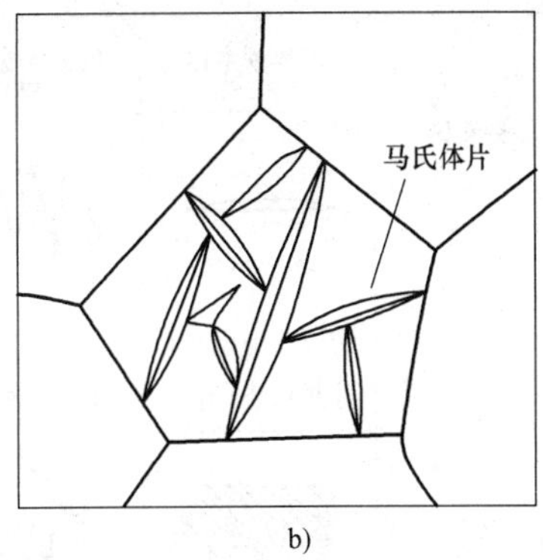

b)

图 3-34 马氏体的形态

a）板条马氏体（位错型） b）片状马氏体（孪晶型）

纹，称为孪晶带，所以片状马氏体又称孪晶马氏体（Twins Martensite）。这种马氏体的含碳量较高，又称高碳马氏体（High Carbon Martensite）。孪晶马氏体的硬度很高，而且很脆，不希望在焊缝中出现这种组织。因此，一般焊接时都尽可能地降低焊缝中的碳含量，对于某些中、高碳低合金钢焊接时，甚至采用奥氏体焊条，所以焊缝中一般不会出现孪晶马氏体。只有含碳量较高的焊接热影响区，在预热温度不足的情况下才会出现孪晶马氏体组织。

低碳板条马氏体与高碳孪晶马氏体在电子显微镜下的组织特征如图 3-35 所示。

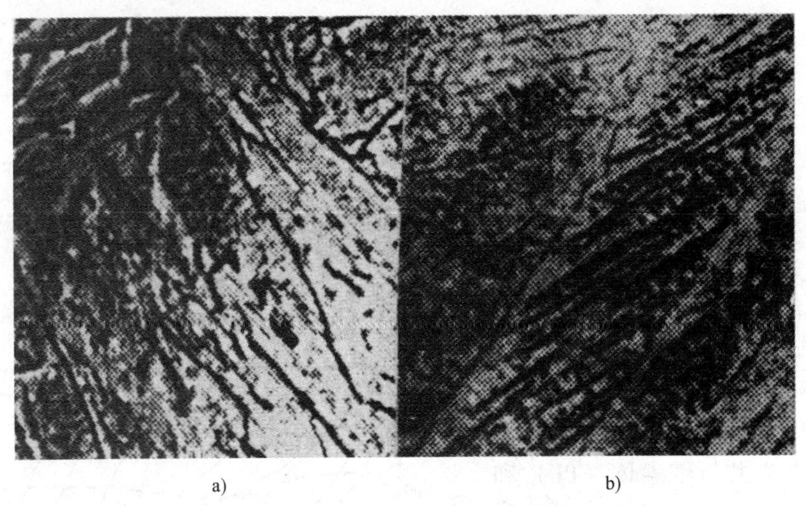
a) b)

图 3-35 电子显微镜下马氏体的形态

a）低碳板条马氏体 8000× b）高碳孪晶马氏体 20000×

低合金钢焊缝的组织比较复杂，随化学成分和强度级别的不同，可出现不同的组织，一般情况下都是几种组织混合存在的。根据以上讨论，低合金钢焊缝金属组织可能出现的形态如图 3-36 所示。

低合金钢焊缝金属连续冷却组织转变图（WM-CCT 图），对于预测焊缝的组织及调节焊缝的性能具有重要的意义。因此近年来进行了许多研究工作，建立了一些低合金钢焊缝的 WM-CCT 图。

根据所用焊接材料化学成分的不同焊缝金属连续冷却组织转变图可有较大的差异，这里

铁素体 (F)	粒界铁素体 (GBF)	侧板条铁素体 (FSP) 	针状铁素体 (AF) 	细晶铁素体 (FGF) 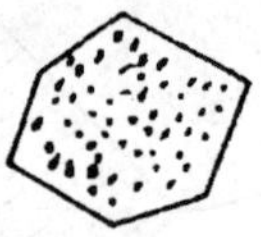
贝氏体 (B)	上贝氏体 (B_U)	下贝氏体 (B_L)	粒状贝氏体 (B_G)	条状贝氏体 (B_I)
珠光体 (P)	层状珠光体 (LP) 	粒状珠光体（托氏体）(GP) 	细珠光体（索氏体）(SP) 	
马氏体 (M)	板条马氏体（位错）LM 	片状马氏体（孪晶）PM 	岛状 M-A 组元 (M-A) 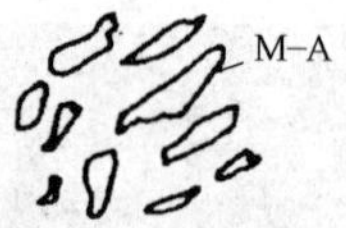	

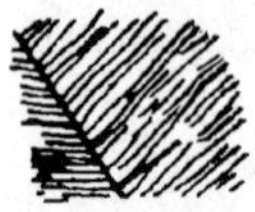

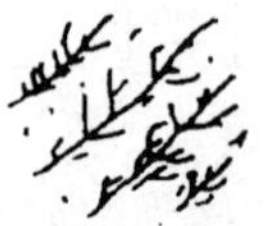

图 3-36　低合金钢焊缝金属组织形态分类

（注：低合金钢焊缝不存在 PM 组织）

仅按一般等强匹配的低合金钢焊缝进行讨论。焊缝金属成分：$w_C = 0.11\%$，$w_{Si} = 0.31\%$，$w_{Mn} = 1.44\%$，$w_O = 0.071\%$，根据冷却条件的不同，焊态的组织主要有先共析铁素体（PF）和侧板条铁素体（FSP），并有一定针状铁素体（AF）、贝氏体（B）和少量马氏体（M）等。WM-CCT 图如图 3-37 所示。由该图可以看出，如果缓慢冷却可得到块状的先共析铁素体和珠光体，冷却快时可得到针状铁素体、细晶铁素体和马氏体。

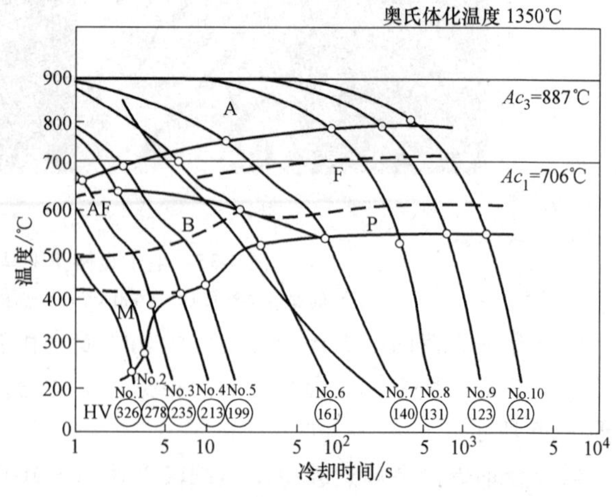

图 3-37　WM-CCT 图

如果焊缝中的合金元素增多或含氧量降低，那么将使 WM-CCT 图向右移动，如图 3-38 所示。

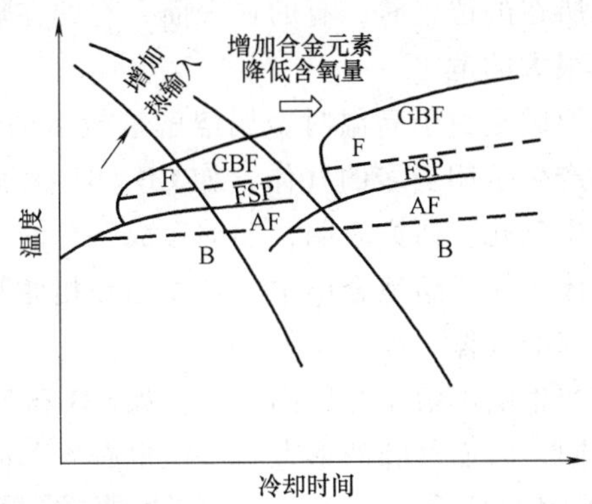

图 3-38　合金元素和含氧量对 WM-CCT 图的影响

3.3　焊缝中的气孔和夹杂

焊缝中的气孔和夹杂是焊接生产中经常遇到的一种缺欠，它不仅削弱焊缝的有效断面，同时还会造成应力集中，显著降低了焊接接头的强度和韧性，特别是对动载强度和疲劳强度更有不利的影响。严重的情况时，气孔和夹杂还会引起裂纹。因此，在焊接生产中对气孔和夹杂等缺欠都十分重视。

3.3.1　焊缝中的气孔

焊接时熔池中的气泡在凝固时，未能逸出而残留下来所形成的空穴，叫做气孔。焊接实践中气孔缺陷是十分常见的。碳钢、合金钢及有色金属等各种材料中都有产生气孔的可能性。例如被焊金属和焊丝表面有锈、油污或其他杂质；焊条、焊剂烘干不充分；焊接参数不够稳定，如电弧电压偏高、焊接速度太大和电流太小等；焊接区保护不良等原因都会造成气孔缺欠。电渣焊低碳钢时，由于脱氧不足在焊缝内部出现的气孔如图 3-39 所示；焊条电弧焊时因焊件表面的油、锈等引起的气孔如图 3-40 所示。

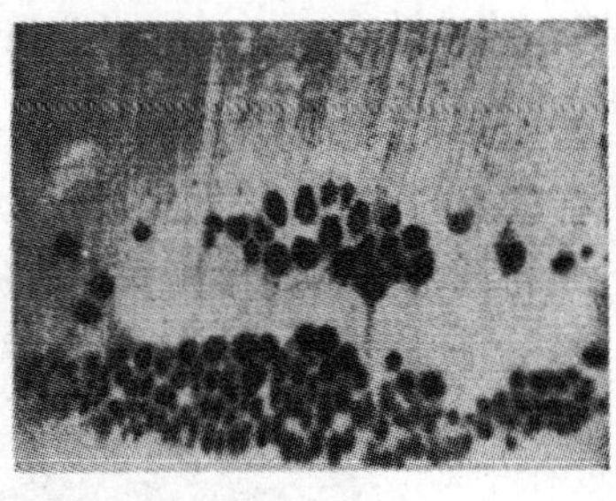
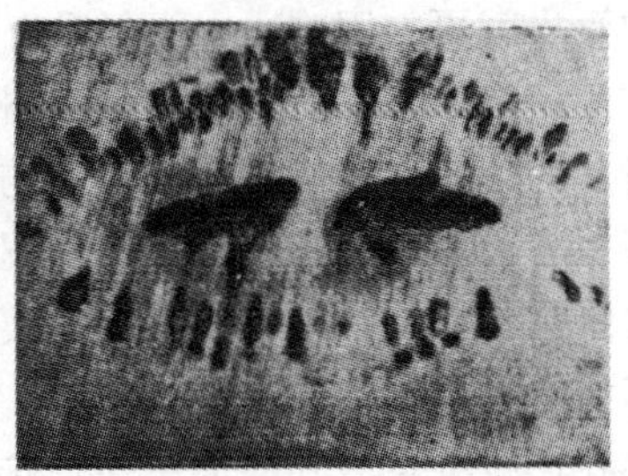

图 3-39　电渣焊焊缝的内部气孔

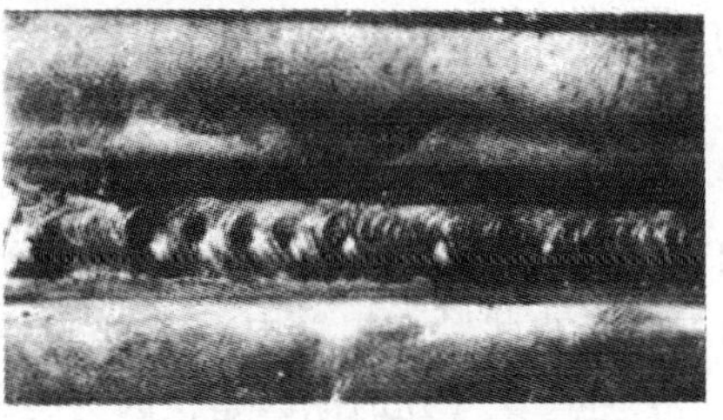

图 3-40　焊条电弧焊的表面气孔

1. 气孔的类型及分布特征

气孔的类型很多，按产生气孔的气体可以分为氢气孔、一氧化碳气孔及氮气孔等；从分布状态可以分为单个气孔、密集的多个气孔以及沿焊缝纵向呈链状分布的气孔；从气孔所在的位置看，有的在表面、有的在焊缝内部或焊缝根部。内部气孔不易被发现，往往带来很大的危害。

焊缝中产生气孔的根本原因是由于高温时金属溶解了较多的气体，例如氢气、氮气等；此外，在进行冶金反应时还产生了相当多的气体，如 CO、H_2O 等。这些气体在焊缝凝固过程中如果来不及逸出就会产生气孔。研究表明，能够形成气孔的气体共有两类：

第一类：高温时某些气体溶解于熔池金属中，在凝固和相变时，气体的溶解度突然下降而来不及逸出残留在焊缝内部的气体，如氢和氮。

第二类：由于冶金反应产生的不溶于金属的气体，如 CO 和 H_2O 等。

由于产生气孔的气体不同，因而气孔的形态和特征也有所不同。

(1) 氢气孔　对于低碳钢和低合金钢的焊接，在大多数情况下，氢气孔出现在焊缝的表面上，气孔的断面形状如同螺钉状，从焊缝的表面上看呈喇叭口形，而气孔的四周有光滑的内壁，如图 3-41 所示。

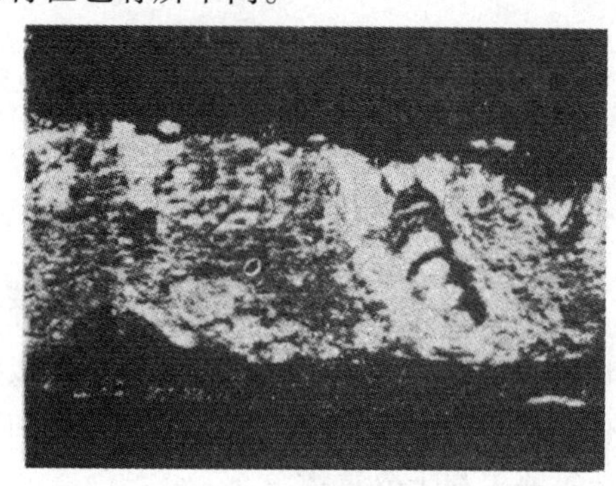
图 3-41　氢气孔的特征

在个别情况下这类气孔也会出现在焊缝内部。如焊条药皮中含有较多的结晶水，使焊缝中的含氢量过高。因而在凝固时来不及上浮而残存在焊缝内部，对于铝、镁合金的氢气孔也常出现在焊缝内部。

氢气孔形成的原因是，在高温时氢在熔池和熔滴金属中的溶解度很高，溶解了大量的氢气；当熔池冷却时，氢在金属中的溶解度急剧下降，特别是从液态转为固态的 δ-Fe 时，氢的溶解度从 32mL/100g 迅速降至 10mL/100g。由于焊接熔池冷却很快，氢来不及逸出就会在焊缝中产生气孔。

由此可知，氢气孔是在结晶过程中形成的。在相邻树枝晶的凹陷处是氢气泡的聚集场所，使得气泡的浮出就更加困难。由于氢具有较大的扩散能力，极力挣脱现成表面，上浮逸出，两者综合作用的结果，最后形成了具有喇叭口形的表面气孔。

关于氮气引起的气孔，其机理一般认为与氢气孔相似，气孔的类型也多为表面气孔，但多数情况下气孔是成堆出现的，与蜂窝相似。产生氮气孔的主要原因是对焊接区域保护不好，有较多的空气侵入熔池。在焊接生产中由氮引起气孔比较少见，其原因是在焊接过程中对焊接区域加强了保护，防止了空气的侵入，杜绝了氮气的来源。

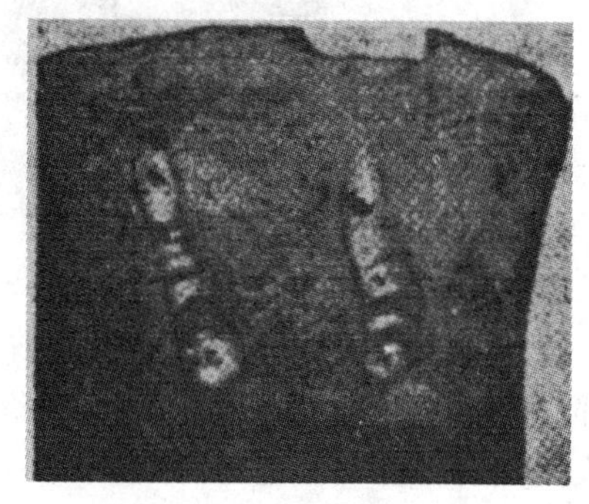
图 3-42　CO 气孔特征

(2) CO 气孔　这类气孔主要是在焊接碳钢时，由于冶金反应产生了大量的 CO，在结晶过程中来不及逸出而残留在焊缝内部形成气孔。气孔沿结晶方向分布，有些像条虫状卧在焊缝内部，如图 3-42 所示。

产生 CO 气孔的原因是，因为各种结构钢总是含有一定的碳，由于焊接冶金反应而产生了大量的 CO，例如

$$[C]+[O]=CO$$
$$[FeO]+[C]=CO+Fe$$
$$[MnO]+[C]=CO+Mn$$
$$[SiO_2]+[2C]=2CO+Si$$

这些反应可以发生在熔滴过渡的过程中，也可以发生在熔池里熔渣与金属相互作用的过程中。由于CO不溶于金属，所以在高温时冶金反应所产生的CO就会以气泡的形式从熔池中高速逸出，并不会形成气孔。

但是，当热源离开以后，熔池开始凝固时，由于铁碳合金溶质浓度偏析的结果（即先结晶的较纯，后结晶的溶质浓度偏高，杂质较多），可使熔池中的氧化铁和碳的浓度在某些局部地区偏高，有利于进行下列反应

$$[FeO]+[C] \rightarrow CO+Fe$$

由于凝固结晶时，熔池金属的粘度不断增大，此时产生的CO就不容易逸出，很容易被围困在晶粒之间，特别是在树枝状晶体凹陷最低处产生的CO更不容易逸出。此外，这种反应是吸热过程，会促使凝固加快，此时形成的CO气泡来不及逸出便产生了气孔。由于CO形成的气泡是在结晶过程中产生的，因此形成了沿结晶方向的条虫形内部气孔。

应当指出，以上所讨论的内容是正常情况下的气孔特征。在某些特殊情况下，也会出现反常现象。例如，CO_2 气体保护焊时，当焊丝的脱氧能力不足时，CO气孔可能由内部转至焊缝表面。因此，在判断气孔类型时，不应只看气孔存在的一般特征，还应当从形成气孔的具体条件进行分析。

2. 焊缝中形成气孔的机理

试验研究表明，产生气孔的过程是由三个相互联系的阶段所组成，即气泡的生核、长大和上浮。它们各自都有本身所遵循的规律，以下分别进行讨论。

（1）气泡的生核　气泡的生核至少应具备以下两个条件。

1）液态金属中有过饱和气体。

2）生核要有能量消耗。当有现成表面存在时，可以大大降低能量消耗。

液态金属中存在过饱和气体是形成气孔的重要条件，而焊接时熔池金属可以获得大量的氢、氮、一氧化碳等气体，所以第一个条件比较容易满足。

关于气泡生核所需的能量，根据金属物理方面的研究，形成气泡核的数目可由式(3-10)计算，即

$$n = C\mathrm{e}^{\frac{4\pi r^2\sigma}{3kT}} \tag{3-10}$$

式中　n——单位时间内形成气泡核的数目；

C——常数；

e——自然对数的底；

r——气泡核的临界半径（cm）；

σ——气泡与液态金属间的表面张力（dyne/cm）；

k——玻耳兹曼常数（$k=1.38\times10^{-9}$J/K）；

T——热力学温度（K）。

计算表明，在正常条件下纯金属的 n 值非常小，$n\approx10^{-16.2\times10^{22}}$。所以，在极纯的液态金

属中形成气泡核的可能性极小。然而在焊接熔池中存在大量的现成表面，例如分布不均匀的溶质质点、熔渣与液态金属的接触表面，特别是熔池底部成长的树枝状晶粒，这些现成表面就使气泡核的产生比较容易。

在焊接熔池中具有现成表面存在的条件下，形成气泡核所需的能量为

$$E_p = -(p_h - p_L)V + \sigma A\left[1 - \frac{A_a}{A}(1 - \cos\theta)\right] \tag{3-11}$$

式中 E_p——形成气泡核所需的能量；

p_h——气泡内的气体压力；

p_L——液体压力；

V——气泡核的体积；

σ——相间张力；

A——气泡核的表面积；

A_a——吸附力的作用面积；

θ——气泡核与现成表面的浸润角。

由式（3-11）看出，气泡依附在现成表面时，由于降低 σ 和提高 A_a/A 的比值，即可使能量 E_p 减少。可以认为：A_a/A 的比值最大的地方就是最有可能产生气泡的地方；树枝状晶相邻的凹陷处和母材金属半熔化晶粒界面上 A_a/A 的比值最大，因此，在这些部位最容易产生气泡核。

此外，当 A_a/A 的比值一定时，θ 角越大，形成气泡核所需的能量越小。

（2）气泡长大　气泡核形成后，就要继续长大，气泡长大应满足下列条件

$$p_h > p_o$$

式中 p_h——气泡内的气体压力；

p_o——阻碍气泡长大的外界压力。

$$p_h = p_{H_2} + p_{N_2} + p_{CO} + p_{H_2O} + p_{H_2S} + p_{SO_2} + \cdots \tag{3-12}$$

气泡内部压力是各种气体分压的总和。事实上，在具体条件下只有其中某一气体起主要作用，而其他气体只是起辅助作用。

阻碍气泡的外界压力（p_o）是由大气压（p_a）、气泡上部的金属和熔渣的压力（$p_M + p_s$），以及表面张力所构成的附加压力（p_c）所组成，即

$$p_o = p_a + p_M + p_s + p_c \tag{3-13}$$

一般情况下，p_M 和 p_s 的数值相对很小，故可忽略不计，所以气泡长大的条件可以简化为

$$p_h > p_a + p_c = 1 + \frac{2\sigma}{r} \tag{3-14}$$

式中 σ——金属与气体间的表面张力（J/cm^2）；

r——气泡半径（cm）。

由于气泡开始形成时体积很小（即 r 很小），所以附加压力很大。经计算，当 $r = 10^{-4}$ cm，$\sigma = 10^{-3} J/cm^2$ 时，则 $p_c \approx 2.1$MPa。在这样大的附加压力下，气泡很难长大。但在焊接熔池内有许多现成表面，使气泡不是圆形，而是椭圆形。因此，可以有较大的曲率半径 r，从而降低了附加压力 p_c。这样，气泡长大的条件还是具备的。

（3）气泡上浮　气泡核形成之后，在熔池金属中经过一个短暂的长大过程，便从液态金

属中向外逸出。气泡成长到一定大小，脱离现成表面的能力主要取决于液态金属、气相和现成表面之间的表面张力，即

$$\cos\theta=\frac{\sigma_{1\cdot g}-\sigma_{1\cdot 2}}{\sigma_{2\cdot g}} \tag{3-15}$$

式中 θ——气泡与现成表面的浸润角；

$\sigma_{1\cdot g}$——现成表面与气泡间的表面张力；

$\sigma_{1\cdot 2}$——现成表面与熔池金属间的表面张力；

$\sigma_{2\cdot g}$——熔池金属与气泡间的表面张力。

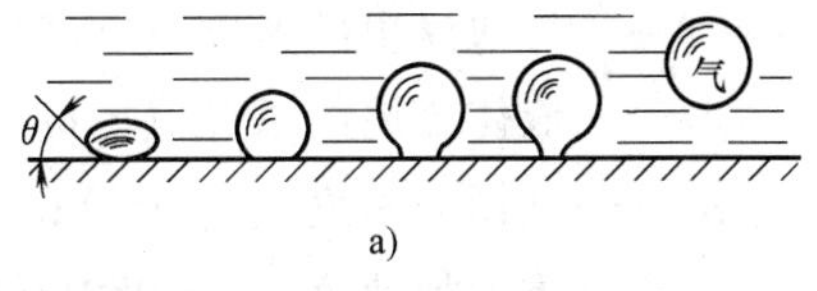

a)

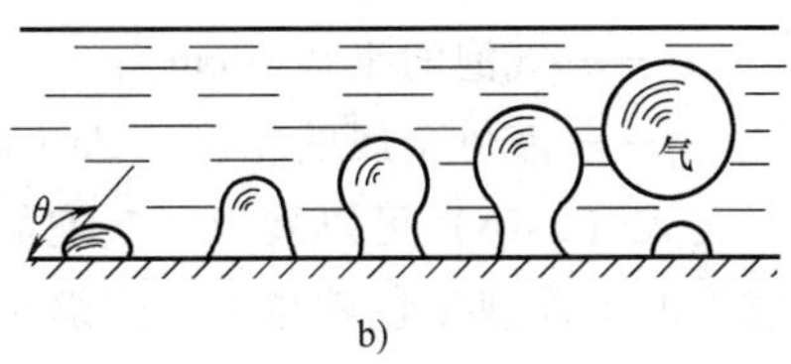

b)

图 3-43 气泡脱离现成表面示意图

a) $\theta<90°$ b) $\theta>90°$

气泡与现成表面的浸润形态和脱离现成表面的过程如图 3-43 所示。由该图看出，当气泡与现成表面成锐角接触时（$\theta<90°$），则气泡尚未成长到很大尺寸，便完全脱离现成表面（图 3-43a）。当气泡与现成表面成钝角接触时（$\theta>90°$），气泡长大过程中有细颈出现。当气泡长大到脱离现成表面时，仍会残留一个不大的透镜状的气泡核，它可以作为新的气泡核心（图 3-43b）。

根据上面的分析，当 $\theta<90°$时，有利于气泡的逸出；而 $\theta>90°$时，由于形成细颈需要时间，当结晶速度较大的情况下，气泡来不及逸出而形成气孔。

由此可见，凡是能减小 $\sigma_{2\cdot g}$和 $\sigma_{1\cdot 2}$以及增大 $\sigma_{1\cdot g}$的因素都可以有利于气泡快速逸出。因为此时可以减小 θ 值。

此外，还应考虑熔池的结晶速度，当结晶速度较小时，如图 3-44a 所示，气泡可以有充分的时间逸出，容易得到无气孔的焊缝。当结晶速度较大时，气泡可能来不及逸出而形成气孔，如图 3-44b 所示。

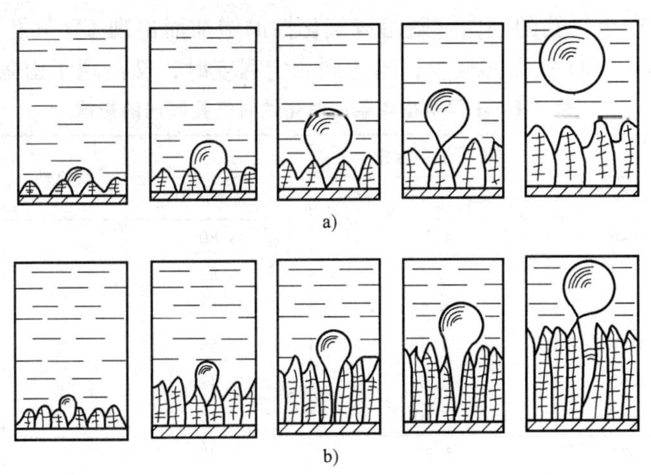

图 3-44 不同结晶速度对形成气孔的影响

a）结晶速度较小 b）结晶速度较大

通常认为，结晶速度越大越易引起气孔。实际上气泡的逸出速度对产生气孔也有很大的影响。如果在结晶过程中，即使是结晶速度很大，而气泡的逸出速度更大，那么焊缝中也不

会产生气孔。

气泡浮出的速度可用下式进行估算

$$v=\frac{2}{9}\frac{(\rho_1-\rho_2)\ gr^2}{\eta} \tag{3-16}$$

式中 v——气泡浮出的速度（cm/s）；

ρ_1——液体金属的密度（g/cm^3）；

ρ_2——气体的密度（g/cm^3）；

g——重力加速度（$g=980cm/s^2$）；

r——气泡的半径（cm）；

η——液体金属的粘度（Pa·s）。

由式（3-16）可以看出，气泡的半径越大，熔池中液体金属的密度越大，粘度越小时，则气泡的上浮速度也就越大，焊缝中就不易产生气孔。

综上所述，气孔形成的过程与结晶过程有些类似，也是由形核、核长大所组成，当气泡长大到一定的程度便开始上浮，当气泡的浮出速度小于结晶速度时，就有可能残留在焊缝中而形成气孔。

3. 形成气孔的影响因素及防治措施

影响焊缝中产生气孔的因素很多，本节重点讨论冶金因素和工艺因素这两方面的影响。

（1）冶金因素的影响　冶金因素主要是熔渣的氧化性、药皮或焊剂的冶金反应、保护气体的成分、水分和铁锈等的影响。

1）熔渣氧化性的影响。熔渣的氧化性对焊缝的气孔敏感性具有很大的影响。试验证明，当熔渣的氧化性增大时，则由 CO 引起的气孔倾向是增加的；相反，当熔渣的还原性增大时，则氢气孔的倾向增加。因此，适当调整熔渣的氧化性，可以有效地防止焊缝中这两种类型的气孔。不同类型焊条的试验结果见表 3-4。由该表中数据可以看出，无论酸性焊条还是碱性焊条焊缝，产生气孔的倾向都随熔渣氧化性的增加而出现 CO 气孔。并随氧化性的减小（或还原性增加），CO 气孔亦减少，当达到一定程度时，又出现了由氢引起的气孔。

表 3-4　不同类型焊条的氧化性对气孔倾向的影响

焊条类型	焊缝中含量			氧化性	气孔倾向
	$w_{[O]}$(%)	$w_{[C]}\times w_{[O]}\times 10^{-4}$(%)	$w_{[H]}$/(mL/100g)		
J 424-1	0.0046	4.37	8.80		较多气孔(氢)
J 424-2	—	—	6.82		个别气孔(氢)
J 424-3	0.0271	23.03	5.24	↓	无气孔
J 424-4	0.0448	31.36	4.53	增	无气孔
J 424-5	0.0743	46.07	3.47	加	较多气孔(CO)
J 424-6	0.1113	57.88	2.70		更多气孔(CO)
J 507-1	0.0035	3.32	3.90		个别气孔(氢)
J 507-2	0.0024	2.16	3.17		无气孔
J 507-3	0.0047	4.04	2.80	↓	无气孔
J 507-4	0.0160	12.16	2.61	增	无气孔
J 507-5	0.0390	27.30	1.99	加	更多气孔(CO)
J 507-6	0.1680	94.08	0.80		密集大量气孔(CO)

通常采用焊缝中 $w_{[C]}\times w_{[O]}$ 的乘积来表示 CO 气孔的产生倾向。在表 3-4 的酸性焊条形成的焊缝中，当 $w_{[C]}\times w_{[O]}$ 乘积为 $31.36\times10^{-4}\%$ 时还未出现气孔，而碱性焊条焊缝中 $w_{[C]}\times w_{[O]}$ 乘积只有 $27.30\times10^{-4}\%$ 时就出现了更多的气孔。这是因为在不同渣系中 FeO 的活度不同，酸性渣中 FeO 的活度较小，需要更大的 FeO 浓度才能起到产生气孔的作用，而碱性渣中 FeO 的活度较大，即便浓度较小也能起到产生气孔的作用。

2）焊条药皮和焊剂的影响。焊条药皮和焊剂的成分比较复杂，因此对产生气孔的影响也是复杂的。这里仅对低碳钢和低合金钢的焊条、焊剂进行简要的讨论。

一般碱性焊条药皮中均含有一定量的氟石（CaF_2），焊接时它直接与氢发生作用进行下列反应

$$CaF_2+H_2O=CaO+2HF$$

$$CaF_2+H=CaF+HF$$

$$CaF_2+2H=Ca+2HF$$

在低碳钢的自动焊焊剂中（如 HJ431）也含有一定量的氟石和较多的 SiO_2，它们在焊接时将发生下列反应

$$2CaF_2+3SiO_2=SiF_4+2CaSiO_3$$

$$SiF_4+2H_2O=4HF+SiO_2$$

$$SiF_4+3H=3HF+SiF$$

$$SiF_4+4H+O=4HF+SiO$$

上述冶金反应中都产生了大量的 HF，这是一种稳定的气体化合物，即使高温也不易分解，当温度高达 6000K 时，HF 只分解了 30%。由于大量的氢被氟占据，因此可以有效地降低氢气孔的倾向。

试验证明，当熔渣中 SiO_2 和 CaF_2 同时存在时，对于消除氢气孔最为有效。由图 3-45 可以看出，SiO_2 和 CaF_2 的含量对于消除气孔具有相互补充的作用。当 SiO_2 少，而 CaF_2 较多时，可以消除气孔。相反，SiO_2 多，而 CaF_2 少时，也可以消除气孔。

因此，CaF_2 对消除气孔是十分有效的。但是，焊条药皮中含有较多的 CaF_2 时，将会影响电弧的稳定性，也会在焊接过程中产生可溶性氟，例如 KF 和 NaF 的气氛，影响焊工的身体健康，这是采用 CaF_2 消除气孔的不利方面。

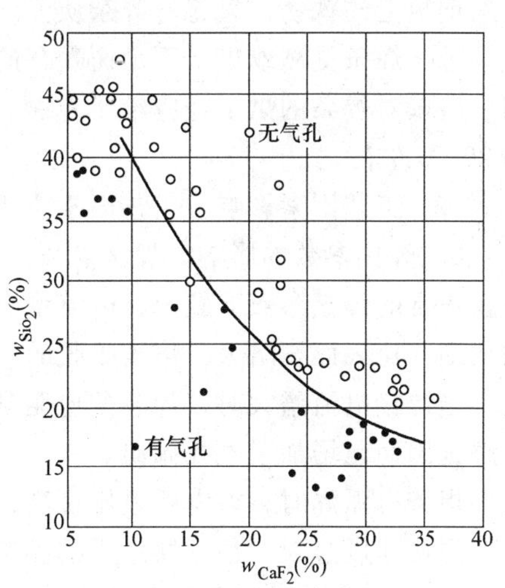

图 3-45 CaF_2 和 SiO_2 对焊缝生成气孔的影响

此外，在焊条药皮和焊剂中，适当增加氧化性组成物，如 SiO_2、MnO、FeO 等，对于消除氢气孔也是很有效的。因为这些氧化物在高温时能与氢化合生成稳定性仅次于 HF 的 OH，所进行的冶金反应如下

$$FeO+H=Fe+OH$$

$$MnO+H=Mn+OH$$

$$SiO_2+H=SiO+OH$$

生成的 OH 也不溶于液体金属，可以占据大量的氢而消除气孔，常见几种氧化物形成的 OH 的自

由能随温度的变化如图 3-46 所示。

酸性焊条药皮中，如 E4303（J422）、E4301（J423）、E4320（J424）等，都不含 CaF_2 的成分。它们控制氢的技术措施，主要是依靠药皮中含有较强氧化性的组成物，以防止产生氢气孔。

碱性焊条药皮中，如 E5016（J506）、E5015（J507）等，除含 CaF_2 外，常含有一定量的碳酸盐，如 $CaCO_3$、$MgCO_3$ 等，焊接过程中加热后分解出 CO_2，它是具有氧化性的气氛，在高温时可与氢形成 OH 和 H_2O，同样具有防止氢气孔产生的作用。但 CO_2 的氧化性较强，加入量过多时，有可能产生 CO 气孔。

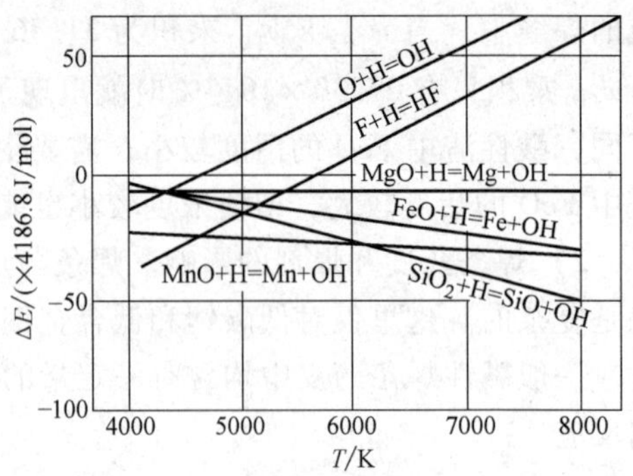

图 3-46 氧化物形成 OH 反应自由能与温度的关系

3）铁锈及水分对气孔的影响。在焊接生产中，由于焊件或焊接材料表面的铁锈、油污和水分而使焊缝出现气孔的现象十分普遍。

铁锈是钢铁腐蚀以后的产物，它的成分为 $m\mathrm{Fe_2O_3}\cdot n\mathrm{H_2O}$（其中：$w_{\mathrm{Fe_2O_3}}\approx 83.28\%$，$w_{\mathrm{FeO}}\approx 5.7\%$，$w_{\mathrm{H_2O}}\approx 10.70\%$）。铁锈中含有较多的 Fe_2O_3（铁的高价氧化物）和结晶水，对熔池金属一方面有氧化作用，另一方面又析出大量的氢。加热时，铁锈将进行下列反应

$$3\mathrm{Fe_2O_3} = 2\mathrm{Fe_3O_4} + \mathrm{O}$$

$$2\mathrm{Fe_3O_4} + \mathrm{H_2O} = 3\mathrm{Fe_2O_3} + \mathrm{H_2}$$

$$\mathrm{Fe} + \mathrm{H_2O} = \mathrm{FeO} + \mathrm{H_2}$$

由于增加氧化作用，在结晶时就会促使生成 CO 气孔。铁锈中的结晶水（H_2O）在高温时会分解出氢气，从而增加了生成氢气孔的可能性。由此可见，铁锈是一个极其有害的杂质，对于两类气孔均有敏感性。此外，钢板表面上的氧化铁皮主要成分是 Fe_3O_4，以及少量的 Fe_2O_3。它虽无结晶水，但对产生 CO 气体还是有较大的影响。所以，在生产中应尽可能清除钢板上的铁锈、氧化皮等杂质。

至于焊条受潮或烘干不足而残存的水分，以及由于空气潮湿，同样起增加气孔倾向的作用。所以对焊条的烘干也应给予重视，一般碱性焊条的烘干温度为 350～450℃，酸性焊条为 200℃左右。

（2）工艺因素影响　工艺因素主要包括焊接参数、电流种类以及操作技巧等方面。

1）焊接参数的影响。焊接参数主要包括焊接电流、电弧电压、焊接速度等。通常都希望在正常的焊接参数下施焊，电流增大虽能增加熔池存在时间，有利于气体逸出，但会使熔滴变细，比表面积增大，熔滴吸收的气体较多，反而增加了气孔倾向。对于一般的不锈钢焊条，当焊接电流增大时，焊芯的电阻热增大，会使药皮中的某些组成物（如碳酸盐）提前分解，因而也增加了气孔倾向。

焊条电弧焊时，如电弧电压过高，会使空气中的氮侵入熔池，因而出现氮气孔。

焊接速度过大，往往增加了结晶速度，使气体残留在焊缝中而出现气孔。

2）电流种类和极性的影响。生产实践表明，电流种类和极性对产生气孔的影响也不一样。通常，交流焊较直流焊的气孔倾向大，而直流反接较正接时气孔倾向小。

试验表明，氢是以质子的形式向液态金属中溶解，在形成质子的同时，由原子中释放出

一个电子，即

$$H \rightarrow [H^+] + e_0$$

当液态金属表面上电子过剩时，可使上述反应向左进行，即阻碍氢向金属溶解。

直流反接时，因焊件是负极，熔池表面上的电子过剩，不利于产生氢质子，因而产生气孔的倾向最小。当直流正接时，在熔池表面容易发生氢质子的反应，这时一部分氢质子溶入熔池，另一部分在电场的作用下，飞向负极，所以产生气孔的倾向比直流反接时要大。

当用交流焊接时，电流通过零点的瞬时质子可以顺利溶入熔池，因而产生气孔的倾向增大。

3）工艺操作方面的影响。在生产中由于工艺操作不当而产生气孔的实例还是很多的，应引起足够的注意。主要应注意以下几方面。

① 焊前仔细清除焊件、焊丝上的油污、铁锈等。

② 焊条、焊剂要严格烘干，并且烘干后不得放置时间过长，最好存放在保温筒或保温箱内，随用随取。

③ 焊接时焊接参数要保持稳定，对于低氢型焊条应尽量采用短弧焊，并适当配合摆动，以利于气体逸出。

3.3.2 焊缝中的夹杂

焊缝或母材中有夹杂物存在时，不仅降低焊缝金属的韧性，增加低温脆性，同时也增加了热裂纹和层状撕裂的倾向。

1. 焊缝中夹杂物的种类及其危害性

焊缝中常见的夹杂物有以下三种：

（1）氧化物　焊接金属材料时，氧化物夹杂是普遍存在的，在焊条电弧焊和埋弧焊焊接低碳钢时，氧化物夹杂主要是 SiO_2，其次是 MnO、TiO_2 和 Al_2O_3 等，一般多以硅酸盐的形式存在。这种夹杂物如果密集地以块状或片状分布时，在焊缝中会引起热裂纹，在母材中也易引起层状撕裂。图 3-47 是 14MnMoVN 钢采用 E5016（J506）焊条焊接时，焊缝中硅酸盐夹杂物引起的裂纹。

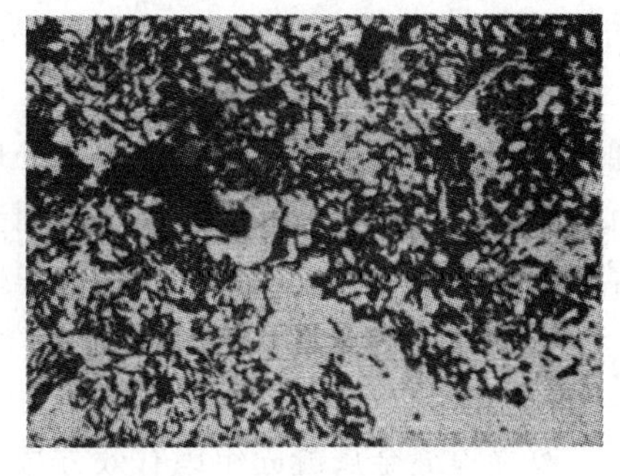

图 3-47　硅酸盐夹杂引起的裂纹

焊接过程中熔池的脱氧越完全，焊缝中氧化物的夹杂越少。实践证明，这些氧化物夹杂主要是在熔池进行冶金反应时产生的，如 SiO_2、MnO 等，只有少量夹杂物是由于操作不当而混入焊缝中的。

（2）硫化物　硫化物夹杂主要来源于焊条药皮或焊剂，经冶金反应转入熔池的。但有时也是由于母材或焊丝中含硫量偏高而形成硫化物夹杂。

硫在铁中的溶解度随温度变化而有较大的变化。高温时，硫在 δ-Fe 中的溶解度为 0.18%，而在 γ-Fe 中的溶解度只有 0.05%，所以在冷却过程中，硫便从过饱和固溶体中析出而成为硫化物夹杂。

焊缝中的硫化物夹杂主要有两种，即 MnS 和 FeS。MnS 的影响较小，而 FeS 的影响较大。因为 FeS 是沿晶界析出，并与 Fe 或 FeO 形成低熔点共晶（988℃），它是引起热裂纹的主要原因之一。

(3) 氮化物 焊接低碳钢和低合金钢时，氮化物夹杂主要是Fe_4N。Fe_4N是焊缝在时效过程中从过饱和固溶体中析出的，并以针状分布在晶粒上或贯穿晶界上（图3-48）。Fe_4N是一种脆硬的化合物，会使焊缝的硬度增高，塑性、韧性急剧下降。一般焊接条件下焊缝很少存在氮化物夹杂，只有在保护不好时才有可能发生。

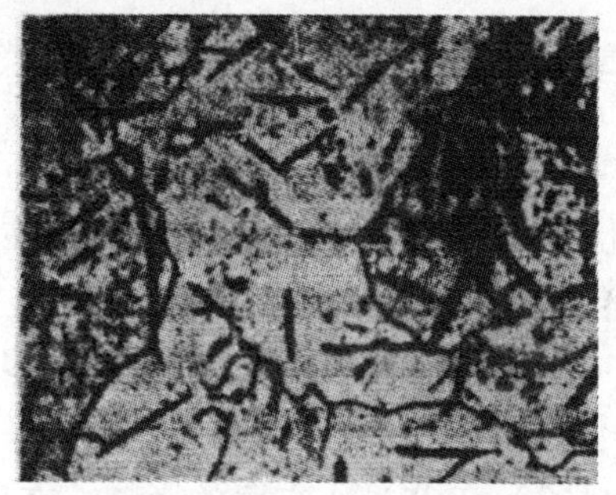

图3-48 焊缝中的氮化物

由于氮化物具有强化作用，所以在冶金时把氮作为合金元素加入钢中。当钢中含有Mo、V、Nb、Ti和Al等合金元素时，能与氮形成弥散状氮化物，从而在不过多损失韧性的条件下，大幅度地提高强度。经过正火热处理后，可使钢具有良好的力学性能，如Q420（15MnVN）钢、06AlNbCuN钢等。

2. 防止焊缝中夹杂物的措施

防止焊缝中产生夹杂物的最重要方面就是正确选择焊条、焊剂，使之更好地脱氧、脱硫等。其次是注意工艺操作。

1）选用合适的焊接参数，以利于熔渣的上浮。

2）多层焊时，应注意清除前层焊缝的焊渣。

3）焊条要适当摆动，以便熔渣上浮。

4）操作时注意保护熔池，防止空气侵入。

3.4 焊缝性能的改善

具有相同化学成分的焊缝金属，由于结晶形态和组织不同，在性能上会有很大的差异。通常，焊接构件在焊后都不进行热处理。因此，应尽可能保证焊缝凝固以后，经过固态相变就具有良好的性能。在焊接工作中用于改善焊缝金属性能的途径有很多，但归纳起来主要是焊缝的固溶强化、变质处理和调整焊接工艺。

3.4.1 焊缝金属的强化与韧化

改善焊缝金属凝固组织有效方法之一就是向焊缝中添加某些合金元素，起固溶强化和变质处理的作用。根据目的和要求的不同，可加入不同的合金元素，以改变凝固组织的形态，从而提高焊缝金属的力学性能，特别是近年来用了多种微量合金元素，大幅度提高了焊缝金属的强度和韧性。

研究结果表明，通过焊接材料（焊条、焊丝和焊剂等）向熔池中加入细化晶粒的合金元素，如Mo、V、Ti、Nb、B、Zr、Al和稀土等，可以改变结晶形态，使焊缝金属的晶粒细化，既可提高焊缝的强度和韧性，又可改善抗裂性能。

(1) 锰和硅对焊缝性能的影响 Mn和Si是一般低碳钢和低合金钢焊缝中不可缺少的合金元素，它们一方面可使焊缝金属充分脱氧，另一方面可提高焊缝的抗拉强度（属于固溶强化），但对韧性的影响比较复杂。

但是，单纯采用Mn、Si提高焊缝的韧性是有限的，特别是在采用大的热输入进行焊接时，难以避免产生粗大的先共析铁素体（PF）和侧板条铁素体（FSP）。因此，必须向焊缝中加入其他细化晶粒的合金元素才能进一步改善组织，提高焊缝的韧性。

（2）钼对焊缝韧性的影响　低合金钢焊缝中加入少量的Mo不仅可以提高强度，也能改善韧性。焊缝中的Mo含量少时，形成粗大的先共析铁素体（PF）；当Mo含量太高（$w_{Mo}>0.5\%$）时，转变温度随即降低，形成上贝氏体的板条状组织（即无碳贝氏体），韧性显著下降。当$w_{Mo}=0.20\%\sim0.35\%$时，有利于形成均一的细晶铁素体（FGF），韧性才能大大提高，$A_{KV,0℃}=100\sim120J$。如向焊缝中再加入微量Ti，更能发挥Mo的有益作用，使焊缝金属的组织更加均一化，韧性显著提高。

（3）铌和钒对焊缝韧性的影响　适量的Nb和V可以提高焊缝的冲击韧度。因为Nb和V在低合金钢焊缝金属中可以固溶，从而推迟了冷却过程中奥氏体向铁素体的转变，能抑制焊缝中先共析铁素体（PF）、侧板条铁素体（FSP）的产生，有利于形成细小的针状铁素体（AF）组织。如$w_{Nb}=0.03\%\sim0.04\%$，$w_V=0.05\%\sim0.1\%$，可使焊缝具有良好的韧性。另外，Nb和V还可以与焊缝中的氮化合生成NbN、VN，从而固定了焊缝中的可溶性氮，这也会引起焊缝金属提高韧性。但是，采用Nb和V来韧化焊缝，当焊后不再进行正火处理时，V、Nb的氮化物，以微细的共格沉淀相存在，导致焊缝的强度大幅度提高，致使焊缝的韧性下降。

只有经过正火处理的焊缝，才可以通过焊接材料向低合金钢焊缝中加入Nb和V，因为正火处理才能使Nb、V和N的析出相脱离与基体的共格关系，致使改善韧性和降低强度。

（4）钛、硼对焊缝韧性的影响　低合金钢焊缝中有Ti、B存在时，可以大幅度地提高韧性。但Ti、B对焊缝金属组织细化的作用是很复杂的。它与氧、氮有密切的关系。

Ti与氧的亲和力很大，焊缝中的Ti是以微小颗粒氧化物TiO的形式弥散分布于焊缝中，从而促进焊缝金属晶粒细化。此外，这些微小颗粒状的TiO还可以作为针状铁素体（AF）的形核质点。

Ti在焊缝中保护B不被氧化，因此，B可以以原子状态偏聚于晶界，由于B的原子半径很小，仅为9.8×10^{-9}mm，高温下极易向奥氏体晶界扩散。这些聚集在奥氏体晶界的B原子降低了晶界能，抑制了先共析铁素体（PF）、侧板条铁素体（FSP）的形核与生长，从而促使针状铁素体形成，改善了焊缝组织的韧性。

（5）镍对焊缝韧性的影响　镍既可以提高钢的强度，又可以使钢的韧性（特别是低温韧性）保持很高的水平，当镍的质量分数小于0.3%时，其韧脆转变温度即达-100℃以下，当Ni的质量分数增多时，约4%～5%，其韧脆转变温度可降至-180℃。由于镍是奥氏体化形成元素，因此增加一定的含镍量可以提高钢材和焊缝的耐蚀性。在高强高韧焊接材料的开发中，增加一定的含镍量可以提高焊缝的低温冲击吸收功数值。但是，这种类型的焊接材料在价格上比较贵。

3.4.2　焊缝性能的改善

焊接实践表明，通过调整焊接工艺措施可以改善焊缝的性能。所采用的焊接工艺措施有以下几种。

1. 焊后热处理

焊后热处理可以改善焊接接头的组织，可以充分发挥焊接结构的潜在性能。因此，一些重要的焊接结构，一般都要进行焊后热处理，例如珠光体耐热钢的电站设备、电渣焊的厚板结构以及中碳调质钢的飞机起落架等，焊后都要进行不同的热处理，以改善结构的性能，例如回火、正火或调质处理。

2. 多层焊接

对于相同板厚焊接结构，采用多层焊接可以有效地提高焊缝金属的性能。这种方法一方面由于每层焊缝的热输入变小而改善了熔池凝固结晶的条件，以及减少了热影响区性能的恶化的程度；另一方面，后一层对前一层焊道具有附加热处理的退火作用，从而改善了焊缝的固态相变组织。

多层焊接已发展成为由计算机控制热输入的多丝焊接，丝间的距离、焊接参数和层间厚度均由计算机程序进行控制，从而可以获得理想的焊接质量。

3. 锤击焊道表面

锤击焊道表面既能改善后层焊缝的凝固结晶组织，也能改善前层焊缝的固态相变组织。因为锤击焊道可使前一层焊缝的晶粒不同程度地破碎，使后层焊缝在凝固时晶粒细化，这样逐层锤击焊道就可以改善整个焊缝的组织性能。此外，锤击可产生塑性变形而降低残余应力，从而提高焊缝的韧性和疲劳性能。对于一般碳钢和低合金钢多采用风铲锤击，锤头圆角约 1.0～1.5mm 为宜，锤痕深度约为 0.5～1.0mm，锤击的方向及顺序，应先中央后两侧，依次进行，如图 3-49 所示。

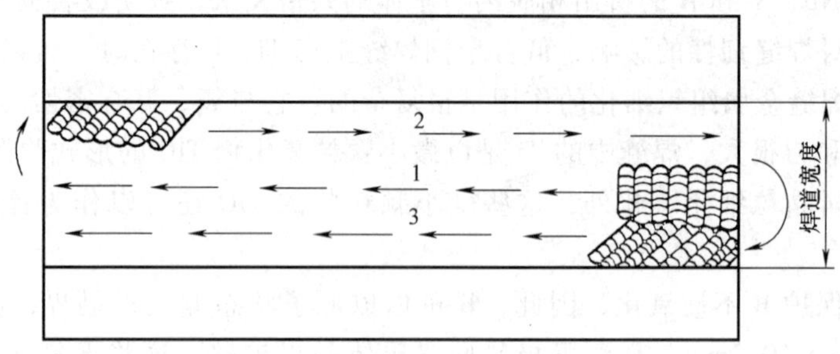

图 3-49 锤击的方向及顺序

4. 跟踪回火处理

跟踪回火处理就是每焊完一道焊缝立即用火焰加热焊道表面，温度控制在 900～1000℃左右。如果 9mm 板采用焊条电弧焊焊接三层时，每层焊道的平均厚度约为 3mm，则在第三层焊完时进行的跟踪回火，对前二层焊缝均有不同程度的热处理作用。最上层焊缝（0～3mm）相当于正火处理，对中层焊缝（3～6mm）承受约 750℃的高温回火，对下层（6～9mm）受 600℃左右的回火处理。所以采用跟踪回火时，不仅改善了焊缝的组织，同时也改善了全部焊接区的性能，因此焊接质量得到了显著的提高。

5. 振动结晶

振动结晶是改善熔池凝固结晶的一种方法。振动结晶就是采用振动的方法来打碎正在成长的柱状晶粒，从而获得细晶组织。根据振动方式的不同，可分为低频机械振动、高频超声振动和电磁振动等。

（1）低频机械振动 振动频率在 1×10^4Hz 以下的属于低频振动。这种振动一般都是采用机械的方式实现的，其振动器固定在工件或焊丝上。振幅一般都在 2mm 以下。这种振动所产生的能量足以使熔池中成长的晶粒破碎，同时也可使熔池金属发生强烈的搅拌作用，不仅使成分均匀，也可使气体和夹杂等快速上浮，从而改善了熔池金属的凝固状态，提高了焊缝金属的质量与性能。

（2）高频超声振动　利用超声波发生器可得到 2×10^4Hz 以上的振动频率，但振幅只有 10^{-4}mm。超声振动对改善熔池凝固结晶，消除气孔、结晶裂纹及夹杂等比低频振动更为有效。有研究指出，超声振动可使焊接熔池中正在进行结晶的金属承受拉压交变的应力，从而形成一种强大的冲击波，可以有足够的能量打碎正在成长的晶粒，这样就可以增多结晶核心，改变结晶形态，使凝固后的焊缝金属得到晶粒细化。但这种方法需要大功率的超声波发生器，成本较高，所以限制了它在生产工程上的应用。

（3）电磁振动　这种方法是利用强磁场使熔池中的液态金属发生强烈的搅拌，使成长着的晶粒不断受到冲刷，使晶粒破碎，从而使晶粒细化，并且打乱晶粒的结晶方向，改善了结晶形态。但这种方法实施起来比较麻烦，这也限制了它在生产上的应用。

3.5　焊接条件下的金属组织转变特点

在焊接热循环的作用下，热影响区的组织性能将发生变化。其相变规律与热处理相似，由形核和晶核长大两个过程组成，符合金属学的结晶理论。焊接热影响区相变的条件同样取决于系统的热力学条件，即新相与母相间的自由能之差。由于焊接热过程的特点与热处理相比具有较大的差异，焊接时的相变及组织变化也与热处理不同。与热处理相比，焊接热过程有以下特点。

（1）局部加热　热处理时工件是在炉中整体加热，而焊接属于局部集中加热，温度分布不均匀，且随热源移动，局部加热区域也在不断地向前移动，这势必在焊接区造成一个复杂的应力应变场，而焊接热影响区就是在这样一个复杂的应力应变状态下进行的不均匀的组织转变。

（2）加热温度高　在热处理条件下，加热最高温度一般为 Ac_3 以上 100～200℃，而焊接时热影响区熔合线附近的加热温度最高，一般接近于金属的熔点。焊接低碳钢和低合金钢时，一般都在 1350℃左右。

（3）加热速度快　热处理时为了保证加热均匀和减少热应力，对加热速度作了较严格的限制，一般为 0.1～1℃/s。由于焊接采用的热源强烈集中，故加热速度比热处理要快得多，往往超过几十倍甚至几百倍。

（4）高温停留时间短　热处理时的保温时间可以根据需要确定，而焊接时由于热循环的特点，在 Ac_3 以上的停留时间很短，通常焊条电弧焊约为 4～20s，埋弧焊为 30～100s。

（5）自然条件下连续冷却　热处理时可以根据需要来控制冷却速度或在冷却过程的不同阶段进行保温。而在焊接时，一般都是在自然条件下连续冷却，冷却速度较快，个别情况下才进行焊后保温或焊后热处理。

总之，由于焊接热过程的特点，使热影响区的组织转变与热处理有着不同的规律。因此，必须根据焊接的特点研究热影响区的组织性能变化规律。

3.5.1　焊接加热过程中的组织转变

焊接时的加热速度快，高温停留时间短，这对金属的相变温度和高温奥氏体的均匀化过程必然带来显著影响。低碳钢和低合金钢在焊接时，不同焊接方法的加热速度见表3-5。焊接加热过程中的组织转变特点如下：

表3-5 不同焊接方法的加热速度

焊接方法	板厚/mm	加热速度 v_H/（℃/s）
焊条电弧焊、TIG焊	5~1	200~1000
单层埋弧焊	25~10	60~200
电渣焊	200~50	3~20

1. 相变温度提高

试验结果表明，加热速度越快，母材相变点 Ac_1 和 Ac_3 的温度越高，而且 Ac_1 和 Ac_3 之间的温度差越大，见表3-6，这种现象可由金属学原理得到解释。加热时珠光体向奥氏体的转变和铁素体向奥氏体的溶解均属于扩散性转变，转变时形成晶核需要孕育期。在焊接快速加热的条件下，还没有达到扩散过程所需的孕育期，温度就已经提高了。因此，Ac_1 和 Ac_3 都推向了更高的温度，在这种条件下，转变过热度大，形核率高，转变速度更快。

由表3-6可以看出，钢中含有较多的碳化物形成元素时，随着加热速度的提高，相变点 Ac_1 和 Ac_3 有更显著的提高（如18Cr2WV）。这是由于该类钢的碳化物形成元素（Cr、W、Mo、Ti、V、Nb等）本身的扩散速度更小（是碳的1/10000~1/1000），同时它们阻碍碳的扩散，因而大大减慢了奥氏体的转变过程。

表3-6 加热速度对相变点和 Ac_1 与 Ac_3 温差的影响

钢种	相变点	平衡状态温度/℃	加热速度 v_H/（℃/s）				Ac_1 与 Ac_3 温差/℃		
			6~8	40~50	250~300	1400~1700	40~50	250~300	1400~1700
45	Ac_1	730	770	775	790	840	45	60	110
	Ac_3	770	820	835	860	950	65	90	180
40Cr	Ac_1	740	735	750	770	840	15	35	105
	Ac_3	780	775	800	850	940	25	75	165
23Mn	Ac_1	735	750	770	785	830	35	50	95
	Ac_3	830	810	850	890	940	40	80	130
30CrMnSi	Ac_1	740	740	775	825	920	35	85	180
	Ac_3	820	790	835	890	980	45	100	190
18Cr2WV	Ac_1	710	800	860	930	1000	60	130	200
	Ac_3	810	860	930	1020	1120	70	160	260

随着加热速度的提高，Ac_1 和 Ac_3 的温度差加大，则是由于珠光体向奥氏体的转变是在铁素体和渗碳体的界面上形核，由于相界面积大，碳的扩散距离短，形核所需的孕育期较短，故 Ac_1 提高的较少。而铁素体转变为奥氏体，需要碳原子和铁原子做较长距离的扩散，孕育期较长，因而 Ac_3 推向了更高的温度，结果使 Ac_1 和 Ac_3 的温差加大。

2. 奥氏体的均质化

刚转变完了形成的奥氏体，其成分是不均匀的，原来为渗碳体的地方含碳量高，而原来为铁素体的地方含碳量低，甚至还有残留的碳化物质点。如在 Ac_3 以上的停留时间长，则成分扩散均匀化，使奥氏体的成分趋于一致。

焊接的加热速度快，在 Ac_3 以上的停留时间短，合金元素来不及完成扩散均匀化，所以奥氏体的均质化程度低，甚至残留碳化物，这对冷却时的相变有明显影响，特别是钢中有碳化物形成元素时，影响更为显著。

3. 焊接热影响区奥氏体晶粒的长大

焊接热影响区晶粒的粗大对韧性极为不利。奥氏体晶粒的长大实质上是大晶粒吞并小晶粒的晶格改建过程，是自动进行的。进行这一过程需要原子的扩散，温度越高，原子的扩散能力越强，奥氏体晶粒的长大速度越快。焊接热影响区的晶粒长大与焊接热输入、焊接热循环参数、钢材的化学成分及原始组织状态有关。

总之，焊接时热影响区的晶粒度取决于母材成分、焊接方法和所用的焊接参数。焊接热影响区的奥氏体晶粒度不仅决定了冷却后的实际晶粒度，而且还影响过冷奥氏体的稳定性，进而影响冷却后的转变产物。因此，对热影响区的组织性能有较大的影响。

3.5.2　焊接冷却过程中的组织转变

焊接加热过程中热影响区形成的奥氏体，在冷却过程将发生分解转变，将最终决定热影响区的组织和性能。因此，研究焊接条件下冷却过程的组织转变规律，对于正确判断热影响区的组织与性能、合理制订焊接工艺、保证焊接质量具有重要意义。

由于焊接热影响区熔合线附近是整个焊接接头的薄弱地带，所以这里以此区冷却时的相变特点作为主要的研究对象。为了与热处理条件下的奥氏体转变特点作比较，现以45钢和40Cr钢为例，说明在两种热过程作用下组织转变的差异。

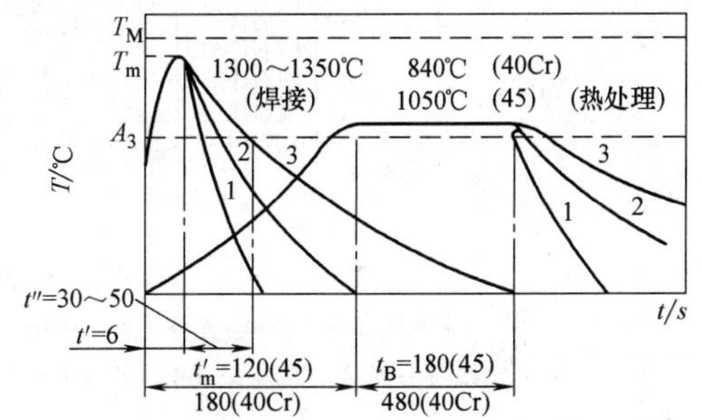

图 3-50　焊接和热处理时的热过程示意图

T_M—金属熔点　T_m—加热的最高温度

$t'+t''$—加热时间　t'_m—热处理加热时间

t_B—热处理保温时间

两种材料焊接和热处理时的热过程如图3-50所示。可见，在两种热过程中，加热速度、加热的最高温度和高温停留时间彼此不同，但两种情况下的冷却曲线1、2、3等彼此具有各自相同的冷却速度。

根据上述试验条件，采用焊接热模拟试验机和快速相变测定仪，得到了两种钢在焊接和热处理条件下的连续冷却转变图（即CCT图），如图3-51和图3-52所示。表3-7是两种钢在焊接和热处理时同样冷却速度条件下的组织百分比。

表3-7　焊接和热处理条件下的组织百分比

钢种	冷却速度 /（℃/s）	组　织（%）		
		铁素体	马氏体	珠光体及贝氏体
45钢	4	5（10）	0（0）	95（90）
	18	1（3）	90（27）	9（70）
	30	1（1）	92（69）	7（30）
	60	0（0）	98（98）	2（2）

（续）

钢种	冷却速度/（℃/s）	组 织（%）		
		铁素体	马氏体	珠光体及贝氏体
40Cr	4	1（0）	75（95）	24（5）
	14	0（0）	90（98）	10（2）
	22	0（0）	95（100）	5（0）
	36	0（0）	100（100）	0（0）

注：有（ ）号者为热处理的组织百分比。

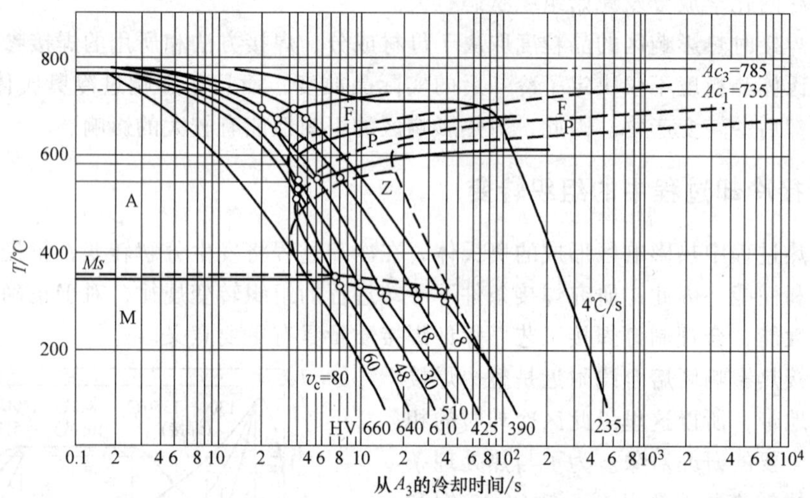

图 3-51 45 钢连续冷却转变图

F—铁素体 P—珠光体 Z—中间组织（贝氏体） A—奥氏体 M—马氏体

实线——焊接（T_m = 1350℃，t' = 4.5s） 虚线——热处理（T_m = 1050℃，t_B = 3min）

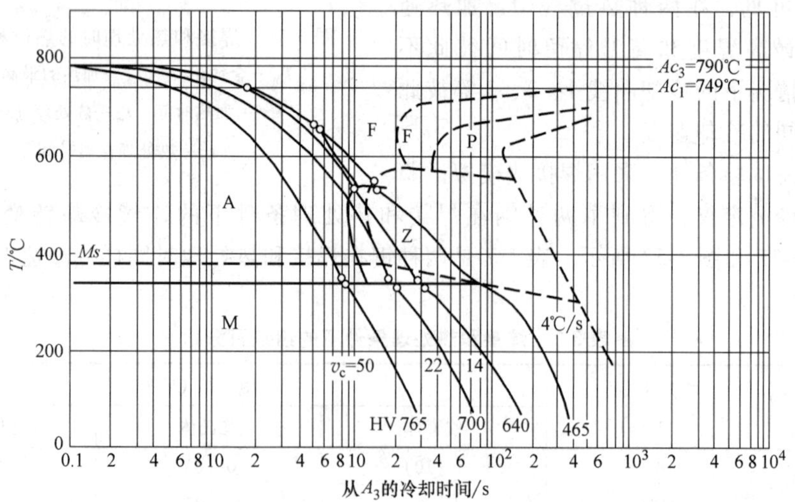

图 3-52 40Cr 钢连续冷却转变图

实线——焊接（T_m = 1350℃，t' = 4.5s） 虚线——热处理（T_m = 840℃，t_B = 8min）

由图3-51、图3-52和表3-7可以看出，45钢在焊接条件下比热处理条件下的连续冷却转变图稍向右移（主要考虑 Ms 点附近）。这说明在相同的冷却速度条件下，焊接比热处理时的淬硬倾向大。如冷却速度为30℃/s，焊接时可得到92%的马氏体，而热处理仅得到69%的马氏体。

相反，40Cr钢焊接条件下的连续冷却转变图向左移动，即在相同冷却速度下焊接比热处理时的淬硬倾向小。例如，在焊接条件下，当冷却速度为36℃/s时，可得到100%的马氏体，而在热处理条件下，冷却速度只要22℃/s即可得到100%的马氏体。

两种热过程组织转变的差异与焊接和热处理的不同特点及母材的化学成分有关。

对于40Cr钢，由于含有碳化物形成元素Cr，因此在焊接加热速度快，高温停留时间短的条件下，残留着一些碳化物颗粒，机械地阻碍奥氏体晶粒的长大，降低了奥氏体的均质化程度。在冷却过程中，这些碳化物颗粒又可以作为非自发核心加速奥氏体的转变，因而降低了奥氏体的稳定性，从而使焊接条件下的连续冷却转变图比热处理条件下的向左移了（图3-52）。

对于45钢，由于不含碳化物形成元素，在高温下奥氏体晶粒容易长大，均质化程度也比较高。因此，在冷却时奥氏体的稳定性比较强，表现在图3-51上，就是焊接条件下的连续冷却转变图比热处理条件下向右移了。

应当指出，增加钢中的合金元素（Co除外），无论在焊接条件下，还是在热处理条件下，都会增加钢的淬硬倾向。不要误认为钢中的碳化物形成元素越多，焊接时的淬硬倾向越小。实际上，在同样的焊接条件下，40Cr钢的淬硬倾向比45钢大。

3.6 焊接热影响区的组织和性能

由于焊接热影响区距焊缝不同距离的点所经历的焊接热循环不同，各点所发生的组织转变也不相同，从而造成热影响区组织转变的不均匀性，在局部位置还可能产生硬化、软化和脆化等现象发生。这些现象的发生，往往使热影响区的性能低于母材，以致成为焊接接头的薄弱环节。

焊接热影响区的组织性能不仅取决于所经历的热循环，而且还取决于母材的成分和原始状态。本节将以低碳钢和合金结构钢为例讨论焊接热影响区的组织性能。

3.6.1 焊接热影响区的组织

1. 不易淬火钢的组织分布

不易淬火钢是指在焊后空冷条件下不易形成马氏体的钢种，如低碳钢、Q345（16Mn）、Q390（15MnV和15MnTi）等。对于这类钢种，按照热影响区中不同部位加热的最高温度及组织特征的不同，可划分为四个区域，如图3-53所示。

（1）熔合区　紧邻焊缝的母材部位，又叫半熔化区（加热温度在液相线和固相线之间）。此区范围很窄，一般只有几个晶粒宽。由于该区化学成分和组织性能存在严重的不均匀性，对接头的强度、韧性有很大的影响。在许多情况下是产生裂纹和脆性破坏的发源地。因此，已引起人们的普遍重视。

（2）过热区　加热温度在固相线以下到晶粒开始急剧长大的温度（一般指1100℃）范围内的区域。由于该区加热温度高，奥氏体晶粒严重长大，冷却后会得到粗大的过热组织，因此又叫粗晶区。该区焊后晶粒度一般为 1～2 级，韧性很低，通常冲击韧度降低 20%～30%。与熔合区一样，该区也容易产生脆化和裂纹。过热区和熔合区都是焊接接头的薄弱部位。

过热区的大小与焊接方法、焊接热输入和母材厚度等有关。气焊和电渣焊时比较宽，并常出现粗大的魏氏组织，焊条电弧焊和埋弧焊时较窄，而电子束、激光焊接时过热区几乎不存在。

(3) 相变重结晶区（正火区） 该区的加热温度范围是 Ac_3 以上至晶粒开始急剧长大的温度范围内。铁素体和珠光体全部转变为奥氏体。因加热温度较低（一般低于 1100℃），奥氏体晶粒未显著长大，因此在空气中冷却以后会得到均匀而细小的铁素体和珠光体，相当于热处理时的正火组织，所以该区又叫正火区。此区的综合力学性能一般比母材还好，是热影响区中组织性能最好的区域。

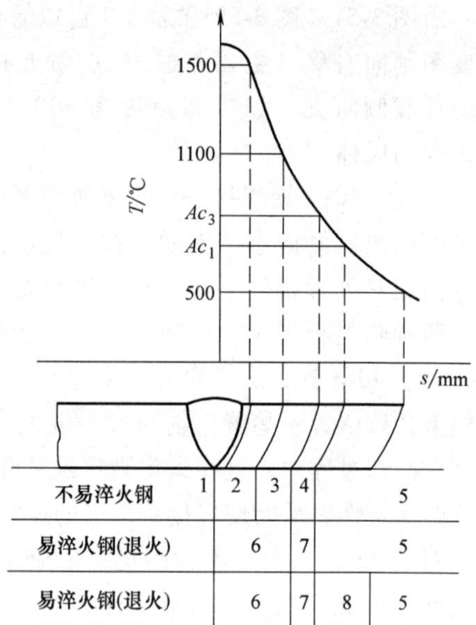

图 3-53 焊接热影响区的分布特征

1—熔合区 2—过热区 3—正火区 4—不完全重结晶区 5—母材 6—完全淬火区 7—不完全淬火区 8—回火区

(4) 不完全重结晶区 该区的加热温度处于 Ac_1～Ac_3 之间，因此在加热过程中，原来的珠光体全部转变为细小的奥氏体，而铁素体仅部分溶入奥氏体，剩余部分继续长大，成为粗大的铁素体。冷却时奥氏体变为细小的铁素体和珠光体，粗大的铁素体被保留下来。所以，此区的特点是晶粒大小不一，组织不均匀，力学性能也不均匀。

以上这四个区是低碳钢、低合金钢焊接热影响区的主要组织特征。对于时效应变敏感性强的钢，如果母材焊前经过冷加工变形或由于焊接应力而产生应变，则在 Ac_1 以下将发生再结晶和应变时效现象，尽管其金相组织没有明显变化，但处于 Ac_1～300℃左右的热影响区将发生脆化现象，表现出较强的缺口敏感性。

对于低碳钢，按照热影响区各点经历的热循环，对照 Fe-Fe_3C 相图，各区段的划分如图 3-54 所示，各区的组织特征及性能特点见表 3-8。

表 3-8 低碳钢热影响区的组织分布特征及性能

部位	加热温度范围/℃	组织特征及性能	图 3-54 上的位置
焊缝	>1500	铸造组织柱状树枝晶	
熔合区及过热区	1400～1250	晶粒粗大，可能出现魏氏组织，硬化后易产生裂纹，塑性不好	1
	1250～1100	粗晶与细晶交替混合	
相变重结晶区	1100～900	细小的铁素体和珠光体，力学性能较好	2
不完全重结晶区	900～730	粗大铁素体和细小的珠光体、铁素体，力学性能不均匀，在急冷的条件下可能出现高碳马氏体	3
时效脆化区	730～300	由于热应力及脆化物析出，经时效而产生脆化现象，在显微镜下观察不到组织上的变化	4
母材	300～室温	没有受到热影响的母材部分	5

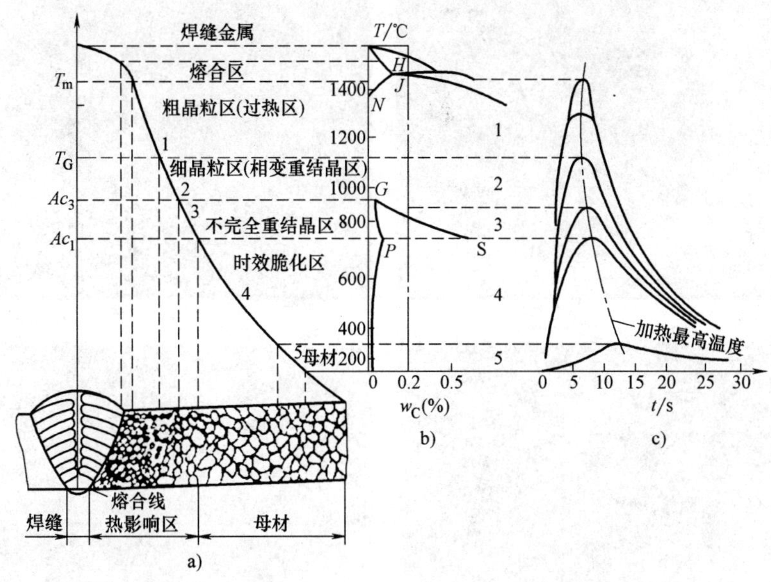

图 3-54　低碳钢焊接热影响区各区段的划分与相图的关系

a）热影响区各区段的划分及组织分布　b）$Fe\text{-}Fe_3C$ 相图　c）焊接热循环

T_m—加热的最高温度　T_G—晶粒显著长大的温度

采用 E5017 焊条电弧焊焊接 Q345（16Mn）钢时热影响区各区段的组织特征如图 3-55 所示。图 3-55a 为焊接接头的低倍组织，由图可见焊缝组织极细，焊缝周围黑色环为母材热影响区；图 3-55b 为接头组织，左侧为柱状晶的焊缝金属，中间黑色区为母材热影响区，右边为原始母材；图 3-55c 为焊缝组织，先共析铁素体分布于柱状晶的晶界上，晶内为针状铁素体与珠光体，个别部位有粒状贝氏体；图 3-55d 为熔合区组织，左侧为焊缝，右侧为母材过热区；图 3-55e 为过热区组织，可见少量由晶界向晶内生长的无碳贝氏体（图中下部位），右边是呈羽毛状的上贝氏体，晶内为板条马氏体；图 3-55f 为正火区组织，由块状铁素体与珠光体组成；图 3-55g 为不完全重结晶区组织，由铁素体与呈絮状聚集的珠光体组成；图 3-55h 为母材组织，由大块状铁素体与珠光体组成。对于 Q345（16Mn）钢，只有在快速冷却的条件下，例如厚板的焊条电弧焊时，才有可能出现马氏体组织。

热影响区的大小受多种因素的影响，如焊接方法、板厚、热输入以及焊接施工工艺等，用不同的焊接方法焊接低碳钢时热影响区的平均尺寸见表 3-9。

表 3-9　不同焊接方法热影响区的平均尺寸

焊接方法	各区的平均尺寸/mm			总宽度/mm
	过热区	相变重结晶区	不完全重结晶区	
焊条电弧焊	2.2～3.0	1.5～2.5	2.2～3.0	6.0～8.5
埋弧焊	0.8～1.2	0.8～1.7	0.7～1.0	2.3～4.0
电渣焊	18～20	5.0～7.0	2.0～3.0	25～30
氧乙炔焊	21	4.0	2.0	27.0
电子束焊	—	—	—	0.05～0.75

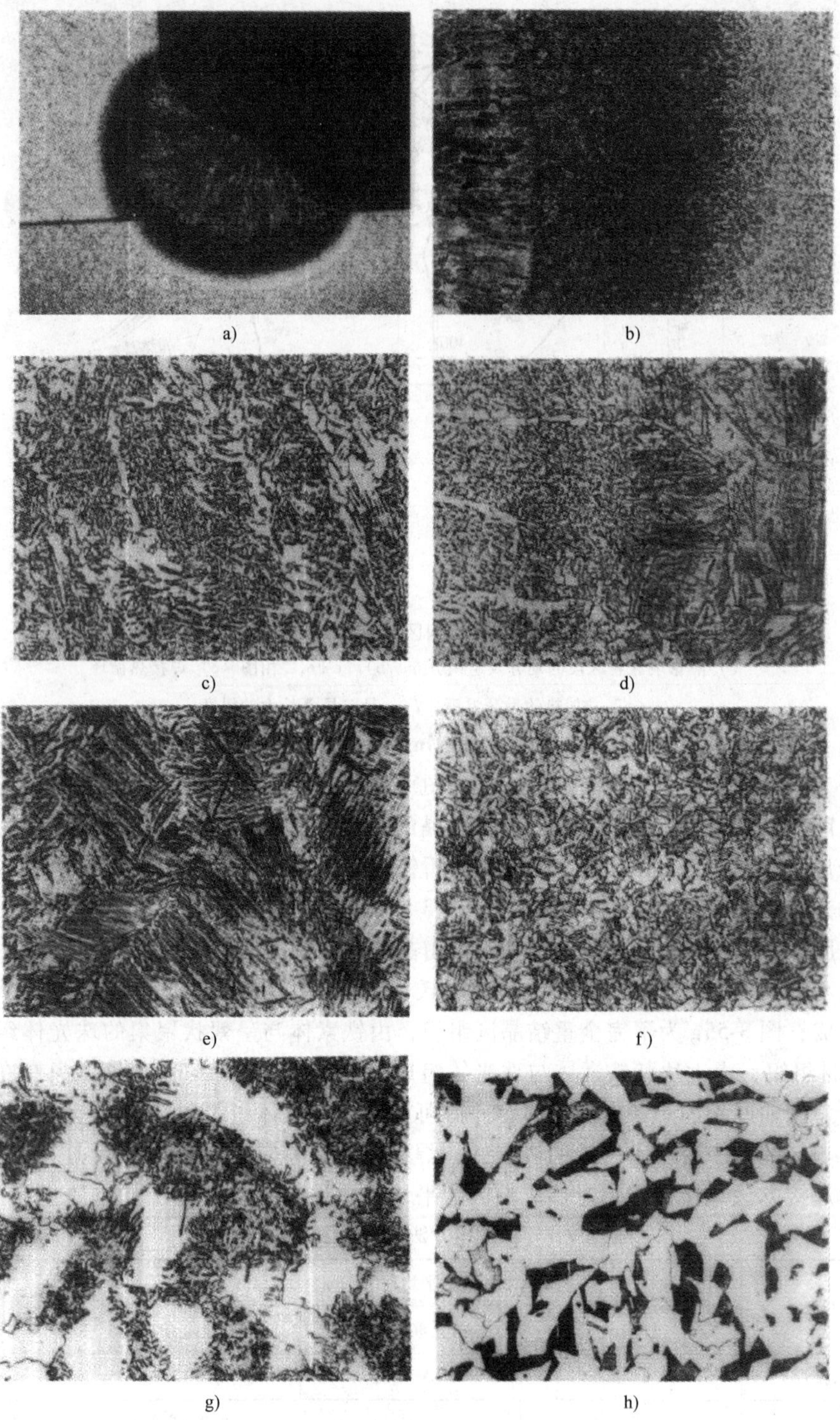

图 3-55 Q345（16Mn）钢焊条电弧焊角焊缝热影响区各区段的组织
a）低倍组织 5 × b）接头组织 20 × c）焊缝组织 500 × d）熔合区组织 500 ×
e）过热区组织 500 × f）正火区组织 500 × g）不完全重结晶区组织 500 ×
h）母材组织 500 ×

2. 易淬火钢的组织分布

易淬火钢是指在空冷条件下容易淬火形成马氏体的钢种，如低碳调质钢18MnMoNb、中碳钢（45钢）和中碳调质高强度钢（30CrMnSi）等。这类钢焊接热影响区的组织分布特征与母材焊前的热处理状态有关。

如图3-53所示，如母材焊前是正火或退火状态，焊接热影响区根据其组织特征可分为完全淬火区和不完全淬火区。如果母材焊前为调质状态，焊接热影响区除上述完全淬火区和不完全淬火区外，还存在一个回火软化区。

（1）完全淬火区　该区的加热温度处于固相线到Ac_3之间。由于这类钢淬硬倾向大，冷却时将淬火形成马氏体。在焊缝附近的区域（相当于低碳钢过热区的部位），由于晶粒严重长大，会得到粗大的马氏体组织，而相当于正火区的部位则得到细小的马氏体组织。这个区域的组织只是粗细不同，均属于同一组织类型（马氏体），因此统称为完全淬火区。根据冷却速度的不同，该区内还可能出现马氏体和贝氏体的混合组织。

（2）不完全淬火区　该区的加热温度在$Ac_3 \sim Ac_1$之间。在快速加热条件下，珠光体（或贝氏体、索氏体）转变为奥氏体，铁素体很少溶入奥氏体，未溶入奥氏体的铁素体将会进一步长大。因此，冷却时奥氏体会转变为马氏体，粗大的铁素体被保留下来，并有不同程度地长大，从而形成了马氏体和铁素体的混合组织，故称为不完全淬火区。当母材含碳量和合金元素含量不高或冷却速度较慢时，也可能出现贝氏体、索氏体或珠光体。

（3）回火软化区　出现于调质状态母材的热影响区，回火软化区内的组织性能发生变化的程度取决于焊前调质状态的回火温度。例如，母材在焊前调质时的回火温度为T_t，焊接时加热温度在$Ac_1 \sim T_t$的部位，加热温度高于回火温度，为T_t，其组织性能将发生变化，出现软化现象。加热温度低于T_t的部位，组织性能将不发生变化。

由此可知，焊接热影响区的组织性能不仅与母材的化学成分有关，而且还与焊接工艺条件和母材焊前的热处理状态有关。

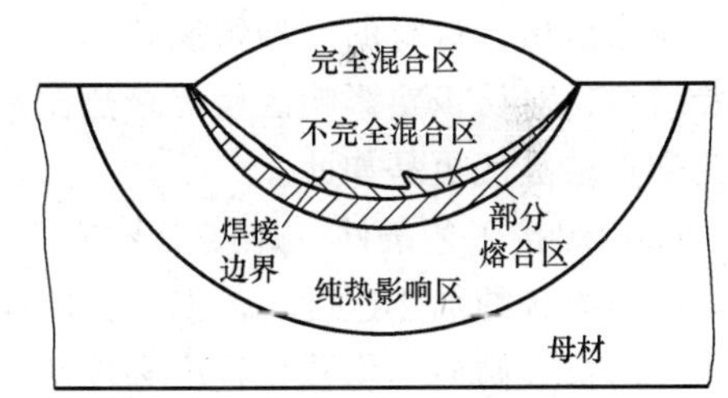

图3-56　焊接热影响区划分方法示意图

为了更好地研究熔合区的微观组织形态，美国学者W. F. Savage等提出了焊接热影响区的划分方法，具体划分方法如图3-56所示，各部分的名称及其所包括的范围见表3-10。但这种划分方法，有些钢不能清楚地看到“不完全混合区”，只有与HY-80钢成分相近的钢种，例如14MnMoVCu钢等，采用双浸蚀法才能较为清楚地看到分界

表3-10　焊缝及热影响区新的划分及建议

部位（名称）	所包括的范围（定义）	现在通用的划分
完全混合区	填充金属与母材金属完全均匀混合形成化学成分均一的焊缝金属	焊缝金属（完全混合区、不完全混合区、焊接边界）
不完全混合区	焊缝金属的外侧部分，母材金属与填充金属不完全混合的地方	熔合区（不完全混合区、焊接边界、部分熔合区）
焊接边界	明显的完全熔化边界	
部分熔合区	焊缝边界的外侧母材部分，晶粒边界有不同程度的熔化（0%～100%）	热影响区（部分熔合区、纯热影响区）
纯热影响区	固相母材发生组织变化的区域	

线，因此目前尚未被广泛采用。近年来，国内外学者根据所研究的材料及工艺的特殊性，提出了一些新的热影响区划分方法，这些对于深入研究焊接接头的微观组织和性能具有重要意义。

3. 焊接热影响区组织的分析

在焊接快速加热和连续冷却的条件下，热影响区的转变属于非平衡转变，往往会得到多种混合组织，给金相组织的鉴别造成了困难。在一定条件下，热影响区组织主要与母材的化学成分和焊接工艺条件有关，在鉴别热影响区组织时应该注意如下几点。

（1）母材的化学成分及原始状态　母材的化学成分是决定热影响区组织的主要因素。对于含碳或合金元素较低的低碳钢及低合金钢（如 Q345 等），淬硬倾向较小，其热影响区主要为铁素体、珠光体和少量魏氏组织等，并可能有少量的贝氏体或马氏体。对于淬硬倾向较大的钢种，其热影响区主要为马氏体，并依冷却速度的不同可能出现贝氏体、索氏体等组织。

对于不含碳化物形成元素的钢，其奥氏体的稳定性，即淬硬倾向，主要取决于奥氏体晶粒长大的倾向。奥氏体晶粒越粗大，越容易产生淬硬组织。对于含碳化物形成元素的钢，如 18MnMoNb、40Cr 等，只有当碳化物溶解于高温奥氏体时，才增加淬便倾向。对于易淬硬钢，其马氏体类型主要取决于含碳量。当含碳量较低时，会得到低碳马氏体。否则会得到高碳马氏体。

钢中存在较严重的偏析时，往往会出现反常情况。当在正常成分范围内出现一些预料不到的硬化和裂纹时，偏析常是造成这种情况的原因之一。例如含锰钢的偏析倾向是比较大的，在焊接快速加热和冷却的条件下，热影响区奥氏体的成分极不均匀，在含碳量比较高的部位，就有可能形成脆硬的马氏体而致裂。

应当指出，母材的原始组织状态也是分析热影响区组织的重要依据。清楚地了解母材的原始组织，对认识热影响区经焊接热循环作用之后的组织性能变化有着重要帮助，尤其对于不完全重结晶区更是如此。

（2）焊接工艺条件　焊接工艺条件主要指焊接方法、焊接热输入和预热温度等。它们主要影响焊接的加热速度、高温停留时间和冷却速度，从而在一定成分条件下就决定了奥氏体晶粒的长大倾向、均质化程度和冷却时的组织转变。因此，对于一定的钢种，高温停留时间越长，冷却速度越快，得到的淬硬组织所占的比例越大。

在快速加热和冷却的条件下，即使对于低碳钢，加热温度在 $Ac_1 \sim Ac_3$ 的不完全重结晶区，也可能出现高碳马氏体。这是因为在快速加热条件下，原珠光体的部位转变为高碳奥氏体（$w_C = 0.8\%$），并且来不及扩散均匀化，当冷却速度很快时，这部分高碳奥氏体就转变为高碳马氏体。而铁素体在这急热急冷的过程中始终未发生变化，最后得到马氏体和铁素体的混合组织。这一过程可用图 3-57 示意地表示。

（3）借助其他分析方法确认具体的组织　对于同一类组织，尚可分为多种组织类型。如铁素体按形态不同可分为先共析铁素体、侧板条铁素体、针状铁素体和粒状铁素体等。对于不同形态的组织，还应辅以显微硬度测试、电子显微镜分析以及按组织所处的位置及分布状态等加以确认。

正确分析焊接热影响区的组织，对于制订焊接工艺、改善焊接接头质量具有重要的指导意义。

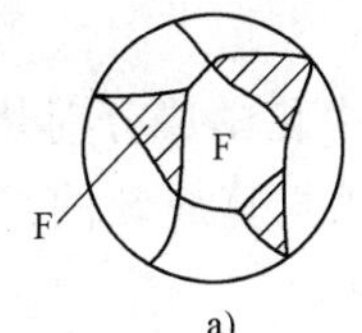

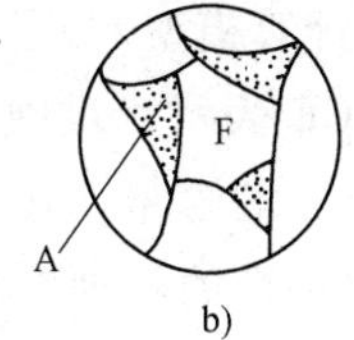

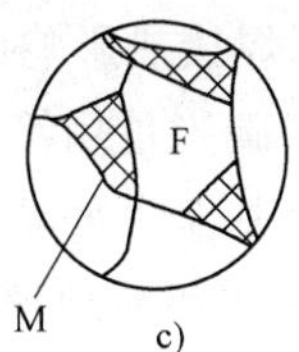

F—铁素体　A—奥氏体　M—马氏体

图3-57　快速加热及冷却时的M-F组织

a）加热前　b）加热后　c）淬火后

3.6.2　焊接热影响区的性能

焊接热影响区的组织分布是不均匀的，从而导致热影响区性能也不均匀。焊接热影响区与焊缝不同，焊缝可以通过化学成分的调整再配合适当的焊接工艺来保证性能的要求，而热影响区的性能不可能进行成分上的调整，它是由焊接热循环作用引起的不均匀性问题。对于一般焊接结构，焊接热影响区的性能主要考虑硬化、脆化、韧化、软化，以及综合的力学性能、耐蚀性能和疲劳性能等，这要根据焊接结构的具体使用要求来决定。

一般常规焊接接头力学性能的试验结果，反映的是整个接头的平均水平，而不能反映热影响区中某个区段（如过热区、相变重结晶区等）的实际性能。近年来，焊接热模拟技术的发展为研究热影响区不同部位的组织性能创造了良好的条件。

1. 焊接热影响区的硬度

研究表明，焊接热影响区的硬度与其力学性能密切相关。一般而言，随着硬度的增大，强度升高，塑性和韧性下降，冷裂纹倾向增大。因此，通过测定焊接热影响区的硬度分布便可间接地估计热影响区的力学性能及抗裂性等。焊接热影响区的硬度主要与被焊钢材的化学成分和冷却条件有关，因硬度试验比较方便，因此常用热影响区（一般在熔合区）的最高硬度 H_{max} 来间接判断热影响区的性能。

焊接热影响区中的硬度分布实际上反映了各部位的组织变化情况，一般来说，得到的淬硬组织越多，硬度越高。表3-11给出了一般低合金钢不同比例混合组织的宏观维氏硬度和相应金相组织的显微硬度。由表3-11可以看出，同一组织的硬度也不相同，这主要与钢的含碳量和合金元素的含量有关。如高碳马氏体的硬度可达600HV，而低碳马氏体只有350HV，这说明马氏体数量增多，并不意味着硬度一定高，马氏体的硬度随着含碳量的增加而增大。

表3-11　不同混合组织和金相组织的硬度

显微硬度　HV				金相组织百分比（%）				最高硬度　HV
铁素体F	珠光体P	贝氏体B	马氏体M	F	P	B	M	
202～246	232～249	240～285	—	10	7	83	0	212
216～258	—	273～336	245～383	1	0	70	29	298
—	—	293～323	446～470	0	0	19	81	384
—	—	—	454～508	0	0	0	100	393

除冷却速度之外，钢的含碳量和合金元素的含量是影响焊接热影响区硬度的重要因素。通常采用碳当量来表述钢中合金元素含量对热影响区硬化的影响，并通过大量焊接工艺试验

和数学工具建立了焊接热影响区硬度的计算模型。

（1）碳当量　碳当量用符号 C_{eq}或 CE 表示，反映了钢中化学成分对热影响区硬化程度的影响，它是把钢中合金元素（包括碳）的含量，按其作用折算成碳的相当含量（以碳的作用系数为 1），作为粗略地评价钢材焊接性的一种参考指标。

由于世界各国钢种的合金体系和所采用的试验方法不同，所以都建立了相适应的碳当量公式。

20 世纪 40 ~ 50 年代的钢材以 C-Mn 强化为主，为了评定这类钢的焊接性，先后建立了许多碳当量公式，其中以国际焊接学会推荐的 CE_{IIW}和日本焊接协会的 $C_{eq(WES)}$公式应用较广，这两个公式[⊖]是

$$CE_{(IIW)} = C + \frac{Mn}{6} + \frac{Cu + Ni}{15} + \frac{Cr + Mo + V}{5} \tag{3-17}$$

$$C_{eq(WES)} = C + \frac{Mn}{6} + \frac{Si}{24} + \frac{Ni}{40} + \frac{Cr}{5} + \frac{Mo}{4} + \frac{V}{14} \tag{3-18}$$

式（3-17）主要适用于中等强度的非调质低合金钢（$\sigma_b = 400 \sim 700\text{MPa}$），式（3-18）主要适用于强度级别较高的低合金高强钢（$\sigma_b = 500 \sim 1000\text{MPa}$），且调质和非调质的钢均可应用。以上两个公式只适用于碳质量分数为 0.18% 以上的钢种，不能用于碳质量分数为 0.17% 以下的钢种，这是根据试验条件和统计的精度而确定的。

20 世纪 60 年代以后，为了改进钢的焊接性，世界各国大力发展了低碳微量多合金元素的低合金高强度钢。在这种情况下，式（3-17）和式（3-18）已不适用。为此，日本的伊藤等人采用 Y 形坡口对接裂纹试验对 200 多个低合金钢进行研究，建立了 P_{cm}公式，即

$$P_{cm} = C + \frac{Si}{30} + \frac{Mn + Cu + Cr}{20} + \frac{Ni}{60} + \frac{Mo}{15} + \frac{V}{10} + 5B \tag{3-19}$$

式（3-19）主要适用于 $w_C \leqslant 0.17\%$，$\sigma_b = 400 \sim 900\text{MPa}$ 的低合金高强度钢。P_{cm} 与 $CE_{(IIW)}$之间有如下关系

$$P_{cm} = \left(\frac{2C + CE_{(IIW)}}{3}\right) + 0.005 \tag{3-20}$$

为了适应工程上的需要，日本的铃木和百合冈等人通过大量试验，把钢中碳的质量分数范围扩大到 0.034% ~0.254%，提出了如下的碳当量公式

$$CEN = C + A(C)\left(\frac{Si}{24} + \frac{Mn}{16} + \frac{Cu}{15} + \frac{Ni}{20} + \frac{Cr + Mo + V + Nb}{5} + 5B\right) \tag{3-21}$$

式中　$A(C)$——碳的适应系数，即

$$A(C) = 0.75 + 0.25\tan h[20(C - 0.12)] \tag{3-22}$$

式中　tan h——双曲线正切函数。

$A(C)$与钢中 w_C 的关系见表 3-12。

表 3-12　$A(C)$与钢中碳含量的关系

$w_C(\%)$	0	0.08	0.12	0.16	0.20	0.26
$A(C)$	0.500	0.584	0.754	0.916	0.980	0.998

⊖ 公式中的元素符号均表示该元素的质量分数（下同）。

分析表明，当钢中 $w_C \geqslant 0.18\%$，CEN 近似于 $CE_{(IIW)}$；而 $w_C \leqslant 0.17\%$ 时，CEN 则近似于 P_{cm}，它们之间有如下的关系

$$CEN = C + A(C)[CE_{(IIW)} - C + 0.012] \tag{3-23}$$

$$CEN = C + A(C)[3P_{cm} - 3C - 0.003] \tag{3-24}$$

综上所述，CEN 无论是应用范围，还是评定淬硬倾向的精度，都比 $CE_{(IIW)}$ 和 $C_{eq(WES)}$ 更为优越。

应当指出，世界各国根据具体情况建立的碳当量公式对于解决本国的工程实际问题起到了良好的作用。由于篇幅所限，这里不能详细介绍，仅把常用的碳当量公式列于表3-13。

表3-13　常用的碳当量公式

	C	Si	Mn	Cu	Ni	Cr	Mo	Nb	V	B	相关系数 R（%）
$CE_{(IIW)}$	1	—	1/6	1/15	1/15	1/5	1/5	—	1/5	—	78.1
P_{cm}	1	1/30	1/20	1/20	1/60	1/20	1/15	—	1/10	5	84.9
$C_{eq(WES)}$	1	1/24	1/6	—	1/40	1/5	1/4	—	1/14	—	77.2
$D_{2、6(Dueren)}$	1	1/25	1/16	1/16	1/60	1/20	1/40	—	1/15	—	84.0
CES（Stout）	1	—	1/6	1/40	1/20	1/10	1/10	—	—	—	86.6
CEN（NSC）	1	1/24①	1/6①	1/15①	1/20①	1/5①	1/5①	1/5①	1/5①	5①	91.1

①　乘以 $A(C)$。

近年来随着钢铁冶炼技术水平的提高，研制出许多新的适合于焊接的低合金高强钢，如CF钢、细晶粒钢、TMCP控轧钢和管线钢等，大大提高了这些钢的焊接性。

对于评定这些低碳微合金化（Mo、V、Ti、Nb、B等）的控轧钢和细晶粒钢的淬硬程度，必须考虑某些微合金元素的有效含量。为此，伊藤等对 P_{cm} 又进行了若干改进，提出新的碳当量公式

$$P'_{cm} = C + \frac{Si}{30} + \frac{Mn}{20} + \frac{Cu}{20} + \frac{Ni}{60} + \frac{Cr}{20} + \frac{Mo}{5} + \frac{V}{10} + 23B^* \tag{3-25}$$

式中　B^*——硼的有效质量分数(%)。

$$B^* = B(总量) - \frac{10.8}{14.1}\left\{N(总量) - \frac{Ti}{3.4}\right\} \tag{3-26}$$

当 $N \leqslant Ti/3.4$ 时，$B^* = B(总量)$

Nb在微合金钢中的应用日益广泛，在合适范围内，它既可提高钢的强度，又可改善钢的韧性。一般钢中Nb的质量分数为0.04%以下时，对淬硬倾向无任何影响，故在 P_{cm} 中没有考虑。当钢中Nb的质量分数 >0.04% 时，随含Nb量的增加，淬硬性也随之增加，故应考虑 P_{cm} 的新表达式

$$P''_{cm} = C + \frac{Si}{30} + \frac{Mn + Cu + Cr}{20} + \frac{Ni}{60} + \frac{Mo}{15} + \frac{V}{3} + \frac{Nb}{2} + 5B \tag{3-27}$$

总之，随着钢铁冶炼技术的不断进步，钢的性能也在不断提高，相应的碳当量公式（CE、C_{eq}、CEN、P_{cm}、P'_{cm}、P''_{cm} 等）也将不断地完善。

（2）碳当量及冷却时间 $t_{8/5}$ 与HAZ最高硬度 H_{max} 的关系　一般低合金钢焊接HAZ的最高硬度 H_{max} 与碳当量的关系是随钢种碳当量（P_{cm}、$CE_{(IIW)}$）的增加，最高硬度也随之增加，即淬硬倾向增加。经过对所测数据进行回归分析可得如下关系式

$$H_{max} = 1274P_{cm} + 45 \tag{3-28}$$

$$H_{max} = 559CE_{(IIW)} + 100 \tag{3-29}$$

焊接HAZ的硬度是反映钢材焊接性的重要指标之一，比碳当量更为准确。因此，日本焊接协会制定了参考性的标准，规定了不同强度级别低合金高强钢的最大允许硬度H_{max}，见表3-14。由表3-14可见，强度级别越高的钢种，相应的最大允许硬度H_{max}也越高。

表3-14 不同强度级别钢允许的最大硬度H_{max}

钢种	相当国产钢	σ_s /MPa	σ_b /MPa	H_{max} (HV)		P_{cm}		$CE_{(IIW)}$	
				非调质	调质	非调质	调质	非调质	调质
HW36	Q345 (16Mn)	353	520~637	390		0.2485		0.4150	
HW40	Q390 (15MnV)	392	559~676	400		0.2413		0.3993	
HW45	Q420 (15MnVN)	441	588~706	410	380 (正火)	0.3091		0.4943	
HW50	14MnMoV	490	608~725	420	390 (正火)	0.285		0.5117	
HW56	18MnMoNb	549	668~804		420 (正火)	0.3356		0.5782	
HW63	12Ni3CrMoV	617	706~843		435		0.2787		0.6693
HW70	14MnMoNbB	686	784~931		450		0.2658		0.4593
HW80	14Ni2CrMoMnVCuB	784	862~1030		470		0.3346		0.6794
HW90	14Ni2CrMoMnVCuN	882	961~1127		480		0.3246		0.6794

注：$CE_{(IIW)}$、P_{cm}见式（3-17）和式（3-19）。

2. 焊接热影响区脆化

随着锅炉、压力容器向大型化、高参数（高温、高压或低温）方向的发展，防止热影响区发生脆性破坏已成为一个非常重要的课题。为了保证焊接结构安全运行的可靠性，必须防止焊接热影响区的脆化。因此，提高热影响区的韧性是极为重要的。

许多材料的缺口韧性和温度的关系非常密切，所以可用温度指标评价材料的缺口韧性，即由韧性断裂变为脆性断裂的转变温度进行评价。例如静弯试验、冲击试验、落锤试验等许多试验方法都能确定韧性—脆性转变温度T_{rs}。应当说明，对于一种材料用不同方法得到的转变温度特性并不相同，即使是同一试验方法但试样形式不同（如缺口形状和尺寸不同），其结果也不相同。因此，不同的试验方法、不同的评价标准可以得到不同的韧性—脆性转变温度T_{rs}。如通过冲击试验，根据断口标准确定的韧性—脆性转变温度T_{rs}是指断口形貌中延性断口或脆性断口各占50%的温度。由于热影响区各区段所经历的热作用不同，组织性能各异，因而各区段的韧性也不相同。如果用韧性—脆性转变温度（T_{rs}）作为判据，则碳锰钢热影响区不同部位T_{rs}的变化如图3-58所示。可以看出，从焊缝到热影响区，韧脆转变

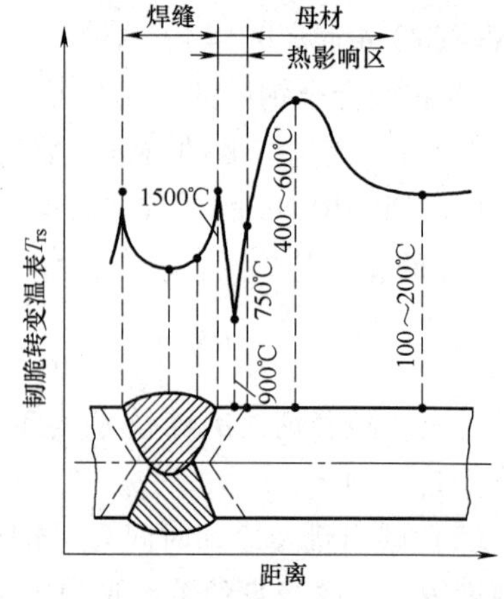

图3-58 碳锰钢热影响区的脆化分布

温度有两个峰值：一个是过热区，另一个是 Ac_1 以下的时效脆化区（约400~600℃），而在900℃附近的细晶区具有最低的 T_{rs}，说明这个部位的韧性高，抗脆化的能力强。

热影响区的脆化有多种类型，如粗晶脆化、淬硬脆化、析出相脆化、M-A组元脆化、热应变时效脆化等。

3. 焊接热影响区的韧化

针对热影响区产生脆化的原因，热影响区的韧化措施主要有以下两方面：

（1）控制母材的成分和组织　对于低合金高强度钢，采用低碳多种微量元素（如Ti、Nb、Al、稀土元素等）合金化并严格控制杂质（如S、P、O等）含量，在提高强度的同时，可使韧性得到改善。在焊接的冷却条件下，使热影响区获得低碳马氏体、下贝氏体和针状铁素体等韧性较好的组织，从而可避免或降低热影响区的脆化程度。

（2）采用合适的焊接工艺

1）确定最佳的 $t_{8/5}$ 范围。$t_{8/5}$ 的大小将最终决定热影响区的组织和性能。研究表明，不同强度级别的钢（HT50~HT100），其热影响区韧脆转变温度 T_{rs} 与 $t_{8/5}$ 和热输入的关系是，强度级别越高的钢，其 T_{rs} 随 $t_{8/5}$ 的变化越显著，只有超低碳的HT60钢对 $t_{8/5}$ 的变化不敏感，而且每种钢所适宜的最佳 $t_{8/5}$ 是不同的。强度级别越高的钢种，合适的 $t_{8/5}$（或 E）越大。最佳韧性对应的 $t_{8/5}$，刚好对应于马氏体+下贝氏体组织。当 $t_{8/5}$ 比较小时，得到100%马氏体，且来不及进行自回火，即便是低碳马氏体，其韧性也并非最佳。$t_{8/5}$ 大时，除了因奥氏体晶粒长大引起的脆化，还可能出现上贝氏体和M-A组元而引起脆化。实践证明，最佳韧性对应的组织为马氏体+10%~30%下贝氏体。

2）采用多层多道焊。单道焊时，热影响区仅经受一次热循环。但在多层多道焊时，后续焊道对前层焊道的热影响区有正火或高温回火作用，从而使组织性能得到改善。对于表面焊道的热影响区，最好采用附加“回火焊道”，如TIG重熔焊道的方法，改善其韧性。

3）采用焊后热处理。为了改善焊接热影响区的韧性，采用焊后调质或正火处理是有益的，但这在工程上不易实现，而且还会提高工艺成本。实际上，只有要求消除焊接残余应力的结构，焊后才进行去应力退火处理，或称消除应力热处理。焊后高温回火对消除淬硬脆化和M-A组元引起的脆化是有利的。但对于有回火脆性和再热裂纹倾向的钢种，回火时应避开对回火脆性和再热裂纹敏感的温度区间，否则，不仅不能改善韧性，反而会使脆性加剧，甚至产生再热裂纹等缺陷。

4. 焊接热影响区的软化

对于焊前经冷作硬化或热处理强化的金属或合金，焊后在热影响区总要发生软化或失强现象，最典型的情况就是调质高强度钢的回火软化和沉淀强化合金（如硬铝）的过时效软化。这种软化现象的发生会降低焊接接头的承载能力。对于重要的焊接结构，必须经过焊后强化处理才能满足要求。

复习思考题

1. 焊接熔池凝固与一般铸锭凝固有何不同的特点？
2. 试述熔池的结晶线速度与焊接速度的关系。
3. 分析焊缝和熔合区的化学不均匀性以及这些不均匀性的形成原因。
4. 试述氢气孔和CO气孔的形成原因、特征及如何防止。

5. 分析夹杂物对焊缝金属性能的影响。

6. 分析微量元素（Mo、Nb、Ti、B、V、Ni 等）对焊缝性能的影响。

7. 设在厚大焊件上进行快速堆焊，工艺参数为 $q=4\text{kJ/s}$，$v=1\text{cm/s}$，求在 $z=0$ 的平面上，$y=0.2\text{cm}$ 处晶粒长大的平均线速度（已知 $\lambda=0.42\text{J/(cm}\cdot\text{s}\cdot℃)$，$a=0.1\text{cm}^2/\text{s}$，$T_M=1500℃$）。

8. 分析有效热功率 q、焊接速度 v 和热导率 λ 对晶粒成长平均线速度的方向和数值的影响，如何利用所得规律来调整焊缝的结晶？

9. 如气泡半径 r、气体与液体之间的相界张力为 σ，求证所产生的附加力 $p_c=2\sigma/r$。

10. 如熔池金属处于 1500℃时，气泡内气体与液态金属之间的相界张力 $\sigma=1350\times10^{-5}\text{N/cm}^2$，气泡半径 $r=5\times10^{-5}\text{cm}$，求此时的附加压力 p_c，并对计算结果进行分析。

11. 用 H08A 焊丝和 HJ431 焊剂埋弧焊焊接沸腾钢时，虽经仔细除锈但还经常出现气孔，试分析其原因，并提出防止措施。

12. 某厂焊接带锈低碳钢板，采用“J423”焊条时一般不出气孔，但采用 E4315 焊条时总是出现气孔，试分析其原因。

13. 某厂用 E5015 焊条焊接时，在引弧和弧坑处产生气孔，分析其原因，并提出解决的办法。

14. 如 Q345（16Mn）母材中含有较高的 S、P，应如何保证焊缝金属的韧性？

15. 焊接条件下母材受热发生组织转变的特点是什么？

16. 试述焊接热影响区的组织分布。

第4章

焊 接 裂 纹

4

4.1 概述

近年来，各种大容量、高参数（高温、高压等）的成套设备不断出现，各种低合金高强度钢、特殊用钢（低温、耐热、耐蚀、抗氢等钢种）以及某些高合金钢得到了广泛的应用。焊接裂纹是在生产中经常遇到的一种危害严重的焊接缺陷，直接影响产品质量，甚至造成灾难性事故。

4.1.1 焊接裂纹的危害

焊接裂纹不仅直接降低了焊接接头的有效承载面积，而且还会在裂纹尖端形成严重的应力集中，使裂纹尖端的局部应力大大超过焊接接头的平均应力，这样既降低了结构的疲劳强度，又容易引发结构的脆性破坏。焊接裂纹的出现，破坏了材料表面的整体性能，往往会造成或加速结构的腐蚀，减少结构的使用寿命。

焊接裂纹不仅给生产带来许多困难，而且可能带来灾难性的事故。据统计，焊接结构所出现的各种事故中，除少数是由于设计不合理、选材不当和操作上的问题之外，绝大多数是由裂纹引起的脆性破坏。

焊接结构产生裂纹轻者需要返修，浪费人力、物力和时间；重者造成焊接结构报废，无法修补；更严重者造成事故，人员伤亡。从焊接工艺应用的早期到现代，国内外屡屡发生由焊接裂纹引起的重大事故。

压力容器是现代社会极为重要的特种设备，当其发生断裂事故时，特别是在高温、高交变热应力及在腐蚀环境下运行的压力容器，一旦发生断裂，就会给社会造成重大损失。尤其是随着我国油气管道建设水平的提高，长输管线正向着高钢级、大壁厚、大直径方向发展，而焊接裂纹是高钢级、大壁厚钢管焊接生产中的一个重要问题。焊接裂纹会给油气输送管线的安全运行带来隐患，甚至造成灾难性的事故。例如 1960 年美国 Trans-Western 公司一条直径为 762mm 的 X56 钢输气管线发生脆性破裂，破裂长度达 13km。

总之，焊接结构中裂纹问题危害甚大，为了提高焊接的工艺质量和焊件的使用寿命，防止焊接裂纹成为焊接技术中急需解决的首要问题。

4.1.2 焊接裂纹的产生

形成焊接裂纹的条件是在焊接过程中焊接接头局部区域强度降低，使得该区强度小于该区域承受的焊接应力，造成断裂开裂。可以通过提高焊接接头的强度和韧性，降低焊接接头的应力，防止焊接裂纹的产生。焊接裂纹的形成受多种相关因素影响，这些因素大体可归结为两大类，即冶金因素和力学因素。

1. 冶金因素

焊接是一系列不平衡的工艺过程的综合，在快速冶金和凝固的条件下，必然产生不同程度的物理和化学状态的不均匀性。

1）焊接冶金过程带来的夹渣与夹杂，以及氮、氢、氧等气体元素含量处于过饱和状态。

2）在热影响区金属中，快速加热与冷却使金属中的晶格缺陷增加，组织不均匀性增加。

3）在焊缝金属中，由于结晶偏析使化学成分分布不均匀。其中，当低熔点共晶的组成元素如 S、P、Si 等发生偏聚富集时，将对焊接裂纹的形成起重要的作用。

4）合金元素引起的急冷硬化、回火脆化、时效硬化、加工硬化等，使金属发生了不利于提高抗裂纹发生与扩展能力的组织转变。

2. 力学因素

内在的热应力、组织应力与外加的拘束应力，以及应力集中相叠加，构成了焊接接头金属开裂必不可少的力学条件。

1）在焊接过程中，由于不平衡的快速加热与快速冷却，焊接接头金属承受了热循环的作用；在接头的不同区域，加热的峰值温度不同，冷却速度也不同，产生了不均匀的组织区域，这样在焊接接头中就产生了热应力和组织应力。

2）冶金过程中带来夹渣与夹杂，以及咬边、未焊透等缺陷，导致焊接接头存在应力集中。

3）焊接过程中，焊件的拘束应力。

4）使用过程中，外加载荷的力作用。

所有这些，使整个焊接接头金属处于复杂的应力应变状态。

需要强调的是导致焊接接头出现裂纹的冶金因素和力学因素，二者之间并非毫无关联，它们之间也存在着某些内在的联系。如金属的热塑性变化特性、热膨胀性以及组织转变特性等构成的冶金因素，在很大程度上对焊接接头金属所处的应力－应变状态起着重要作用。又如当焊缝金属在冶金过程中产生了空位、夹杂以及低熔点共晶时，此处就容易引起应力集中，导致固相金属撕裂，形成裂纹源。

焊接裂纹的产生是焊接过程中许多因素相互作用的结果。既然焊接裂纹的产生与焊接过程的冶金因素与力学因素有关，那么，裂纹的形态与裂纹的产生条件，必然有某种本质上的联系。也就是说，裂纹的形态，在某种程度上是导致裂纹产生的本质因素的具体表现。因此，可以通过分析裂纹形态、产生机制和影响因素，提出预防焊接裂纹的具体措施。

4.1.3 焊接裂纹的分类

焊接裂纹不仅发生于焊接过程中，有的还有一定潜伏期即延迟性，有的则产生于焊后的再次加热过程中。在焊接生产中，由于钢材和结构的类型不同，所遇到的裂纹是多种多样的，裂纹的形态和分布特征是很复杂的。焊接裂纹的宏观形态及其分布如图 4-1 所示。

焊接裂纹根据其部位、尺寸、形成原因和机理的不同，可以有不同的分类方法。

按裂纹方向可分为纵向裂纹、横向裂纹、辐射状（星形）裂纹。按裂纹发生的部位可分为根部裂纹、弧坑裂纹、熔合区裂纹、焊趾裂纹及热影响区裂纹。以等强温度为准可将裂纹划分为等强温度以上的高温裂纹系列、等强温度以下的低温裂纹系列，所谓等强温度是指晶粒与晶界两者强度相等时的温度，如图 4-2 所示。晶界金属的强度对温度的敏感性大，这是因为金属的晶界在高温下具有粘滞性，晶界区域的金属具有最大的点阵不完整性；而晶内金属由于点阵较为完整，所以其强度对温度敏感性小。两大焊接裂纹系列具有各自的共性特征。高温裂纹系列的共性是具有沿晶开裂、断口表面具有氧化色彩的特征。而低温裂纹系列，裂纹的共性是一般具有穿晶的，或沿晶与穿晶的混合断裂形态。

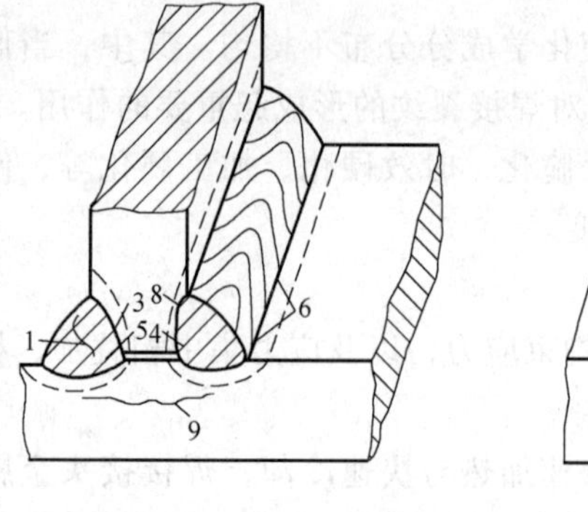

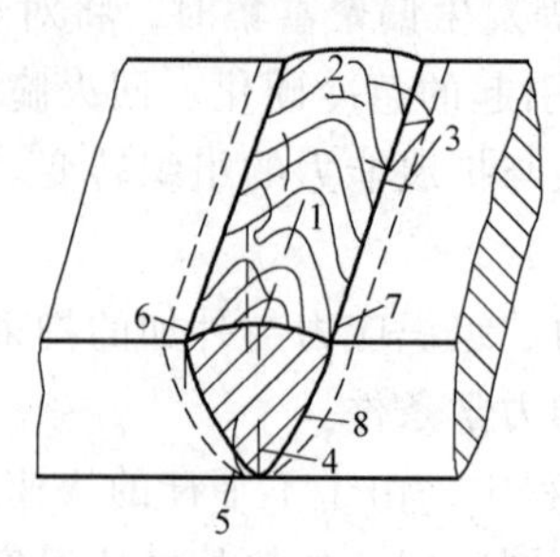

图 4-1 焊接裂纹的宏观形态及其分布

1—焊缝中纵向裂纹 2—焊缝中横向裂纹 3—熔合区裂纹 4—焊缝根部裂纹 5—HAZ 根部裂纹 6—焊趾纵向裂纹（延迟裂纹） 7—焊趾纵向裂纹（液化裂纹、再热裂纹） 8—焊道下裂纹（延迟裂纹、液化裂纹、多边化裂纹） 9—层状撕裂

按裂纹形成的条件和本质，大体可分为以下五大类。

1. 热裂纹

热裂纹是在固相线附近的高温下产生的（等强温度以上），故又称为高温裂纹。它的特征是沿原奥氏体晶界开裂。根据热裂纹的形态、温度区间和主要原因，又将热裂纹分为结晶裂纹、液化裂纹和多边化裂纹三类。

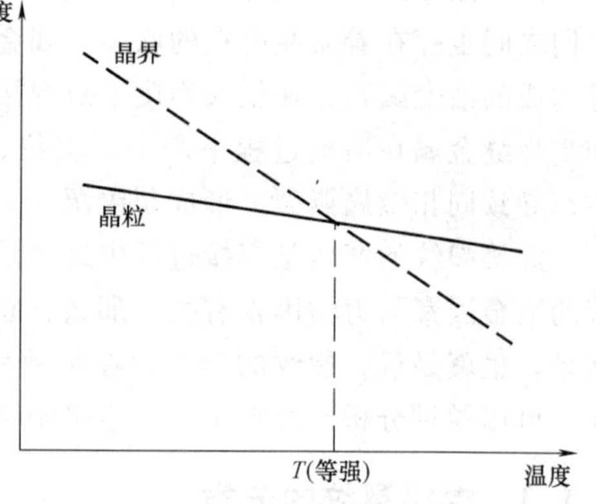

图 4-2 等强温度示意图

（1）结晶裂纹 焊缝结晶过程中，在固相线温度以上稍高的温度（固液状态），由于低熔点共晶形成的液态薄膜削弱了晶粒间的连结，在拉伸应力的作用下发生沿晶开裂，故称结晶裂纹。裂纹沿焊缝的轴向成纵向分布（连续或断续），也可看到焊缝横向裂纹，裂口均有较明显的氧化色，表面无光泽。

结晶裂纹主要产生在含杂质较多的碳钢、低中合金钢、单相奥氏体钢、镍基合金及某些铝合金的焊缝中。

（2）液化裂纹 在焊接热循环峰值温度的作用下，在热影响区或多层焊的层间部位，被焊金属由于含有较多的低熔点共晶而被重新熔化，在拉伸应力的作用下沿奥氏体晶界发生开裂。液化裂纹主要发生在含 S、P、C 较多的镍铬高强度钢、奥氏体钢以及某些镍基合金的热影响区或多层焊层间部位。

（3）多边化裂纹 焊接时焊缝或热影响区在固相线稍下的高温区间，在高温和应力作用下，晶格缺陷发生移动和聚集，形成二次边界，即所谓“多边化边界”。因边界上堆积了大量的晶格缺陷，所以它的组织性能脆弱，在高温下处于低塑性状态，在拉伸应力作用下，就会沿多边化的边界开裂，产生所谓“多边化裂纹”。

多边化裂纹多发生在纯金属或单相奥氏体合金的焊缝中或热影响区内。

2. 冷裂纹

冷裂纹是焊接生产中较为普遍的一种裂纹，它是焊后冷至 *Ms* 点温度下产生的，又称低温裂纹。它的特征是穿晶（晶内）断裂或沿晶和穿晶混合断裂。根据被焊钢种和结构的不同，冷裂纹也有不同的类别，大致可分以下三类。

（1）延迟裂纹　这种裂纹是冷裂纹中的一种主要形态，它的主要特点是在焊后不会立即出现，而是有一定孕育期，具有延迟现象，故称为延迟裂纹。这种裂纹的产生主要取决于钢种的淬硬倾向、焊接接头的应力状态和熔敷金属中的扩散氢含量。

延迟裂纹主要发生在低合金钢、中合金钢、中碳和高碳钢的焊接热影响区。个别情况下，如焊接超高强度钢或某些钛合金时，也会出现在焊缝金属上。

（2）淬硬脆化裂纹（或称淬火裂纹）　一些淬硬倾向很大的钢种，即使没有氢的诱发，仅在拘束应力的作用下也能导致开裂。这种裂纹基本上没有延迟现象，焊后可以立即发现，一般认为，这种裂纹与氢的关系不大。

淬硬脆化裂纹主要发生在含碳较高的 Ni-Cr-Mo 钢、马氏体不锈钢、工具钢以及异种钢等的热影响区，有时也出现在焊缝上。

（3）低塑性脆化裂纹　在较低的温度下，由于被焊材料收缩应变超过了材料本身的塑性储备或材质变脆而产生的裂纹，称为低塑性脆化裂纹。这种裂纹也是在较低的温度下产生的，属于冷裂纹，但无延迟现象。

3. 再热裂纹

厚板焊接结构在消除应力处理（或高温使用）的过程中，在热影响区的粗晶区析出沉淀硬化相（Mo、V、Cr、Nb、Ti 的碳化物），并存在较大残余应力和不同程度的应力集中时，由于应力松弛所产生的附加变形大于该部位的蠕变塑性，则发生再热裂纹，又称为消除应力处理裂纹。这种裂纹的特征是沿晶开裂。

再热裂纹产生于含有沉淀强化元素的高强钢、奥氏体钢、镍基合金等的热影响区粗晶区。

4. 层状撕裂

层状撕裂主要是由于钢板内部存在有分层（沿轧制方向）的夹杂物（特别是硫化物、氧化物夹杂），在焊接时产生垂直于轧制方向的应力，致使在热影响区或稍远的地方产生“台阶”状层状开裂，并可穿晶扩展。层状撕裂属于低温开裂，一般低合金钢撕裂的温度不超过400℃，但它的特征与冷裂纹截然不同。

层状撕裂易发生在含有分层性杂质的低合金高强度钢，厚壁结构的T形接头、十字接头和角接头的热影响区附近。

5. 应力腐蚀裂纹

焊接构件，如容器、管道等在腐蚀介质和拉伸应力的共同作用下（包括工作应力和残余应力），产生一种延迟破坏的现象，称为应力腐蚀裂纹。应力腐蚀裂纹的形态如同枯干的树枝，从表面向深处发展。一般情况下，常见于低碳钢、低合金钢、不锈钢、铝合金、α 黄铜和镍基合金等材料中。这种裂纹大多属于沿晶断裂性质，少数也有穿晶断裂。从断口来看，为典型的脆性断口。

4.2 焊接热裂纹

结晶裂纹是热裂纹中的一种最普遍的形态，也是焊接生产中经常遇到的一种缺陷。通常所说的焊接热裂纹就是指结晶裂纹。

4.2.1 热裂纹的形成机理

结晶裂纹是在焊缝结晶过程中固相线以上稍高的温度产生的。在显微镜下观察时发现它具有沿晶间破坏的性质。由于结晶裂纹是在高温下形成的，所以在裂口断面上总是具有明显的氧化色彩且失去了金属光泽。结晶裂纹是沿焊缝树枝结晶交界处发生和发展的，最常见的是沿焊缝中心长度方向开裂（即纵向裂纹）及弧坑裂纹，也有横向和斜向的。微观上结晶裂纹是沿晶间产生的。

1. 结晶裂纹的形成

结晶裂纹都产生于树枝状晶粒的交界处，这说明在焊缝结晶过程中晶界是个薄弱地带。从金属结晶学理论可以知道，先结晶的金属较纯，后结晶的金属杂质较多且富集在晶界上。一般来讲，这些杂质所形成的共晶都具有较低的熔点，例如，当碳钢或低合金钢的焊缝含硫量偏高时，能形成 FeS，FeS 与 Fe 能形成熔点只有 988℃的低熔点共晶。在焊缝凝固过程中，这些低熔点共晶被排挤在晶界形成一种所谓的“液态薄膜”。此时，在焊缝凝固过程中由于收缩使焊缝受到了拉应力，这时焊缝中的液态薄膜就成了薄弱地带。在拉应力作用下就有可能在这个薄弱地带开裂而形成结晶裂纹。因此，液态薄膜是产生结晶裂纹的根本原因，而拉应力是产生结晶裂纹的必要条件。

图 4-3 是在收缩应力作用下，在柱状晶界上和在焊缝中心处两侧柱状晶汇合面上形成结晶裂纹的示意图。

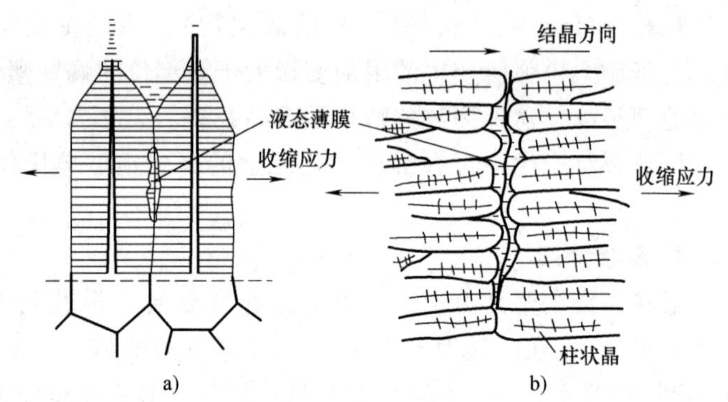

图 4-3 收缩应力作用下结晶裂纹形成示意图
a）柱状晶界形成裂纹 b）焊缝中心线上形成裂纹

根据金属断裂理论，在高温阶段当晶间延性或塑性变形能力 δ_{min} 不足以承受当时发生的应变 ε 时，即发生高温沿晶断裂。因此，热裂纹是由金属的低塑性或脆化（内因）和拉应力（外因）共同作用下产生的。材料在凝固过程中如果不能允许自由收缩，就必然会导致内部的拉伸变形。拉伸变形在结构件焊接过程中是很难避免的。

这种裂纹是在焊缝结晶过程中产生的。但是在整个结晶过程中究竟是在什么阶段产生裂纹的倾向最大，需要进一步讨论。现以低碳钢的焊接为例，可把熔池的结晶分为以下三个阶段：

（1）液固阶段 如图 4-4 所示，熔池开始结晶时液相多固相少，相邻的晶粒之间没有直接接触，液态金属在晶粒之间可以自由流动。此时没有拉应力存在，由于固相少，拉应力所拉开的缝隙能及时地被流动着的液体金属所填满，故液固阶段的金属具有很高的“塑性”，是不会产生裂纹的。

（2）固液阶段　结晶过程继续进行，晶粒增多并长大。当冷却到某一阶段时，晶粒彼此接触且不断拥挤在一起，这时液态金属的流动就会发生困难，只有少量液态金属（即低熔点共晶形成的液态薄膜）被夹在晶粒之间，进入了所谓的固液阶段。此时由于液态金属少，在拉应力作用下产生的微小缝隙无法重新填满，便形成了结晶裂纹，因此固液阶段的金属塑性极低，稍有拉应力就有产生裂纹的可能。这个最容易产生结晶裂纹的阶段可称为“脆性温度区”，即图4-4中 $a \sim b$ 之间的温度范围 T_B。

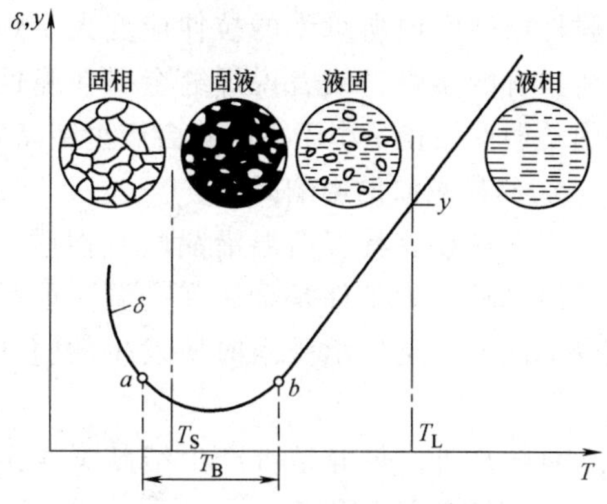

图4-4　熔池结晶阶段及脆性温度区

δ—塑性　γ—流动性　T_B—脆性温度区

（3）完全凝固阶段　当温度降到 a 点以下时，晶粒间的少量液态金属已完全凝固，成为整体的固态金属。在拉应力作用下变形不再集中于晶粒边界，而在焊缝整体上均匀分布，因而表现出的塑性较好，不易产生结晶裂纹。

图4-5为Al-Mn合金在固相线附近的塑性变形实测结果，可以看到明显的脆性温度区。当金属全部凝固后，它的变形能力又得到迅速提高，很难发生裂纹。

综上所述，当温度高于或低于 T_B 脆性温度区时，焊缝金属都有较大的抵抗结晶裂纹的能力，因此具有较小的裂纹倾向。

应指出，当低熔点共晶数量超过一定界限后，可自由流动于晶界，并填充有裂口的部位，起到“愈合”作用，反而不产生裂纹。如结晶裂纹倾向大的高强铝合金就是利用“愈合”来防止裂纹的产生。

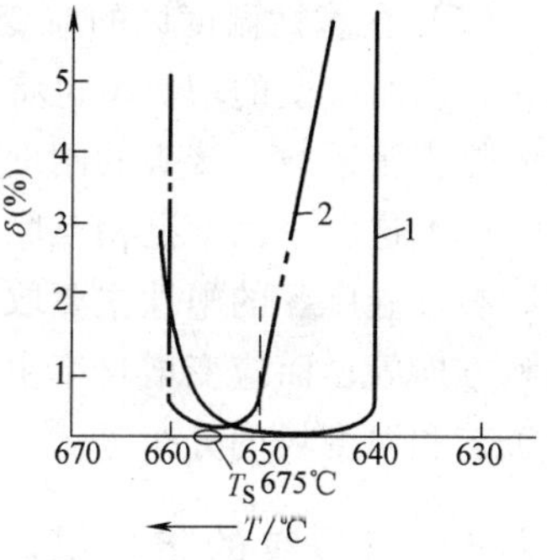

图4-5　Al-Mn合金的脆化温度区间

1—Al-1.5% Mn　2—Al-1.5% Mn-0.2% Fe

2. 结晶裂纹产生的条件

为了进一步明确产生结晶裂纹的条件，前苏联学者普洛霍洛夫从理论上提出了拉应力与脆性温度区内被焊金属塑性变形之间的关系。在脆性温度区材料的低塑性或脆化只是形成热裂纹的条件之一，是否产生裂纹，还须考虑产生裂纹的必要条件，即在脆性温度区间内的应变发展情况。图4-6可用来说明产生结晶裂纹的具体条件。图中脆性温度区的大小用 T_B 表示，金属在 T_B 区内所具有的塑性大小用 $\delta = \phi\ (T)$ 表示，在 T_B 区间内的应变量用 $\varepsilon = \delta\ (T)$ 表示，其应变增长率用 $\partial\varepsilon/\partial T$ 表示。

由图4-6可知，当应变增长率 $\partial\varepsilon/\partial T$ 为直线1时，$\varepsilon < \delta_{min}$，不会产生裂纹；当应变增长率 $\partial\varepsilon/\partial T$ 为直线3时，$\varepsilon > \delta_{min}$，则会产生裂纹；当应变增长率 $\partial\varepsilon/\partial T$ 为直线2时，$\varepsilon = \delta_{min}$，表示临界状态，此时的 $\partial\varepsilon/\partial T$ 称为“临界应变增长率”。

根据以上分析可知，产生结晶裂纹的主要因素有：脆性温度区 T_B 的大小、在脆性温度区内金属的最小塑性 δ_{min} 和在脆性温度区的应变速率 $\partial\varepsilon/\partial T$ 。

一般来说 T_B 越大，越容易产生裂纹；δ_{min} 越小，越容易产生裂纹；$\partial\varepsilon/\partial T$ 越大，越易产生裂

纹。

综上所述，产生结晶裂纹的条件是：焊缝在脆性温度区内所承受的拉伸应变大于焊缝金属所具有的塑性，或者说焊缝金属在脆性温度区内的塑性储备量小于零时就会产生结晶裂纹。

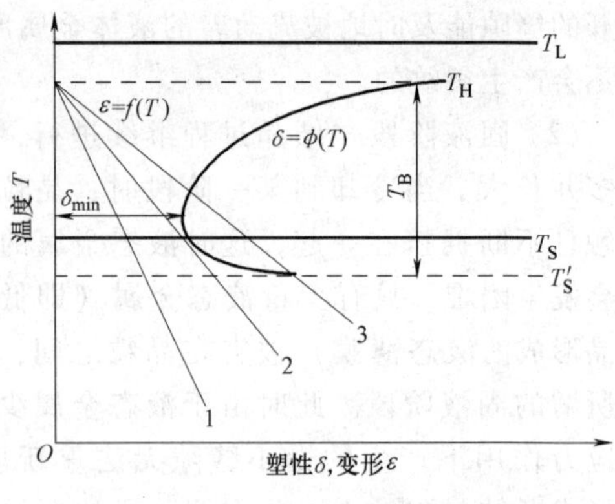

图 4-6 焊接时产生结晶裂纹的条件

T_L—液相线温度 T_S—固相线温度 T_H—固液阶段的开始温度 T'_S—固液阶段的结束温度

3. 结晶裂纹的影响因素

焊接热裂纹具有高温沿晶断裂性质。发生高温沿晶断裂的条件是金属在高温阶段晶间塑性变形能力不足以承受当时所发生的塑性应变量。

具体来讲，焊缝是否产生结晶裂纹主要取决于以下三个方面因素。

（1）脆性温度区 T_B 的大小　T_B 越大，由于焊缝收缩产生拉伸应力的作用时间也越长，产生的应变量也越大，故产生结晶裂纹的倾向也就越大。T_B 大小主要取决于焊缝的化学成分、低熔点共晶的性质及分布、晶粒大小和方向性等。

（2）在脆性温度区内金属的塑性　在 T_B 内，焊缝金属的塑性越小，就越容易产生结晶裂纹。塑性与焊缝的化学成分、偏析程度、晶粒大小及应变速率有关。

（3）在脆性温度区的应变增长率　在 T_B 内，随着温度的下降，由于收缩产生的拉应力增大，因而应变的增长率也将增大，就容易产生结晶裂纹。应变增长率的大小主要取决于金属的热膨胀系数、接头的刚度、焊缝的位置、热输入的大小以及温度场的分布等。

以上这三个因素是相互联系和相互影响的，但又相对独立。例如脆性温度区的大小和金属在脆性温度区的塑性主要取决于冶金因素，如化学成分、结晶条件、偏析程度、晶粒的大小和方向等；而应变增长率主要取决于力的因素，如被焊金属的热物理性质、焊件刚度、焊接工艺和温度场的分布等。

4.2.2 热裂纹的防止措施

根据结晶裂纹产生的原因分析，防止措施可从冶金和工艺两方面进行。

1. 冶金措施

金属的化学成分对结晶裂纹的产生具有决定性的影响。用冶金方法提高抗热裂性能就是通过调整焊缝的化学成分来控制液态薄膜或改善焊缝金属的组织状态，以便提高金属在脆性温度区的塑性。

（1）限制焊缝中有害杂质的含量　碳是影响热裂纹的主要元素，并能加剧其他元素的有害作用。由 $Fe\text{-}Fe_3C$ 相图可知，由于含碳量的增加，初生相可由 δ 相转为 γ 相，而硫、磷在 γ 相中溶解度比在 δ 相中低很多，硫仅为 1/3，磷约为 1/10。如果初生相或结晶终了前是 γ 相，硫和磷就会在晶界析出，使热裂纹倾向增大。硫、磷在各类钢中几乎都会增加热裂纹的倾向。在钢的各种元素中，硫和磷的偏析系数最大（见表 4-1），所以在钢中都极易引起结晶偏析。同时，硫和磷在钢中还能形成多种低熔点化合物或共晶。例如，化合物 FeS 和 Fe_3P 的熔点分别为 1190℃和 1166℃；它们与 Fe 形成的共晶 FeS-Fe（熔点 985℃）、$Fe_3P\text{-}Fe$

(1050℃) 等，它们在结晶期极易形成液态薄膜，故对结晶裂纹都很敏感。

表4-1 钢中各元素的偏析系数 K

元素	S	P	W	V	Si	Mo	Cr	Mn	Ni
偏析系数 K (%)	200	150	60	55	40	40	20	15	5

锰具有脱硫作用，能置换 FeS 为球状的高熔点的 MnS (1610℃)，因而能降低热裂倾向。为了防止硫引起的结晶裂纹，随着钢中含碳量的增加，则为了防止热裂纹的产生，w_{Mn}/w_S 的比值也应随之增加。例如 $w_C<0.1\%$ 时，$w_{Mn}/w_S \geqslant 22$；$w_C=0.11\% \sim 0.125\%$ 时，$w_{Mn}/w_S \geqslant 30$；$w_C=0.126\% \sim 0.155\%$ 时，$w_{Mn}/w_S \geqslant 59$；当 $w_C>0.16\%$ (包晶点) 时，磷的有害作用超过硫，这时再增加 w_{Mn}/w_S 比值对消除结晶裂纹的作用就不大了，而必须严格控制磷的原始含量。

焊接低碳钢、低合金钢及不锈钢时，碳、硫、磷是最有害的元素，它们使结晶温度区间大大增加，而增大 T_B，且在钢中都具有易偏析的特性，故结晶裂纹倾向显著增大。

因此，低碳钢和低合金钢中硫、磷的质量分数一般限制在 0.03% ~0.04% 以下，焊丝中碳的质量分数一般不得超过 0.12%。高合金钢中的硫、磷的质量分数必须限制在 0.03% 以下，焊丝中的含碳量限制更严格，有时甚至采用超低碳焊丝 ($w_C<0.03\%$)。除了严格限制母材中硫、磷含量外，重要的焊接结构应采用脱硫、磷能力强的碱性焊条或焊剂，以减少结晶裂纹的倾向。

碳、锰、硫在焊缝和母材中经常是同时存在的，它们在低碳钢焊缝中对产生结晶裂纹的共同影响如图 4-7 所示。在一定含碳量条件下，含硫量越高，热裂倾向越大；含锰量越高，热裂倾向越小。并且随含碳量的增加，硫的有害作用加剧。但一般结构钢焊缝中锰的质量分数不得大于 2%，否则反而使材料脆性增加而增大热裂倾向。

(2) 改善焊缝结晶形态　焊缝在结晶后，晶粒大小、形态和方向，以及析出的初生相等对抗裂性都有很大的影响。晶粒越粗大，柱状晶的方向越明显，则产生热裂纹的倾向就越大。为此，常在焊缝及母材中加入一些细化晶粒元素，如 Mo、V、Ti、Nb、Zr、Al、RE 等，一方面使晶粒细化，增加晶界面积，减少了杂质的集中程度，另一方面又打乱了柱状晶的结晶方向，破坏了液态薄膜的连续性，从而提高抗裂性能。

调整焊缝的一次组织及改变相的组成也能提高抗热裂性能。例如焊接单相铬镍奥氏体钢时，加入少量铁素体化元素，形成 $\gamma+\delta$ 双相组织 (δ 相数量一般控制在 5% 左右)，能够打乱枝晶方向，隔断液态薄膜，增强晶界的联系，防止结晶裂纹的产生 (图 4-8)。

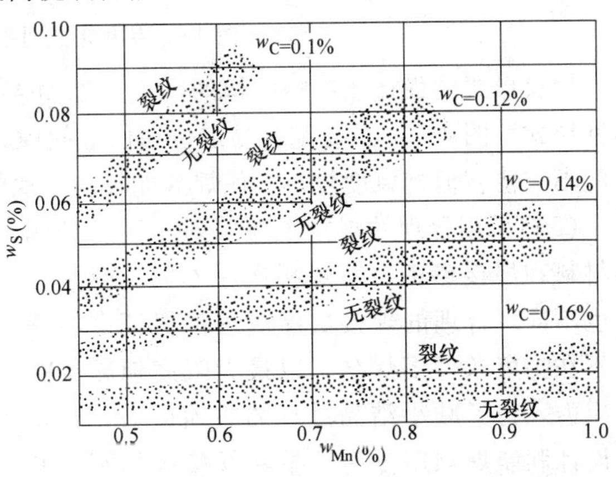

图 4-7　碳、锰、硫对产生结晶裂纹的影响

2. 工艺措施

焊接时影响热裂纹倾向的因素很多，如焊接工艺及参数、接头形式、焊接顺序、温度等。

(1) 焊接工艺及参数　焊接时控制

热输入可改善热循环及降低冷却速度，从而减小焊接应力。具体措施是焊前预热或采用大的焊接热输入。预热温度根据材料的化学成分和结构刚度大小而定。当结构刚度较大时，常用预热来降低冷却速度并改善结晶条件。结构刚度越大和钢中碳及其他合金元素含量越高时，要求的预热温度越高。但预热会恶化劳动条件，不要轻易采用。增加热输入虽能降低冷却速度，减小焊接应力，但容易使熔池及近缝区金属过热，发生晶粒长大和枝晶偏折（单相奥氏体钢更敏感），反而增加热裂倾向。因此要合理控制热输入并配合适当的预热，不预热时热输入不能太小，预热时注意热输入不能过大。

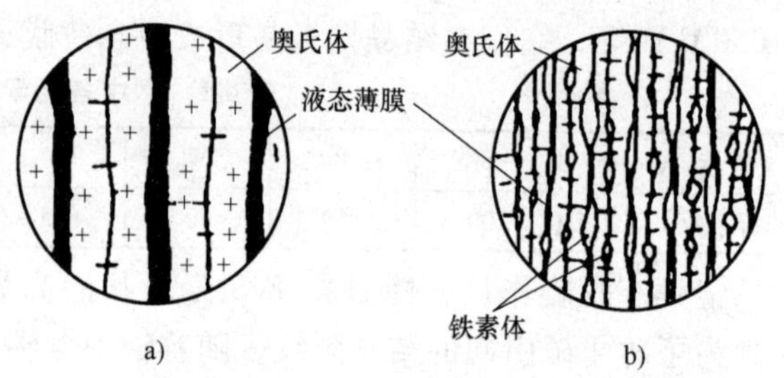

图 4-8　焊缝金属组织对结晶裂纹的影响

a）单相奥氏体　b）γ+δ 双相组织

采用合理工艺限制母材中的杂质进入焊缝。一般由于母材中的杂质比焊丝多，特别当母材成分不合格时，可通过降低熔合比来减少母材中的有害杂质进入焊缝的机会。降低熔合比的方法有：调整参数使熔深减小；加大坡口或在坡口表面堆焊隔离层等。

（2）接头形式　接头形式影响散热条件和结晶特点（图 4-9）。堆焊和熔深较浅的对接接头（图 4-9a、图 4-9b）因焊缝成形系数较大，低熔点共晶物的分布与焊接收缩方向一致，热裂倾向很小。熔深较大的对接接头和各种角焊缝（图 4-9c ~ f）由于焊缝成形系数的调节受限且散热不均匀，热裂倾向较大。

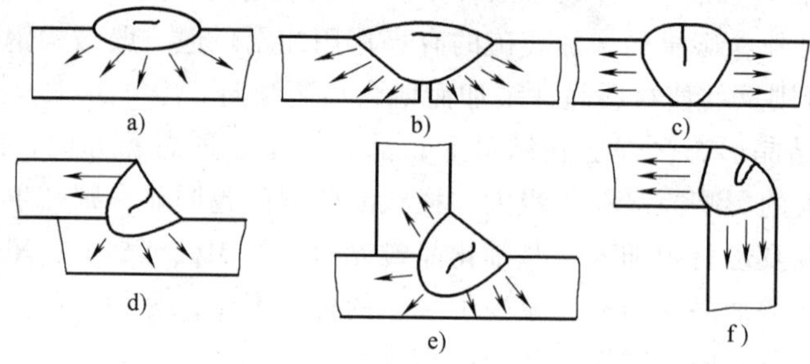

图 4-9　接头形式对裂纹倾向的影响

接头形式的设计还影响结构的刚度，如图 4-10 所示。容器的筒体和封头连接处可采用两种形式，图 4-10a 虽装配时易定位和保证间隙，但拘束度大，热裂倾向大；而图 4-10b 虽装配不方便，但拘束度较小，使焊缝能较自由地收缩，热裂倾向小。

（3）采用合理的焊接顺序　对于同样的焊接材料和焊接参数，若焊接次序不同，热裂倾向也不同。合理的焊接次序应尽量保证多数焊缝不在拘束条件下焊接，以最大限度地减少焊接应力。为了减小结晶过程的收缩应力，在接头设计和装焊顺序方面尽量降低接头的刚度和拘束度。例如，在设计上减小结构的板厚，合理地布置焊缝；在施工上合理安排构件的装配顺序和每道焊缝的焊接顺序，尽量避免每条焊

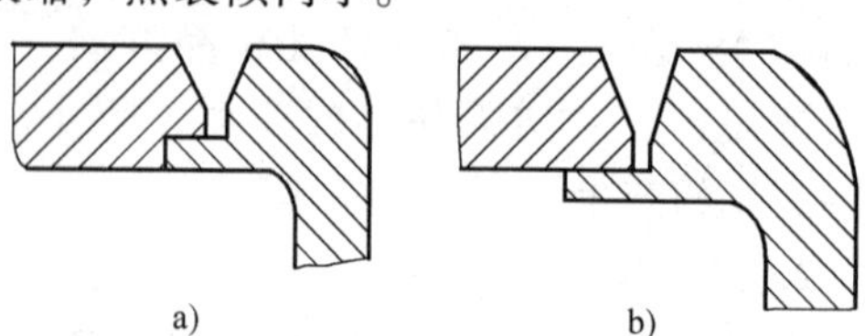

图 4-10　筒体与封头连接处两种接头形式

a）拘束度大　b）拘束度小

缝处在刚性拘束状态焊接，设法让每条焊缝有较大的收缩自由。图4-11为由三块平板用A、B两条对接焊缝拼接成一整板的例子。为了减少焊接应力，防止产生热裂纹，最好的装配焊接顺序应当是：先板1与板2装配，先焊接A缝，然后再装配板3，焊B缝，这样焊接使三块板不受拘束。最不理想的装配焊接顺序是：先把三块板装配好，并定位焊，先焊B缝，后焊A缝，这种焊接顺序，先焊的B缝已把三块板牢牢地固定了，待焊A缝时，A缝的横向收缩就不自由，在A缝终端会产生很大的拘束应力而极易出现纵向结晶裂纹。

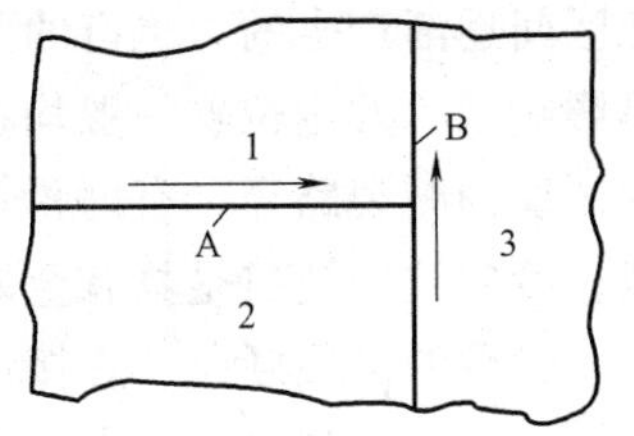

图4-11 具有交叉焊缝的平板拼接（箭头表示焊接方向）

4.3 焊接冷裂纹

冷裂纹是焊接生产中较为普遍的一种裂纹，它是焊后冷至较低温度下产生的。对于低合金高强度钢焊接冷裂纹来讲，通常在*Ms*点附近，是由于拘束应力、淬硬组织和氢的共同作用而产生的。冷裂纹主要发生在低合金钢、中合金钢、中碳和高碳钢的焊接热影响区。个别情况下，焊接超高强度钢或某些钛合金时，冷裂纹也会产生在焊缝金属中。

根据被焊钢种和结构的不同，冷裂纹可分为以下三类：氢致裂纹（延迟裂纹）、淬硬脆化裂纹和低塑性脆化裂纹。

氢致裂纹是冷裂纹中的一种普遍形态，它的主要特点是在焊后不会立即出现，而是有一段孕育期，具有延迟现象，故又称延迟裂纹。产生这种裂纹主要有三大影响因素：钢种的淬硬倾向、焊接接头的应力状态和熔敷金属中的扩散氢含量。

淬硬脆化裂纹主要出现在一些淬硬倾向很大的钢种，焊接时即使没有氢的诱发，仅在拘束应力的作用下，也能导致开裂。含碳较高的Ni-Cr-Mo钢、马氏体不锈钢、工具钢以及异种钢等在焊接时有可能出现这种裂纹。它完全是由冷却时马氏体相变而产生的脆性造成的，一般认为，与氢的关系不大。这种裂纹基本没有延迟现象，焊后立即出现，有时在焊接热影响区，有时在焊缝。产生这种裂纹主要有两大影响因素，一是钢种的淬硬倾向，二是焊接接头的应力状态。一般来说，采用较高的预热温度和使用高韧性的焊条，基本上可以防止这种裂纹的产生。

低塑性脆化裂纹是铸铁、硬质合金等材料焊接并冷至低温时，由于其塑性很低，收缩力引起的应变超过了材质本身所具有的塑性储备而产生的裂纹。例如铸铁补焊、堆焊硬质合金和高铬合金焊接时，就会出现这种裂纹。由于是在较低的温度下产生的，所以也属于冷裂纹的另一种形态，但无延迟现象。产生这种裂纹主要受焊接接头应力状态的影响。

铸铁焊接产生低塑性脆化裂纹，从出现位置来看，焊缝及热影响区均有较大的冷裂纹敏感性。铸铁型同质焊缝较长或焊补部位刚度较大时，即使焊缝没有白口或马氏体组织，也可能产生冷裂纹。经测定，出现裂纹的温度一般在500℃以下，常伴随脆性断裂的声音。裂纹很少在500℃以上产生，其原因为：一方面是由于铸铁在较高温度下有一定塑性；另一方面是此时焊缝承受的焊接应力也较小。

4.3.1 冷裂纹的形成机理

对于易淬硬的高强钢来说，冷裂纹是一种在焊后冷却过程中，在*Ms*点附近或更低的温度区间逐渐产生的，也有的要推迟很久才产生。冷裂纹的起源多发生在具有缺口效应的焊接热影响区，发生位置一般均在HAZ中的熔合区或物理化学性能不均匀的氢聚集的局部地带。冷裂纹的断裂路径，有时沿晶扩展，有时穿晶扩展，而且常常可见到沿晶和穿晶的混合断裂，冷裂纹的裂口是具有金属光泽的脆性断口。

钢种的淬硬倾向、焊接接头含氢量及其分布以及接头所承受的拘束应力状态是高强度钢焊接时产生冷裂纹的三大主要因素。这三个因素在一定条件下是相互联系和相互促进的。

1. 钢种的淬硬倾向

钢种的淬硬倾向主要取决于化学成分和冷却条件。焊接时钢种的淬硬倾向越大，越易产生裂纹，可归纳为以下三方面。

（1）形成脆硬的马氏体组织　马氏体是碳在α-Fe中的过饱和固溶体，碳原子以间隙原子存在于晶格之中，使铁原子偏离平衡位置，晶格发生较大畸变，致使组织处于硬化状态。特别是在焊接条件下，近缝区的加热温度高达1350～1400℃，使奥氏体晶粒发生严重长大，当快速冷却时，粗大的奥氏体将转变为粗大的马氏体。马氏体是一种脆硬组织，发生断裂时将消耗较低的能量，因此，焊接接头有马氏体存在时，裂纹易于形成和扩展。

应当指出，同属马氏体组织，由于化学成分和形态不同，对裂纹的敏感性也不同。马氏体的形态与含碳量和合金元素有关。低碳马氏体呈板条状，而且它的 Ms 点较高，转变后有自回火作用，因此这种马氏体除具有较高的强度外，尚有良好的韧性。当钢中的含碳量较高或冷却较快时，就会出现呈针状的马氏体，而且在针内有平行状的孪晶，又称孪晶马氏体。它的硬度很高，对裂纹敏感性很强。钢材的化学成分直接决定着接头的淬硬倾向，因此可根据钢的化学成分粗略估计冷裂纹的倾向，即所谓的碳当量法。

（2）淬硬会形成更多的晶格缺陷　金属在热力不平衡的条件下会形成大量的晶格缺陷（主要是空位和位错）。在应力和热力不平衡的条件下，空位和位错都会发生移动和聚集，当它们的浓度达到一定的临界值后，就会形成裂纹源。在应力的继续作用下，就会不断地扩展而形成宏观的裂纹。

（3）淬硬倾向越大氢脆敏感性越大　焊缝和热影响区中有氢存在时，会降低其韧性，产生氢脆。不同组织对氢脆的敏感性也不同，氢脆敏感性由小到大的排列顺序为：奥氏体、纯铁素体、铁素体+珠光体、低碳马氏体、贝氏体、索氏体、托氏体、高碳马氏体。淬硬组织高碳马氏体对氢脆的敏感性很强，冷裂很敏感。

以上就是淬硬倾向对产生冷裂的作用。为了识别淬硬的程度，常以硬度作为标志，所以在焊接中常用热影响区的最高硬度 H_{max} 来评定某些高强钢的淬硬倾向。

2. 氢的作用

氢是引起高强钢焊接时产生延迟裂纹的重要因素之一，许多文献都将由氢引起的延迟裂纹称为“氢致裂纹”或“氢诱发裂纹”。试验研究证明，高强度钢焊接接头的含氢量越高，则裂纹的敏感性越大，当局部区域的含氢量达到某一临界值时，便开始出现裂纹，此值称为产生裂纹的临界含氢量 $[H]_{cr}$。

冷裂纹延迟出现的原因是氢在钢中的扩散、聚集、产生应力，直至开裂，需要一定的时间。W. F. Sayage和张文钺通过对焊接接头氢的微观分布及其逸出动态观察试验也验证了这个规律。试验中发现，在微裂纹的尖端附近，间歇地出现氢气泡，有时也大量逸出。氢是沿着组织晶界逸出，并聚集在夹杂物和缺陷附近，有应力集中的缺口部位氢气泡的数量显著增加。该现象可用氢的应力扩散理论来说明。如图4-12所示，由微观缺陷构成的裂源常呈缺口存在。在受力的过程中，会在缺口部位形成有应力集中的三向应力区，氢就极力向这个区域扩散，应力也随之提高，当此部位氢的含量达到临界值时，就会发生启裂和相应扩展。其后，氢又不断地向新三向应力区扩散，达到临界含量时，又发生新的裂纹扩展，这种过程可周而复始断续进行，直至成为宏观裂纹。这种过程的进展情况要由氢的含量、逸出和内部能量状态等因素而定。由此看来，氢所诱发的裂纹，从潜伏、萌生、扩展，以至开裂是具有延迟特征的。因此可以说，焊接延迟裂纹就是由许多单个的微裂纹断续合并而形成的宏观裂纹。

3. 焊接接头的拘束应力

高强度钢焊接时产生的延迟裂纹不仅取决于钢的淬硬倾向和氢的作用，而且还取决于焊接接头所处的应力状态，甚至在某些情况下，应力状态还起决定作用。

焊接接头的拘束应力主要包括热应力、相变应力及结构自身拘束条件（包括结构形式和焊接顺序等）所造成的应力。前两种称内拘束应力，后一种为外拘束应力。内、外拘束应力共同作用，使焊接接头处产生很大的内应力，是产生冷裂纹的重要因素之一。

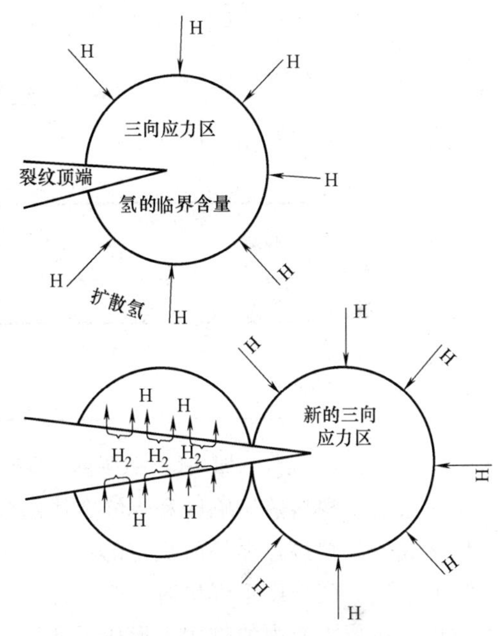

图4-12 氢致裂纹的扩展过程

焊接拘束应力的大小取决于受拘束的程度，可以采用拘束度 R 来表示。R 的定义为：单位长度焊缝在根部间隙产生单位长度的弹性位移所需要的力。实际上拘束度表示在不同焊接条件下，冷却过程中所产生的拘束应力的程度。如同样的材料与板厚，由于接头的坡口形式不同，即使同样的拘束度，也会有不同的拘束应力。拘束应力按下列顺序依次减小：半V形、K形、斜Y形、X形和正Y形。其中以正Y形坡口的接头拘束应力最小，而半V形坡口拘束应力最大。

焊接时产生的拘束应力不断增大，当增大到开始产生裂纹时，称为临界拘束应力 σ_{cr}，它实际反映了产生延迟裂纹各个因素共同作用的结果，如钢种的化学成分、接头的含氢量、冷却速度和当时的应力状态等。

4. 高强钢热影响区延迟裂纹的形成

不同温度下，氢在奥氏体和铁素体中的溶解度和扩散能力有着显著差别。高温时，与铁素体相比，氢在奥氏体中的溶解度较大，扩散系数较小。焊接高强度钢时，由于含碳量较高的孪晶马氏体对裂纹和氢脆的敏感性大，所以一般总使焊缝金属的碳当量低于母材，因而焊缝金属在较高温度下开始相变，即由奥氏体分解为铁素体、珠光体和贝氏体等，个别情况下还可部分转变为低碳马氏体。此时热影响区金属尚未开始奥氏体转变，但由于焊缝金属中氢的溶解度突然下降而扩散能力提高，氢原子便很快由焊缝穿过熔合区 ab，而向热影响区中的奥氏体扩散，如图4-13所示。因氢在奥氏体中的扩散速度小，来不及扩散到离熔合区较远的母材中，所以使靠近熔合区的热影响区中聚集了大量的氢。随着温度的降低，奥氏体向马氏体转变时，温度已经很低，氢的溶解度更低，且扩散能力已经很微弱，于是便以过饱和状态残存于马氏体中，并聚集在一些晶格缺陷中或应力集中处，当氢的含量不断增加，而温度不断降低时，有些氢原子结合成氢分子，在晶格缺陷和应力集中处造成很大的压力，而使局部金属产生很大的应力。这样便促使马氏体进一步脆化，在焊接应力和相变应力的共同作用下形成冷裂纹。

当氢的含量较高时，促使马氏体更加脆化，会形成所谓的焊道下裂纹。若氢的含量较低，则只有在应力集中处才会出现裂纹，即焊趾裂纹或根部裂纹。

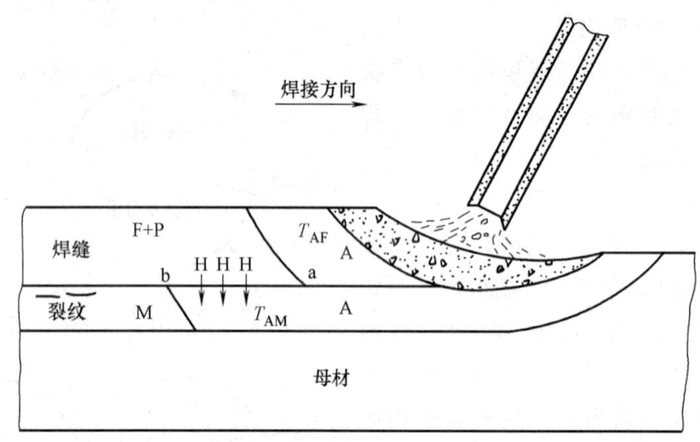

图 4-13 高强度钢热影响区延迟裂纹的形成过程

应该指出，焊接热影响区和焊缝金属的淬硬倾向是导致延迟裂纹的内在因素。只有当由钢的化学成分和焊接热循环所决定的淬硬组织形成时，氢才能发挥其诱发裂纹的有害作用。

综上所述，高强度钢焊接时，产生冷裂纹的机理在于钢种淬硬之后，受氢的诱发和促进产生脆化，在拘束应力的作用下形成了裂纹。产生冷裂纹的原因是由上述因素综合作用的结果。

4.3.2 冷裂纹的防止措施

根据冷裂纹产生的原因可知，避免出现淬硬组织，减少氢的来源，使熔化金属中的氢容易逸出，减少接头的拘束应力，是防止和减少冷裂纹的原则，可以概括为两个方面措施。

1. 冶金措施

冶金方面主要有两方面内容：一是从母材的化学成分上改进，趋向于降碳和添加多种微量合金元素，使低合金高强度钢焊接冷裂纹敏感指数 P_{cm} 降低（主要降低碳），从而改善钢的抗裂性能；二是尽可能选用低氢的焊接材料和方法，严格控制氢的来源和用微量合金元素改善焊缝的韧性等措施，以至采用低匹配的焊接材料。

（1）降低淬硬倾向，提高抗裂性　调整焊缝金属的化学成分，可改变淬硬倾向。对多层焊焊缝金属的氢致裂纹敏感性研究表明，通过改变熔敷金属的化学成分，利用 Y 形和 U 形坡口裂纹试验，建立了焊缝金属最高硬度 H_{max} 与焊接冷裂纹敏感指数 P_{cm} 之间的关系式，即

$$H_{max} = 1155P_{cm} + 70 \tag{4-1}$$

其中
$$P_{cm}=C+\frac{Si}{30}+\frac{Mn+Cu+Cr}{20}+\frac{Ni}{60}+\frac{Mo}{15}+\frac{V}{10}+5B \tag{4-2}$$

（2）选用优质的低氢焊接材料和低氢的焊接方法　由于氢的来源主要是水分，因此应严格控制焊接材料中的水分。焊前需严格烘干焊条或焊剂。强度级别越高的钢，对焊条药皮中水分的控制应严格。目前已研制出含氢量小于1.0mL/100g的超低氢焊条。采用CO_2气体保护焊也可获得低氢焊缝（扩散氢含量仅为0.04～1.0mL/100g）。另外，还应从各方面减少氢的侵入，如保护气体中的水分、焊剂中的水分、母材在冶炼中带入的氢、焊件表面的锈和油污等，都必须严格控制。

采用低匹配的焊条对于防止裂纹也是有效的。例如日本用HT80钢制造厚壁承压水管，经试验及工程上的应用，认为焊缝强度为母材强度的0.82倍时，可以近似达到等强度要求。以HT80钢为例进行焊接接头拘束条件下扩散氢浓度计算，结果表明，焊根处聚集的氢浓度比HAZ高30%（焊后10min）。高强匹配接头氢的聚集比等强匹配要严重得多，也就是说当焊缝不易发生应变时，将在焊根处产生较大的应力集中，塑性应变增殖的位错密度增加，焊根聚氢也就严重，有利于诱发裂纹。采用低强匹配焊缝，由焊缝承担塑性应变，将会缓和氢在焊根处的聚集，减少冷裂敏感性。

采用所谓“软层焊接”的方法制造一些高强钢球形容器，即内层采用与母材等强的焊条，而表层2～6mm的厚度采用稍低于母材强度的焊条，增加焊缝金属的塑性储备，降低焊接接头的拘束应力，从而提高了抗裂性能。

（3）适当加入某些合金元素，提高焊缝金属的韧性　通过此方法也可防止冷裂纹产生。近年来许多国家采用钛、硼、铝、钒、铌、硒、碲、稀土等韧化焊缝，取得了成功，从而也提高了抗冷裂能力。因为在拘束应力的作用下，利用焊缝的塑性储备，减轻了熔合区负担，从而使整个焊接接头冷裂敏感性降低。例如E5015-G焊条是在E5015焊条的基础上，降低焊缝的硅含量，提高w_{Mn}/w_S比值，并加入少量能细化晶粒的钼、钒配制而成。它比E5015具有更高的抗冷裂纹能力。

另外，采用奥氏体焊条焊接某些淬硬倾向较大的低中合金高强度钢，可在不预热的条件下避免冷裂纹产生。因为奥氏体塑性好，可减缓拘束应力，同时奥氏体焊缝可溶解较多的氢，从而降低了热影响区产生冷裂纹的敏感性。

2. 工艺措施

焊接工艺一般包括正确制订施工程序，选择焊接热输入、预热温度、焊后后热以及焊后热处理等。为改善结构的应力状态，应合理地分布焊缝的位置和施焊顺序。

（1）焊接热输入　增大热输入可以降低冷却速度，特别是能延长接头冷却过程中800～500℃的冷却时间，避免马氏体转变；同时又有利于氢的逸出，降低产生裂纹倾向。但是增大热输入却延长了高温停留时间，扩大了过热区，晶粒严重长大，使接头脆化，同样会降低抗裂性能。因此对某种结构钢，热输入只能在一定范围内调节。

（2）焊前预热　减少热输入虽然能防止过热，但会引起马氏体转变，所以必须结合预热措施。预热不仅能降低冷却速度，延缓800～500℃的冷却时间而避免马氏体转变，还能促使氢的逸出，改善组织，减小应力，因此是防止氢致裂纹的有效措施。试验表明，随着材料的碳当量增加，防止氢致裂纹的预热温度也需要增加。防止氢致裂纹的预热温度可以根据钢种的碳当量确定，如图4-14所示。随着材料碳当量的增加，防止氢致裂纹的预热温度也需要增加。

不同预热温度下 HQ80C 的冷裂图，如图 4-15 所示。根据插销试验结果，求出了断裂临界应力（σ_{cr}）$_F$及起裂临界应力（σ_{cr}）$_C$，测定了焊接热影响区粗晶区的组织硬度（HV）。利用 HQ80C 钢的冷裂图可确定防止焊接裂纹产生的预热温度。采用（σ_{cr}）$_F$ > σ_s 的准则，HQ80C 钢防止焊接裂纹产生的预热温度为 89℃。

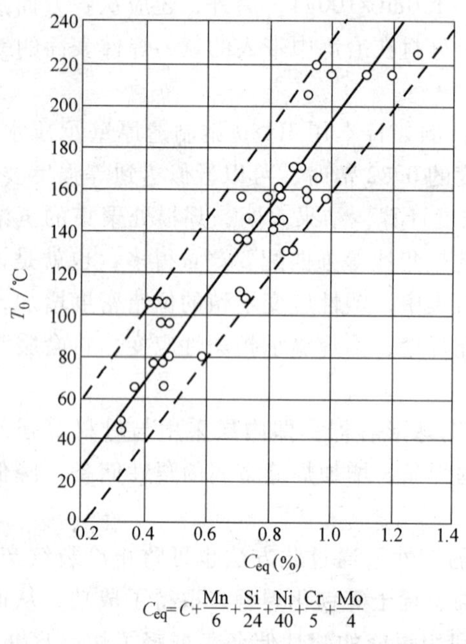

$$C_{eq}=C+\frac{Mn}{6}+\frac{Si}{24}+\frac{Ni}{40}+\frac{Cr}{5}+\frac{Mo}{4}$$

图 4-14　碳当量对预热温度的影响

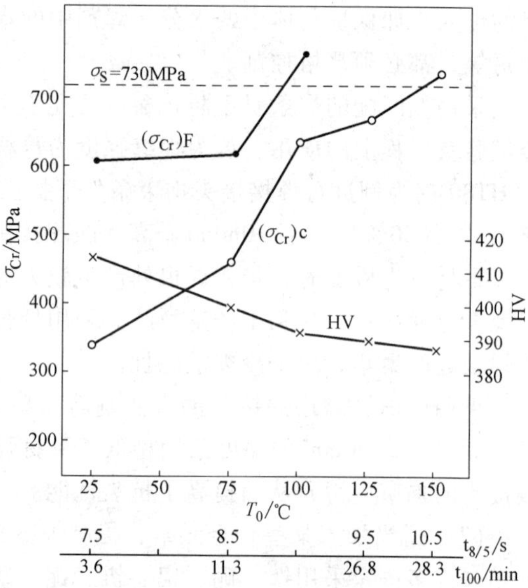

图 4-15　HQ80C 钢的冷裂图

（插销试验：$E=17.5$kJ/cm，［H］$=3.6$mL/100g）

（3）焊后紧急后热　延迟裂纹主要与氢的扩散和聚集有关，如果焊后很快冷至 100℃以下，氢来不及逸出便会造成严重的延迟裂纹。又如厚板多层焊时，随着焊道数目的增多，使焊缝金属中的扩散氢量逐层增加而可能产生横向裂纹。因此采用紧急后热使冷裂纹尚处于潜伏期，扩散氢就能充分地由焊缝中逸出，从而减少残余应力和改善组织，对防止延迟裂纹的产生有显著的效果。选用合适的后热温度，可适当降低预热温度和代替一些重大产品所需的焊接中间热处理。对于一些低合金高强度钢厚壁容器的焊接，采用后热 300～350℃，保温 1h，就可完全避免延迟裂纹，且还能使预热温度降低 50℃。

为防止冷裂纹的产生，从根本上说，必须避免淬硬组织和降低氢含量，同时尽可能减少拘束应力，因此预热和后热是最有效的工艺措施。

（4）采用多层焊接　采用小热输入配合多层焊，可使焊接热循环接近理想的热循环，防止淬硬组织产生，改善接头残余应力和扩散氢含量分布状态，防止冷裂纹的产生。多层焊时，由于后层对前层有去氢作用，且能改善前层的淬硬组织，因此预热温度可比单层焊时适当降低，但必须严格控制层间温度（层间温度应不低于预热温度）或配合后热，因为氢量的逐层积累及产生弯曲变形而使根部焊缝的应力应变集中，反而会增大延迟裂纹的倾向。

厚板多层焊接残余应力分布和扩散氢浓度的分布规律，如图 4-16 和图 4-17 所示。由图 4-16 可知，在厚板多层焊中，后续焊道金属填充时，根部焊缝的纵向拉伸残余应力先减小，随着焊道填充层数的增加，沿着焊缝填充方向，焊缝纵向拉伸残余应力也相应增加，直至达到它的最大值——焊缝金属真实的屈服强度。当焊缝形成较大的拉应力时，会大大降低材料的塑性，增加强度和硬度，易导致裂纹的萌生。因此，采用小热输入配合多层焊进行厚板焊接时，在严格控制层间温度的同时，宜采用焊后消应力热处理。

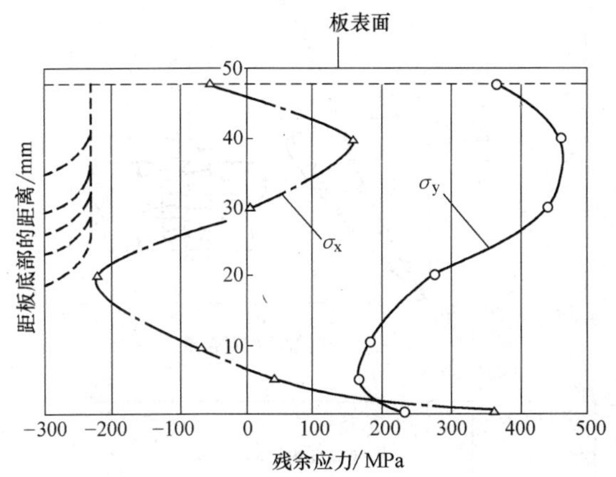

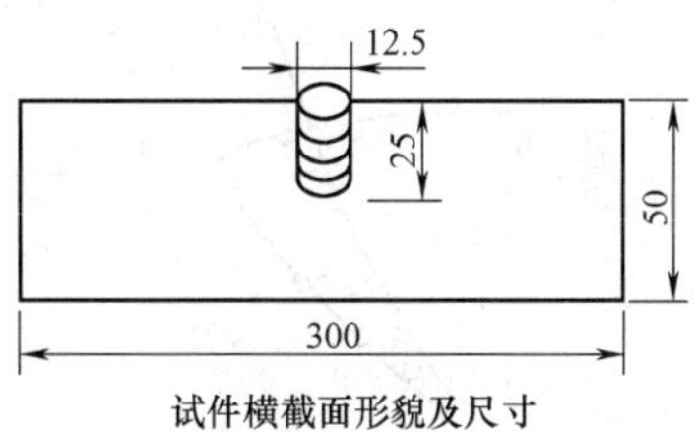

σy：沿焊接线方向的残留应力
σx：垂直焊接线方向的残留应力

图 4-16 厚板多层焊接残余应力的分布

由于氢的扩散与聚集，在厚板多层焊时，沿着焊缝金属填充方向，焊件厚度方向的局部残余扩散氢浓度的最大值也相应增加。厚板多层焊残余扩散氢含量在板厚的 0.75～0.90 处（从板的底部开始计算）达到它的最大值，且与板的实际厚度无关，如图 4-17 所示，板厚度 h 为 55mm 和 100mm 时，多层焊残余扩散氢含量在 0.75～0.90h 处聚集，达到它的最大值。其他焊接条件相同，只改变焊接的层间温度，可显著影响扩散氢聚集的最大含量，但并没有改变板厚度方向氢的分布。

（5）降低应力，减少应力集中 降低应力，减少应力集中可以有效防止冷裂纹。实际生产中设计不当造成的应力集中和施工过程中造成的应力集中，常是冷裂纹形成和发展并造成破坏事故的重要原因之一。因此需防止焊缝过分密集，尽可能避免发生应力集中，特别是缺口效应。在满足焊缝金属强度的基本要求下，尽量减少填充金属。坡口形状应尽量对称，避免半 V 形坡口，因为这种坡口的裂纹敏感性最大。正确选择焊接工艺，减少焊接接头拘束度，降低应力，应当是防止冷裂纹的重要手段。

天津大学结合国产低合金钢，采用插销试验定量确定了产生裂纹的临界拘束应力经验公式

$$\sigma_{cr} = 132.3 - 27.5\lg([H]+1) - 0.216H_{max} + 0.0102t_{100} \tag{4-3}$$

式中 H_{max}——HAZ 的最大平均硬度（HV）；

[H]——甘油法测定的扩散氢含量（mL/100g）；

t_{100}——由峰值温度冷至 100℃的冷却时间（s）。

对于具体结构，通过计算或实测求出实际结构焊接接头的拘束应力 σ（或拘束度 R），再与临界拘束应力 σ_{cr}（或 R_{cr}）进行比较，当 $\sigma_{cr} > \sigma$（或 $R_{cr} > R$）时就可避免产生氢致裂纹。

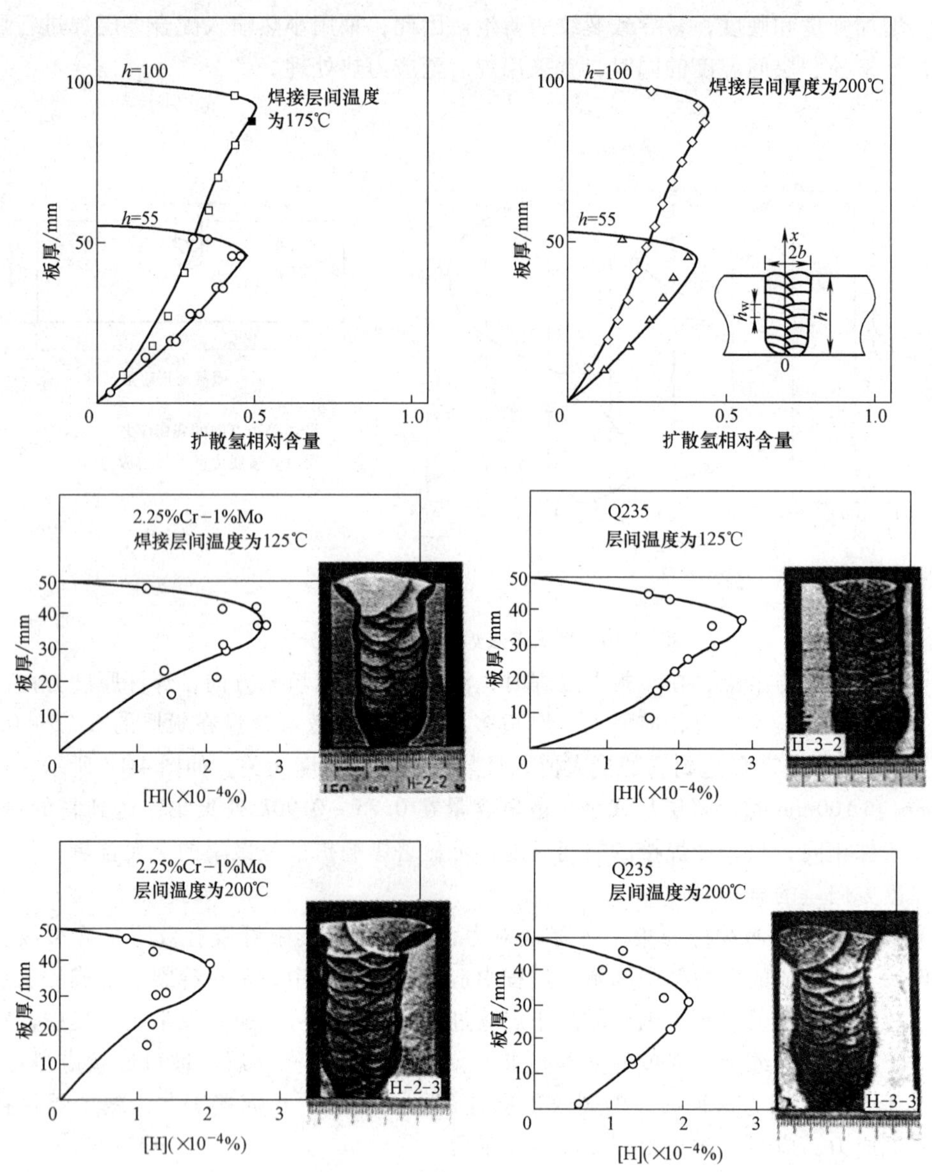

图 4-17 厚板多层焊扩散氢的分布

4.4 其他裂纹

4.4.1 再热裂纹

焊接残余应力是造成低应力脆性破坏、结构几何形状失稳以及应力腐蚀的主要原因之一，因此厚壁焊接结构焊后常要求进行消除应力热处理。但是某些含有沉淀强化元素的钢种和高温合金，焊后并未发现裂纹，但在消除应力热处理过程中产生了裂纹，即所谓“消除应力处理裂纹”（Stress Relief Cracking）。另外，有些结构是在高温条件下工作的，即使在焊后热处理时不产生裂纹，而在高温长期工作时也会产生裂纹。上述两种情况下产生的裂纹，通称为“再热裂纹”（Reheat Cracking）。

1. 再热裂纹的特征

再热裂纹大多发生在热影响区的粗晶区，极少情况下也可出现在焊缝。母材、焊缝和热影响区的细晶组织，均不产生再热裂纹。再热裂纹具有晶间开裂的特征，裂纹的走向多沿熔合线的奥氏体粗晶晶界扩展（图4-18），有时裂纹并不连续，而是断续的，遇细晶就停止扩展，断口一般均被氧化。

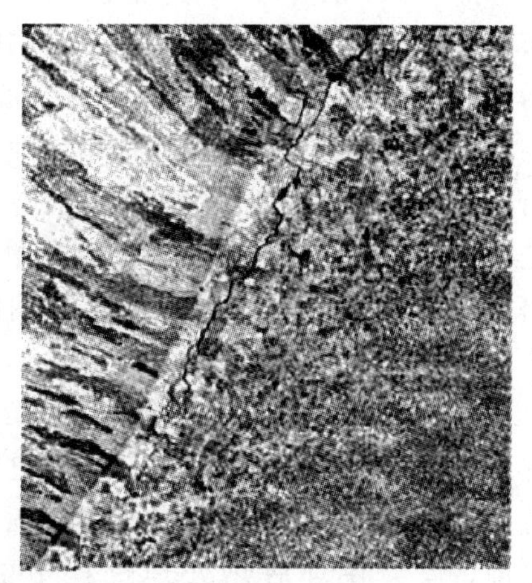

图4-18 再热裂纹的发生部位和形态

再热裂纹与热裂纹虽然都是沿晶间开裂，但它们的产生本质有根本区别。热裂纹发生在固相线附近，再热裂纹发生在焊后再次加热的升温过程中，并存在一个敏感温度范围。

2. 再热裂纹的发生条件

1）再热裂纹最容易出现在能产生一定沉淀强化的金属材料中，如含有V、Nb、Ti、Mo等的高强度钢、耐热钢，含有Al、Ti的可热处理镍基合金，含Nb的奥氏体不锈钢。

有人针对低、中合金钢提出了钢的再热裂纹敏感性和各种合金元素之间的关系式

$$P_{SR} = Cr + Cu + 2Mo + 10V + 7Nb + 5Ti - 2 \tag{4-4}$$

当$P_{SR}>0$时，容易产生再热裂纹，P_{SR}值越大对应钢的再热裂纹敏感性越高。可以看出，V的影响最为敏感。不过，上式的应用对钢种有较强的针对性，不适于含碳量极低的钢或高铬钢，而且忽略了硫、磷等杂质的有害作用，具有一定的局限性。

2）存在较高的残余应力和应力集中。再热裂纹一般发生在厚板、拘束度大的焊接区，例如压力容器的管接头处，而裂纹起源部位常常在焊趾等应力集中处。如果打磨焊缝的加强高、去除缺口等应力集中处，就可减少裂纹的发生。

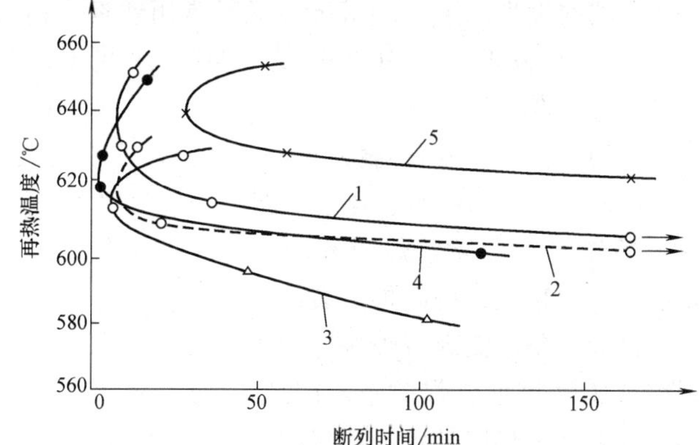

图4-19 不同材料的再热温度与断裂时间的关系

1—22Cr2NiMo 2—25CrNi3MoV 3—25NiMoV 4—20CrNiMoVNbB 5—25Cr2NiMoMnV

3）再热裂纹敏感性与再热温度和时间有密切关系，并且存在一个最易产生再热裂纹的温度区间。出现再热裂纹的时间和温度之间的关系图称为裂纹敏感曲线，通常呈“C”形状，因此称为裂纹敏感C曲线。在低温极限和高温极限的任一温度下，都存在一个最短时间，少于这一时间不会发生开裂，超过这一时间才出现裂纹。不同材料的再热温度与断裂时间的关系如图4-19

所示。低合金高强度钢一般在500～700℃的温度范围，特别在600℃附近，裂纹的出现最显著，而镍基合金的敏感温度范围则明显高得多。

3. 再热裂纹的产生机理

再热处理应力松弛过程中，粗晶区应力集中部位的某些晶界塑性变形量超过了该部位的塑性变形能力，产生再热裂纹。

（1）沉淀强化钢材　Cr、Mo、Nb、V、Ti等沉淀强化元素提高钢的再热裂纹敏感性，主要原因是二次加热时晶粒内部因析出碳化物而强化，迫使残余应力松弛，通过蠕变变形发生在晶界上。含Cr、Mo、Nb、V、Ti等沉淀强化元素的高强钢或耐热钢母材中存在弥散分布的合金碳、氮化合物，用于提高钢的高温强度和耐回火性。在焊接过程中，靠近熔合线的粗晶区被加热到1100℃以上，组织完全奥氏体化并发生晶粒长大，而先期存在的合金碳化物或氮化物分解固溶到奥氏体中。随后在冷却时由于焊接冷速快，碳化物没有足够的时间重新析出，导致这些合金元素在奥氏体发生马氏体相变时过饱和。当HAZ粗晶区被再次加热进行消应力热处理时，细小的碳化物就会在应力释放前从初生奥氏体晶粒内部的位错处析出，造成晶内二次硬化，增大了晶内的蠕变抗力。晶界则相对弱化，促使应力释放时的蠕变集中于晶界，因此开裂沿晶发生。

（2）可热处理镍基合金　镍基合金的焊后热处理通常是“固溶+时效”，在固溶过程中焊件中的残余应力得以释放，而通过固溶后的时效获得最大强度。但是，在固溶处理加热过程中会发生时效，并且时效温度范围低于固溶温度。由于这一时效作用发生在残余应力释放之前，就会在焊后热处理过程中引发裂纹。这种再热裂纹也称为“应变时效开裂”（Strain age cracking）。应变时效开裂发生在拘束度高的焊件中，而且焊后加热过程中通过了可发生时效的温度区间。

再热裂纹通常起源于HAZ。随着镍基合金中Al和Ti含量的增加，再热裂纹敏感性增加，因为Al和Ti含量高的镍基合金时效硬化的速度非常快而且材料塑性低。

4. 再热裂纹的防止措施

防止再热裂纹产生的措施包括冶金措施和工艺措施。

（1）冶金措施　材料的化学成分直接影响过热区的粗晶脆性，正确选择材料有利于减少再热裂纹的发生。图4-20显示了几种常用铁素体钢的裂纹敏感C曲线（温度和断裂时间的关系），可以发现，2.25Cr1Mo比0.5CrMoV更不易产生再热裂纹。

（2）工艺措施

1）采用适当的焊接热输入。一般认为，适当增大焊接热输入，减小过热区的硬度，有利于减小再热裂纹敏感性。不过，过大的焊接热输入会导致焊缝和HAZ过热区的晶粒粗大，提高再热裂纹敏感性，例如焊条电弧焊所焊接头的再热裂纹敏感性比埋弧焊时小。因此，小热输入配合预热应是较为理想的方法。

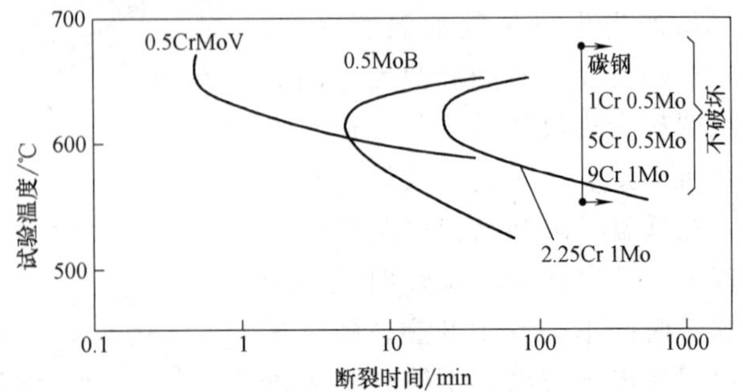

图4-20　铁素体钢温度和断裂时间的关系

2）焊接时采用较高的预热温度或配合后热。预热是防止再热裂纹产生的有效措施之一，可以减小焊接残余应力和减少过热区的硬化；焊前预热、焊后缓冷，在二次加热前过热区已有较粗大的碳化物析出，则再热裂纹就会受到抑制。预热温度一般比防止延迟裂纹的预热温度要高一些。焊后如果能在不太高的温度下及时进行后热，也能起到预热的作用，并能适当降低预热温度。

3）选用低强匹配的焊接材料。适当降低焊缝强度，可以提高焊缝金属的塑性，使残余应力在焊缝中松弛，从而降低过热区的应力集中。有时，仅仅在焊缝表层采用低强高韧性焊材对于防止再热裂纹也很有效。

4）降低焊接残余应力和避免应力集中。进行结构设计，应尽量减小焊接接头的拘束度。制定焊接工艺时正确选择焊缝的位置、坡口形状、焊接热输入以及焊接顺序等。应尽量避免形状突变，如板厚的突变，消除焊缝余高能显著降低近缝区的应力集中。另外，根除咬边、未焊透等焊接缺陷也有利于减少再热裂纹倾向。

5）焊后热处理过程中的快速加热。如果焊件在焊后热处理过程中快速加热，就可避免与裂纹C曲线相交，从而可以避免再热裂纹的产生。

4.4.2 层状撕裂

大型厚壁结构，在焊接过程中，常在钢板的厚度方向承受较大的拉应力，如果钢材的冶炼和轧制质量不高，容易沿钢板轧制方向出现一种阶梯状的裂纹，称为层状撕裂。层状撕裂是一种特殊形式的裂纹，与常见的冷裂纹、热裂纹有着明显的区别。它是非常危险的缺陷，很难发现，也很难修复。

1. 层状撕裂的特征

层状撕裂属于低温裂纹。对于一般的低碳钢和低合金钢，产生温度不超过400℃。与冷裂纹不同，它的发生与母材强度无关，主要与钢中的夹杂物含量及分布形态有关。夹杂物含量越多，层片状分布越明显，对层状撕裂越敏感。由于焊缝夹杂控制严格，因此它的发生部位在接头HAZ或靠近HAZ的母材中，而焊缝金属不会出现层状撕裂。

层状撕裂外观具有阶梯状开裂特征，由平行于轧制表面的平台与大体垂直于平台的剪切壁组成，平台部分常存在各种形式的非金属夹杂物。层状撕裂微观上是穿晶或沿晶扩展。

层状撕裂一般发生在受 z 向力大的T形接头、角接头，对接接头极为少见。图4-21示出了层状撕裂的一些典型特征。

2. 层状撕裂的形成机理

层状撕裂是焊缝收缩导致高的局部应力以及母材在厚度方向上的塑性变形能力低共同造成的。

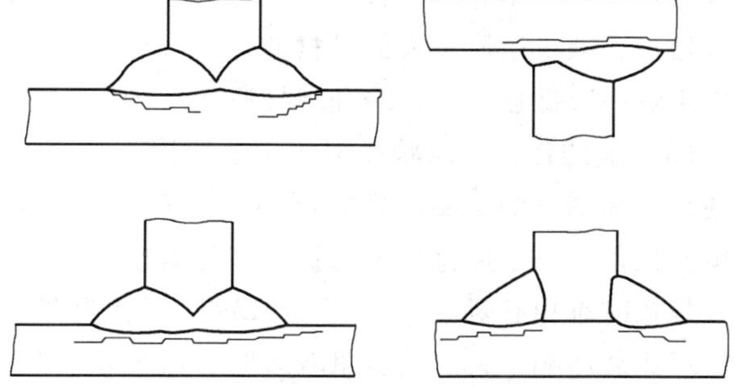

图4-21 层状撕裂示意图

钢内的一些非金属夹杂物在轧制过程中被轧成平行于轧向的带状夹杂物，严重降低了厚度方向金属的塑性变形能力。厚板结构焊接时（特别是T形接头和角接接头），焊缝收缩会在母材厚度方向产生很大的拉应力和应变。当应变超过母材沿厚度方向的塑性变形能力时，分离就会发生在夹杂物与金属之间，形成微裂纹。此裂纹尖端的缺口效应造成应力、应变的集中，迫使裂纹沿着自身所处的平面扩展，同一平面相邻的一群夹杂物连成一片，形成所谓的“平台”。在相邻的两个平台之间，由于裂纹不在一个平面上而产生切应力，造成剪切断裂，形成“剪切壁”。多个平台由若干个剪切壁连接，就构成了层状撕裂所特有的阶梯状特征。

层状撕裂主要是由于板厚方向的拉应力达到一定的程度，使夹杂物与基体金属沿弱结合面脱离而开裂。不过，裂纹的长度要比夹杂物长几倍甚至几百倍，因此层状撕裂绝不是夹杂物的简单开裂。金属基体总是具有一定的塑性变形能力，所以当夹杂物与母材金属脱离或夹杂物本身开裂后，基体金属仍会有较大的塑性变形能力，因而表面存在大量韧窝，而夹杂物则散布于韧窝中。

3. 层状撕裂的防止措施

影响层状撕裂敏感性的因素包括冶金因素、力学因素和氢的作用，对层状撕裂应着眼于预防而不是修复。

（1）冶金措施　非金属夹杂物的种类、数量和分布形态是产生层状撕裂的本质原因，它是造成钢的各向异性、力学性能差异的根本所在，首先要控制夹杂物。

钢中夹杂物的种类很多，最常见的是硫化物和硅酸盐夹杂，两者都属于可变形夹杂物。已经确定，钢中的硫含量越高，层状撕裂的倾向越大。当然，夹杂物的成分不是影响层状撕裂的决定性因素。不论哪一种夹杂物，它与基体金属的结合力都低于金属基体的强度。所以，只要是片状夹杂物，不论是硫化物还是硅酸盐夹杂物，都可导致层状撕裂。因此，关键在于夹杂物的形态、数量及其分布特性。从夹杂物的形状看，端部曲率半径小的薄片状夹杂物比端部钝而厚的夹杂物的影响要大。

为了防止层状撕裂，厚度方向（z 向）的断面收缩率应不小于 15%，一般为 15% ~ 20%，当断面收缩率大于 25% 时认为抗层状撕裂性能优异。实践证明，大力发展高纯净的 z 向钢是解决层状撕裂的最佳途径。采用精炼的方法，可以冶炼出含氧含硫极低的钢材，如 z 向钢、CF 钢等，其 S 的质量分数只有（10 ~ 30）$\times 10^{-4}$%，选用这些钢材制造大型重要的焊接结构，可以完全避免产生层状撕裂。

（2）力学措施　厚壁焊接结构在焊接过程中承受不同的 z 向拘束应力、焊后的残留应力及载荷，它们是造成层状撕裂的力学条件。沿厚度方向的 z 向拘束应力和焊接残留应力越大，焊接结构对层状撕裂越敏感。

合理设计接头形式，采取适当的施工工艺，可避免 z 向力和应力集中。应尽量采用双侧焊缝，避免单侧焊缝，防止焊缝根部的应力集中（图 4-22a）；在强度允许的前提下，采用焊接量少的对称角焊缝代替全焊透焊缝，避免产生过大应力（图 4-22b）；在承受 z 向力的一侧开坡口，减少杂质量大的母材的厚度（图 4-22c）；对于 T 形接头，可在承受 z 向力的板上预先堆焊一层低强焊材，缓和焊接应变（图 4-22d）。

（3）氢的作用　层状撕裂的主要原因在于夹杂物的分布和应力状态，而氢也可能成为促使起裂和诱发的重要因素。例如，有人发现利用 E7010 纤维素焊条制备的接头其层状撕裂敏感性显著高于熔化极气保护焊制备的接头。

焊接时难免有氢溶入焊缝和 HAZ。当含氢量较少时，氢可溶入如同陷阱的夹杂物中，对层状撕裂影响不大。当氢量较多时，氢会聚集在夹杂物的端部，使该部位起裂并扩展，从而使夹杂物与基体金属分离。这种情况会使氢致启裂发展成为层状撕裂的断裂特征。

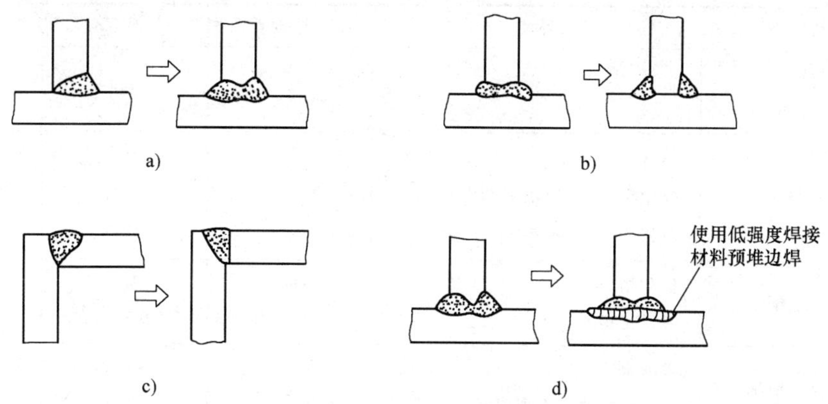

图 4-22 改变接头形式防止层状撕裂的示意图

当焊缝中的含氢量偏高而局部又存在应力集中（如焊缝根部），氢也有可能先诱发形成冷裂纹，再以冷裂纹作为层状撕裂的发源地。这时层状撕裂与冷裂纹相伴而生。

为防止由冷裂引起的层状撕裂，应尽量采用一些防止冷裂的措施，如减少氢量，适当提高预热温度，控制层间温度等。

当然，远离焊接热影响区的母材处产生的层状撕裂，焊缝中的氢不会产生任何影响。

4.4.3 应力腐蚀裂纹

应力腐蚀破裂（Stress Corrosion Cracking，SCC）是金属构件在拉应力和一定腐蚀介质的共同作用下所产生的低应力脆性破坏形式。应力既可以是外加载荷，也可能是源于各种加工过程或装配过程所形成的内应力。由于应力腐蚀开裂具有低应力、脆性破坏的特点，材料在破裂前没有明显的征兆，所以 SCC 是破坏性和危害性极大的一种失效形式。

1. SCC 的特征

不同材料在不同应力状态和腐蚀介质环境中，所显示的应力腐蚀破裂特征是不一样的。归纳起来，应力腐蚀破裂具有以下的共同点：

（1）某种金属材料只对特定的某些介质敏感　表 4-2 为常用材料易产生应力腐蚀破裂的环境示例。一般来说，介质的腐蚀性较弱，呈中性或弱酸性，表面保护膜不能稳定存在，易于产生应力腐蚀开裂；若介质的腐蚀性强，会产生全面的均匀腐蚀，反而不易产生应力腐蚀裂纹。此外，腐蚀介质的温度对应力腐蚀裂纹的产生也有很大影响。

表 4-2 产生应力腐蚀破裂的材料—环境组合

材料	环境	浓度	温度	开裂模式
碳钢	氢氧化物	≈1mol/L	沸点	沿晶
	硝酸盐	<1mol/L	<100℃	沿晶
	碳酸盐/碳酸氢盐	$<10^{-2}$mol/L	<100℃	沿晶
	液氨	—	室温	穿晶
	$CO/CO_2/H_2O$	—	室温	穿晶
	碳酸水	—	$>$沸点	穿晶

（续）

材料	环境	浓度	温度	开裂模式
低合金钢 （如 Cr-Mo，Cr-Mo-V）	水	—	<100 ℃	穿晶
高强度钢	水（>1200MPa） 氯化物（>800MPa） 硫化物（>600MPa）	— — —	室温 室温 室温	混合型 混合型 混合型
奥氏体不锈钢	氯化物 氢氧化物	≈1mol/L ≈1mol/L	沸点 >沸点	穿晶 混合型
敏化奥氏体不锈钢	碳酸水 硫代硫酸盐或连多硫酸盐	— $<10^{-2}$mol/L	>沸点 室温	沿晶 沿晶
双相不锈钢	氯化物	≈1mol/L	>沸点	穿晶
马氏体不锈钢	氯化物 + H_2S 高 氯化物（一般 + H_2S）	≈1mol/L <1mol/L	<100℃ 室温	穿晶 穿晶
高强度铝合金 钛合金	水蒸气 氯化物 氯化物 甲醇	— $<10^{-2}$mol/L ≈1mol/L —	室温 室温 室温 室温	穿晶 沿晶 穿晶 穿晶
铜合金（不含 Cu-Ni）	N_2O_4 含氨溶液或其他含氮物质	— $<10^{-2}$mol/L	室温 室温	穿晶 沿晶

（2）SCC 具有低应力、脆性破坏的特点　低应力破坏是指应力水平往往低于材料的屈服极限，而脆性破坏断裂前没有明显的塑性变形，断裂往往是突然爆发，所以是一种危险的断裂形式，往往会造成严重的事故。

（3）SCC 的破坏过程　SCC 往往是金属构件在服役期间发生的一种延迟破坏形式，过程包括金属构件在特定区域产生腐蚀坑（裂纹核心）、裂纹亚临界扩展、机械失稳扩展三个阶段，亚临界扩展阶段的长短决定延迟时间，延迟时间可以从几秒到几年甚至几十年，具体时间长短决定于应力水平和腐蚀介质。

（4）应力腐蚀的临界应力　据资料统计，造成应力腐蚀裂纹的应力主要是残余应力（占 80%）而不是外加应力。其中焊接残余应力约占 30% 左右，由成形加工（不包括切削加工与锻造）引起的残余应力约占 45% 左右。所以结构焊后即使无载存放，只要存在适当的腐蚀介质，也完全可引起应力腐蚀裂纹。能引起应力腐蚀裂纹的临界应力称为门槛应力 σ_{th}，它与腐蚀介质特性及金属材料的强度级别有密切关系，如图 4-23 所示。

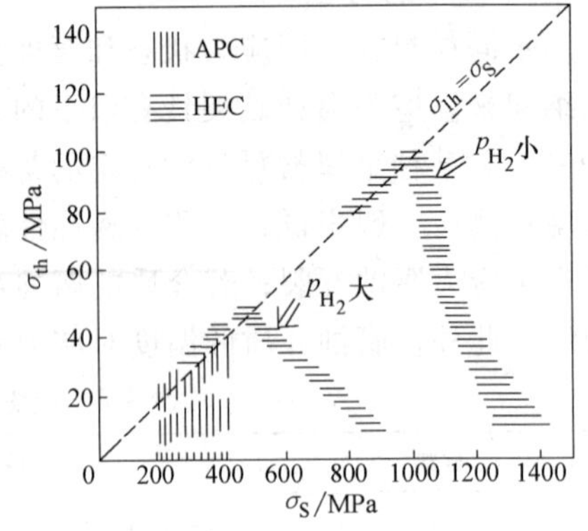

图 4-23　产生 SCC 的 σ_{th} 与钢的 σ_s 的关系
APC—应力阳极溶解开裂　HEC—应力阴极氢脆开裂

（5）SCC 的形貌　焊缝外观无明显的均匀腐蚀痕迹，呈龟裂形式，断断续续，且多数为近似横向的裂纹。

图 4-24 为应力腐蚀裂纹形貌特征示意图，其形态特征是细长并带分支，如同树根状，从断口形态看为典型的脆性断口。一般情况下，低碳钢、低合金钢、铝合金等的 SCC 属于晶间断裂，裂纹大致沿垂直拉应力的晶界向纵深发展；超高强度钢则沿原奥氏体晶界开裂。奥氏体不锈钢在氯化物介质中大多具有穿晶断裂的性质；当介质不同时也会出现沿晶断裂和穿晶加沿晶混合性质的断裂。

2. SCC 的产生机理

目前关于应力腐蚀裂纹的机理存在有多种不同的看法，下面仅就一些取得较多共识的看法介绍如下。

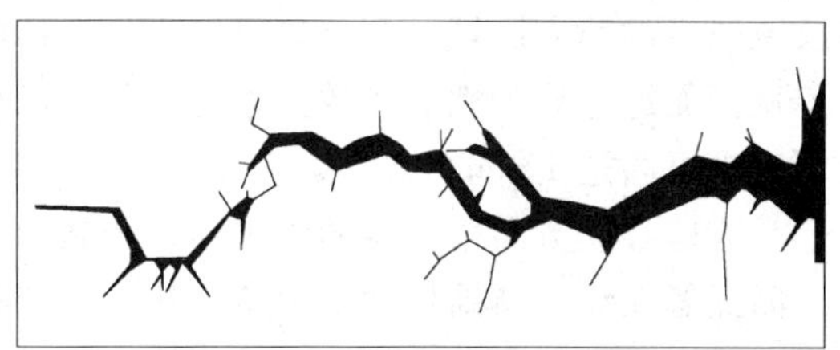

图 4-24　SCC 形貌特征示意图

（1）阳极溶解理论　Hoar 和 Hines 首先提出该理论，他们认为应力腐蚀破裂是由于微裂纹尖端阳极快速溶解的结果，应力的存在将加速阳极溶解的速度并且促使金属分离。该理论的核心思想是裂纹扩展的过程是腐蚀作用的过程，而应力只起加速作用。

根据阳极溶解理论，产生应力腐蚀破裂必须首先形成局部阳极；其次要有形成一个连续的阳极通道的条件；第三要有垂直于裂纹发展方向的拉应力存在。拉应力在裂纹起源和扩展过程中均起到一定的作用。

1）裂纹源的产生。形成局部阳极（裂纹源）的原因是多方面的，例如，由于金属材料的原始成分不均匀性而形成的局部阳极；由于在应力作用下局部塑性变形引起的偏析而形成的局部阳极；由于表面保护膜的破裂而产生的局部阳极；由于伴随腐蚀反应过程而产生的局部阳极等。有时在热裂纹或冷裂纹的基础上发展成为应力腐蚀裂纹或层状撕裂等，如图 4-25 所示，起源于焊接热裂纹上的应力腐蚀裂纹。

a)

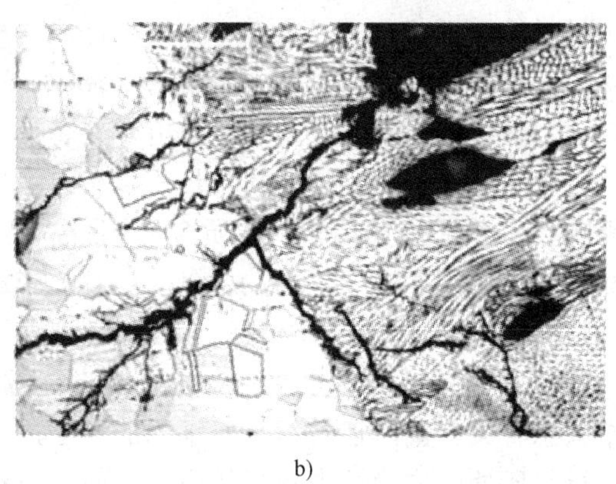

b)

图 4-25　起源于焊接热裂纹的应力腐蚀裂纹

a）16Cr23Ni13，80℃ ×720h，30% $MgCl_2$　b）16Cr23Ni13，105℃ ×720h，15% $MgCl_2$

2）裂纹的扩展。根据阳极溶解理论，SCC 裂纹的扩展沿活性阳极通道进行。所谓活性通道是指合金中存在一条易于腐蚀的，大致是连续的路线，而材料其他区域是钝态的。

阳极溶解理论认为裂纹尖端金属的腐蚀速度决定 SCC 裂纹扩展的速度，因此抑制腐蚀就可有效控制 SCC。实践证明，利用阴极保护可使敏感金属不发生破裂，或使已经产生裂缝的金属裂纹扩展中止，如取消阴极保护，裂纹又继续扩展。

（2）氢脆理论　氢脆理论认为合金中吸收了腐蚀过程中的阴极反应产物氢，诱导脆性，在应力的作用下产生裂纹并扩展。

氢可以溶解于所有金属中。氢原子的体积小，可以存在于金属原子之间，结果比其他较大的原子扩散起来要快得多。例如，在室温下，氢在铁素体钢中的扩散系数与盐在水中的扩散系数相近。氢倾向于向金属结构的三向拉应力区扩散，因此会被吸引到处于应力作用下的裂纹或缺口的前方区域。溶解氢可能降低金属的抗裂能力，或有助于发展强烈的局部塑性变形，从而促进金属开裂。氢致开裂可能是沿晶也可能是穿晶，裂纹扩展速率一般都较高，极限情况下可高达 1 mm/s。

具有体心立方晶格结构的铁素体，金属原子之间的空隙较小，但这些空隙之间的通道较宽，因此氢在铁素体结构中的溶解度较小，但扩散系数较大。相反，面心立方晶格的奥氏体中，原子之间的空隙较大，而空隙之间的通道较小，所以在奥氏体不锈钢这样的材料中，氢具有较高的溶解度和较低的扩散系数。结果，氢由表面扩散到奥氏体材料内部并使之变脆要比作用在铁素体材料上花费更长的时间（几年而不是多少天），因此通常认为奥氏体合金对氢扩散具有免疫性。

多数学者认为，结构钢在含硫化氢介质中的 SCC 机理是氢脆。H_2S 作为一种强渗氢介质，不仅是因为它本身提供了氢的来源，而且起着“毒化剂”的作用，阻碍阴极反应所析出的氢原子结合成氢分子逸出，而在钢的表面富集，提高钢表面氢浓度，其结果是加速氢往钢中的扩散溶解过程，从而破坏金属基体的连续性，造成氢的损伤（氢脆或氢裂）。

3. SCC 的影响因素

金属的应力腐蚀受各方面因素的影响，内因包括材质的影响，外因包括材料所处的介质环境以及材料所处的应力以及应变状态。

（1）材质的影响　金属的化学成分及偏析情况、组织、晶粒度、晶格缺陷及其分布情况，材料的物理、化学及力学等方面的性能、材料的表面状况等都影响材料 SCC 敏感性。

纯度极高的金属，虽然也发现有 SCC 的现象，但以二元和多元合金的敏感性较高，且组成合金系统的元素相互间的电极电位差越大，此合金系统对 SCC 越敏感。

对于同一种材质，杂质的含量、金相组织、晶格缺陷、晶格尺寸、合金本身的成分等都是影响 SCC 敏感性的因素。杂质含量越高，晶界偏析越严重，材料对 SCC 越敏感。对于钢铁材料，金相组织对 SCC 的敏感性大体是：渗碳体→珠光体→马氏体→铁素体→奥氏体，SCC 倾向依次降低。金属材料的强度级别越高、塑性指标越低，对 SCC 越敏感。

（2）材料所处的应力及应变状态　SCC 敏感性与材料所承受的载荷性质、大小及应力分布状态有关，同时还与材料所承受的加工过程和服役过程的应力应变大小和历史有关。例如，材料所处的应力状态包括线应力、面应力和体应力，SCC 敏感性依次增大，而焊接件又大都处于体应力状态下，所以焊接结构对 SCC 敏感性大，易产生 SCC。载荷性质分动载和静载，动载比静载更容易产生 SCC。而应力水平则是应力越高，出现腐蚀开裂的时间越短；应力越集中越容易产生 SCC。变形量越大，越容易产生 SCC。

（3）介质环境　由表 4-2 可知，只有当金属所处的介质能引发其发生应力腐蚀破裂时，金属才能发生应力腐蚀破裂。除了介质成分外，介质的浓度、pH 值、温度等都对 SCC 有很大影响。随有害离子浓度增大，应力腐蚀破裂时间 t_f 缩短，SCC 敏感性增大；随着介质温度升高，所需发生 SCC 破坏的有害离子浓度越低，SCC 增大。一般，pH 值升高，材料对 SCC 的敏感性下降，不过材质不同、介质不同，情况也可能有所变化。

4. SCC 的防止措施

防止 SCC，可以从降低和消除应力、控制环境、改变材料三个方面采取措施，其中最为有效的是消除或减轻应力。

设计时设法使最大有效应力或应力强度降低到临界应力 σ_{cr} 或应力腐蚀门槛应力强度因子 K_{1SCC} 以下。

多数 SCC 不是由于外部载荷（操作应力），而是由于内部残余应力所引起，因此在组装和焊接过程中应避免产生较大的残余应力。应禁止强行组装，还应避免组装过程中造成的各种伤痕如组装拉筋、支柱及夹具留下的痕迹及随意打弧的灼痕，因为这些都可成为应力腐蚀的裂纹源。已存在的伤痕必须进行修整。选用合理的焊接工艺方法，尽量减小残余应力和残余应力集中。

焊后消除应力处理可有效地降低 SCC 的倾向和改善接头组织，因此对于在腐蚀介质条件下工作的焊接结构，必须进行消除应力处理。焊后消除应力处理的方法很多，应根据具体结构的情况和技术上的可能性进行选择。一般有整体热处理、局部热处理、机械拉伸、水压试验等方法。

通过表面处理的方法使焊接结构表面产生压应力，将敏感的拉应力层与环境隔离，只要连续、使用过程中又不被破坏，就有良好的耐 SCC 效果。具体方法包括机械法（表面喷丸、喷砂、锤击等）、化学法（如渗氮处理等）。

另外，也可以通过采用阴极保护、加缓蚀剂、表面涂覆隔离层等腐蚀防护措施对 SCC 加以控制。如果上述方法都不能采用，那么只有放弃原来选定的材料，改用在该环境中不发生 SCC 的材料。具体可选用成分或结构不同的同类型合金或他种金属，例如奥氏体双相不锈钢对含 Cl^- 溶液敏感，高 Cl^- 溶液中可选用 18Cr18Ni2Si，或者在奥氏体钢中加入少量 Mo 或 Cu。

焊接时应注意正确选择焊接材料，因为调整焊缝金属的合金系统是提高耐应力腐蚀的重要手段之一，但必须同时考虑具体的腐蚀介质。焊接工艺的制定应保证不产生硬化组织及不发生晶粒的严重长大，从而减少应力腐蚀裂纹倾向。

复习思考题

1. 焊接裂纹的危害性是什么？
2. 试分析焊接裂纹的产生条件。
3. 焊接结晶裂纹是怎样形成的？其形成受哪些因素影响，如何防止？
4. 分析焊接时产生结晶裂纹的条件。
5. 何谓多边化裂纹？焊接时产生多边化裂纹的原因是什么？
6. 焊接冷裂纹有何特征？与热裂纹如何区别？其形成机理是什么？
7. 氢致裂纹的延迟性是怎样形成的？分析高强度钢 HAZ 裂纹的形成过程。
8. 预热对焊接裂纹的产生有何影响？
9. 如何判断再热裂纹和液化裂纹，两者的形成机理有何不同？
10. 层状撕裂、SCC 各有何特征？其形成条件是什么？如何防止？

第5章

高能束焊接

5

利用高能量密度的束流（如激光束、电子束）作为热源进行焊接的工艺方法，称为高能束焊接，又称为高能密度焊接。高能束焊接的热源功率密度比常用电弧焊的热源功率密度要高得多，可达到10^6W/cm^{2}以上。高能束焊接，有两种模式，即热导焊模式和小孔模式。热导焊时，束流与焊件相互作用产生的热，经热传导进入焊件内部，使材料被加热而熔化，焊缝宽而浅。当束流功率密度达到一定数量级时，热源作用于焊件上，其温度迅速升高，远远超过材料熔点，达到沸点；部分液态金属发生蒸发，转化成金属蒸气，还使蒸气处于过热状态。一旦形成金属蒸气，它快速膨胀，从焊件表面向上释放，对下面和周围液体产生反作用力（蒸发反力），熔池出现下凹变形。这一下凹变形使更多的光子（激光焊）、电子（电子束焊）持续撞击蒸发暴露出的新鲜金属，后者进一步被加热，继续蒸发。因此，下凹变形越来越大，转变成小孔。小孔被液体金属层所包围，小孔内部是金属蒸气。当能量输入足够高时，小孔贯穿整个焊件厚度。小孔模式下，形成深而窄的焊缝。

5.1 电子束焊

电子束焊（Electron Beam Welding，BEW）是利用加速和聚焦的电子束轰击置于真空或非真空的焊件所产生的热能，使被焊金属熔合的一种焊接方法。它利用空间定向高速运动的电子束撞击焊件表面，电子束轰击焊件时，其动能的96%可转化为焊接所需的热能，被焊金属迅速熔化和蒸发。在高压金属蒸气的作用下，熔化金属被排开，电子束能继续撞击深处的固态金属，很快在被焊焊件上产生出小孔，表层的高温还可以向焊件深层传导。随着电子束与焊件的相对移动，液态金属沿小孔周围流向熔池后部，冷却结晶后形成焊缝。电子束焊是一种先进的焊接方法，日益受到人们的关注。

5.1.1 电子束焊的特点

电子束作为焊接热源有两个明显的特点：

（1）功率密度高　一定功率的电子束经电子透镜聚焦后，电子束焦点直径约为0.1～1mm，功率密度可达10^6W/cm^{2}以上。

（2）精确、快速的可控性　作为物质基本粒子的电子具有极小的质量（9.1×10^{-31}kg）和一定的负电荷（1.6×10^{-19}C），电子的荷质比高达1.76×10^{11}C/kg，通过电场、磁场对电子束可作快速而精确地控制。

基于电子束的上述特点和焊接时的真空条件，真空电子束焊接具有下列主要优点。

1）电子束穿透能力强，焊缝深宽比大（可达60∶1）。

2）焊接速度快，焊缝物理性能好。电子束焊接速度一般在1m/min以上。由于能量集中，熔化和凝固过程快，能避免晶粒长大，使得接头性能改善；高温作用时间短，合金元素烧损少，焊缝耐蚀性好。

3）焊接热变形小。功率密度高，电子束焊缝热影响区很小，有时几乎不存在。焊接热输入小以及“平行焊缝”的特点使得电子束焊接的变形较小。对精加工的焊件可作为最后的连接工序，焊后焊件仍能保持足够高的精度。

4）焊缝纯洁度高。真空对焊缝具有良好的保护作用。真空电子束焊接不仅可以防止熔化金属受到氢、氧、氮等有害气体的污染，而且有利于焊缝金属的除气和净化，因而特别适合钛、铝、镁等活泼金属的焊接。也常用电子束焊接真空密封元件，焊后元件内部保持在真空状态。

5）焊接参数调节范围广，工艺适应性强。电子束焊接参数易于精确调节，便于偏转，对焊接结构有广泛的适应性。在真空中可以传到较远的位置上进行焊接，只要束流可达，就可以进行焊接。因而能够进行一般焊接方法的焊炬、电极等难以接近部位的焊接。

6）可焊材料多。不仅能焊接金属和异种金属的接头，也可焊接非金属材料，如陶瓷、石英玻璃等。

7）再现性好。电子束焊接参数易于实现机械化和自动控制，重复性和再现性好，提高了产品质量的稳定性。

8）可简化加工工艺。可将重复的或大型整体焊件分为易于加工的、简单的或小型部件，用电子束焊为一个整体，减少加工难度，节省材料，简化工艺。

电子束焊接同时也具有如下的缺点：

1）设备复杂，价格昂贵，后续维护费用高。

2）焊接前对接头加工、装配要求严格，以保证接头位置准确，间隙小而且均匀。

3）焊件的形状以及尺寸受到真空室大小的限制。

4）电子束易受杂散磁场干扰，影响焊接质量。

5）焊缝质量易受到真空度的影响。

6）焊接时产生 X 射线，需要严加防护。

由于有上述优势，电子束焊接技术可以焊接难熔合金和难焊材料，焊接深度大，焊缝性能好，焊接变形小，焊接精度高，并具有较高的生产率。因此，在核能、航空航天、汽车、压力容器以及工具制造等工业中得到了广泛的应用。

5.1.2 电子束焊的工作原理

电子束是在高真空环境中从电子枪中产生的。当阴极被加热后，由于热发射效应，阴极表面发射电子且在电场作用下不断地加速飞向工件。但这样的电子束密度低，能量不集中，只有通过电子光学系统把电子束汇聚起来，提高其能量密度后，才能达到熔化金属和焊接的目的。通常电子是以热发射或场致发射的方式从发射体（阴极）逸出，在 25～300kV 的加速电压作用下，电子被加速到 0.3～0.7 倍的光速，具有一定的动能，经电子枪中静电透镜和电磁透镜的作用，电子汇聚成功率密度很高的电子束。

这种汇聚的电子束作用于待焊材料表面形成电子穿透层，在电子穿透层下方的局部区域内电子扩散受阻，由于动能、机械振动能以及热能的能量转换结果，在材料表层下方形成一个梨形容积的加热区。梨形容积加热区中的材料在极短的时间内被加热到熔点以及超过熔点温度，使得材料汽化形成金属蒸气流。此时材料表层破槽开裂，喷出高速蒸气流，在金属蒸气流反作用力的作用下，熔融的金属液体向四周排开，露出了新的固体，金属表面形成了一个内附有金属液体薄层的梨形容积空腔。电子束重新作用于空腔底部的新的固体金属表面形成新的梨形容积加热区，重复上述过程就会形成一连串的梨形容积空腔，形成的梨形容积空腔连接在一起即形成了电子束的小孔。其形成过程如图 5-1 所示。

小孔的形成过程是一个复杂的高温流体动力学过程。高功率密度的电子束轰击焊件，使焊件表面材料熔化并伴随着液态金属的蒸发，金属蒸气的反作用力使液态金属表面压凹，随

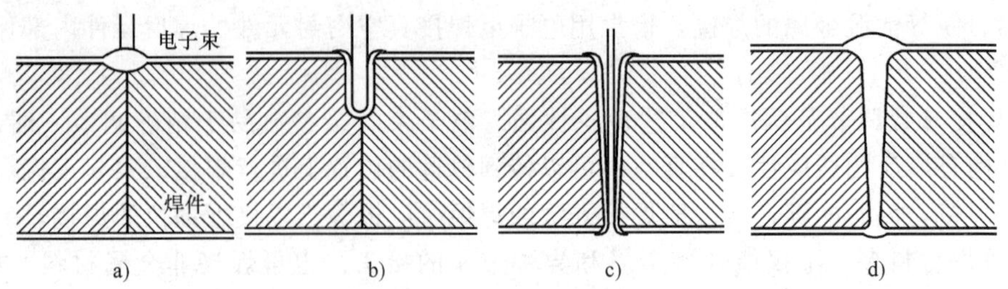

图 5-1 电子束焊接焊缝成形原理

a）接头局部熔化、蒸发 b）金属蒸气排开液体金属，电子束“钻入”母材，形成“小孔” c）电子束穿透焊件，“小孔”由液态金属包围 d）焊缝凝固成形

着电子束功率密度的增加，金属蒸气量增多，液面被压凹的程度也增大，并形成一个通道。电子束经过通道轰击底部的待熔金属，使通道逐渐向纵深发展，如图 5-2 所示。液态金属的表面张力和流体静压力试图拉平液面，在达到力的平衡时，通道的发展才停止，并形成小孔。小孔和熔池的形状与焊接参数有关，如图 5-3 所示。

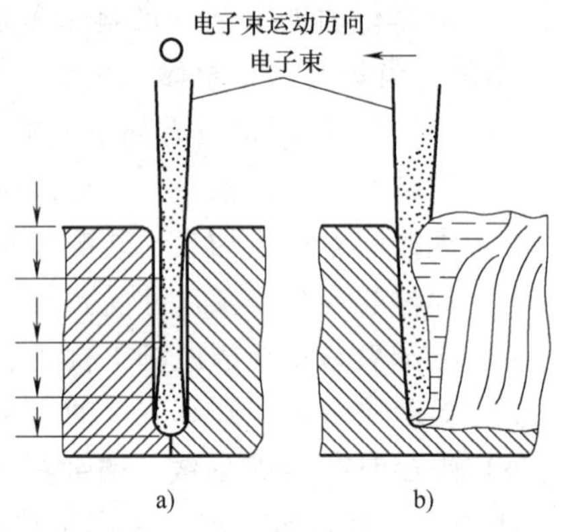

图 5-2 电子束焊时小孔形成的示意图

a）正视图 b）侧视图

但是，电子束在轰击路途上会与金属蒸气和二次发射的粒子碰撞，造成功率密度下降。液态金属在重力和表面张力的作用下对通道有浸灌和封口作用，如图 5-2b 所示，从而使通道变窄，甚至被切断，干扰或阻断了电子束对熔池底部待熔金属的轰击。焊接过程中，通道不断地被切断和恢复，达到一个动态平衡。

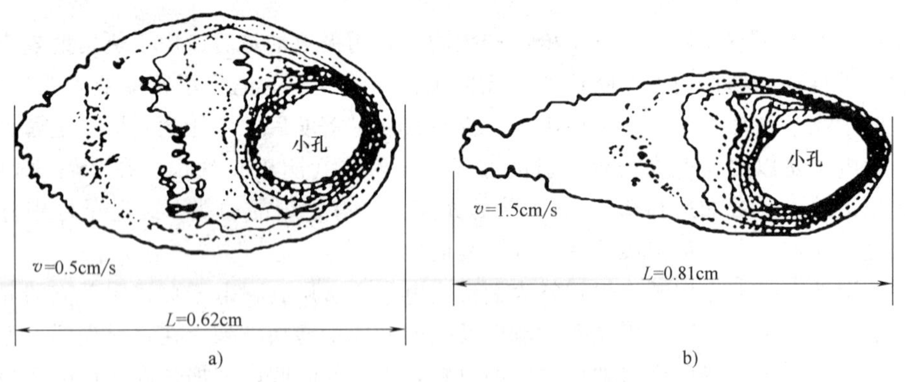

图 5-3 相同功率、不同焊接速度下，小孔与熔池的形貌

（CCD 摄像结果，$P=3.6\text{kW}$，$I_f=512\text{mA}$，$I_b=60\text{mA}$）

小孔的周围被液态金属包围。随着电子束与焊件的相对移动，液态金属沿小孔周围流向熔池后部，逐渐冷却、凝固形成了焊缝。也就是说，电子束焊接过程中的焊接熔池始终存在一个小孔。小孔的存在，从根本上改变了焊接熔池的传质、传热规律，由一般熔焊方法的热导焊转变为穿孔焊，这是包括激光焊、电子束焊在内的高能束流焊接的共同特点。

电子束传送到焊接接头的热量和其熔化金属的效果与束流强度、加速电压、焊接速度、电子束斑点质量以及被焊材料的性能等因素有着密切的关系。提高电子束的功率密度可以增加穿透深度，在大厚度件的焊接中，焊缝的深宽比可以高达60:1，焊缝两边缘基本平行。这种情况的出现，主要是在电子束焊接中存在小孔效应。

5.1.3 电子束焊的分类

电子束焊的分类方法有很多。按电子束加速电压高低可分为高压电子束焊接（120kV以上）、中压电子束焊接（60～100kV）和低压电子束焊接（40kV以下）三类。按被焊焊件所处环境的真空度可分为三种：高真空电子束焊、低真空电子束焊和非真空电子束焊。表5-1为按焊接环境分类的不同类型电子束的技术特点及适用范围。

表5-1 按焊接环境分类的不同类型电子束的技术特点及适用范围

类型	真空度/Pa	技术特点	适用范围
高真空电子束焊	$10^{-4}\sim10^{-1}$	加速电压为15～175kV，最大工作距离可达1000mm。电子束功率密度高，焦点尺寸小，焊缝深宽比大，质量高。可防止熔化金属氧化，但真空系统较复杂，抽真空时间长（几十分钟），生产率低，焊接尺寸受真空室限制	适用于活性金属、难熔金属、高纯度金属和异种金属的焊接，以及质量要求高的焊件的焊接
低真空电子束焊	$10^{-1}\sim10$	加速电压为40～150kV，最大工作距离小于700mm。不需要扩散泵，焦点尺寸小，抽真空时间短（几分钟～十几分钟），生产率较高；可用局部真空室满足大型焊件的焊接，工艺和设备得到简化	适用于大批量生产，如电子元件、精密仪器零件、轴承内外圈、汽轮机隔板、变速箱、组合齿轮等
非真空电子束焊	大气压	不需真空工作室，焊接在正常大气压下进行，加速电压为150～200kV，最大工作距离为30mm左右。可焊接大尺寸焊件，生产率高，成本低。但功率密度较低，散射严重，焊缝深宽比小（最大5:1），某些材料需用惰性气体保护	适用于大型焊件的焊接，如大容器、导弹壳体、锅炉热交换器等，但一次焊透深度不超过30mm
局部真空	根据要求确定	用于移动式真空室，或在焊件焊接部位制造局部真空进行焊接	适用于大型焊件的焊接

5.1.4 电子束焊的设备

电子束焊的焊接设备一般可按真空状态或加速电压分类。在实际应用中，真空电子束焊机居多，图5-4所示是真空电子束焊机组成示意图，其主要组成部分有：电子枪、供电电源及控制系统、工作真空室、运动系统和焊接夹具。

（1）电子枪 电子束焊接设备中用以产生和控制电子束的电子光学系统称为电子枪。电子枪是电子束焊机的核心部件，电子枪是产生电子使之加速、会聚成电子束的装置。

现代电子束焊机多采用三极电了枪，其电极系统由阴极、偏压电极和阳极组成。阴极处于高的负电位，它与接地的阳极之间形成电子束的加速电场。偏压电极相对于阴极呈负电位，通过调节其负电位的大小和改变偏压电极的形状及位置可以调节电子束流的大小和改变电子束的形状。二极枪是由阴极、聚束极和阳极组成的电极系统。在一定的加速电压下，通过调节阴极温度来改变阴极发射的电子流，从而调节电子束流的大小。

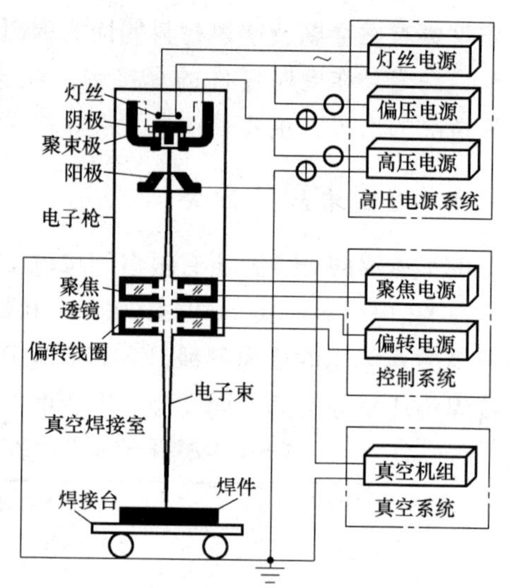

图 5-4 真空电子束焊机组成示意图

电子枪的电磁部分主要由聚焦线圈与偏转线圈组成。聚焦线圈又称电磁透镜，是一个圆环形绕组，其作用是对电子束进行聚焦。由静电透镜会聚的电子束流，发射后由电磁透镜重新聚焦到工件的焊缝上。这样既增加了电子束焊接的工作距离，而且又易于对其控制和调节。偏转线圈是套在环形铁心的极靴上或按一定函数分布在铁心环上，其作用是使电子束作重复性摆动或偏移，偏转的目的是使电子束的束斑对准被焊焊件的接缝上（静偏转）或在焊缝区作有规则的周期性运动（动偏转）。偏转方向和偏转量可通过改变偏转线圈中的电流方向及大小来调节。偏转线圈的磁心可选用高频特性好的铁氧体。在偏转频率高于 10kHz 时，应采用空心偏转线圈，以保证偏转线圈的励磁电流与磁场强度的线性关系。

电子枪一般安装真空室外部。垂直焊时，放在真空室顶部；水平焊时，放在真空室侧面，根据需要可使电子枪沿真空室壁在一定范围内移动。

电子枪的工作电压通常为 30 ~ 150kV，电流在 20 ~ 1000mA 之间。为了防止高压击穿、束流的散射以及能量的损耗，电子枪内的真空室须保持在 6.6×10^{-2}Pa 以下。

电子枪的电极系统还构成电子束的静电透镜，它使阴极发射的电子会聚在阳极附近，形成交叉点。电子束穿过阳极孔后，逐渐发散，然后通过电磁透镜（聚焦线圈）使电子束再次会聚在待焊工件表面或其附近而形成斑点。电子束会聚角越大，其斑点就越小。对于焊接电子枪，一般采用小会聚角电子束，但不追求过小的电子束斑点。

电子枪的静电透镜和电磁透镜的各部件应保持同心（亦称合轴），否则电子束轨迹将发生畸变，在调节聚焦或改变束流时电子束将发生位置偏移，所以，电子枪上应设有机械式或电磁式的合轴调节机构。

（2）供电电源及控制系统　供电电源是指电子枪所需要的供电系统，通常包括高压电源、阴极加热电源和偏压电源。

（3）真空系统　真空系统是对电子枪和真空室（亦称工作室）抽真空用的。真空室提供了进行电子束焊接的真空环境，不同的真空度得到的焊缝形状及熔深是不同的，如图 5-5 所示。真空室同时将电子束与操作者隔离开来，防止电子束焊接时产生的 X 射线对人体和环境的伤害。

（4）运动系统　运动系统使电子束与被焊零件产生相对移动，实现焊接轨迹，并在焊接过程中保持电子束与接缝的位置准确和焊接速度的稳定，一般由工作台、转台及夹具组成。

电子束焊机大多将电子枪固定在真空室顶部，运动系统使工件运动来实现接缝的焊接。

选用电子束焊设备时，应综合考虑被焊材料、板厚、形状、产品批量等因素。一般来说，焊接化学性能活泼的金属（如 W、Ta、Mo、Nb、Ti 等）及其合金应选用高真空焊机；

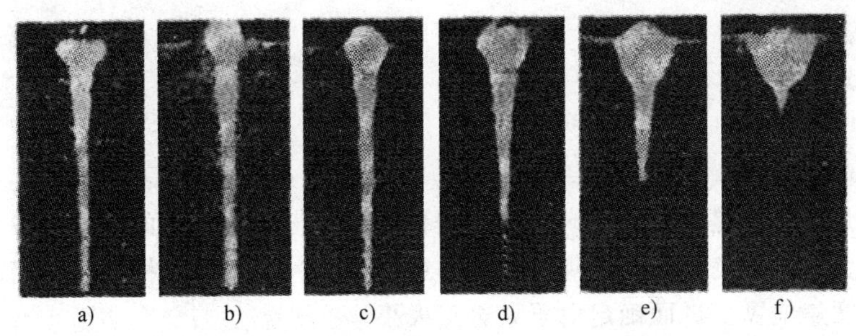

图 5-5　真空度对熔深和焊缝形状的影响

（材料：06Cr19Ni10 不锈钢；焊接参数：$U_a=150\text{kV}$，$I_b=30\text{mA}$，$v=25.4\text{mm/s}$，$H=406\text{mm}$）

a）$p=1.33\times10^{-6}\text{Pa}$　b）$p=1.33\times10^{-5}\text{Pa}$　c）$p=6.65\times10^{-4}\text{Pa}$

d）$p=1.33\times10^{-3}\text{Pa}$　e）$p=2.66\times10^{-3}\text{Pa}$　f）$p=3.99\times10^{-3}\text{Pa}$

焊接易蒸发的金属及其合金应选用低真空焊机；焊厚大焊件应选用高压型焊机，中等厚度焊件选用中压型焊机；成批生产时选用专用焊机；品种多、批量小或单件生产则选用通用型焊接设备。

5.1.5　电子束焊的焊接参数

电子束焊的焊接参数主要有：加速电压 U_a、电子束电流 I_b、聚焦电流 I_f、焊接速度 v，以及工作距离 H 等。电子束焊的焊接参数主要根据板厚来选择。一般说来，焊接熔深和加速电压、电子束流成正比，和束斑直径（受聚焦电流影响）、工作距离、焊接速度成反比。电子束电流和焊接速度是主要调整的焊接参数。

（1）加速电压 U_a　在大多数电子束焊接中，加速电压参数往往不变，必要时也只作较小的调整。根据电子枪的类型（低、中、高压）通常选取某一数值，如 60kV 或 150kV。在相同的功率、不同的加速电压下，所得焊缝熔深和形状是不同的。提高加速电压可增加焊缝的熔深，在保持其他参数不变的条件下，焊缝横截面深宽比与加速电压成正比。当焊接大厚件并要求得到窄而平的焊缝或电子枪与焊缝距离较大时可以提高加速电压。

（2）电子束电流 I_b　电子束电流和加速电压一起决定着电子束的功率。增加电子束电流，熔深和熔宽都会增加。在电子束焊中，由于加速电压基本不变，为了满足焊接工艺的需要，常常需要调整电子束电流。这些调整包括以下几方面。

1）在焊接环缝时，要控制电子束电流的递增、递减，以获得良好的起始、收尾搭接处的质量。

2）在焊接各种不同厚度的材料时，要改变电子束电流，以得到不同的熔深。

3）在焊接大厚件时，由于焊接速度较低，随着焊件温度的增加，焊接电流需逐渐减小。

（3）焊接速度 v　焊接速度和电子束功率一起决定着焊缝的熔深、焊缝宽度以及被焊材料的熔池行为（冷却、凝固及焊缝熔合线形状）。增加焊接速度会使焊缝变窄，熔深减小。

焊接热输入是加速电压 U_a、电子束流 I_b 和焊接速度 v 综合作用的结果。电子束焊时，热输入的计算公式为

$$q=\frac{U_aI_b}{v} \tag{5-1}$$

式中 q——热输入；

U_a——加速电压；

I_b——电子束流；

v——焊接速度。

（4）聚焦电流 I_f 电子束焊时，相对于焊件表面而言，电子束的聚焦位置有上焦点、下焦点和表面焦点三种，焦点位置对焊缝形状的影响很大。根据被焊材料的焊接速度、焊缝接头间隙等决定聚焦位置，进而确定电子束斑点大小。

（5）工作距离 H 工作距离会影响到电子束的聚焦程度，工作距离变小时，电子束的压缩比增大，使电子束斑点直径变小，增加了电子束的功率密度。但工作距离太小会使得过多的金属蒸气进入枪体造成放电，因而在不影响电子枪稳定工作的前提下，可以采用尽可能短的工作距离。

5.2 激光焊

激光焊（Laser Beam Welding，LBW）是利用聚焦的高能密度激光束作为能源轰击焊件所产生的热量进行焊接的一种高效精密焊接方法，具有能量密度高、穿透深、输入热量少、焊接速度高、接头热变形和热影响区小、熔池形状深宽比大、组织细、韧性好等优点，日益受到各国制造业的重视，已应用于航空航天、汽车制造、电子轻工等领域。

5.2.1 激光焊的特点

激光是“通过受激辐射实现光的放大（Light Amplification by Stimulated Emission of Radiation）”的简称。激光具有方向性好、亮度高、单色性强以及相干性好四大特点。激光的高亮度、良好的方向性以及单色性可以使激光能量在空间和时间上高度集中，聚焦后在焦点上的功率密度可高达 $10^5 \sim 10^7 W/cm^2$，比常规的焊接热源高几个数量级，因而成为焊接和切割的理想热源。

激光焊接是当今先进的制造技术，以高能密度的激光束作为热源进行熔焊，不仅使焊接接头质量得到了显著提高，而且生产率也高于传统的焊接方法。与一般的焊接方法相比，激光焊有如下特点。

1）聚焦后的激光功率密度高（$10^5 \sim 10^7 W/cm^2$ 甚至更高），加热速度快，可实现深熔焊和高速焊。由于激光加热范围小（光斑直径 <1mm），在同等功率和焊接厚度条件下，焊接速度快、热影响区小、焊接应力和变形小，特别适宜于精密焊接和微细焊接。

2）可获得深宽比大的焊缝，焊接厚件时可不开坡口一次成形。激光焊缝的深宽比目前已达 12:1，不开坡口单道焊接钢板的厚度已达 50mm。

3）激光能反射、透射，能在空间传播相当距离而衰减很小，可借助反射镜、光导纤维、棱镜等光学方法弯曲传输、偏转或聚焦，使光束达到一般焊接方法无法施焊的部位，进行远距离或一些难以接近部位的焊接，可达性好。由于激光能穿透玻璃等透明物体，可穿过透明介质对密闭容器内的工件进行焊接，所以适合于在玻璃的密封容器里焊接铍合金等剧毒材料。

4）一台激光器可供多个工作台进行不同的工作，既可用于焊接，又可用于切割、合金化和热处理，一机多用。

5）可以焊接一般焊接方法难以焊接的材料，如高熔点合金、非金属材料（如陶瓷、有机玻璃等）、热敏感性强金属等，焊后无需热处理。

6）与电子束焊相比，激光焊不需要真空室（可在大气下进行焊接），不产生X射线，激光束不受电磁干扰，无磁偏吹现象存在，适宜于磁性材料焊接。不足之处是其可焊厚度比电子束小。

目前影响大功率激光焊扩大应用的主要障碍是：

1）激光器（特别是高功率连续激光器）价格昂贵。

2）对焊件加工、组装、定位要求均很高，工具架也必须精密。只有高生产率才能显示其经济性。

3）CO_2 和 YAG 激光器的光电转换及整体运行效率都很低，CO_2 激光器的光电转换效率仅为10%～20%，YAG激光器的光电转换效率仅为2%～3%。此外，激光会被光滑金属表面部分反射或折射，影响能量向焊件传输，所以难以焊接一些高反射率的金属。

5.2.2 激光焊设备

激光焊设备是产生激光束并对焊件进行熔焊的专用设备。按激光工作物质的不同，分为固体和气体激光焊设备；按激光工作方式不同，分为连续激光焊设备和脉冲激光焊设备。激光焊设备通常由激光器、光束检测器、光束偏转及聚焦系统、运动和控制系统等主要部件和光学元件的冷却系统、光学系统的保护装置、焊接过程监测系统、工作台等外围设备组成。图5-6是激光焊接设备组成示意图。

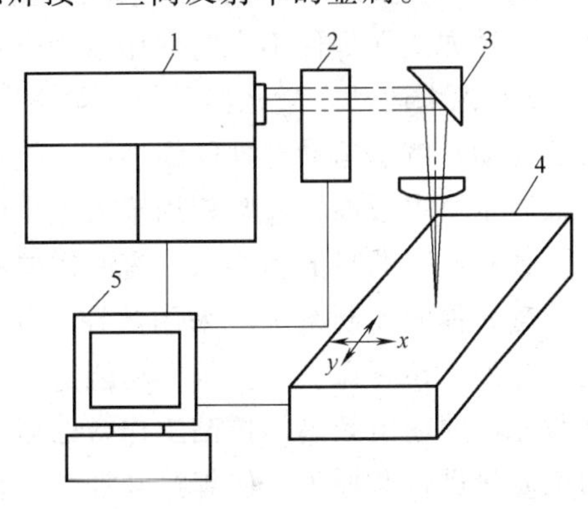

图5-6 激光加工设备组成示意图

1—激光器 2—光束检测仪 3—偏转聚焦系统 4—工作台 5—控制系统

（1）激光器 激光器是激光焊设备中的核心部分，提供加工所需的光能。对激光器的要求是稳定、可靠，能长期运行。激光器种类繁多，但目前适于焊接和切割的主要是YAG固体激光器和 CO_2 气体激光器，其主要特点见表5-2。

表5-2 YAG固体激光器和 CO_2 气体激光器的特点

激光器	波长/μm	工作方式	重复频率/Hz	输出功率或能量范围	主要用途	最小加热面积/cm^2
YAG激光器	1.06	脉冲连续	0～400	1～100J 0～2kW	点焊、打孔 焊接、切割、表面处理	10^{-8}
封闭式 CO_2 激光器	10.6	连续	—	0～1kW	焊接、切割、表面处理	10^{-8}
横流式 CO_2 激光器	10.6	连续	—	0～25kW	焊接、表面处理	10^{-8}
快速轴流式 CO_2 激光器	10.6	连续脉冲	0～5000	0～6kW	焊接、切割	10^{-8}

YAG激光器可在连续、脉冲或调Q状态下工作。YAG激光器输出激光波长为1.06μm，是 CO_2 激光波长的1/10。波长较短有利于激光的聚焦和光纤传输，也有利于金属表面的吸收，这是YAG激光器的优势；但YAG激光器采用光浦泵，能量转换环节多，器件总效率约为2%～3%，比 CO_2 激光器低，而且泵浦灯使用寿命较短，需经常更换。YAG激光器一般

输出多模光束，模式不规则，发射角大。

CO_2 激光器是目前工业应用中数量最大、应用最广泛的一种激光器。它输出功率范围大，能量转换功率大大高于YAG固体激光器，理论转换效率为40%，实际应用中其电光转换效率也可达到15%。CO_2 激光波长为10.6μm，属于红外光，它可在空气中传播很远而衰减很小。

（2）光束偏转及聚焦系统　光束偏转及聚焦系统又称为外部光学系统，用以对光束进行传输并聚焦到工件上，其端部安装提供保护或辅助气流的焊枪或割炬。

（3）光束检测器　光束检测器有两个作用：一是检测激光器的输出能量或功率；二是检测激光束横截面上的能量分布状况，用来判断激光器的输出模式。

（4）运动和控制系统　按激光束与工件的相对运动的实现方式，运动系统可以分为以下三种基本形式：

1）激光器运动。激光器与偏转及聚焦系统作为一个整体沿焊件运动。

2）焊件运动。焊件置于工作台上，随工作台一起运动，激光器及外部光学系统固定不动。这种方式在焊件不大时使用较为方便，如齿轮焊接。

3）光束运动。激光器和焊件都固定不动，通过飞行光学系统或光导纤维的运动实现光束的运动。由于运动部件的惯性小，故可以达到很高的速度和加速度。这种方式对激光器的光束质量要求很高，通常应用于大范围的加工。

针对不同的目的和要求，有时需要将两种基本运动方式结合起来。

激光焊的控制系统多采用数控系统，主要作用是输入参数并对参数进行实时显示、控制，另外，还有保护和报警等功能。数控系统用于对整个激光加工机进行控制和调节。如控制激光器的输出频率，控制工作台的运动，控制整个加工机的焊接参数或加工参数，对激光加工质量进行监控等，使焊接和加工过程在最优的焊接参数范围内进行，得到良好的加工质量。

固体激光器（YAG激光器）可以与运动灵活的工业机器人配套，图5-7所示为激光加工机器人示意图。

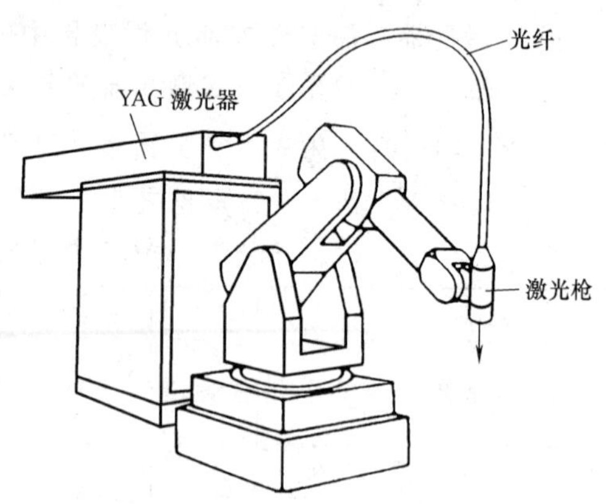

图5-7　激光加工机器人（YAG激光器）示意图

5.2.3 激光焊焊接工艺

激光焊接实质上是激光与非透明物质相互作用的过程，这个过程极其复杂，微观上是一个量子过程，宏观上则表现为反射、吸收、熔化、汽化等现象。就激光焊接和切割而言，整个过程发生在毫秒级甚至更短的时间内，一般将其分为四个阶段。

（1）光的反射及吸收　激光焊接时，激光照射到被焊材料表面，与其作用，一部分被反射，一部分进入材料内部。

激光焊接的热效应取决于焊件吸收光束能量的程度，常用吸收率来表征。当光束照在清洁磨光的金属表面时，一般都存在着强烈的反射。温度提高时，反射率降低，在熔点以上吸收率急剧提高。金属对激光的吸收，主要与激光波长、入射角、材料性质、温度、表面状况和激光功率密度等因素有关。

（2）材料的加热　一旦激光光子入射到金属晶体，光子即与电子发生非弹性碰撞，光子将其能量传递给电子，使电子由原来的低能级跃迁到高能级。与此同时，金属内部的电子间也在不断地互相碰撞。因而，吸收了光子而处于高能级的电子将在与其他电子的碰撞以及与晶格的互相作用中进行能量的传递，光子的能量最终转化为晶格的热振动能，引起材料温度升高，改变材料表面及内部温度。

激光加工时，材料吸收的光能向热能的转换是在极短的时间（约为 10^{-9}s）内完成的。在这个时间内，热能仅仅局限于材料的激光辐照区，而后通过热传导，热量由高温区传向低温区。

（3）材料的熔化及汽化　激光焊接时，材料达到熔点所需的时间为微秒级；脉冲激光焊接时，当材料表面吸收的功率密度为 10^5W/cm^2 时，达到沸点的典型时间为几毫秒。当功率密度大于 10^6W/cm^2 时，被焊材料会产生急剧的蒸发。在连续激光深熔焊时，正是由于蒸发的存在，蒸气压力和蒸气反作用力等能克服熔化金属的表面张力以及液体金属静压力而形成小孔，小孔类似于黑体，它有助于对光束能量的吸收，显示出“壁聚焦效应”。由于激光束聚焦后不是平行光束，与孔壁间形成一定的入射角，如图5-8所示。激光束照射到孔壁上后，经多次反射而达到孔底，最终被完全吸收。由于小孔内壁不可能很光滑，所以光束能量易于被吸收，有力地说明了高功率密度能够进行深熔焊的可能性。

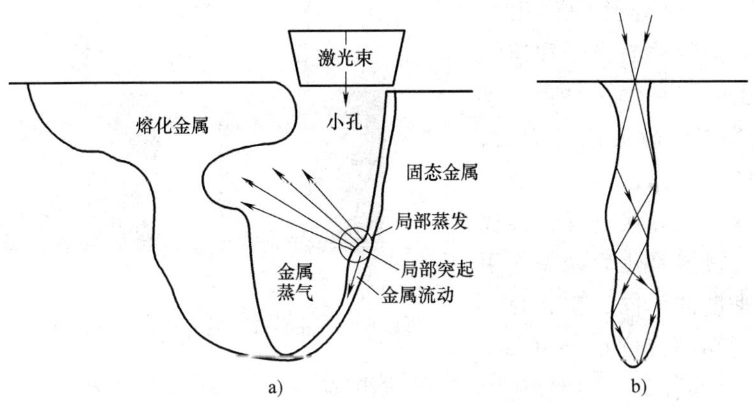

图5-8　激光深熔焊时的小孔及壁聚焦效应

a）深熔焊时的小孔　b）激光小孔的壁聚焦效应

激光焊的过程是基于光热效应，激光被被焊材料吸收并转化为热的过程。在不同功率密度的激光束的照射下，材料表面区域将发生各种不同的变化，这些变化包括表面温度升高、熔化、汽化、形成小孔以及产生光致等离子体等。图5-9所示为不同功率密度激光辐射金属材料时的几个主要物理过程。

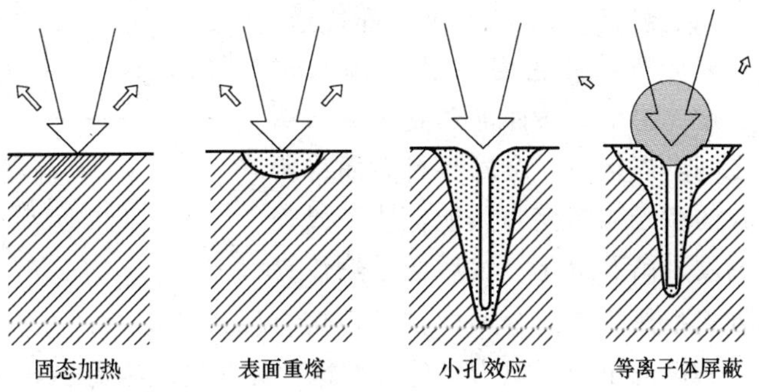

图5-9　不同功率密度激光辐射材料的主要物理过程

（4）激光作用终止，熔化金属的凝固　焊接过程中，焊件和光束作相对运动，由于剧烈蒸发产生的强驱动力使小孔前沿形成的熔化金属沿某一角度得到加速，在小孔的近表面处形成如图 5-10 所示的大旋涡，此后，小孔后方液体金属由于传热的作用，温度迅速降低，液体金属很快凝固形成焊缝。

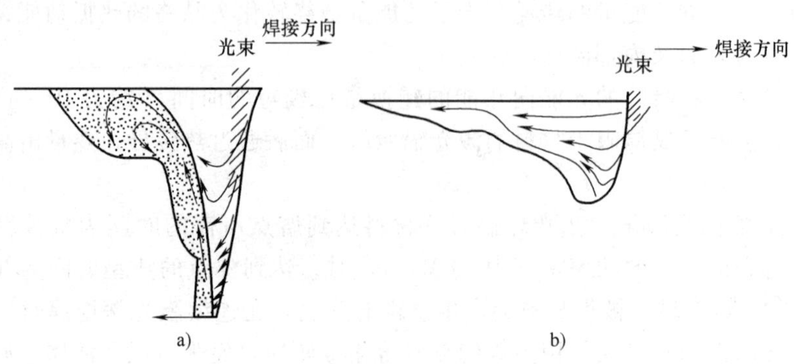

图 5-10　小孔和熔融金属流动的示意图

a）小孔　b）熔融金属的流动

激光焊通常按激光对焊件的作用方式以及作用在焊件上的功率密度进行分类。根据激光对焊件的作用方式，激光焊可分为脉冲激光焊和连续激光焊。连续激光焊在焊接过程中形成一条连续的焊缝。脉冲激光焊时，输入到焊件上的能量是断续的、脉冲的，每个激光脉冲在焊接过程中形成一个圆形焊点。根据聚焦后光斑作用在焊件上功率密度的不同，激光焊一般分为热导焊（功率密度小于 10^6W/cm^2）和深熔焊（小孔焊，功率密度大于等于 10^6W/cm^2），如图 5-11 所示。

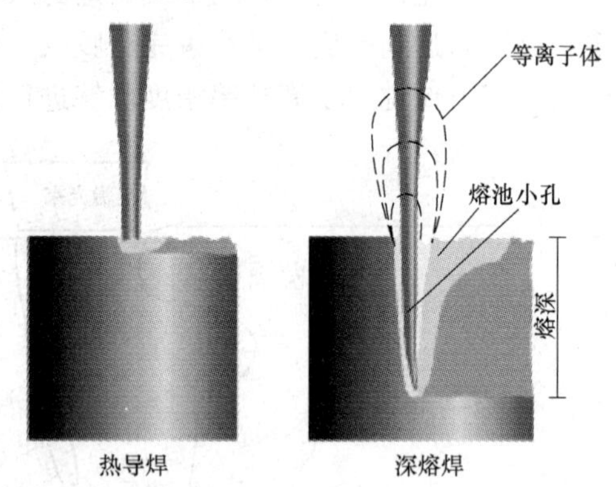

图 5-11　激光焊的两种基本模式

（1）热导焊　激光热导焊类似于钨极氩弧焊，材料表面吸收激光能量，通过热传导的方式向内部传递。在激光光斑功率密度小于 10^6W/cm^2 时，激光将金属表面加热到熔点与沸点之间。焊接时，金属材料表面将所吸收的激光能转变为热能，使金属表面温度升高而熔化，然后通过热传导的方式把热能传向金属内部，使熔合区逐渐扩大，无小孔效应发生，凝固后形成焊点或焊缝，其熔池轮廓近似为半球形。这种焊接机理称为热导焊。如图 5-12a 所示。

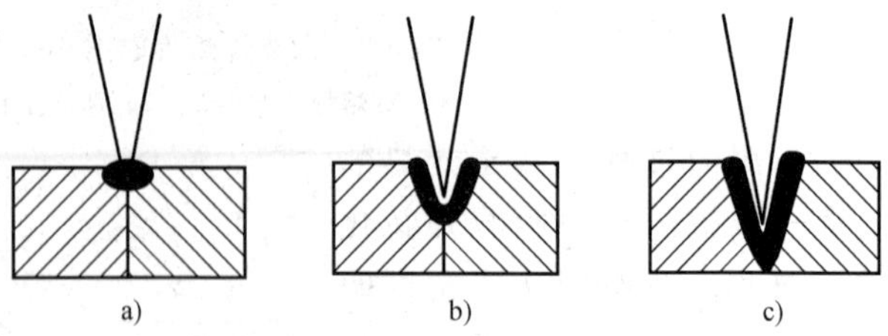

图 5-12　激光焊不同功率密度时的加热状态

a）热导焊　b）深熔焊　c）小孔效应焊

热导焊的主要特点是激光光斑的功率密度小，很大一部分光被金属表面所反射，光的稀释率较低，焊接熔深浅，焊点小，热影响区小，因而焊接变形小，精度高，焊接质量也好。

主要用于薄板（厚度小于1mm）、小零件的焊接加工。

（2）深熔焊（小孔焊） 激光焊与电子束焊相似，高功率密度激光引起材料局部熔化并形成“小孔”，激光束通过“小孔”深入到熔池内部，随着激光束的运动形成连续焊缝。当激光光斑上的功率密度足够大时（$\geq 10^6 W/cm^2$），金属表面在激光的照射下被迅速加热，其表面温度在极短的时间内（$10^{-8} \sim 10^{-6}s$）升高到沸点，使金属熔化和汽化，所产生的金属蒸气以一定的速度离开熔池表面，金属蒸气的逸出对熔化的液态金属产生一个附加压力，使熔池金属表面向下凹陷，在激光光斑下产生一个小凹坑，如图5-12b所示。当激光束在小孔底部继续加热使金属汽化时，所产生的金属蒸气一方面压迫坑底的液态金属使小坑进一步加深，另一方面，向坑外飞出的蒸气将熔化的金属挤向熔池周围，在液态金属中形成一个细长的孔洞。当光束能量所产生的金属蒸气的反冲压力与液态金属的表面张力和重力平衡后，小孔不再继续加深，形成一个深度稳定的孔而进行焊接，因此称之为激光深熔焊。如果激光功率足够大而材料相对较薄，激光焊形成的小孔贯穿整个板厚且背面可以接收到部分激光，形成深穿透焊缝，如图5-12c，称之为薄板激光小孔效应焊。从机理上看，深熔焊和小孔效应焊的前提都是焊接时存在小孔，二者没有本质的区别。

在能量平衡和物质流动平衡的条件下，可以对小孔稳定存在时产生的一些现象进行分析。只要光束有足够高的功率密度，小孔总是可以形成的。小孔中充满了在激光束照射下被焊金属所产生的金属蒸气及等离子体（图5-8a）。在小孔之上，具有一定压力的等离子体还向焊件表面空间喷发，形成一定范围的等离子体云。小孔周围被熔池金属所包围，在熔池金属的外面是未熔化的金属及一部分凝固金属，熔化金属的重力及表面张力有使小孔弥合的趋势，而连续产生的金属蒸气则力图维持小孔的存在。在光束入射的地方，有物质连续逸出孔外，随着光束的运动，小孔形状和尺寸在动态平衡下也随着光束运动。

当小孔跟着光束在物质中向前运动的时候，在小孔前方形成一个倾斜的烧蚀前沿。在这个区域，伴随着材料的熔化、汽化，其温度高、压力大。这样，小孔周围存在着压力梯度和温度梯度。在压力梯度的作用下，熔融金属绕小孔的周边由前沿向后沿流动。另外，温度梯度的存在使得气－液分界面的表面张力随着温度升高而减小，沿小孔的周边建立了一个表面张力梯度，这就进一步驱使熔融金属绕小孔周边由前沿向后沿流动，最后在小孔后方凝固形成连续的焊缝。

小孔的形成伴随有明显的声、光特征。用激光焊焊接钢件时，焊件表面的光焰是橘红色或白色的；一旦小孔形成，光焰变成蓝色并伴有轻微的爆裂声，这个声音是等离子体喷出小孔时产生的。利用激光焊时的声、光特征，可以对焊接过程和焊接质量进行监控，形成激光焊的声光监测技术。

激光深熔焊接时，能量转换是通过熔池小孔完成。小孔周围是熔融的液体金属，由于壁聚焦效应，几乎全部吸收入射的激光能量，总之，热量是通过激光与物质的直接作用而形成的，而常规的焊接和激光热传导焊接，其热量首先在焊件表面聚积，然后经热传导到达焊件内部，这是激光深熔焊和热导焊的根本区别。

5.2.4 激光焊焊缝的形成及特点

激光热导焊焊缝具有某些常规熔焊方法的特点。激光深熔焊时的焊缝形成如图5-13所示。对激光焊的熔池研究发现，熔池有周期性变化的特点，主要原因是激光与物质作用过程中的自振荡效应。这种自振荡的频率与激光束的参数、金属的热物理性能和金属蒸气的动力学特性有关。一般其频率为 $10^2 \sim 10^4$Hz，而温度波动的振幅约为（1 ~ 5）$\times 10^2$K。由于自振荡效应，使熔池中的小孔和金属流动现象也发生周期性的变化。当金属蒸气和等离子体屏蔽激光束时，金属蒸发也减少，作为充满金属蒸气的小孔也会缩小，底部就会被液态金属所填充。一旦随等离子体的上升，其内部离子复合变成气体原子和分子，从而对激光不再起屏蔽作用，激光又重新折射入小孔，重新形成小孔。同样，液态金属的流动速度和扰动状态也会发生周期性的变化。

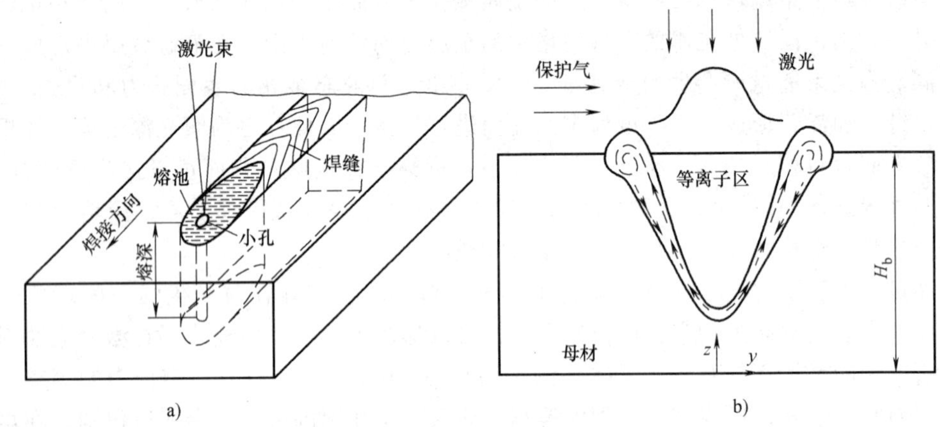

图 5-13 激光深熔焊时焊缝的形成

a）激光深熔焊示意图 b）动态焊缝的截面状态

激光焊熔池的周期性变化，有时会在焊缝中产生两个特有的现象。一是气孔，按它们的大小而言，也可称为空洞。充满金属蒸气的小孔，由于发生周期性变化，同时熔化的金属又在它的周围从前沿向后沿流动，加上金属蒸发造成的扰动，就有可能将小孔拦腰阻断，使蒸气留在焊缝中，凝固之后，形成气孔，这种气孔与一般焊缝中由于物理化学过程而产生的气孔是完全不同的。二是焊缝根部熔深的周期性变化。这与小孔的周期性变化有关，是由激光深熔焊自振荡现象的物理本质所决定的。

由于激光焊深熔焊的热输入是电弧焊的 1/3 ~ 1/10，因此凝固过程很快。特别是在焊缝的下部，因很窄且散热条件好，故有很高的冷却速度，使焊缝内部形成细化的等轴晶，晶粒尺寸约为电弧焊的 1/3 左右。从纵剖面来看，由于熔池中熔化金属从前部向后部流动的周期性变化，使焊缝形成层状组织。由于周期性变化的频率很高，所以层间距很小。这些因素和激光的净化作用，都有利于提高焊缝的力学性能和抗裂性。

5.2.5 激光焊焊接工艺及参数

1. 脉冲激光焊工艺及参数

脉冲激光焊类似于点焊，其加热斑点很小，约为微米数量级，每个激光脉冲在金属上形成一个焊点，主要用于微型、精密元件和一些微电子元件的焊接。它以点焊或点焊点搭接成的缝焊方式进行。常用于脉冲激光焊的激光器有红宝石、钕玻璃和 YAG 激光器等几种。

脉冲激光焊有四个主要焊接参数：脉冲能量、脉冲宽度、功率密度和离焦量。

离焦量是指焊接时焊件表面离聚焦激光束最小斑点的距离。焊接时通常需要一定的离焦量，以使光斑能量的分布相对均匀，同时也可获得合适的功率密度，防止在光斑中心因功率密度过高而导致蒸气气孔产生。离开激光焦点的各平面上，功率密度分布相对均匀。

激光束通过透镜后，有一个最小光斑直径，如果焊接表面与之重合，则离焦量 $\Delta F=0$；如果焊件表面在它下面，则离焦量 $\Delta F>0$，称为正离焦量；反之，则离焦量 $\Delta F<0$，称为负离焦量。

离焦量的大小影响材料表面熔化斑点的半径及熔池的径深比，从而影响焊接加工的质量。改变离焦量，可以改变激光加热斑点的大小和光束入射状况。焊接厚板时，采用适当的负离焦量可以获得较大的熔深。但离焦量太大会使光斑直径变大，降低光斑功率密度，使熔深减小。一般在希望增大熔深时，可采用负离焦量；焊接薄材料时，采用正离焦量。

2. 连续 CO_2 激光焊工艺及参数

不同的金属反射率及熔点、热导率等性能差异，使连续激光焊所需输出功率差异很大，一般为数千瓦至数十千瓦。各种金属连续激光焊所需输出功率的差异，主要是吸收率不同造成的。CO_2 激光器因结构简单，输出功率范围大和能量转化率高而被广泛应用于连续激光焊，焊缝成形主要由激光功率及焊接速度确定。

连续 CO_2 激光焊的焊接参数包括：入射光束功率、光斑直径、吸收率、焊接速度、离焦量和焦点位置、保护气体的种类及流量等。

在入射功率一定的情况下，光斑尺寸决定了功率密度的大小。对高斯光束的直径定义为光强下降到中心值的 $1/e$ 或 $1/e^2$ 处所对应的直径，前者包含略多于 60% 的总功率，后者则包含 80% 的总功率，建议采用 $1/e^2$ 的定义方法。

激光焊时采用的保护气体有两个作用：一是保护焊缝金属不受有害气体的侵袭，防止氧化污染；二是影响焊接过程中的等离子体，抑制等离子云的负面效应。

深熔焊时，由于等离子云的屏蔽效应，影响激光束被焊件的吸收。为了排除等离子云，通常用高速喷嘴向焊接区喷送惰性气体，迫使等离子云偏移，同时又对熔化金属起到隔绝空气的保护作用，最常用的是氦气和氩气。

5.3　激光＋电弧复合热源焊接

激光＋电弧复合热源焊接技术是由英国的 W. M Steen 教授于 1978 年首次提出并进行试验研究的一种新型焊接技术，该工艺结合了激光焊接和常规电弧焊接的优点，具有焊接熔深大、工艺稳定性高、焊接效率高、焊接缝隙桥接能力强、可焊材料范围广及焊接变形小等优点，近年来已经成为焊接领域的重点研究技术之一。

5.3.1　激光＋电弧复合热源焊接的特点

由于聚焦激光束的能量密度高，激光焊接具有速度高、线能量小、变形小、热影响区窄以及接头综合性能好等一系列优点。但是，和其他焊接热源一样，激光焊接也有其缺点：设备投资大；能量利用率低；焊前的准备工作要求高；高反射金属焊接困难；接头中容易产生气孔、裂纹、咬边等缺陷。传统电弧焊成本低、使用范围广，但面临焊速低、熔深小、焊缝变形和热影响区大、焊后处理工时过多等问题。为实现优质、高效焊接，研究人员将激光束与电弧有机结合起来，形成了一种新的焊接技术——激光＋电弧复合热源焊。随后研究表明，激光+电弧复合热源既综合了上述两种焊接热源的优点，又相互弥补了各自的不足，还产生了额外的能量协同效应。激光+电弧复合热源焊接的主要思想就是有效利用电弧能量，在较小的激光功率条件下获得较大的焊接熔深，同时提高激光焊接对焊缝间隙的适应性，实现高效率和高质量的焊接过程，从而更适合现代焊接工业发展的需求。

图5-14和图5-15分别是激光+TIG和激光+MIG/MAG复合热源焊接示意图。复合热源焊接的主要优点有：

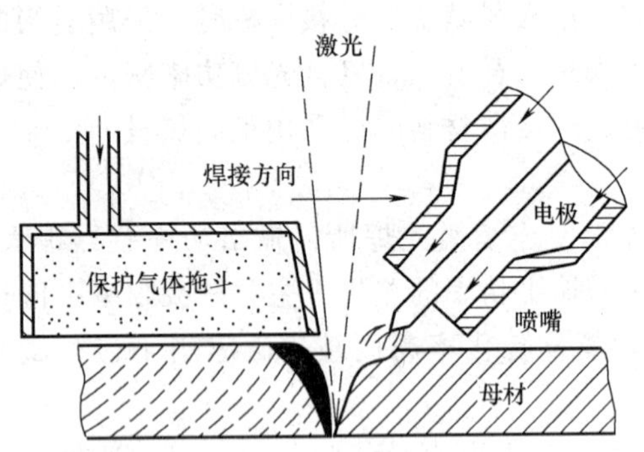

图5-14 激光+TIG复合热源焊接示意图

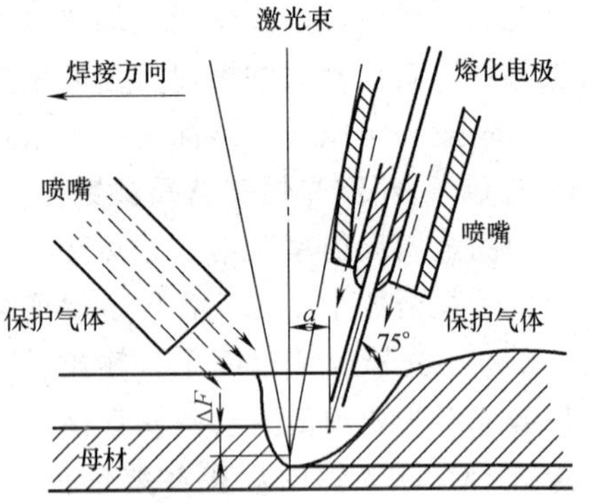

图5-15 激光+MIG/MAG复合热源焊接示意图

（1）有效利用激光能量 在单独使用激光焊接时，由于焊缝上方光致等离子体对入射激光的吸收和散射以及工件的反射，能量的利用率低。外加电弧后，低温低密度的电弧等离子体使光致等离子体被稀释，而且电弧等离子体将吸收光致等离子体，从而有效地提高了激光能量传输效率；同时电弧对母材进行加热，使母材温度升高，母材对激光的吸收率提高。

（2）增大熔深 在电弧的作用下，母材熔化形成熔池，而激光束又作用在电弧形成熔池的底部，加之液体金属对激光束的吸收率高，因而复合焊接较单纯激光焊接的熔深大。在一定的焊接参数条件下，由于激光与电弧发生协调作用，复合焊所得的熔深甚至要大于各单一热源所得熔深之和，如图5-16所示。因此采用低功率激光器和电弧复合就能够取得大功率激光器才能够得到的焊接熔深或焊接速度。

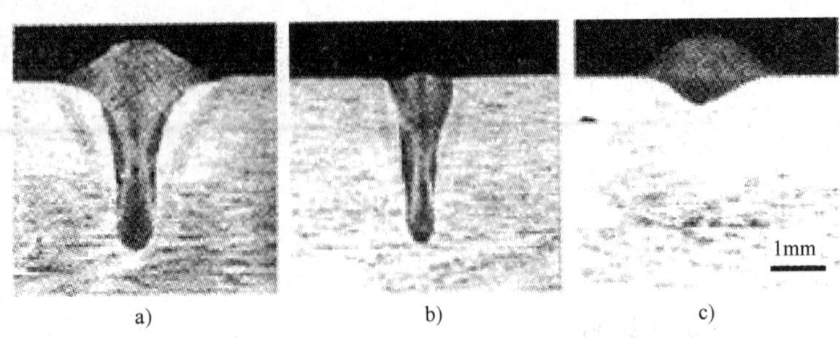

图5-16 各种热源焊接所得熔深比较

a）复合焊接 b）激光焊接 c）电弧焊接

（3）稳定电弧 单独采用电弧焊时，容易受到各种环境因素的影响而导致焊接电弧不稳定，特别是在小电流情况下，当焊接速度提高到一定值时会引起电弧漂移，电弧弧根阳极（阴极）斑点剧烈跳跃使得工艺极不稳定，焊接无法正常进行。当激光和电弧复合焊接时，由于激光能量密度极高，引起金属蒸发，形成大量金属等离子体，从而为电弧稳定燃烧提供充足的带电粒子和稳定的电流通道，激光焦点为电弧提供了稳定的阳极（阴极）斑点，有效抑制电弧弧根跳跃，使得电弧燃烧非常稳定，在高速焊接时也不易发生电弧漂移或拉断现象。

（4）增强对接缝间隙的适应性　激光焊接时，激光束直径较小，接头的装配间隙裕度应小于0.1mm。而复合焊接时，由于电弧的加入提供了附加能量并且焊丝的熔化提供了填充金属，这使得焊接区域增大，而且电弧产生的熔化区也较宽，降低了对间隙、对中度和错边的敏感性，提高了焊接适应性，因此复合焊所允许的间隙裕度也有比较大的增加。此外复合焊也可以进行错位量达其板厚（0.5~3mm）80%的平板焊接。

（5）提高焊接速度　在复合焊中，电弧提供了额外的能量输入，可以在短时间内将母材迅速熔化，增大了激光的吸收率，从而增大了焊接速度。此外，速度的增大也使其热输入减小，焊后变形也随之减小，因而减少了焊后纠正变形的工作量，使加工成本降低，生产效率提高。

（6）改善焊缝成形　激光束在电弧稍前处辐射熔池，能够显著地提高焊接熔池的温度，从而改善了熔化金属与固体母材的润湿性，减弱了焊缝咬边现象。而且激光和电弧的能量都可以单独调节，将两种能源适当配比即可获得不同深宽比的焊缝。

（7）减少焊接缺陷和改善微观组织　复合热源焊接时能够有效地减缓熔池金属的冷却速度，有利于熔池中气体的逸出，减少气孔，而且对于焊接某些高碳钢也非常有帮助。另外，激光+MIG/MAG复合热源焊接时，通过选用合适的填充金属或者焊丝，改变焊缝的合金成分，改善焊缝成分和微观组织，能够提高焊缝质量，减少气孔、裂纹、咬边等缺陷。

（8）适用于焊接铝合金、镁合金和钛合金　使用电弧在前、激光在后的复合焊接时，电弧在前端的预热作用，大大减少了高反射率金属对激光能量的反射，提高了特殊材料的焊接性。

焊接铝合金时，采用直流反接，电弧可在激光焊接之前清洁焊缝表面，去除氧化膜，从而更有利于激光焊接。

综上所述，激光+电弧复合热源焊作为一种新型的优质高效焊接工艺，具有许多独特的优点，在工业领域有着非常广泛的应用前景，是一种非常有前途的焊接方法。

5.3.2 激光与电弧的复合方式

根据复合电弧和激光轴向的不同，有旁轴复合和同轴复合之分，如图5-17所示。

旁轴复合是指激光束与电弧以一定角度作用在焊件的同一位置，激光光斑与电弧中心加热区重叠，激光可以从电弧前方送入，也可以从电弧后方送入。焊接时，激光与电弧沿焊接方向同时移动，如图5-17a所示。旁轴复合容易实现，可以采用TIG电弧，也可采用MIG/MAG电弧或等离子电弧。

采用旁轴式激光复合热源焊接可大大降低激光器的功率要求，改善焊缝成形，获得较大的熔深，在焊接薄板时可实现高速焊接，提高焊接效率，但也存在一些问题：

1）由于在旁轴式配置中电弧与激光束呈一定角度，引起复合热源在焊件上的作用区域为非对称分布；另外，当焊接电流增大到一定程度时，激光与电弧的作用点严重分离。

2）电弧对激光屏蔽严重。采用旁轴电弧时，激光束要穿过弧柱才能到达焊件表面，当

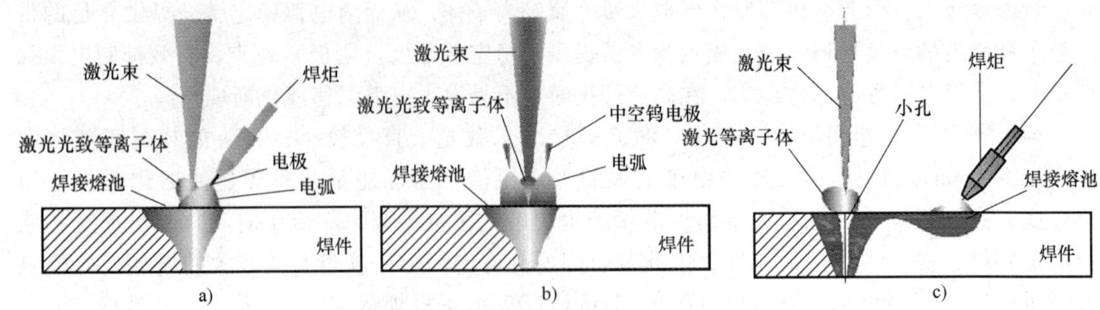

图 5-17 激光 + 电弧旁轴和同轴复合焊示意图

a) 旁轴复合焊 b) 同轴复合焊 c) 激光-电弧级联焊

焊接电流较大时，激光束的能量损耗严重，熔深增强效果减弱。

3）旁轴式复合热源的工作头体积较大，对焊接位置和空间要求高。

为了解决上述问题，提出了激光 + 电弧同轴复合热源焊接法，如图 5-17b 所示。同轴复合焊接要求特殊装置，比如通过特殊光学系统将激光分束或采用中空钨电极来实现激光和电弧工作在同一轴线上。焊接时，激光穿过电弧中心或电弧穿过环状光束中心到达焊件表面，激光与电弧同轴作用在工件的同一位置，其增加熔深效果明显优于旁轴式复合热源。但同轴复合难度较大，工艺也较为复杂，对设备的集成要求很高，而且可调节范围相对较小，在提高设计、制造成本的同时还降低了工艺适应性。因此多采用非熔化极的 TIG 电弧或等离子弧。

此外，还存在一种特殊的复合方式，如图 5-17c 所示，激光和电弧以一定的距离前后串联排布，两热源分离，不存在相互作用。这种方式主要利用电弧的预热或后热来改善材料对激光能量的吸收并改变焊缝成形和接头组织的性能，称之为激光-电弧级联焊。

根据电弧种类划分，激光与电弧的复合形式有多种，参与复合的激光包括 YAG 激光和 CO_2 激光，电弧包括 TIG 电弧、MIG/MAG 电弧、等离子弧、多电弧等。组合不同，所得焊接结果也不尽相同。

1. 激光 + TIG 复合焊接

激光与 TIG 电弧进行复合是早期的一种复合形式，主要用于薄板金属的焊接。激光与 TIG 旁轴复合时，激光在前可以除去母材金属表面的氧化物和杂质，使得钨极所受污染大大减少，延长了钨极寿命。采用直流正接或交流电弧焊接可使得能量输入、能量密度都有增加，明显提高焊接速度，改善单一 TIG 焊接时焊接速度低、效率低的状况，尤其在低电流、高焊速和长电弧时，激光 + TIG 复合热源的焊接速度可以达到激光焊接的两倍，咬边也减少了。后来又出现了激光 + TIG 同轴复合，这种焊接方法无方向性，焊接过程稳定，焊接速度也大大增加，小孔直径是单一 YAG 焊接的 1.5 倍，非常有利于气体的逸出，可以减少焊缝中的气孔。

2. 激光 + MIG/MAG 复合焊接

这种复合焊接技术利用了填丝的优点，增加了适应性。MIG/MAG 电弧的方向性比 TIG 电弧的方向性强，因此电弧与激光位置之间的关系尤为重要。与激光 + TIG 相比，其焊接板厚更大，焊接适应性更高，适合中厚板的焊接。弧焊工艺的加入有助于提高间隙搭桥能力，降低了单一激光焊接时坡口制备的精度要求；复合焊接中电弧的能量输入可以方便地控制冷却状态；熔敷金属的加入可以改善单一激光焊时的焊缝微观组织，提高了焊缝的综合力学性能；激光前置时起弧容易，并且在合适的规范下可以改变熔滴过渡方式，使得焊接过程更加稳定，大量减少了单一 MIG/MAG 焊时的飞溅量，同时也减少了焊后处理的工作量。

激光 + MIG/MAG 复合由于存在送丝，所以大多采用旁轴复合，但是同轴复合也可以实现。研究发现，当焊丝与激光位置完全重合时，激光能量主要用于熔化焊丝而不是形成小孔，因此改变激光与电弧相对位置可增大熔深。并且复合焊时，焊接方向对接头形状也会有一定程度的影响。

与激光 + TIG 相比，激光 + MIG/MAG 复合存在送丝和熔滴过渡等问题，熔滴熔化、脱离焊丝、加速、高速冲击熔池，使得焊接物理冶金和动力学行为更为复杂，同时也增加了激光与电弧有效复合的难度，焊接过程极易受周围环境干扰而波动，导致工艺稳定性下降。

3. 激光 + 等离子弧复合焊接

等离子弧本身即是通过 TIG 电弧压缩而来，因此该方法与激光 + TIG 类似。但等离子弧能量密度高，电弧更加稳定，与激光复合后焊接热源刚性好，温度高，方向性强，电弧引燃性好，可获得更高的焊接速度和焊接熔深。等离子弧的预热可提高激光的吸收率，激光也有压缩、引导和聚焦作用。与前述两种复合热源焊接不同，激光 + 等离子弧复合焊接时，等离子体是热源，它吸收激光光子能量并向焊件传递，反而使激光能量利用率提高。此外，只有起弧时才需要高频高压电流，等离子弧稳定，电极不暴露在金属蒸气中，因此焊接过程更加稳定，电极使用寿命长。

激光 + 等离子弧复合焊接适合薄板以及铝、镁、钛等高反射率和高热导率材料的焊接。

4. 激光 + 多电弧复合焊接

HWDRA（Hybrid Welding with Double Rapid Arc）是德国 Fraunhofer 激光研究所开发的一种新工艺，这种焊接方法将一束或两束激光与多束 MIG 电弧复合而成，能够通过焊炬数目增加填充金属熔化量，同时通过提高焊接速度或降低电弧电流减少热输入。在一定条件下，其能量输入可降低 1000kJ/m，焊接速度同激光 + 电弧复合焊接相比可提高 33%，而且能够实现 2mm 间隙的无缺陷焊接。这都远远超过了激光与单一电弧复合焊。并且这种焊接设备无焊接方向的限制，空间可调度较大，可以更好地实现自动化焊接。

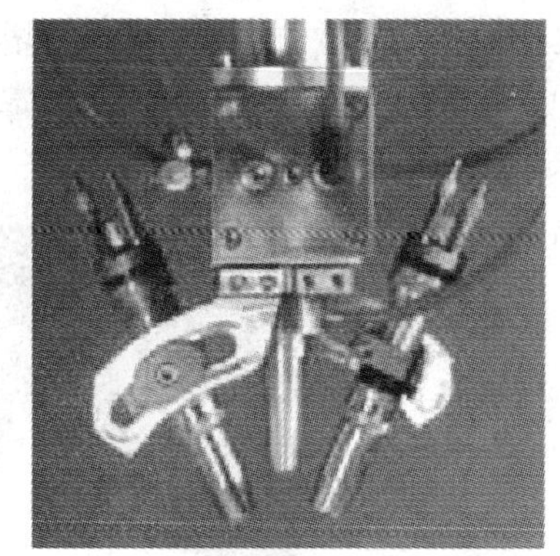

图 5-18　激光 + 双电弧复合焊接焊枪结构示意图

图 5-18 为激光 + 双 MIG 电弧复合焊枪，两个 MIG 电弧同时复合在一起，每个焊枪都可相对另一焊枪和激光束位置任意调整，两个焊枪采用独立的电源和送丝机构。在激光作用下，双电弧吸引在一起，三个热源同时作用在同一熔池中。

激光 + 电弧复合焊接众多的可调参数在提高焊接灵活性的同时也增加了操作的复杂程度，各参数间相互关联，任何参数的改变都会影响焊接工艺稳定性，使得焊接过程控制难度加大。

5.3.3 激光与电弧之间的相互作用

在激光-电弧复合焊接过程中，激光和电弧之间存在强烈的复合效应，能获得 1 + 1 > 2 的能量效应，这种相互作用有助于提高复合焊接熔深和工艺稳定性。一般将热源相互作用划分为两种机制：相互预热机制和等离子相互作用机制。

（1）相互预热机制　两热源通过相互叠加能够间接减少单一热源加热焊件所需的能量。这种作用通常体现在电弧预热焊件，并提高激光能量的吸收率上。这是因为电弧首先预热焊件表面，形成利于吸收激光能量的浅层熔池。而高温金属的激光能量吸收率远远高于常温状态，尤其是铝、铜等高反射率金属。这样，金属表面对激光的反射率大大降低，从而提高了焊件对激光能量的吸收率，降低激光形成稳定深熔焊的能量阈值。

（2）等离子体相互作用机制　激光光致等离子体和电弧等离子体因为温度、粒子密度等特性的差异而发生相互作用，主要表现为两方面：

1）电弧“稀释”激光等离子体，提高焊件对激光能量的吸收率。电弧介入以后，由于电弧是低温、低密度等离子体，而激光等离子体具有高温、高密度的特点，两者在空间相遇后，发生中和，在一定程度上“稀释”了激光束在焊接区产生的高温、高密度激光等离子体，从而降低了小孔外光致等离子体对激光能量的吸收、反射和散射，增大了激光的焊接穿透能力。这样就能提高激光能量的利用率，增加激光能量密度，提高小孔穿透深度。而小孔深度越深，激光能量利用率越高。

2）激光稳定电弧。首先，激光引导电弧。激光作用点产生的高温、高密度光致等离子体为相对低温、低密度的电弧提供了一个非常稳定的阳极（或阴极）斑点，能引导电弧偏向该点。同时激光能量的加入能够使电弧引燃变得更容易。其次，激光压缩电弧，如图 5-19 所示。激光等离子体比电弧具有更低的电阻率，两者相互作用时电弧电阻率降低，根据最小电压原理，电弧的电流密度得到增加，电弧的体积受到压缩，电弧更加稳定，其能量更为集中，弧柱中心温度更高。而在通常情况下，弧柱温度越高，能量越集中，电弧对焊件的加热效率越高。

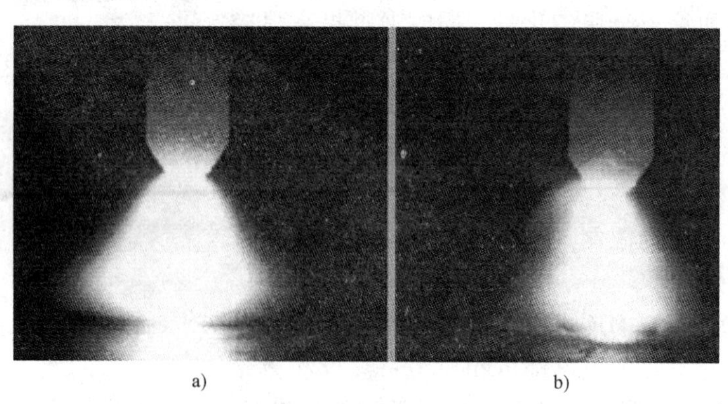

a)　　　　b)

图 5-19　激光对电弧压缩现象的等离子形貌

a）单独电弧焊接　b）激光-电弧复合焊接

通过上述作用机制，热源间相互作用，从而改变激光 + 电弧复合焊接过程中激光、电弧的能量传输状态，直接体现为复合焊接能量传输的大小，并影响用于焊缝金属（包括母材和添加金属）熔化的能量。

5.3.4 激光+电弧复合热源焊接的工艺参数

作为一种新的焊接工艺，激光+电弧复合热源的焊接参数可调参数众多。对焊缝成形有着决定性影响的可变参数主要有激光功率、焊接速度、离焦量、电弧电压、焊接电流（送丝速度）、光丝间距、焊接方向等，其中电弧电压和焊接电流可统一由电弧功率表示。其中某一参数的改变都可能完全改变激光与电弧的复合效果，导致焊接接头质量的显著变化，只有合理的参数匹配才能得到理想的焊缝深宽比，减少焊缝缺陷。为此，必须掌握各焊接参数对复合焊接接头质量的影响规律。

图5-20为典型激光+电弧复合焊接焊缝形貌，根据激光焊接和常规电弧焊接的焊缝形貌特征，可以将其分为两个区域：电弧区和激光区。焊缝上部宽大的电弧区表面电弧主要作用在熔池的上半部分，而复合焊接焊缝宽度主要取决于电弧的作用范围和强度；下半部分明显的激光深熔焊特征则说明复合焊接熔深主要取决于激光小孔效应。

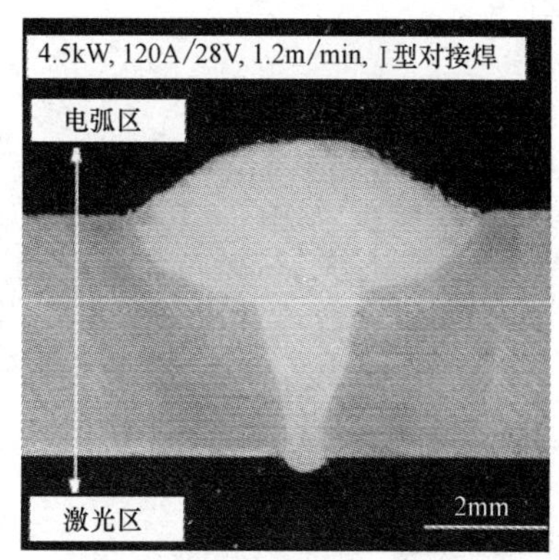

图5-20 典型激光+电弧复合焊接焊缝形貌

具体说来，焊接参数主要通过以下三种作用来实现复合焊接焊缝成形的变化：①影响激光、电弧之间的等离子体相互作用，改变激光对电弧的压缩程度和激光小孔效应的强度，进而改变热源间的复合效应；②改变两热源在焊件上的叠加状态，进而改变其能量分布状态；③改变焊接熔池的受力状况。而且，不同焊接参数的影响机理各不相同：能量参数和热源间距主要改变激光、电弧之间的等离子体相互作用程度；离焦量倾向于改变激光的能量分布状况，焊丝干伸长和焊枪倾角则主要影响熔池受力状况和电弧能量分布状况。

复习思考题

1. 与常规的焊接方法相比，电子束焊有什么主要的优缺点？
2. 简述电子束焊的工作原理和对电子束焊的分类。高真空、低真空和非真空电子束焊各有什么优点？各用于什么场合？
3. 电子束焊的小孔是如何产生的？它在电子束焊中起什么作用？
4. 电子束焊设备由哪几部分组成？各部分的作用是什么？
5. 电子束焊的焊接参数有哪些？对焊接接头质量有什么影响？选择电子束焊的焊接参数时，应考虑哪几个方面的问题？
6. 简述激光焊的工作原理和主要优缺点。
7. 简述激光焊深熔焊中的“小孔效应”。
8. 什么是激光热导焊？什么是激光深熔（小孔焊）焊接？简述它们的特点及其适用的场合。
9. 激光+电弧复合热源焊接有什么特点？
10. 激光+电弧复合焊接复合方式有哪几种分类？按电弧分类，分为哪几种？各有什么优缺点？

第6章

摩擦焊连接

6

摩擦焊是以机械能为热源的固相焊接。它是利用两表面间机械摩擦所产生的热来实现材料的连接的。

6.1 摩擦焊概述

自从美国在1891年批准的第一个摩擦焊专利至今的100多年来，摩擦焊及相关加工方法已发展到了20多种。特别是近年来，为了适应新材料的应用及制造技术发展的需求，摩擦焊技术取得了重要进展，其中以线性摩擦焊、搅拌摩擦焊、耗材摩擦堆焊等先进摩擦焊技术最具代表性。这些新颖的摩擦焊技术不仅拓展了摩擦焊的应用范围，而且提高了焊接部件的整体性能和可靠性，使那些难焊或不能焊的材料也能获得高质量的焊缝。

6.1.1 旋转摩擦焊

旋转摩擦焊用于焊接圆形截面的焊件（图6-1），一焊件以中心为轴线高速旋转，另一焊件与旋转焊件在压力作用下进行摩擦加热，摩擦加热到一定程度，立即停止焊件的转动，同时施加更大的轴向压力，进行顶锻焊接。摩擦焊的热量集中在接合面处，因此热影响区窄。

旋转摩擦焊有连续驱动摩擦焊和惯性摩擦焊之分。旋转摩擦焊生产率较高，原理上几乎所有能进行热锻的金属都能摩擦焊接。旋转摩擦焊还可以用于异种金属的焊接。

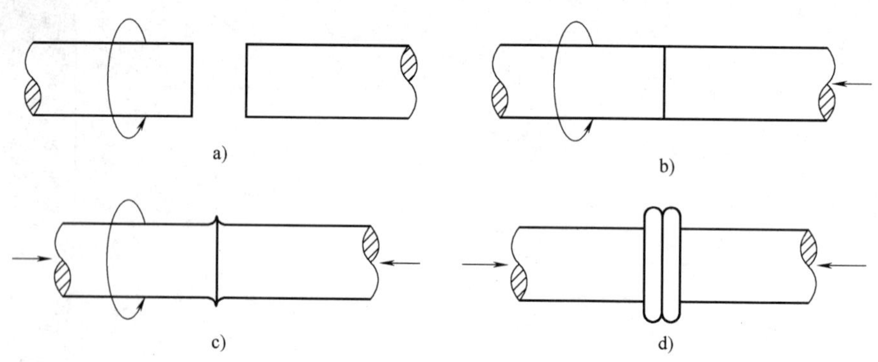

图6-1 旋转摩擦焊过程

a）开始 b）接触 c）摩擦加热 d）顶锻焊接

6.1.2 线性摩擦焊

线性摩擦焊是利用被焊材料接触面相对往复运动摩擦产生的热效应实现焊接（图6-2）。线性摩擦焊可用于非圆形截面构件的焊接，配置工装夹具可焊接不规则的焊件，因而应用前景广泛。线性摩擦焊在航空工业中正在得到应用，该项技术对于提高航空发动机的制造和修复质量具有重要的意义。如美国普惠发动机公司已将线性摩擦焊工艺用于新型119发动机中钛合金空心叶片与涡轮盘之间的连接，被认为是整体叶盘制造的有效方法，图6-3为用线性摩擦焊制造的整体叶盘。

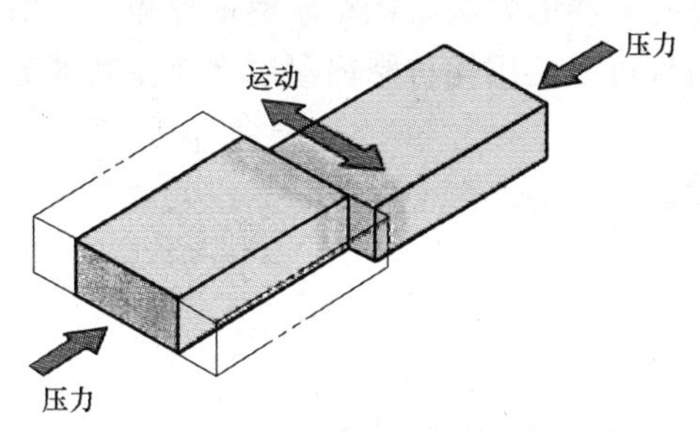

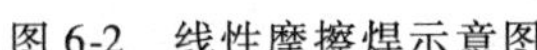
图 6-2　线性摩擦焊示意图

图 6-3　用线性摩擦焊制造的整体叶盘

6.1.3　搅拌摩擦焊

搅拌摩擦焊（图 6-4）被认为是自激光焊接工艺出现以来最引人注目和最具潜力的焊接技术。搅拌摩擦焊操作简单，可用于焊接多种材料包括那些极其难焊的材料，焊后均能获得无气孔、裂纹等缺陷的高质量焊缝。

搅拌摩擦焊将固相连接的优点应用于长对接焊缝，而焊后的变形与残余应力都很小。该工艺焊接环境友好，不产生任何诸如烟尘或辐射类的危险物质，是一种原理简单，效率高，不消耗焊材，易于自动化，具有极高性价比的摩擦焊工艺技术。搅拌摩擦焊实质是由常规摩擦焊衍生而来。最初是为铝合金，尤其是那些难焊铝合金的焊接而开发的，后来扩大到其他材料的连接。其工艺原理是在待焊的材料之间插入一个快速转动的搅拌头，强制摩擦使材料的局部达到塑性软化温度，搅拌头的移动搅拌结果形成焊缝。

6.1.4　耗材摩擦堆焊

耗材摩擦堆焊接技术是常规摩擦焊热效应与普通电弧焊焊条作用及运动方式的有机结合，基本原理是消耗材料“焊条”旋转并与被焊焊件接触，依靠接触面摩擦所产生的热，使结合面两侧的材料达到热塑性状态，并施加顶锻压力实现连接，与此同时耗材与焊件沿所需焊接方向相对运动，在这个过程中，“焊条”不断消耗，从而形成焊缝（图 6-5）。

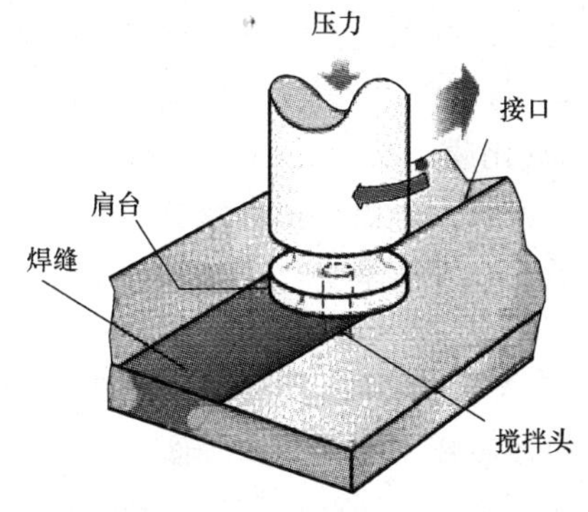

图 6-4　搅拌摩擦焊原理

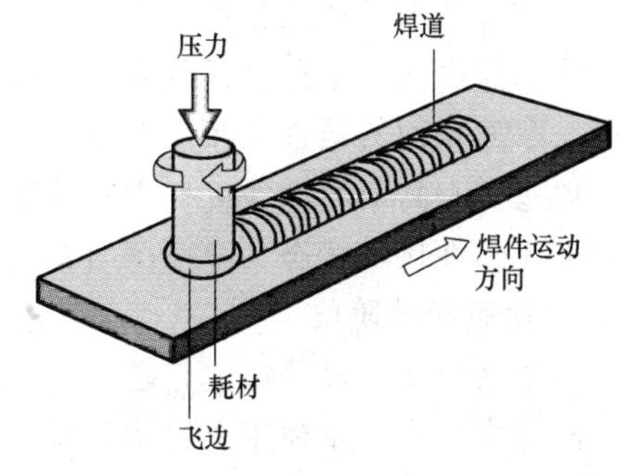

图 6-5　耗材摩擦堆焊原理

耗材摩擦堆焊可用于现有的摩擦焊或惯性摩擦焊不能焊接的大尺度焊接构件，可用于修复或制造部件，也可以连接两种异质材料。该工艺用于连接金属时所得焊缝经受锻造作用，因而其性能优于母材的性能。作为一种熔敷金属基复合物的方法，耗材摩擦堆焊覆层正引起人们的注意，那些表面耐磨、耐蚀和有色金属材料都可以使用耗材摩擦覆层来获得基本无稀释、结合完整性好的焊敷层。

本章重点介绍旋转摩擦焊和搅拌摩擦焊的基本原理。

6.2 旋转摩擦焊基本原理

这里主要讨论应用最广泛的结构钢普通摩擦焊的焊接过程及其热源特点。

6.2.1 旋转摩擦焊过程分析

摩擦焊过程，是焊接表面金属在一定的空间和时间内，金属状态和性能发生变化的过程。各焊接参数随着时间的变化是有规律的（图 6-6）。旋转摩擦焊过程的一个周期，可分成摩擦加热过程和顶锻焊接过程两部分。摩擦加热过程分成四个阶段：初始摩擦、不稳定摩擦、稳定摩擦和停车阶段。顶锻焊接过程分为两个阶段：纯顶锻和顶锻维持阶段。

1. 初始摩擦阶段

此阶段是从两个焊件开始接触到摩擦加热功率显著增大的过程，摩擦开始时，由于焊件摩擦焊接表面不平，以及存在氧化膜、锈、油、灰尘和吸附气体，使得摩擦因数很大。随着摩擦压力逐渐增大，摩擦加热功率慢慢增加，最后摩擦焊接表面温度将升到 200 ~ 300℃左右。

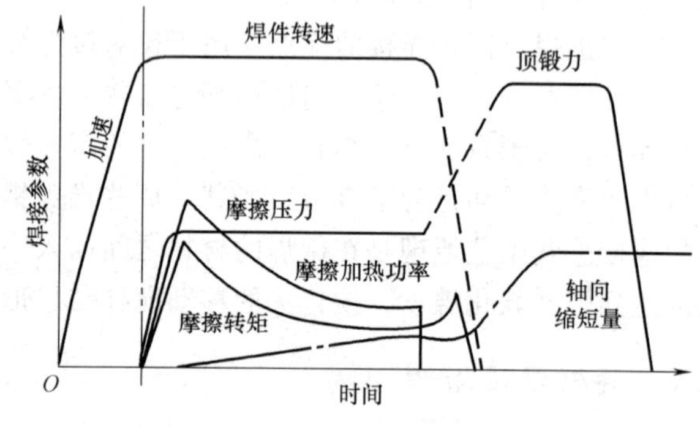

图 6-6 连续驱动摩擦焊焊接参数与时间的关系

在最初摩擦阶段，由于摩擦表面互相作用着较大的摩擦压力和很高的摩擦速度，使凹凸不平的表面迅速产生塑性形变和机械挖掘现象。塑性变形破坏了摩擦表面的金属晶粒，成为一个晶粒细小的变形层，沿变形层附近的母材也顺摩擦方向产生塑性变形。金属互相压入部分的挖掘，使摩擦表面出现同心圆痕迹，这样又增大了塑性变形。因摩擦表面不平、接触不连续以及温度升高钢材产生的蓝脆现象，使摩擦表面产生振动，这时空气可能进入摩擦表面，使金属氧化。但是，该阶段的时间很短，摩擦表面的塑性变形和机械挖掘又可以破坏氧化膜，所以，对接头的质量影响不大。当焊接实心圆断面焊件时，中心速度为零，外缘速度最大。由于初始摩擦阶段，焊接表面金属处于弹性接触状态，摩擦压力在焊接表面中心最大，外缘最小。

2. 不稳定摩擦阶段

从摩擦加热功率显著增大，越过功率峰值，到功率趋于稳定值为止为不稳定摩擦阶段。在这个阶段中，由于摩擦压力比初始摩擦阶段增大，摩擦破坏了焊接金属表面，使纯净的金属接触；当摩擦焊接表面的温度升高时，金属的强度有所降低，而塑性和韧性却有很大的提高，同时，摩擦焊接表面的真实接触面积也增大了。这些因素都使摩擦因数增大，摩擦加热功率迅速提高。当摩擦焊表面的温度继续增高时，金属的塑性增高，而强度和韧性都显著下降，摩擦加热功率也迅速降低到稳定值。因此，摩擦加热功率出现一峰值，而摩擦转矩也同样出现了一个峰值。例如，在45钢的不稳定摩擦阶段中，摩擦焊接表面的温度由200～300℃升高到1200～1300℃，而功率峰值出现在600～700℃左右。这时摩擦表面的机械挖掘现象减少，振动降低，表面逐渐平整，开始产生金属的粘结现象。高温塑性状态的金属颗粒互相焊合后，又被焊件旋转的转矩剪断，并彼此过渡。接触良好的塑性金属封闭了摩擦表面，使它与空气隔开。不稳定摩擦阶段是摩擦加热过程的一个主要阶段。

3. 稳定摩擦阶段

该阶段从摩擦加热功率稳定到接头形成最佳温度分布。在稳定摩擦阶段中，摩擦表面的温度继续升高。稳定摩擦阶段的金属强度极低。塑性很大，摩擦表面似乎被一层液体金属所润滑，摩擦因数很小，摩擦加热功率也基本上稳定在一个很低的数值。其他各工艺参数的变化也趋于稳定，只有摩擦变形量不断增大，飞边增大，接头的热度影响区增宽。稳定摩擦阶段也是摩擦加热过程的一个主要阶段。

4. 停车阶段

该阶段从主轴和焊件一起开始停车减速到主轴停止转动。随着轴向压力的增大，转速降低，摩擦转矩增大，再次出现峰值，称为后峰值转矩。同时接头中的高温金属被大量挤出，变形量也增大。因此，停车阶段是摩擦加热过程和顶锻焊接过程的过渡阶段，具有双重特点。停车是焊接过程的重要阶段，直接影响接头的焊接质量，因此要严格控制。

5. 纯顶锻阶段

该阶段从主轴停止旋转到顶锻压力上升至最大值。在这个阶段中，应有足够大的顶锻压力、顶锻变形量和顶锻速度，这是保证焊接质量的关键。

6. 顶锻维持阶段

该阶段从最大顶锻压力到接头温度冷却至低于规定值。在顶锻维持阶段，顶锻时间、顶锻压力和顶锻速度应相互配合，以获得合适的摩擦变形量和顶锻变形量。

从停车阶段和顶锻焊接过程中，摩擦表面的变形层和高温区金属被部分挤碎排出，焊接金属经受锻造，形成了质量良好的焊接接头。

图6-7是惯性摩擦焊参数与时间的关系。惯性摩擦焊是将旋转焊件的夹持端与飞轮相连，焊接开始时，由电动机驱动飞轮达到要求的转速，然后飞轮脱开驱动轴，同时另一个焊件压向夹持在飞轮轴上的转动焊件，在恒定轴向压力作用下，两焊件接触摩擦。焊件间的摩擦阻力使飞轮减速，并将飞轮的动能转换成焊接所需的热能。当焊件停止转动时，焊接过程结束。惯性摩擦焊接质量与飞轮惯性矩、转速和顶锻力有关。

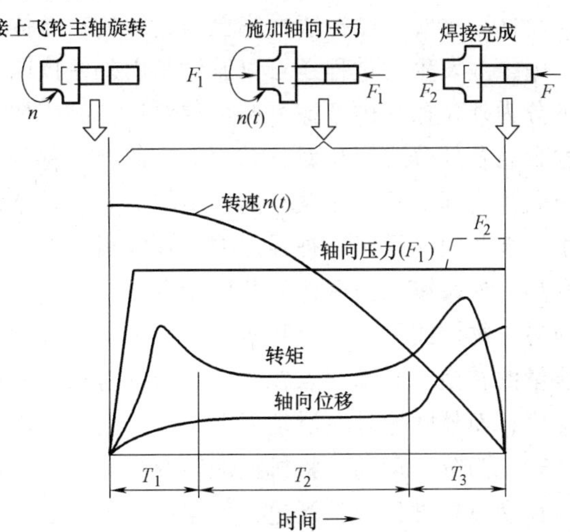

图6-7 惯性摩擦焊参数与时间的关系

6.2.2 摩擦性质分析

整个摩擦焊工艺过程对应着三种摩擦类型的逐渐转换，即从开始的干摩擦转换到边界摩擦，最终转换为流体摩擦。

摩擦焊开始时，被焊材料接触并开始摩擦，此时的摩擦是由于材料接触表面的粗糙不平产生的。摩擦理论认为，两个互相接触的表面，无论做得多么光滑，从原子尺度看还是粗糙的，有许多微小的凸起，把这样的两个表面放在一起，微凸起的顶部发生接触，当它们相互挤压时，接触面上很多凹凸部分就相互啮合。焊件高速旋转，表面相对滑动，接触面的凸起部分碰撞，产生断裂、磨损，就形成了对运动的阻碍。接触表面间的“凸台”与“凹坑”互相咬合而阻碍材料的相对运动，形成宏观上的摩擦。

随着焊件高速旋转，摩擦力产生的热量使得界面处的温度不断升高，发生塑性流动的区域从局部点状区域逐渐扩大至整个真实接触面，此时热量的产生已逐渐转换为主要来自于塑性变形。真实接触面被一层处于深塑性状态的薄层物质所覆盖，这一层物质起到了润滑剂的作用，因此，摩擦力下降，摩擦转矩也急剧降低，此时的摩擦可以认为是流体摩擦。

在实际摩擦焊过程中，初始时的摩擦很难确切分辨是哪一种摩擦状态，往往是两种摩擦状态的混合，例如半干摩擦和半流体摩擦。半干摩擦是指边界摩擦与干摩擦的混合状态，当接触面之间存在少量的润滑剂或其他介质时，就会出现这种摩擦。半流体摩擦是指流体摩擦与边界摩擦的混合状态，此时接触表面间有一层塑性流态物质作为润滑剂，但又没有完全把两表面分开。

开始的干摩擦状态，接触面的表面粗糙度起到主要作用，此时的摩擦因数最大；边界摩擦时的接触面粗糙度与粘流体共同发挥作用，摩擦表面耗材与母材微凸体接触较多，粘流体的润滑作用较小，甚至完全不起作用，载荷由微凸体和粘流体边界膜共同承担，摩擦因数较小；流体摩擦时，摩擦表面完全为连续的粘流体分开，此时的摩擦因数最小。

摩擦焊发生的过程还可以看做是由外摩擦向内摩擦转变的过程。由摩擦学理论可知，摩擦可分为外摩擦和内摩擦。两个相对运动的固体表面的摩擦称为外摩擦；液体、气体以及粘塑性金属各部分之间相对移动而发生的摩擦称为内摩擦。外摩擦只与接触表面的状态有关，而与固体内部的状态无关；固体中的内摩擦是整体分子强迫运动的直接后果，这些分子间隔很小，彼此间显示出一种强烈的相互吸引或排斥作用，这种运动引起物体材料内部剪切并导致发热。外摩擦和内摩擦的共同特点是，一物体或一部分物质将自身的运动传递给与它相接触的另一物体或另一部分物质，并力图使两者的运动速度趋于一致，从而在摩擦的过程中发生能量的转换。其不同点在于，内摩擦时相邻质点的运动速度是连续变化的，具有一定的速度梯度；而外摩擦是在滑动面上发生速度突变。无论内摩擦还是外摩擦，其实质都是将机械运动转化为分子运动，将机械能转变为热能，并遵循能量守恒定律。

在摩擦焊过程中，既包括外摩擦，也包括内摩擦，是一个由外摩擦向内摩擦连续转变的动态过程。旋转焊件接触的瞬间，由于摩擦副表面温度低，表面粗糙峰相互接触，在轴向载荷的作用下，粗糙峰彼此嵌入，产生很高的接触应力和塑性变形，但此时只是局部接触，接触面积很小，外摩擦很快完成。粗糙峰在接触压力和塑性变形的作用下平滑，实际接触面积增加，接触面产生瞬时高温，使相接触的金属产生粘着和焊合，摩擦进入内摩擦阶段。内摩擦实际上是材料内部的变形，包括晶粒内部产生的滑移、位错运动、晶粒变形以及晶粒破裂等。

6.2.3 摩擦焊热源的特点

摩擦焊的热源就是金属摩擦焊接表面上的高速摩擦塑性变形层。它是以两焊件摩擦表面为中心的金属质点，在摩擦压力和摩擦转矩的作用下，沿焊件径向与切向力的合成方向作相对高速摩擦运动的塑性变形层，这个变形层是把摩擦的机械功转变成热能的发热层。由于它的温度最高，能量集中，又产生在金属的焊接表面，所以加热效率很高。作为一个焊接热源，主要参数是功率和温度。

1. 摩擦加热功率

摩擦加热功率的大小及其随摩擦时间的变化会直接影响接头的加热过程、焊接生产率和焊接质量，同时也关系到摩擦焊机的设计与制造。摩擦加热功率就是焊接热源的功率。

摩擦加热功率为

$$P_{\mathrm{h}} = \frac{\pi n}{30} T \tag{6-1}$$

式中　T——摩擦转矩。

摩擦转矩主要取决于压力和摩擦因数。在摩擦焊接过程中，压力和摩擦因数都随时间而变化。

在初始摩擦阶段和不稳定摩擦阶段的前期，摩擦表面还没有全面产生塑性变形时，主要是弹性接触，摩擦压力在中心高，外圆低。因此沿摩擦焊接表面的摩擦的加热功率最大值不在外圆，而在距圆心 $2/3R$ 左右的地方。在稳定摩擦阶段，摩擦表面全部产生塑性变形，成为塑性接触时，摩擦压力才可以认为等于常数。

摩擦因数的变化规律与摩擦焊接表面的升温有密切关系。在钢的摩擦加热过程中，摩擦因数由小到大，通过极值，以后又由大到小。在常温下钢的摩擦因数很小，600～700℃左右最大，1200～1300℃左右又变小。

在摩擦加热过程中，研究摩擦因数的变化规律很有意义，影响摩擦因数的主要因素有：

1）焊件材料：成分、组织和性能。

2）焊件表面准备情况：平面度、表面粗糙度、氧化膜、锈及油等。

3）摩擦焊表面的真实接触面积。

4）主轴转速和摩擦压力。

5）摩擦焊表面温度。

6）摩擦焊表面周围介质。

在摩擦焊过程中，摩擦因数也不是常数，特别是在初始摩擦和不稳定摩擦阶段。由塑性变形、机械挖掘和相互粘接的表面金属组成的高速摩擦塑性变形层（热源），在距圆心 1/2～2/3 半径处形成了环状加热带。随着摩擦加热的进行，环状加热带向圆心和外圆迅速扩展。摩擦加热转矩峰值或功率峰值通常在表面加热到 70% 左右时出现。只有在稳定摩擦阶段，摩擦表面的温度趋于平衡时，才可以认为摩擦因数为常数。

摩擦表面上总的摩擦加热热量为

$$Q = \int_{t_0}^{t_n} P_{\mathrm{h}} \mathrm{d}t = \frac{\pi}{30} \int_{t_0}^{t_n} T n \mathrm{d}t \tag{6-2}$$

式中 Q——摩擦表面上总的摩擦加热热量；

t_0——摩擦加热开始时间（设 $t_0=0$）；

t_n——实际摩擦加热时间。

摩擦加热热量 Q 分别向界面两侧的焊件进行传递。

总的摩擦加热功率随摩擦加热时间的变化规律，与摩擦因数随摩擦时间的变化规律相同。

随着摩擦堆焊过程的进行，塑性变形产热逐渐成为主要产热方式，发生剧烈塑性变形和塑性流动的真实接触面是摩擦的热源。塑性变形能内热源率可以表示为

$$\dot{q}=\beta\bar{\sigma}\dot{\bar{\varepsilon}} \tag{6-3}$$

式中 $\bar{\sigma}$、$\dot{\bar{\varepsilon}}$——等效应力和等效应变率；

β——塑性功转变为热能的比例系数，习惯上称之为塑性变形热排出率，一般取 0.9。塑性变形功率的剩余部分则消耗在材料微观变化方面，如位错密度、晶界及相变等。

2. 摩擦焊表面温度

摩擦焊表面温度就是摩擦焊接热源的温度，它将直接影响接头的加热温度、温度分布、接头金属的变形与扩散。同时，热源的温度还能通过对摩擦因数的影响调整摩擦加热功率和温度，使其处于平衡状态。

在焊接圆断面焊件时，摩擦焊热源被认为是一个线性传播的连续均布的面状热源。如果不考虑向周围空间的散热，根据雷卡林的焊接热过程计算公式，同种金属摩擦焊表面的温度为

$$T(0,t)=\frac{q_2\sqrt{t}}{\sqrt{\pi\lambda C}} \tag{6-4}$$

式中 $T(0,t)$——摩擦焊接表面温度，$x=0$ 表示计算表面是热源，t 是摩擦加热时间；

q_2——单位面积上的摩擦加热功率；

λ——热导率；

C——t 热容量。

在式（6-4）中，如果选定焊接所需要的温度为 T_w，热源温度升高到 T_w 所需要的摩擦加热时间为 t_f'，则式（6-4）可以写成

$$t_f'q_2^2=\pi\lambda CT_w^2=\text{常数} \tag{6-5}$$

从式（6-5）可以看出，当 T_w 和 t_f' 确定以后，能够计算出 q_2 的数值，并根据 q_2 的要求选择焊接规范。式（6-3）和式（6-4）适合于计算以稳定摩擦阶段为主的摩擦加热过程。

在采用式（6-3）和式（6-4）进行运算时，还应该考虑到摩擦焊接表面温度和加热功率之间的内在联系、相互制约及摩擦加热功率随摩擦时间变化的特殊规律。同时，还要特别注意摩擦焊表面的最高温度是有限制的。到目前为止，各种摩擦焊热源的最高温度都不超过被焊金属的熔点，在焊接异种金属时，摩擦焊热源的温度不超过低熔点金属的熔点，这是摩擦焊热源的一个重要特点，它对保证焊接质量和提高焊接过程的稳定性起了很大作用。

根据上面的分析，摩擦焊热源的主要特点归纳如下：

1）摩擦焊热源是通过摩擦把机械功转变成热能加热焊接接头的。这个热源就是金属焊接表面上的高速摩擦塑性变形层，它的能量集中，加热效率高，产生在焊件的焊接端面。

2）摩擦焊热源的功率和温度不仅取决于焊接参数，还受到摩擦焊件材料、形状、尺寸和焊接表面情况的影响。摩擦焊热源的最高温度接近或等于焊接金属的熔点。

3）金属摩擦表面的摩擦不仅产生热量，而且还能破坏和清除表面的氧化膜。变形层金属的封闭、挤出，可以防止焊口金属的继续氧化。顶锻焊接后，部分变形层金属类似填料一样留在接头中会影响焊接质量。

6.2.4 摩擦焊焊接参数

焊接参数，即转速、摩擦压力、摩擦时间和摩擦变形量、停车时间、顶锻压力和顶锻变形量，对摩擦焊接表面上的高速摩擦塑性变形量、深塑区及焊接质量的影响。

1. 转速和摩擦压力

在焊接过程中，转速与压力直接影响摩擦扭矩、摩擦加热功率、焊接温度与温度分布，影响变形层的厚度、深塑区的位置和摩擦变形速度等。因此，转速与摩擦压力是摩擦焊最主要的焊接参数。

当焊件直径一定时，转速代表摩擦速度。由于摩擦速度快，焊接表面的温度高，为了使变形层加热到金属材料的焊接温度，必须高于临界摩擦速度，所谓临界摩擦速度，就是摩擦表面温升达到焊接温度时的最低摩擦速度。这个速度的摩擦表面温度，不利于热压焊接过程的进行。低碳钢的临界摩擦速度为0.3m/s左右，平均摩擦速度的选用范围为0.6～3m/s。

在稳定摩擦阶段中，转速对摩擦焊表面上摩擦变形层的厚度及其深塑区位置的影响，如图6-8所示，该试验中使用的是ϕ19mm低碳钢棒，摩擦压力为86MPa。转速升高，摩擦表面温度高，摩擦转矩和摩擦变形速度小，深塑区移向圆心。这时，变形层中的高温粘滞金属，在摩擦压力和摩擦转矩的作用下向外流动时，受到较大的阻碍，形成了对称的小薄翅状飞边，如图6-8c所示。这样由于转矩小，挤出的金属少，所以接头温度分布较宽，变形层金属也容易氧化。当转速降低，摩擦表面温度低，摩擦扭矩和摩擦变形速度增大，并移向外圆。这时变形层金属非常容易流出摩擦表面之外，形成不对称的肥大飞边，如图6-8a所示，这种接头的温度分布梯度大，变形层金属容易被大量挤出，焊缝金属迅速更新，能够有效地防止氧化。

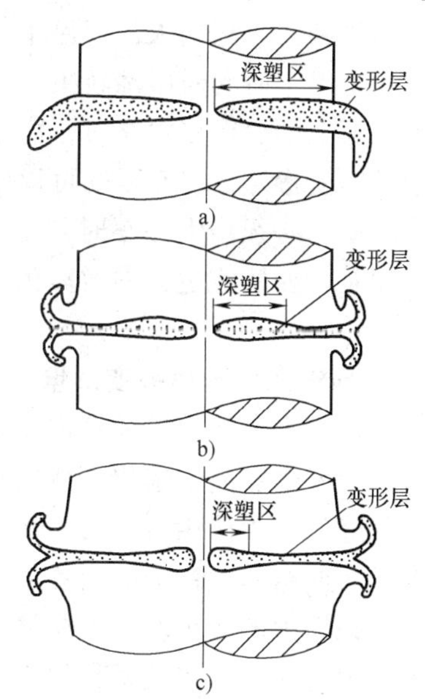

图6-8 转速与变形层厚度、深塑性区位置和飞边的关系
a）1000r/min b）2000r/min
c）4000r/min

为了产生足够的摩擦加热功率，保证摩擦焊接表面的全面接触，摩擦压力不能太小。在稳定摩擦阶段，当摩擦压力增大时，摩擦转矩增大，摩擦加热功率升高，摩擦变形速度增大，变形层加厚，深塑区增宽，并移向外圆，形成粗大而不对称的飞边，接头的温度分布梯度大，变形层的选用范围为20～100MPa。在摩擦加热过程中，摩擦压力通常为一定值。但是，为了满足焊接工艺的特殊要

求，摩擦压力也可以不断上升，或采用两级或三级加压。

不同转速和摩擦压力的组合，可以得到不同的焊接加热规范。它们的选用范围很宽，而最常用的组合方式有两种：一是强规范，即转速较低，摩擦压力较大，摩擦时间短；二是弱规范，即转速较高，摩擦压力小，摩擦时间长。

2. 摩擦时间与摩擦变形量

摩擦时间决定了接头的摩擦加热过程，直接影响接头的加热温度、温度分布和焊接质量。摩擦时间短，焊接表面加热不完全，不能形成完整的塑性变形层，接头上的温度和温度分布不能满足焊接的要求。摩擦时间长，接头温度分布宽，高温区金属容易过热，摩擦变形量大，飞边大，消耗的加热能量多。在确定摩擦时间时，总是希望在摩擦终了的瞬间，接头上有较厚的变形层或较宽的高温金属区，较小的飞边；而在顶锻焊接过程中产生较大的顶锻变形量，使变形层的面积沿焊件径向有很大的扩展，将变形层中的高温金属挤碎、挤出并产生一定的飞边。这样整个飞边的尺寸不大，但形状封闭圆滑，有利于改善接头的焊接质量。例如，碳钢在强规范焊接时，当摩擦加热功率越过极值，下降到稳定值左右时，就应立即停车顶锻焊接；在弱规范焊接时，通过一段较长时间的稳定摩擦以后，才能停车顶锻焊接。连续驱动摩擦焊的摩擦时间常常都在 1 ~ 40s 之内。

当摩擦变形速度一定时，摩擦变形量和摩擦时间成正比例。因此常常用摩擦变形量代替摩擦时间来控制摩擦加热过程。在焊接碳钢时，摩擦变形量通常在 1 ~ 10mm 范围内。

3. 停车时间

此时，转速降低、摩擦压力增大，摩擦转矩和变形速度也相应增大，变形层加厚，深塑区移向外圆，飞边增大。当停车时间由短到长变化时，摩擦转矩的后峰值也由小变大。

由于停车时间对摩擦转矩、变形层厚度和焊接质量的影响很大，因此必须注意选择。当摩擦表面上的变形层很厚时，停车时间要短；当表面上的变形层较薄时，为在停车阶段能产生较厚的变形层，停车时间可以延长。有时为了改善焊接质量，消除焊缝中的氧化灰斑或脆性合金层，必须增大停车时的变形层厚度。往往在停车前就施加顶锻压力，或停车时不制动。但是，要防止过大的后峰值转矩使接头金属产生扭曲组织。通常停车时间选择范围为 0.1 ~ 1s。

4. 顶锻压力与顶锻变形量

顶锻压力要能挤碎和挤出变形层中的氧化金属和其他有害杂质，并使接头金属得到锻造、结合紧密、晶粒细化、性能提高。顶锻变形量是顶锻压力作用的结果。顶锻压力小，焊接质量降低；顶锻压力过大，接头变形量增加，飞边增大，甚至在焊缝金属中形成低温横向流动的弯曲组织，接头的疲劳强度降低。

顶锻压力的大小取决于焊件的材料、接头的温度及分布、变形层的厚度，另外还取决于摩擦压力的大小。焊接材料的高温强度高，需要的顶锻压力大。接头的温度高，变形层厚，较小的顶锻压力确定以后，为了得到要求的顶锻变形量，对顶锻压力的施加速度也有所要求，因为如不趁热顶锻，将得不到要求的顶锻变形量，在碳钢的连续驱动摩擦焊时，顶锻压力的范围常常在 100 ~ 200MPa，而顶锻变形量的范围为 1 ~ 6mm。顶锻速度一般为 10 ~ 40mm/s。

5. 焊接规范的选择

在生产中，低碳钢、中碳钢、高碳钢、低合金钢及其组合的异种钢焊接，其规范的选择可以参考低碳钢的焊接规范。焊接高温强度高的高合金钢时，需要增大摩擦压力和顶锻压力，并适当延长摩擦时间。焊接高温强度差别比较大的异种钢或某些不产生脆性合金层的异种金属时，除了在高温强度低的材料一方加一个模子外，还要适当延长摩擦时间，提高摩擦压力和顶锻压力。焊接产生脆性合金层的异种金属时，需要采用模子封闭接头金属，降低焊接速度，增大摩擦压力和顶锻压力。

焊接大直径焊件时，在摩擦速度不变的情况下，应降低转速。焊件直径增大，摩擦压力在摩擦表面上分布不均，摩擦变形阻力增大，变形层的扩展需要较长的时间，因此在保持摩擦变形量不变的情况下，需要较大的摩擦压力或较长的摩擦时间。焊接不等断面的碳钢和低合金钢焊件时，由于导热条件不同，在接头上的温度分布和变形层的厚度也不同，为了保证焊接质量，应该采用强规范焊接。

焊接中碳钢、高碳钢和低合金钢时，为了防止焊缝中产生淬火组织，减少焊后回火处理工序，应选用较弱的焊接规范。焊接管子时，为了减少内毛刺，在保证焊接质量的前提下，应设法减小摩擦变形量和顶锻变形量。

6.3 搅拌摩擦焊基本原理

6.3.1 搅拌摩擦焊的焊缝成形过程

搅拌摩擦焊过程如图6-9所示。在焊接过程中，搅拌头高速旋转并将搅拌针挤压入待焊焊件的接缝处，直至搅拌头的轴肩与焊件紧密接触。搅拌针在材料内部进行摩擦和搅拌，搅拌头轴肩部与被焊焊件表面接触进行剧烈摩擦，产生了大量的摩擦热，在轴肩下面和搅拌针周围区域形成金属热塑性层。然后，搅拌头以一定的速度沿焊接方向横向移动进入稳定焊接过程。

稳定焊接过程中，搅拌头高速旋转并沿焊件的接缝与焊件作相对移动使接缝处的材料产生塑性流变。产生塑性流变的材料被挤压到搅拌头前进方向的尾部，防止了塑性状态材料的溢出，同时可以起到清除表面氧化膜的作用。随后，塑性金属流在挤压下重新结合形成固相焊缝。焊缝表面上形成了凸凹交替、连续分布的半圆弧状纹线，焊后留有小孔。图6-10是搅拌摩擦焊焊缝的表面形态。

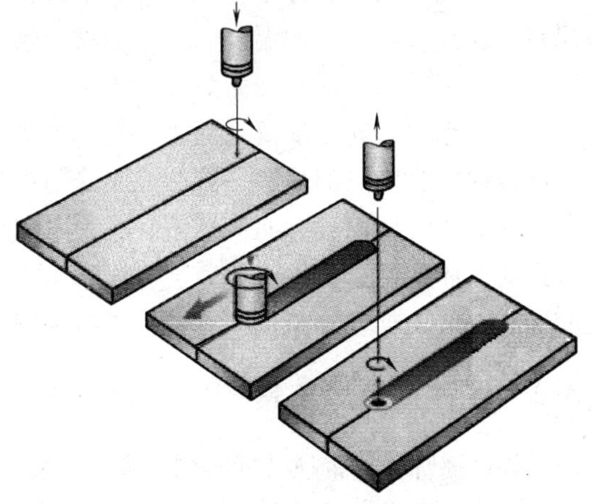

图6-9 搅拌摩擦焊接过程示意图

搅拌摩擦焊过程也是一个由外摩擦向内摩擦连续转变的动态过程。搅拌头与母材接触的瞬间，由于摩擦副表面温度低，表面粗糙峰相互接触，在轴向载荷的作用下，粗糙峰彼此嵌入，产生很高的接触应力和塑性变形，但此时只是局部接触，接触面积很小，外摩擦很快完成。随着摩擦的不断进行，实际接触面积增加，接触面产生瞬时高温，使相互接触的金属产生粘着和焊合，摩擦进入内摩擦阶段。

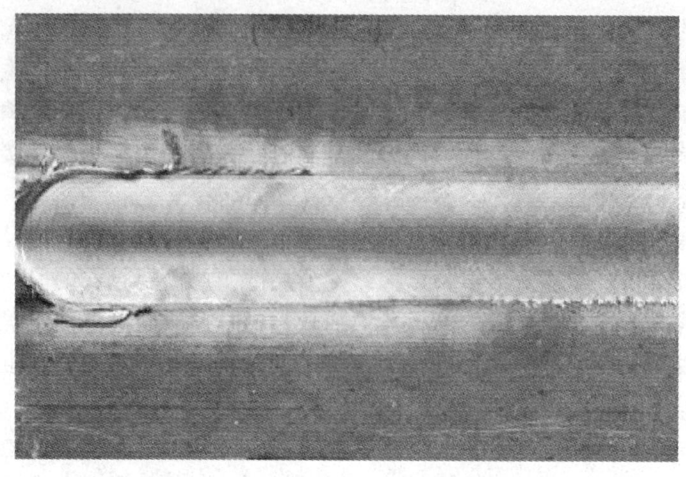

图 6-10 搅拌摩擦焊焊缝表面形态

6.3.2 搅拌摩擦焊产热机制

搅拌摩擦焊生成热主要来源于三部分：①轴肩与焊件上表面间的摩擦热（轴肩热输入)。②搅拌针与焊件接合面间的摩擦热（搅拌针热输入)。③搅拌针附近焊缝金属的塑性变形热。这些生成热随着搅拌头沿焊缝方向行走，对焊缝及焊缝附近的母材施以热作用。

搅拌摩擦焊的热源是轴肩、搅拌针与母材间由于高速摩擦而形成的热塑性变形层中机械能耗散所产生的摩擦热。它可以分为两个部分：一部分是搅拌头与母材摩擦产生的旋转摩擦热；另一部分是搅拌头平动时与母材摩擦产生的线性摩擦热。一般而言，母材平动速度较低，线性摩擦热相对于旋转摩擦热来说可以忽略不计。热塑性变形层是把摩擦的机械能转变成热能的发热层，其温度最高，能量集中，又产生在金属的接触表面，所以加热效率很高。

搅拌摩擦焊热力过程中，焊接开始阶段搅拌头与被焊材料之间发生干摩擦，随着摩擦热的积聚，搅拌头与材料的温度升高，当材料进入热塑性状态后，搅拌头与材料组成的摩擦系统进入准平衡状态，此时开始焊接，进入稳态焊接后，搅拌头与被焊材料之间的摩擦转变为带有润滑的摩擦，充当润滑剂的物质就是搅拌头前方不断形成的热塑性层。而搅拌头在稳态焊接过程中成为稳定的热源，该热源不断集中加热前端薄层被焊材料。搅拌头与前端被焊材料之间的摩擦之所以具有润滑性质，其根本原因在于搅拌头与前端材料间存在的热塑性层呈现很强的流体特性。塑性流体薄层在搅拌头高速旋转和移动的作用下被甩向搅拌头的背后，温度逐渐降低，粘度逐渐增大，最终重新凝固，同时不断有新的塑性流体薄层产生。

6.3.3 搅拌摩擦焊工具

搅拌摩擦焊使用带搅拌针的搅拌头，一般由具有良好耐高温静态和动态力学性能以及其他物理特性的抗磨损材料制成，其中搅拌头主要包括搅拌针和轴肩两部分。搅拌针是插在焊缝中间的特殊形状的旋转工具，一般采用工具钢制成，其长度通常比要求焊接的深度稍短。从产热方面来讲，搅拌针和轴肩的相对尺寸就很重要，而其他方面的设计就不是那么的关键。

搅拌针的形式主要有柱状搅拌针、锥形螺纹搅拌针、三槽锥形螺纹搅拌针、偏心圆搅拌针、偏心圆螺纹搅拌针、非对称搅拌针、外开螺纹搅拌针以及可伸缩式搅拌针等。图 6-11

为常见的几种搅拌头的形状。

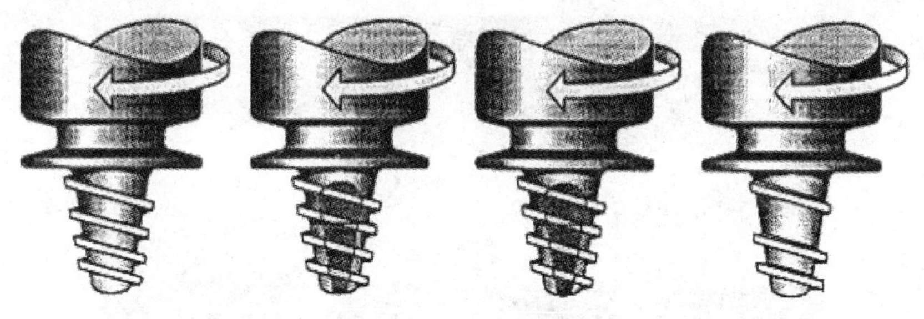

图 6-11 搅拌头的形状

6.3.4 搅拌摩擦焊工艺参数

搅拌摩擦焊的工艺参数有搅拌头转速、焊接速度、搅拌头倾角和轴向压力（图 6-12）。由搅拌头转速和焊接速度还可导出另一个参数，即转距，它相当于搅拌头每转一周所前进的距离。搅拌头转速就是搅拌头在搅拌摩擦焊过程中的旋转速度；焊接速度就是搅拌头沿焊接方向的移动速度；搅拌头倾角是指搅拌头轴线与焊件表面法线之间所成的角度；轴向压力是指由搅拌头施加到焊件上的沿搅拌头轴线方向的压力。

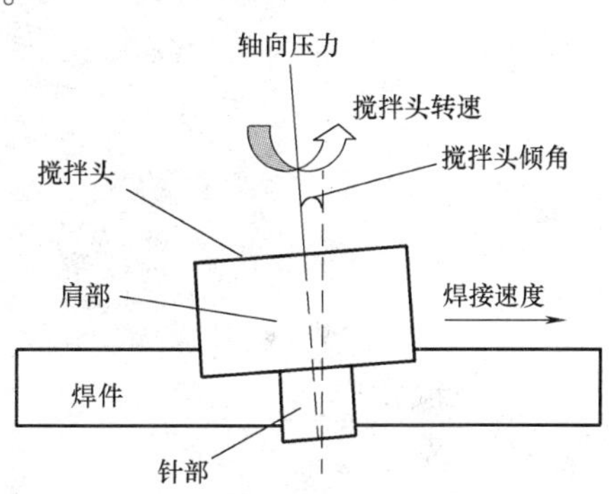

图 6-12 搅拌头及工艺参数示意图

与传统的熔焊方法相比，搅拌摩擦焊明显的优点在于其只需控制较少的工艺参数。除了焊接母材外，仅仅需要控制 3 个主要参数：搅拌头旋转速度、焊接速度和压力。在搅拌摩擦焊过程中，单位长度焊缝上的热输入量和材料在搅拌头的作用下产生的塑性流变状态是决定焊缝质量的关键因素。焊接热输入的大小取决于搅拌头肩部的半径、压力、摩擦因数以及转速与焊接速度之比（n/v）。n/v 小，焊缝成形不好，甚至会在焊缝表面出现沟槽、内部出现孔洞等缺陷，不能形成良好的焊缝；n/v 大，搅拌头所产生的热量使金属因过热而出现疏松，产生液化裂纹，焊接区金属过热而导致焊缝成形和焊缝质量均较差。搅拌头与被焊焊件表面之间的接触状态对焊缝成形也有较大影响。当所施加的压力不足够大时，焊缝底部在冷却后会由于金属的“上浮”而形成孔洞；当压力过大时，焊缝表面会出现飞边、毛刺等缺陷。

6.3.5 搅拌摩擦焊接头组织

搅拌摩擦焊焊缝的这种温度场分布对焊接过程中的材料流动有很重要影响。图 6-13 是搅拌摩擦焊焊缝中心宏观照片。可将搅拌摩擦焊接头分为焊核、轴肩变形区、热力影响区和热影响区等几个区域，分别如图 6-13 所示，各个区域微观组织各不相同。搅拌摩擦焊接头（图 6-13a）中左右两侧并不对称，左侧（前进边）分界明显，右侧（返回边）分界比较模糊。这是因为搅拌摩擦焊焊缝的成形不仅与温度场有关，还与搅拌头的搅拌促使焊缝区塑性材料流动有关。

从图 6-13a 可以看出其焊核部分呈葱头形状，并且有明显的金属层流动的形貌特征，这

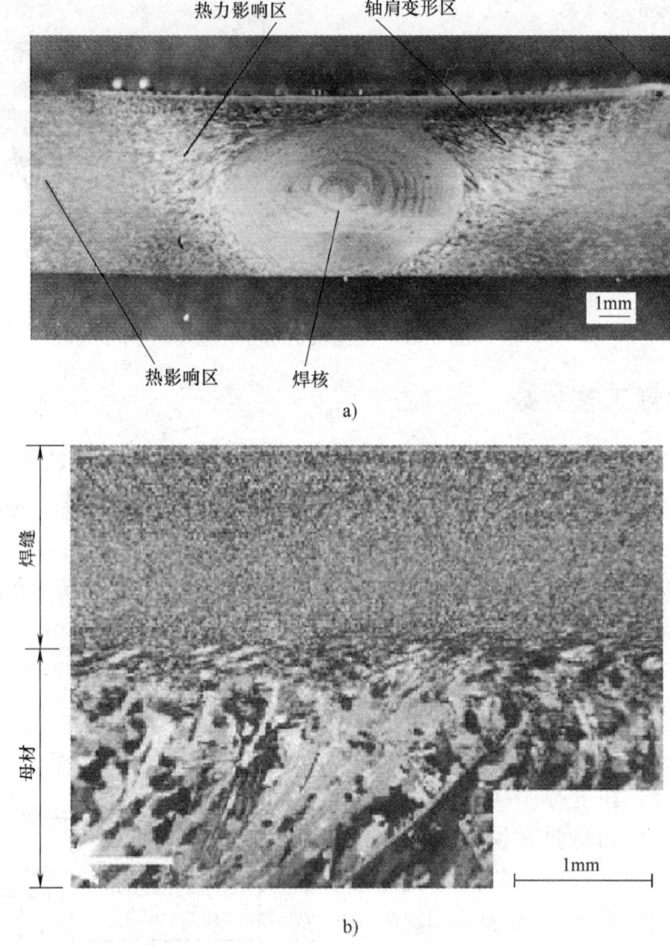

图 6-13 搅拌摩擦焊的接头及金相组织

a）接头横截面的金相组织 b）与焊接表面平行的截面金相组织

是搅拌头在接头区搅拌碾压后所形成的形貌。

搅拌摩擦焊接头热力影响区是指塑性变形区，焊核也是热力影响区的一部分。焊核是动态再结晶非常完全的区域，而热力影响区则是少部分发生动态再结晶而大部分金属受到搅拌挤压和摩擦热作用的焊缝区域，其主要特征是热力搅拌作用造成的流变形态。

由图 6-13b 可以明显看出，焊缝区的晶粒非常细小，而焊缝区和基体组织的晶粒大小比较接近。这是因为，对于搅拌摩擦焊来说，由于搅拌头的搅拌和碾压作用，焊缝区的组织经过了再结晶组织细化和锻造细化，晶粒变得很细小。

复习思考题

1. 分析摩擦焊过程的产热机制。
2. 旋转摩擦焊焊接参数有哪些？如何选择焊接规范？
3. 分析惯性摩擦焊参数随时间的变化规律。
4. 什么是线性摩擦焊？
5. 搅拌摩擦焊的接头有哪些特点？

第7章

钎 焊 连 接

7

钎焊是利用比母材熔点低的金属作钎料，经过加热使钎料熔化并润湿母材，在毛细管作用下填充接头接触面的间隙，液态钎料与母材之间相互扩散而形成冶金结合的连接方法。

7.1 钎焊过程分析

7.1.1 钎焊及其特点

钎焊包含两个过程：一是钎料填满钎缝的过程（液体对固体的润湿性好；钎缝间隙的毛细作用）；二是钎料同母材相互作用的过程（母材向液态钎料的扩散，即溶解；钎料组分向母材的扩散），还有钎剂的填缝过程（真空钎焊、保护气氛中的钎焊无此过程）。

在加热过程中，当钎料流入间隙后与焊件进行着复杂的物理、化学作用，如扩散、化合或共晶、固溶反应，使两者之间形成过渡的中间合金。最后焊缝金属冷凝，中间合金将两者连接起来，形成不可拆卸的接头。

图 7-1 为钎焊示意图。

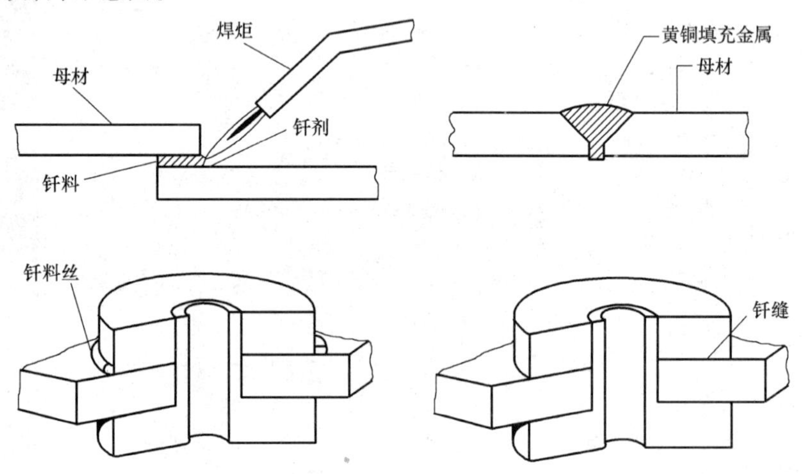

图 7-1 钎焊示意图

钎焊的热源是化学反应热，也可以是间接热能。钎焊加热温度较低，母材金属不熔化，而且也不需施加压力，但焊前必须采取一定的措施以清除被焊焊件表面的油污、灰尘、氧化膜等，这是使焊件润湿性好，确保接头质量的重要保证。

钎焊时由于加热温度比较低，故对焊件材料的性能影响较小。但钎焊接头的强度较低，耐热能力较差。

钎焊可以用于焊接碳钢、不锈钢、高温合金、铝、铜等金属材料，还可以连接异种金属、金属与非金属。适于焊接受载不大或在常温下工作的接头，对于精密、微型以及复杂多钎缝的焊件尤其适用。

1. 钎料的润湿与铺展

钎焊时液态钎料必须很好地润湿母材表面才能填满钎缝，冷却凝固而形成钎焊接头。熔化的钎料润湿母材的现象可通过液体与固体的界面物理化学作用进行分析。将液体滴于固体表面上，液体铺展而覆盖固体表面，或形成一液滴停于其上（图 7-2），随体系性质而异。所形成液滴的形状可以用接触角来描述。接触角是在固、液、气三相交界处，自固液界面经液体内部至气液界面的夹角，以 θ 来表示。平面接触角与气固界面自由能 σ_{SG}、液体表面自由能 σ_{LG}、固液界面自由能 σ_{SL}之间的关系为

$$\sigma_{SG} - \sigma_{SL} = \sigma_{LG}\cos\theta \tag{7-1}$$

上式称为杨氏方程，是润湿的基本公式，亦称润湿方程，可以看做是三相交界处界面张力平衡的结果。从式（7-1）可以看出，接触角是润湿性的重要表征参数。接触角越小，润湿性越好（图 7-3）。习惯上常将 $\theta = 90°$ 定为润湿与否的标准。$\theta > 90°$ 为不润湿，$\theta < 90°$为润湿。润湿现象的产生与液体和固体的性质有关。同一种液体，能润湿某些固体的表面，但对另外某些固体的表面就很难润湿。例如，水能润湿玻璃，但不能润湿石蜡。

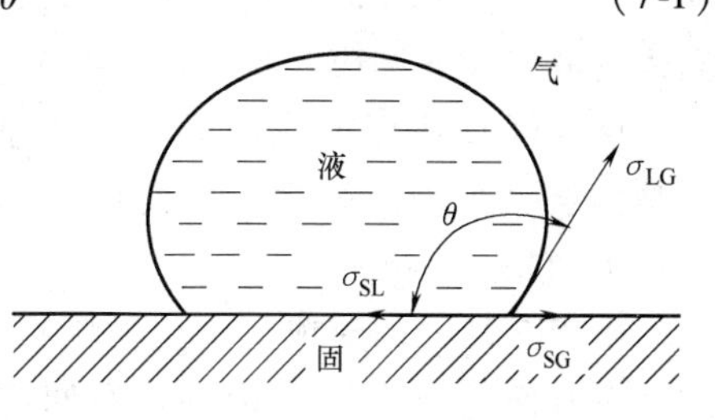

图 7-2 接触角示意图

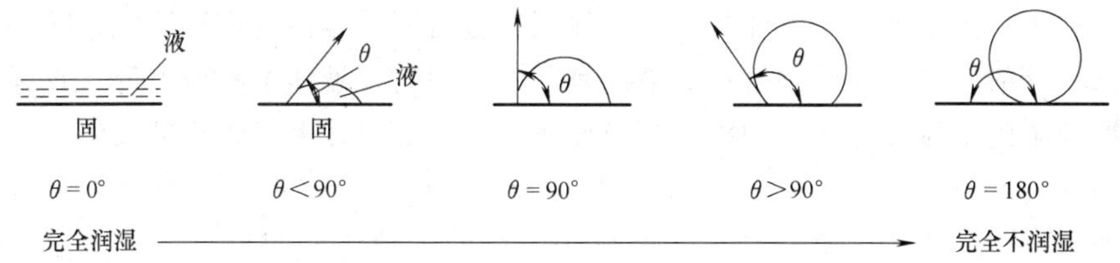

图 7-3 液固系统的润湿性

液态钎料必须很好地润湿母材表面并均匀铺展，才能填满钎缝。钎焊时希望钎料与母材的润湿角小于 20°。若钎料和母材在液态和固态下均不相互作用，则它们之间的润湿性很差；若钎料元素和母材元素能液态互溶、固态互溶或形成化合物，则它们之间的润湿性很好。

当钎料和母材是多元合金时，它们所含的元素具有互溶或形成化合物的作用，则液态钎料能较好地润湿母材。因此，可以通过改变钎料的合金成分来改善润湿性。例如纯铅对钢的润湿性很差，但铅中加入能与钢形成化合物的锡，铅锡合金钎料在钢表面上的润湿性就很好。

温度升高，液体的界面张力减小，在液-气和液-固界面张力减小的作用下，明显地改善了润湿性。因此，选择合适的钎焊温度是很重要的。温度过高，润湿性太好，会造成钎料流失。

在钎焊过程中，钎焊接头所处的环境一般为保护气体、真空或钎剂。保护气体和真空度都影响钎料的润湿性。在大气中钎焊采用钎剂后，能清除表面氧化膜和改善润湿性。

2. 钎料的毛细流动

在液态钎料润湿母材的条件下，液态钎料必须填满钎焊接头间隙，才能形成良好的钎缝。钎焊过程中，钎料依靠毛细作用在钎缝间隙内流动，钎料能否填满钎缝取决于它在钎焊接头间隙中的毛细流动特性。

液体在固体间隙中的毛细流动特性类似于毛细管。插入液体中的毛细管，管内外的液面会出现高度差（图 7-4）。浸润管壁的液体在毛细管中上升（即管内液面高于管外）或不浸润管壁的液体在毛细管中下降（即管内液面低于管外），这种现象叫做“毛细现象”。产生毛细现象的原因之一是由于附着层中分子的附着力与内聚力的作用，造成浸润或不浸润，因

而使毛细管中的液面呈现弯月形。凡不浸润固体的液体表面呈凸状。例如水银装在玻璃管内，液面即成凸状（图 7-4a），而浸润体的液体表面则成凹状（图 7-4b）；水装在玻璃管内其液面即成凹面状态。原因之二是由于存在表面张力，从而使弯曲液面产生附加压强。

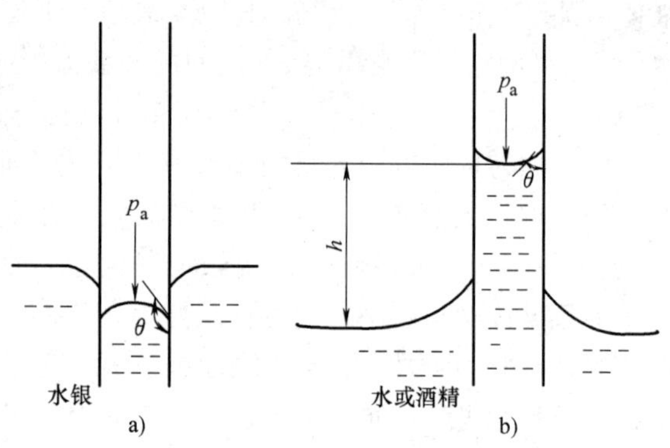

图 7-4 毛细现象

由于弯月面的形成所产生的附加压强，在凸弯月面处指向液体内部，在凹弯月面处指向液体外部。凸弯月面下液体的压强大于水平液面下液体的压强，而凹弯月面下液体的压强小于水平液面下液体的压强。根据在盛着同一液体的连通器中，同一高度处各点的压强都相等的道理，当毛细管里的液面是凹弯月面时，液体不断地上升，直到上升液柱的静压强抵消了附加压强为止。同样，当液面呈凸弯月面时，毛细管里的液体也将下降。

若毛细管内半径为 r，液体表面张力系数是 σ，沿周界 $2\pi r$ 作用的表面张力的合力等于 $2\pi r\sigma$。在液面停止上升时，此一作用力恰好跟毛细管中液体柱的重量相平衡。若液柱上升高度为 h，液体密度是 ρ，则有 $2\pi r\sigma\cos\theta=\rho g\pi r^2 h$。因而液柱上升高度是

$$h=\frac{2\sigma\cos\theta}{\rho g r} \tag{7-2}$$

当液面呈凸弯月面时，毛细管里的液体将下降。此时，式（7-2）仍适用，只是 $\theta>\pi/2$，$\cos\theta<0$，h 为负值，表面毛细管内液面低于容器内液面。显然，钎焊时只有在液态钎料能充分润湿母材的条件下，钎料才能填满钎缝。同时，为了有效利用毛细现象，必须在接头设计和装配时保证小的间隙。

3. 钎料润湿性的评定

钎料与母材间接触角的大小直接反映了润湿情况，要掌握钎料对母材的润湿性，可通过测量接触角的方法来进行。但在实际应用中，直接测量接触角较为困难且不精确，所以常采用测量铺展面积等方法来分析钎料对母材的润湿性。

当钎料铺展的形状不表现为规则球冠或润湿良好而导致接触角的测定困难时，利用铺展面积进行钎焊性能的评价是一种简便易行的方法。这一方法的试件为板状，其尺寸和试验时的钎料、钎剂的放置如图 7-5a 所示。试验用钎料应为块状，如为丝状钎料则应将其弯曲成圆环使用，用量为 0.1 ~ 0.2g，允许偏差为 ±1%，对比试验时，用量必须一致。加热钎焊装置推荐用箱式电阻炉（图 7-5b），均温区体积应不小于 100mm × 100mm × 50mm，测温精度为 1%。试验温度取为钎料液相线温度 +30 ~ 80℃，保温时间为 30 ~ 50s。钎料铺展试验后，用面积测定仪来测定铺展面积，以 cm^2 为单位。

对于给定质量 m 和密度 ρ 的钎料，假定钎料为理想球体时的直径为 D，则可求出

$$D=0.3937\times 6m/\pi\rho \tag{7-3}$$

铺展后钎料的最大高度为 h（图 7-6），定义铺展系数 f 为

$$f=\frac{D-h}{D}\times 100\% \tag{7-4}$$

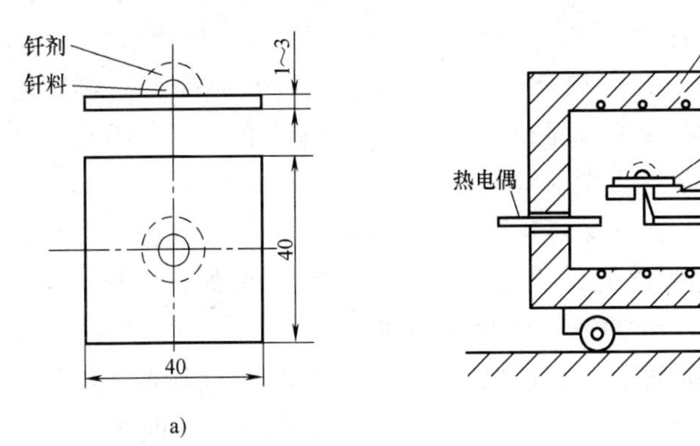

图7-5 铺展试验

a）铺展试验试件尺寸 b）铺展试验加热装置

铺展系数越大润湿效果就越好。

当润湿角非常小（接近于0°）时，高度 h 是非常难于精确测定的，因此有人建议定义润湿指数 k 为

$$k = S\cos\theta \tag{7-5}$$

式中 S——铺展面积；

θ——润湿角。

这种方法由于考虑了润湿角，因此也比较麻烦。在实际应用中更经常的是直接测量铺展面积，以相同体积钎料铺展面积的大小来衡量润湿性的优劣。

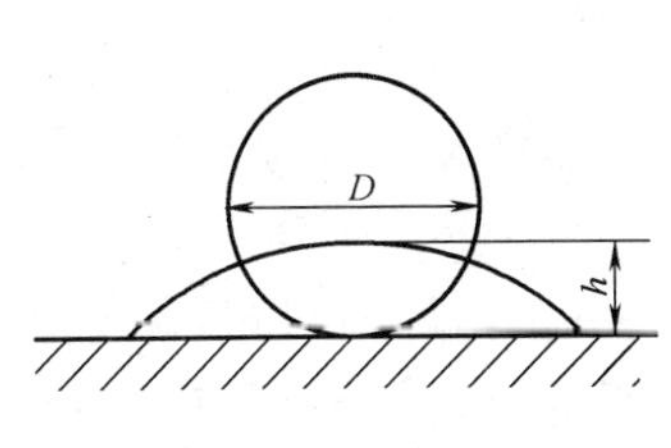

图7-6 铺展系数的定义

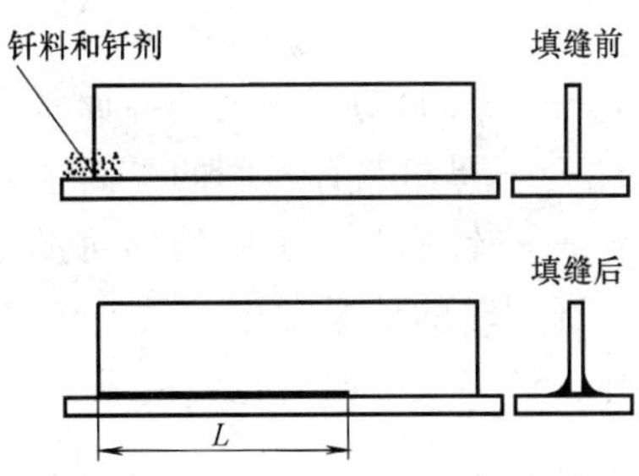

图7-7 填缝长度的测定图

4. 填缝长度的测定

取两块规定尺寸的平板构成T形接头，在试件的一端放置一定量的钎料和钎剂，在规定温度下保温一定的时间，然后冷却并测量钎料填充间隙的长度 L（即钎料流动的距离）（图7-7）。可按 L 值的大小来评定钎料的润湿及流动性能，L 值越大，则润湿填缝性能越好。应注意，在进行互相对比时，应保证各试件的间隙大小相同。

5. 影响钎料润湿性的因素

由杨氏方程可知，任何使 σ_{SL}、σ_{LG}、σ_{GS}发生变化，从而使接触角 θ 发生变化的因素都将影响到钎料对母材的润湿性。从热力学观点来看，界面张力即比表面自由焓，它与各相的物理性能、成分、温度有关，所以润湿角必然受这些因素的影响。在实际钎焊过程中，常常不可避免地发生母材向钎料中的溶解及钎料与母材之间的扩散。而溶解过程及扩散过程都与物理性能、成分、温度和时间有关。

（1）金属表面氧化物的影响　在常规条件下，大多数金属表面都有一层氧化膜。氧化物的熔点一般都比较高，在钎焊温度下为固态。它们的表面张力值很低，因此，钎焊时将导致 $\sigma_{SG} < \sigma_{SL}$，所以产生不润湿现象，表现为钎料成球，不铺展。

另外，许多钎料合金表面也存在一层氧化膜。当钎料熔化后被自身的氧化膜包覆，此时其与母材之间是两种固态的氧化膜之间的接触，因此不润湿。例如：当用 Al-Si 共晶钎料（熔点 577℃）置于 Al 母材（熔点 660℃）上加热到 600℃时，钎料熔化但不在母材表面铺展。液态钎料因受固态氧化膜的制约而成为不规则球形。此时用钢针刺入钎料并刺破母材表面的氧化膜，钎料就会在母材 Al 与其表面的 Al_2O_3 膜之间铺展，从而将 Al_2O_3 膜“抬起”，形成所谓的“皮下潜流”现象。所以在钎焊过程中必须采取适当的措施来去除母材和钎料表面的氧化膜，以改善钎料对母材的润湿。

（2）钎剂的影响　去除氧化膜最有效的方法是采用钎剂。当用钎剂去除了母材和钎料表面的氧化膜后，液态钎料就可以和母材金属直接接触，从而改善润湿状况。另外，当母材和钎料表面覆盖了一层液态钎剂后（图 7-8），系统的界面张力就发生了变化，当铺展达到平衡时，由杨氏方程有

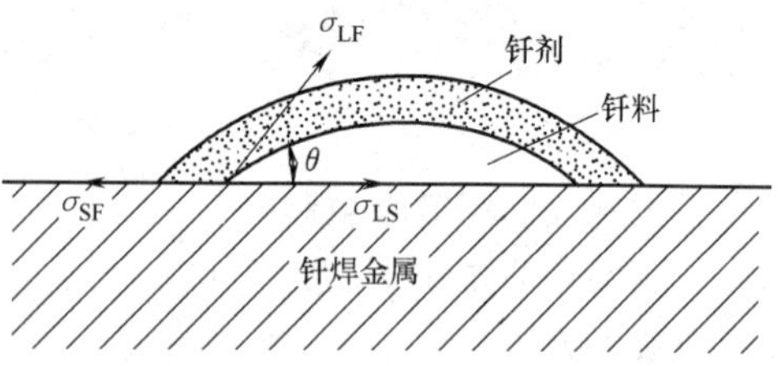

图 7-8　使用钎剂时母材表面上的液态钎料所受的界面张力

$$\sigma_{SF} = \sigma_{SL} + \sigma_{LF}\cos\theta \tag{7-6}$$

$$\cos\theta = \frac{\sigma_{SF} - \sigma_{SL}}{\sigma_{LF}} \tag{7-7}$$

式中　σ_{SF}——母材与钎剂间的界面张力；

σ_{SL}——母材与钎料间的界面张力；

σ_{LF}——钎剂与钎料间的界面张力。

与无钎剂时的情况相比，只要满足 $\sigma_{LF} < \sigma_{LG}$ 或 $\sigma_{SF} > \sigma_{SG}$，就可以增强钎料对母材的润湿。同样，钎剂成分的变化将造成 σ_{LF} 和 σ_{SF} 的变化，从而也会影响到钎料对母材的润湿性。

7.1.2　液态钎料与母材的相互作用

从宏观看，钎焊过程中母材不熔化，但是从微观看，液态钎料与母材之间会发生母材向钎料中溶解和钎料向母材扩散的相互扩散反应，这些相互扩散反应对钎焊接头的性能影响很大。

1. 母材向钎料中溶解

母材向钎料的适量溶解，可使钎料成分合金化，有利于提高接头强度。但是，母材的过度溶解会使液态钎料的熔点和粘度提高、流动性变坏，往往导致不能填满钎缝间隙。同时也可能使母材表面出现溶蚀缺陷。

母材能否向钎料溶解同它们之间的相图密切相关。若钎料和母材元素在液态和固态时均不互溶，也不形成化合物，则不发生母材的溶解现象。若在合金相图上有液态或固态互溶的，则会发生母材的溶解现象。因此，凡是钎料对母材有好的润湿性，能顺利进行钎焊，母

材在液态钎料中都发生一定程度的溶解。为了防止母材溶解过多，必须合理选择钎焊材料和工艺参数。

固态母材在液态钎料中的溶解过程是一个多相反应过程，它经历两个阶段。第一阶段是母材与钎料接触的表面层的溶解，这个反应发生在固-液两相界面上，其实质是液体金属对固体金属的润湿和原子在相界面处的交换，破坏了固体金属晶格内的原子结合，使得液体金属原子与固体金属表面处的原子之间形成新的键，从而完成溶解过程的第一阶段。但也有人认为，液态钎料与固态母材接触时，液体组分首先向固体表面扩散，在厚度约为 10^{-7}mm 的表面层内（液相稳定形核尺寸）达到饱和溶解度，此时固体表面层不需消耗能量即可向液体中溶解。

只有经历了溶解的第一阶段后，才能形成异质原子的扩散。这种扩散导致与母材金属相接触的液态钎料内的化学成分发生变化。应当指出，扩散过程要经过一段时间间隔后方才开始，这个时间间隔等于相与相之间能峰的松弛时间（即所谓的滞后周期），滞后周期短的金属经过长时间的接触后，在无化学成分改变的条件下，原则上不同金属是可以结合在一起的。但计算表明，熔融金属与固相相互作用时，扩散过程所需要的时间与金属接触的时间相比是很短的，所以在实际钎焊条件下，扩散过程总是能够进行的。

溶解的第二阶段是界面处被溶解的金属原子透过相界面进入液相远处的过程，即被溶解的母材原子从边界扩散层向液态钎料中迁移。母材原子的这种迁移是依靠扩散或对流来实现的。所谓对流，是指被溶解的原子受液体运动过程影响而迁移的现象。对流可以是自然的或强迫的，自然对流时，液体的流动是由于其局部的密度变化而引起的，这种密度的变化可以是温度分布不均匀或成分不均匀所造成的，而这些不均匀性在钎焊过程中都是不可避免的。

2. 钎料组分向母材的扩散

液态钎料填满钎缝间隙时，由于钎料组分与母材组分的差别或浓度的差别，必然发生钎料组分向母材扩散的现象。扩散量的大小主要与浓度梯度、扩散系数、扩散面积、温度和保温时间等因素有关。钎料组分向母材的扩散有体积扩散（晶内扩散）和晶界扩散（晶间渗入）两种。体积扩散的产物为固溶体，对钎焊接头性能没有不良影响。晶间渗入的产物为低熔点共晶体，性能较脆，对接头性能有不良影响。

根据扩散定律，钎焊时钎料向母材中的扩散可确定如下

$$d_{\mathrm{m}} = -DS\frac{\mathrm{d}C}{\mathrm{d}x}\mathrm{d}t \tag{7-8}$$

式中 d_{m}——钎料组分的扩散量；

D——扩散系数；

S——扩散面积；

$\mathrm{d}C/\mathrm{d}x$——在扩散方向上扩散组分的浓度梯度；

$\mathrm{d}t$——扩散时间。

由上式可见，钎料组分的扩散量与浓度梯度、扩散系数、扩散时间和扩散面积有关。扩散自高浓度向低浓度方向进行，当钎料中某组元的含量比母材中高时，由于存在浓度梯度，就会发生该组元向母材金属中的扩散。浓度梯度越大，扩散量就越多。扩散系数可按前述公式确定。研究表明，原子半径越小，扩散系数就越大。而当合金元素存在，且其与扩散元素的亲和力比与基体金属的亲和力更大时，就可能使扩散系数减小；反之，则可能使扩散系数

增大。

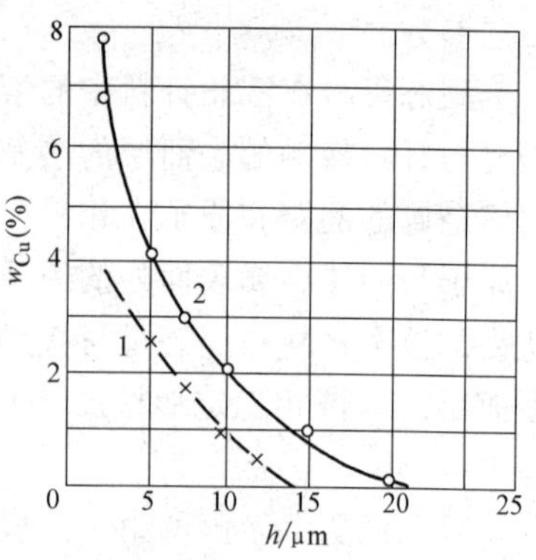

图 7-9 铜钎焊铁时，铜在扩散区中的分布
1—保温 1min 2—保温 60min

用 Cu 钎焊 Fe 时，会发生液态 Cu 向 Fe 中的扩散。图 7-9 给出了在 1100℃下 Cu 在 Fe 中的分布。随着保温时间的延长，不但 Cu 的扩散深度增大，而且扩散层中的 Cu 含量也增多。用 Al-28Cu-6Si 钎料钎焊铝合金时，也可发现钎料组分向母材铝合金中扩散的现象。在钎缝中靠近界面处的母材上可以看到一条与钎缝平行的明亮条带，它是钎焊时液态钎料中的 Si 和 Cu 向母材铝合金中扩散而形成的固溶体。

上述扩散现象均为体扩散。如果扩散进入母材的钎料组分浓度在饱和溶解度之内，则形成固溶体组织，这对接头的性能没有不良影响。若冷却时扩散区发生相变，则组织会产生相应的变化，并因此而影响到接头的性能。

除了体扩散之外，钎焊时也可能发生钎料组分向母材的晶间渗入的情况。晶间渗入的产生是因为在液态钎料与母材的接触中，钎料组分向母材中扩散，由于晶界处空隙较多，扩散速度较快，结果造成了在晶界处首先形成钎料组分与母材金属的低熔点共晶体。由于其熔点低于钎焊温度，这样就在晶界处形成了一层液态层，这就是所谓的晶间渗入。

当采用含硼镍基钎料钎焊不锈钢和高温合金时，就可能发生硼向母材晶间渗入的情况。晶间渗入的产物大都比较脆，会对钎焊接头产生极为不利的影响，尤其是在钎焊薄件时，晶间渗入可能贯穿整个焊件厚度而使接头脆化，因此应尽量避免在接头中产生晶间渗入。

7.1.3 钎焊接头的不均匀性

钎焊接头是异种材料之间的冶金结合，由于钎料与母材之间的相互作用而在结合面处产生各种各样的现象，给接头组织带来各种各样的变化，并对接头的性能产生很大的影响。

1. 钎缝组织

由于钎料与母材之间的相互作用，不但使钎缝的成分与钎料原有的成分不同，而且使钎缝的组织也与原始钎料的组织产生差异。钎缝的成分和组织常常是不均匀的，一般由三个区域组成（图 7-10），即：母材上靠近界面的扩散区、与之相邻的钎缝界面区和钎缝中心区。扩散区是由钎料组分向母材中扩散所形成的；界面区是母材组分向钎料中溶解并冷却后形成的，它可能是固溶体或金属间化合物；钎缝中心区由于母材的溶解和钎料组分的扩散以及结晶时的偏析，其组织也不同于钎料的原始组织成分，钎缝间隙较大时，该区的组织形态与钎料原始组织形态比较接近，而间隙小时，则二者之间可能存在极大的差别。例如：用 Ni-Cr-Si-B 钎料钎焊不锈钢的小间隙钎缝时，钎料本身为包晶组织，而钎缝却由固溶体组成，如图 7-11 所示。

2. 界面区组织

母材与钎料的结合可以形成多种多样的组织形态。在构成钎缝的三个区域中，界面区的情况是最复杂的，并且加热温度和加热时间等因素的影响使其进一步复杂化，并且对接头的性能也产生很大的影响。

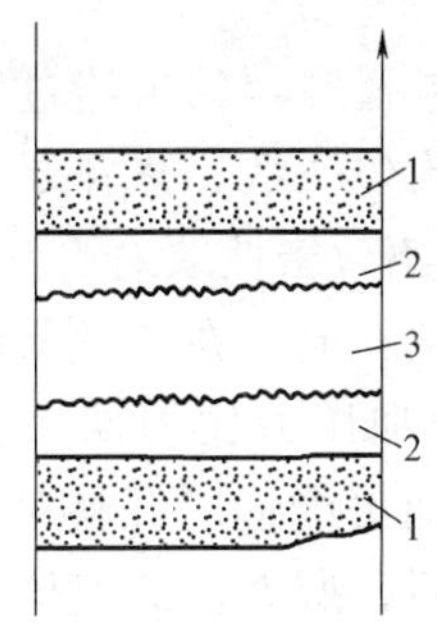

图 7-10　钎缝组织示意图

1—扩散区　2—界面区　3—钎缝中心区

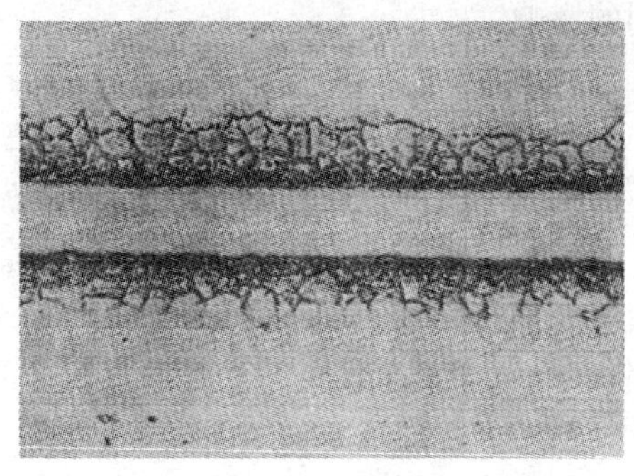

图 7-11　用 Ni-Cr-Si-B 钎料钎焊不锈钢小间隙钎缝的显微组织

考虑钎焊中最简单的形式，即用纯金属钎料去钎焊纯金属母材，并且两被连接焊件的材质相同的情形。此时尽管存在两个相邻的界面，且其情况和条件相同，故考虑一侧界面的情况即可。对于这种体系，由于发生了固液相金属（母材与钎料）之间的溶解和扩散，所以界面处就表现出二元合金相图所规定的关系。因此，可以将母材与钎料所构成的二元相图进行分类，来阐述其性质。实际钎缝的成分常常是多元的，因而对其情况要综合考虑具体分析。

（1）固溶体类型的界面区组织　结晶系相同（晶格类型相同）、原子半径相近的元素间大多可以以任意比例固溶，这类金属间的界面成分从一侧到另一侧连续变化。

（2）共晶体类型的界面区　如果母材和钎料构成共晶体相图的话，那么钎缝中就可能出现共晶体组织。接头处啮合组织的疏密是由共晶点的位置来决定的。这一现象与机械啮合的结合力有关。

对于母材和钎料可以形成共晶体的体系，钎焊时，加热温度不必高于其某一组元的熔点，而只要高于其共晶点即可。这种利用钎料与母材的接触溶解而形成共晶体钎焊接头的方法被称之为接触反应钎焊。

Ag Cu 二元系在 w_{Cu}为 28% 时形成熔点为 779℃ 的共晶（Ag 的熔点为 960℃，Cu 的熔点为 1083℃），将 Ag 箔置于两 Cu 焊件之间，稍加压力使之良好接触，加热到 800℃ 左右。这时 Ag 虽然不能熔化，但由于 Ag 和 Cu 之间的相互扩散，在界面处形成熔融的 Ag-Cu 共晶体，借助于这层液态共晶体层，就可将两 Cu 焊件连接起来。

在 Al-Cu 二元系中，存在一温度为 548℃、成分 w_{Cu}为 33% 的共晶点。如果将 Cu 和 Al 紧密接触并加热到 548℃ 以上，在界面处就会形成 Al-Cu 共晶，从而将 Al 和 Cu 连接起来。

（3）金属间化合物类型的界面区组织　许多金属之间可以形成金属间化合物。两种金属结合时，如果在界面处形成金属间化合物相，就如同一种新的物质（新相）在被连接金属之间起作用。Cd-Se 界面就表现出这种界面区的典型情况。Cd 与 Se 形成 CdSe 金属间化合物，然而在 Cd 和 Se 与 CdSe 中间相之间并没有发生任何反应。Cd-Te 的情况也是如此，但它们之间确实是结合起来了，这可认为是附着力在起作用。

3. 钎缝的不致密性缺陷

所谓钎缝的不致密性缺陷是指钎缝中的夹气、夹渣和未钎透等缺陷。这些缺陷一般处于钎缝的内部，但经机加工后会暴露于钎缝表面，并对焊件的密封性、导电性和耐蚀性等带来不利的影响。

钎缝中各种不致密性缺陷的产生与钎焊过程中熔化钎料及钎剂的填缝过程有很大的关系。在通常的平行间隙的情况下，液态钎料和钎剂并不是均匀一致、整齐划一地流入间隙的，而是以不同的速度和不规则的路线流入间隙，这是产生不致密性缺陷的根本原因。

当钎料（或钎剂）熔化后从平行间隙的一侧向间隙中填充时，在流动前沿和间隙的侧面边缘处都将出现弯曲液面，因而造成在钎缝边缘处的附加压力比内部大，这使得钎料（或钎剂）沿钎缝外围的流动速度比内部的填缝速度大，因而可能造成钎料对间隙内部的气体或钎剂的大包围现象，如图 7-12 所示。一旦形成大包围后，所夹住的气体或钎剂残渣就很难从很窄的平行间隙中排除，使钎缝中形成大块的夹气和夹渣缺陷。

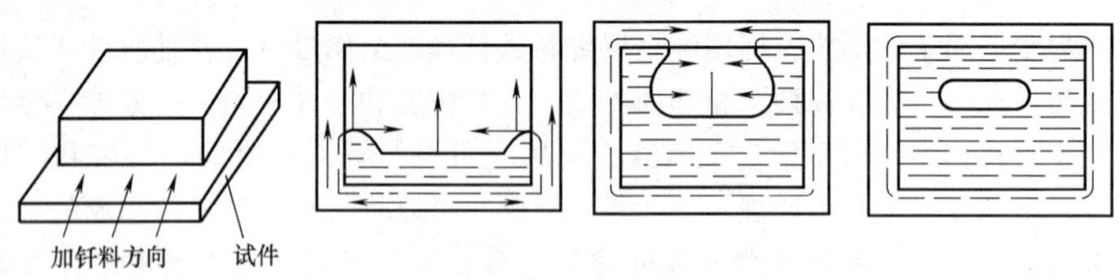

图 7-12 钎缝中大包围缺陷形成示意图

除了大包围会产生致密性缺陷外，更常见的是由小包围产生的致密性缺陷。从理论上来说，如果接头间隙均匀，且间隙内部金属的表面状态一致，则液态钎剂或钎料在间隙内部的流动速度应是基本相同的。然而实际上由于间隙内部金属的表面不可能绝对平齐，清洁度也有差异，加上液态钎剂和钎料与母材的物理化学作用等因素的影响，常常造成钎料在间隙内紊乱地流动，流动前沿形似乱云，结果造成小包围现象（图 7-13）。如果大小包围所围住的是气体，则形成夹气缺陷；如果围住的是钎剂，则形成夹渣缺陷；如果因钎料量不足而未能填满间隙，则形成未钎透缺陷。此外，如果钎剂在加热过程中分解出气体，或是母材或钎料中的某些高蒸气压元素的蒸发，及溶解在液态钎料中的气体在钎料凝固时析出，当这些气体在钎料凝固前来不及全部排出钎缝时，就会形成气孔缺陷。

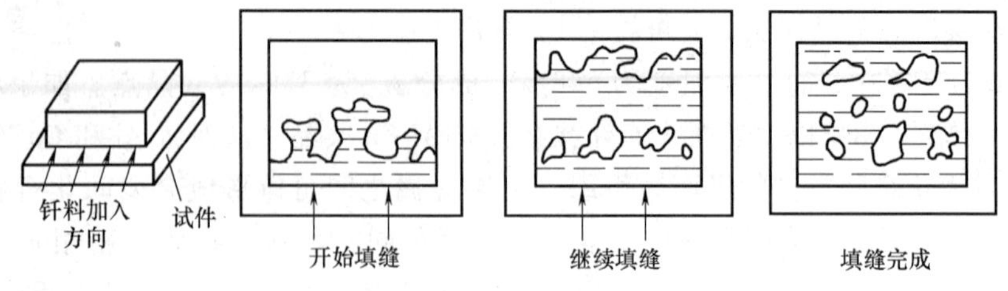

图 7-13 实际填缝过程及小包围缺陷的形成

由以上不致密性缺陷产生的原因分析可知，在一般钎焊过程中，要完全消灭这些缺陷是很困难的，但应采取相应的措施来尽可能减少缺陷的产生。例如适当增大钎缝间隙就有助于减少由于小包围现象而形成的缺陷。

7.2 钎料与钎剂

7.2.1 钎料

在很大程度上，钎焊接头的质量取决于钎料，在选用钎料时，就要考虑以下的要求：钎料要有合适的熔点，应比母材的熔点低40～60℃，但要高于焊件工作温度；良好的填缝能力；与焊件金属能很好地作用（溶解和扩散）；最终能满足接头性能指标，如强度、塑性、耐热性、耐蚀性、抗氧化性、导电性等。此外，还应考虑钎料的经济性和环境保护，应尽量少用贵重金属和稀有金属，希望钎料中不含有毒或易蒸发元素。

钎料通常按熔点分为两大类：低于450℃的称为软钎料，高于450℃的称为硬钎料。相应地钎焊也可分为两大类：使用软钎料进行的钎焊称为软钎焊，使用硬钎料进行的钎焊称为硬钎焊。

1. 硬钎料

硬钎料的强度高，可用于钎焊受力构件。

（1）铝基钎料　主要以铝硅合金和铝铜硅共晶合金为基，还可加入锌、锗等元素以满足工艺性能的要求，用来钎焊铝和铝合金。

（2）银基钎料　主要以银铜和银铜锌合金为基，还可加入镉、锡、锰、镍、锂等元素以满足不同的钎焊工艺要求，是应用最广的一种硬钎料。由于熔化温度不是很高，能润湿很多金属，并且有良好的强度、延性、导热性和耐蚀性，广泛用于钎焊低碳钢、不锈钢、铜及铜合金、可伐合金、难熔金属等。

（3）铜基钎料　常用的有铜锌、铜磷和铜锗钎料，由于其经济性好，在碳素钢、合金钢、铜和铜合金的钎焊方面获得了广泛应用。

（4）锰基钎料　以锰镍为基，还可加入铬、钴、铁、铜等元素，以满足不同工艺的需要。锰基钎料的延性好，对不锈钢、耐热钢具有良好的湿润能力，钎缝有较高的室温和高温强度，中等的抗氧化性和耐蚀性，对母材金属无明显的熔蚀作用。

（5）镍基钎料　镍基钎料内常加入铬、硅、硼、铁、磷和碳等元素。铬的主要作用是增大抗氧化、耐蚀能力及提高钎料的高温强度；硅可降低熔点，增加流动性；硼和磷是降低钎料熔点的主要元素，并能改善润湿能力和铺展能力；碳可以降低钎料的熔化温度；少量的铁可以提高钎料的强度。镍基钎料具有优良的耐蚀性和耐热性，常用于钎焊奥氏体不锈钢、双相不锈钢、马氏体不锈钢、镍基合金和钴基合金等。

（6）金基钎料　金基钎料内常加入铜、镍等元素。金基钎料与母材金属的作用程度小，常用于薄件的钎焊。

（7）钯基钎料　钯基钎料内常加入银、铜、锰、镍等元素。钯基钎料具有润湿能力强、蒸气压低、延性好、强度高、对母材金属溶蚀倾向小等特点，适用于不锈钢、镍基合金等材料的钎焊，主要用于航空航天、电子工业等部门。

2. 软钎料

常用的软钎料有锡基、铅基、镉基、锌基和金基钎料及低熔点钎料如镓基、铋基和铟基钎料。

应用最广泛的是锡铅钎料。当锡铅合金中 w_{Sn} 为 61.9% 时，即形成熔点为 183℃的共晶，其强度和硬度最高。由于铅元素的毒性严重危害环境与人类健康，发展无铅钎料受到重视。目前常用的无铅钎料主要有 Sn-Ag 和 Sn-Zn 等合金系列。

7.2.2 钎剂

钎剂用以降低钎料表面张力、改善润湿性；去除氧化物、净化钎焊材料的表面；保护高温金属不再氧化。为此要求钎剂熔点应比钎料低，并在钎焊过程中保持其成分不分解，性能不改变；能去除氧化膜，残渣易清除，不含有害成分；粘度小、流动性好，对钎焊金属润湿好，并能改善钎料润湿性。常用的钎剂有松香、氯化锌溶液、硼砂、硼酸等。

钎焊时使用的熔剂叫钎焊焊剂，简称钎剂。它的作用是清除钎料和母材金属表面的氧化物，并保护焊件和液态钎料在钎焊过程中免于氧化，改善液态钎料对焊件的润湿性。

1. 软钎剂

软钎剂即为软钎焊用的钎剂，主要有非腐蚀性软钎剂和腐蚀性软钎剂。

（1）非腐蚀性软钎剂　非腐蚀性软钎剂的主要成分是松香，化学活性比较弱，对母材金属没有腐蚀作用。

（2）腐蚀性软钎剂　腐蚀性软钎剂的主要成分是无机酸、无机盐，最常用的是氯化锌水溶液，对接头具有强烈的腐蚀性，焊后必须彻底清除。

2. 硬钎剂

硬钎剂指硬钎焊用的钎剂。黑色金属常用硬钎剂的主要成分是硼砂、硼酸及其混合物。

3. 铝及铝合金用钎剂

铝的氧化膜致密且稳定，钎焊铝及铝合金时必须采用专门的钎剂。铝及铝合金用软钎剂分为有机钎剂和反应钎剂两类。有机钎剂的主要成分为三乙醇胺；反应钎剂的主要成分是锌、锡等重金属的氯化物。铝及铝合金用硬钎剂的基本组成为碱金属及碱土金属的氯化物。

4. 气体钎剂

气体钎剂是气体火焰钎焊过程中起钎剂作用的钎剂，主要成分是三氟化硼，它是 KBF_4 在 800~900℃分解后的产物。三氟化硼是添加在惰性气体中使用的，主要用于在高温下钎焊不锈钢。

气体火焰钎焊时，可采用含硼有机化合物的蒸气代替硼砂作为钎剂。如用黄铜钎料钎焊时，常用磷酸甲酯及甲醇组成的气体钎剂，由乙炔带入火焰中与氧发生反应而形成硼酐，起钎剂作用。

7.3 钎焊工艺

7.3.1 钎焊方法

根据热源或加热方法不同，钎焊可分为烙铁钎焊、火焰钎焊、感应钎焊、炉中钎焊、浸渍钎焊、电阻钎焊、高能束钎焊、波峰焊与再流焊等。

1. 烙铁钎焊

烙铁钎焊是利用烙铁头积聚的热量来熔化钎料，并加热钎焊处的母材而进行钎焊的方法。它只适用于钎焊温度低于300℃的软钎料（如锡铅或铅基钎料），钎焊薄件和小件，故多应用于电子、仪表等工业部门，钎焊时一般采用松香或氯化锌溶液作为钎剂。在电子工业中多以松香芯焊锡丝的形式使用。

2. 火焰钎焊

火焰钎焊是使用可燃气体与氧气（或压缩空气）混合燃烧的火焰进行加热的钎焊方法。所用的设备简单、操作灵活、燃气来源广，且不受焊件结构和尺寸的限制。但是手工操作的生产率低而且操作技术要求高。适合于用铜锌、铜磷、银基、铝基钎料等钎焊碳钢、不锈钢、硬质合金、铸铁、铜及铜合金、铝及铝合金等。

氧乙炔火焰钎焊是常用的方法。氧乙炔焰温度高达3000℃以上。由于钎料熔点一般不超过1200℃，为使钎焊接头加热均匀，并防止母材和钎料氧化，应采用中性焰或碳化焰的外焰加热。

3. 电阻钎焊

电阻钎焊是将焊件直接通以电流或将焊件放在通电的加热板上利用电阻热进行钎焊的方法。钎焊时对钎焊处应施加一定的压力。可在普通电阻焊机上进行，最好采用根据电阻钎焊规范设计制造的专用电阻钎焊机。电阻钎焊最宜焊铜，使用铜磷钎料可不用钎剂；也适于钎焊铜合金、银合金、钢、硬质合金。

4. 感应钎焊

感应钎焊是利用高频、中频或工频交流电感应加热进行的钎焊。工频很少用于钎焊，常用的是高频（150～700kHz）和中频（1～10kHz）。根据不同的保护方式分为大气中感应钎焊、保护气中感应钎焊和真空感应钎焊。大气中感应钎焊必须使用钎剂，其他两种都不用钎剂。感应钎焊的主要特点是加热快，效率高，可进行局部加热，且容易实现自动化。图7-14为感应钎焊线圈示意图。

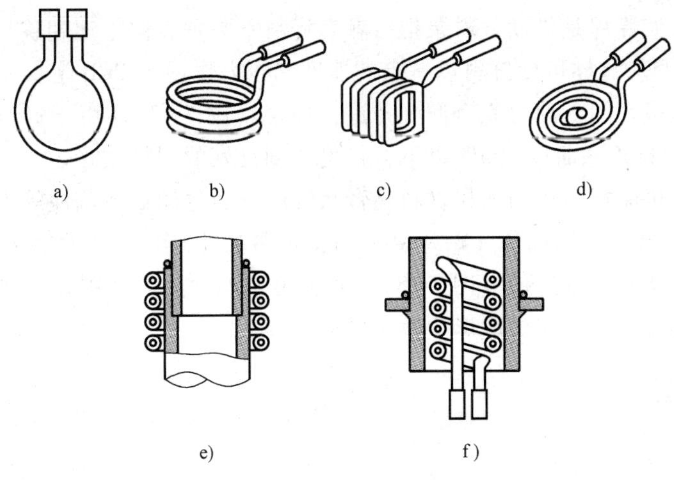

图7-14　感应钎焊线圈

5. 炉中钎焊

炉中钎焊是将装配好钎料的焊件放在炉中加热所进行的钎焊。它的特点是炉内气氛可控，炉温易控制准确、均匀，焊件整体加热、变形小，可同时焊多件，适于大量生产，成本低，用途广，但受焊件尺寸限制。根据焊件的保护方式不同，分为保护气氛炉中钎焊和真空炉中钎焊。图 7-15 为炉中钎焊示意图。

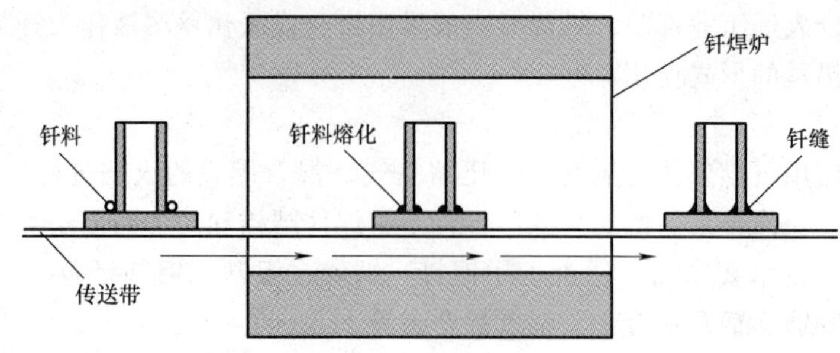

图 7-15 炉中钎焊

6. 浸渍钎焊

浸渍钎焊是把焊件局部或整体浸入熔融的盐混合物或钎料中，依靠这些熔融介质对焊件的加热来实现钎焊过程。根据所使用的熔融介质，浸渍钎焊可分为盐浴钎焊和熔融钎料中的浸渍钎焊。图 7-16 为熔融钎料中的浸渍钎焊示意图。

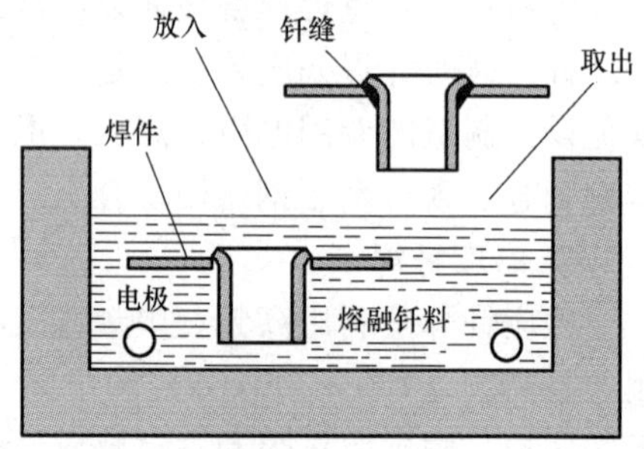

图 7-16 熔融钎料中的浸渍钎焊

7. 高能束钎焊

高能束钎焊是采用激光束或电子束作为钎焊加热的热源。高能束钎焊的特点是能量密度高，热量集中，加热速度快，焊件不易氧化。高能束钎焊一般采用散焦的方法加热，最好在真空或保护气氛中进行。

8. 波峰焊与再流焊

波峰焊与再流焊主要用于微电子器件信号引出端（外引线）与印制电路板（PCB）上相应焊盘之间的连接。

（1）波峰焊 波峰焊是借助钎料泵把熔融态钎料不断垂直向上地朝狭长出口涌出，形成 20 ~ 40mm 高的波峰。这样可使钎料以一定的速度和压力作用于 PCB 上，充分渗入到待焊接的器件引线与电路板之间，使之完全润湿并进行焊接（图 7-17）。由于钎料波峰的柔性，即使 PCB 不够平整，只要翘曲度在 3% 以下，仍可得到良好的焊接质量。

（2）再流焊 再流焊使用的连接材料是膏状钎料，通过印刷或滴注等方法将膏状钎料涂敷在 PCB 焊盘上，再用专用设备（贴片机）在上面放置表面组装器件，然后加热使钎料熔化，即再次流动，从而实现连接（图 7-18）。各种再流焊方法的区别在于热源和加热方法不同，主要有红外再流焊、气相再流焊、激光再流焊等。

7.3.2 钎焊的工艺要求

1. 钎焊接头

钎焊接头应尽量采用搭接，并应使接触面积尽可能大，以提高接头强度和改善气密性和导电性。钎焊时必须正确地选择接头间隙。接头间隙过小会使钎料流入困难，在钎缝内形成未钎透，导致接头强度下降；接头间隙过大，毛细作用减弱，钎料不能填满间隙，也会使接头的致密性变差，强度下降。

2. 钎焊规范

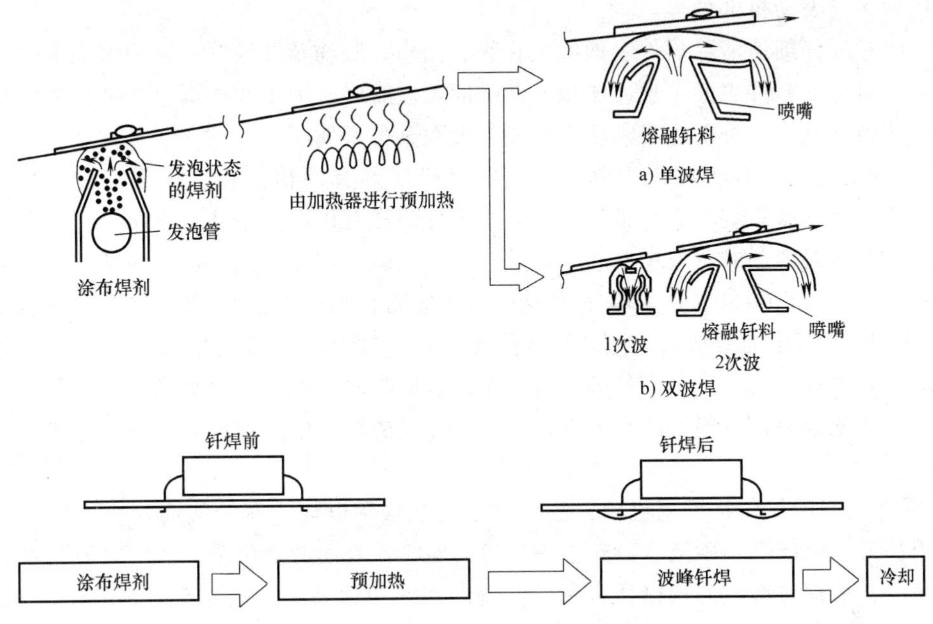

图 7-17 印制电路板波峰钎焊示意图

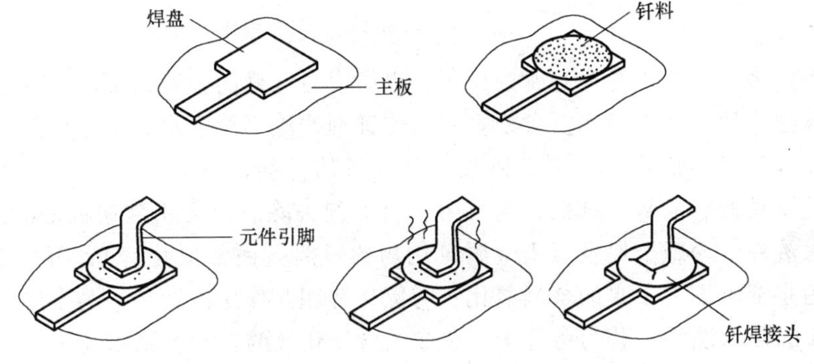

图 7-18 再流焊示意图

钎焊规范主要有钎焊温度、保温时间与加热速度等。

3. 钎焊工艺过程

钎焊工艺过程包括焊件表面预处理、装配、安置钎料钎剂、钎焊、钎焊后清洗等工序。每一工序均会影响钎焊的最终质量。钎焊后的接头必须进行检验，以判定钎焊接头是否符合质量要求。

钎焊时由于加热温度比较低，故对焊件材料的性能影响较小，焊件的应力变形也较小。但钎焊接头的强度一般比较低，耐热能力较差。

钎焊可以用于焊接碳钢、不锈钢、高温合金、铝、铜等金属材料，还可以连接异种金属、金属与非金属。适于焊接受载不大或在常温下工作的接头，对于精密、微型以及复杂的多钎缝焊件尤其适用。钎焊已广泛用于制造硬质合金刀具、钻探钻头、换热器、自行车架、汽车散热器、导管、滤网、蜂窝夹层结构、电真空器件、电动机、电器部件、精密仪表机械、飞机和火箭发动机部件等。

钎焊前必须仔细地清除焊件表面的氧化物、油脂、脏物及油漆等，因为熔化了的钎料不能润湿未经清理的零件表面，也无法填充接头间隙。有时，为了改善母材的钎焊性以及提高钎焊接头的耐蚀性，钎焊前还必须将零件预先镀覆某种金属层。

1）清除油污可用有机溶剂去除。常用的有机溶剂有酒精、四氯化碳、汽油、三氯乙烯、二氯乙烷及三氯乙烷等。小批生产时可将零件浸在有机溶剂中清洗干净，大批生产中应用最广的是在有机溶剂的蒸气中脱脂。此外，在热的碱溶液中清洗也可得到满意的效果。例如钢制零件可浸入70～80℃的10%苛性钠溶液中脱脂，铜和铜合金零件可在50g磷酸三钠、50g碳酸氢钠加1L水的溶液内清洗，溶液温度为60～80°C。零件的脱脂也可在洗涤剂中进行，脱脂后用水仔细清洗。当零件表面能完全被水润湿时，表明表面油脂已去除干净。

对于形状复杂而数量很大的小零件，也可在专门的槽子中用超声波清洗。超声波去油效率高。

2）零件表面的氧化物可用机械方法、化学浸蚀法和电化学浸蚀法清除。机械方法清理时可采用锉刀、金属刷、砂纸、砂轮、喷砂等去除零件表面的氧化膜。其中锉刀和砂纸多用于单件生产，清理时形成的沟槽还有利于钎料的润湿和铺展。批量生产时用砂轮、金属刷、喷砂等方法。铝和铝合金、钛合金的表面不宜用机械清理法。化学浸蚀法广泛用于清除零件表面的氧化物，特别是批量生产，因为化学浸蚀法的生产率比较高，但要防止表面的过浸蚀。

4. 钎焊后清洗

钎剂残渣大多数对钎焊接头起腐蚀作用，也妨碍对钎缝的检查，常需清除干净。软针剂松香不会起腐蚀作用，不必清除。含松香的活性钎剂残渣不溶于水，可用异丙醇、酒精、汽油、三氯乙烯等有机溶剂除去。由有机酸及盐组成的钎剂，一般都溶于水，可采用热水洗涤。若为由凡士林调制的膏状钎剂，则可用有机溶剂去除。由无机酸组成的软钎剂溶于水，因此可用热水洗涤。含碱金属及碱土金属氯化物的钎剂（例如氯化锌），可用2%盐酸溶液洗涤，其目的是溶解不溶于水的金属氧化物与氯化锌相互作用的产物。为了中和盐酸，再用含少量NaOH的热水洗涤。若为由凡士林调成的含氯化锌的钎剂，则可先用有机溶剂清除残留的油脂，再用上述方法洗涤。硬钎焊用的硼砂和硼酸钎剂残渣基本上不溶于水，很难清除，一般用喷砂去除，比较好的方法是将已钎焊的焊件在热态下放入水中，使钎剂残渣外裂而易于去除，但这种方法不适用于所有的焊件；也可将焊件放在70～90℃、2%～3%的重铬酸钾溶液中较长时间清洗。

含氟硼酸钾或氟化镓的硬钎剂残渣可用水煮或在10%柠檬酸热水中清除。铝用软钎剂残渣可用有机溶剂（例如甲醇）清除。铝用硬钎剂残渣对铝具有很大的腐蚀性，钎焊后必须清除干净。

7.4 钎焊接头设计

7.4.1 钎焊接头的基本形式

用钎焊连接时，由于钎料及钎缝的强度一般比母材低，若采用对接的钎焊接头，则接头强度比母材差，因而对接接头不能保证接头具有与母材相等的承载能力，钎焊接头多采用搭接形式，可以通过改变搭接长度达到钎焊接头与母材等强度。搭接接头的装配同对接接头相比也比较简单。

图7-19为典型的钎焊接头。在设计钎焊接头时还应考虑应力集中问题，尤其接头受动载荷或大应力时的应力集中问题更为明显。在这种情况下的设计原则是不应使接头边缘处产生任何过大的应力集中，而应将应力转移到母材上去。图7-19列出了一些钎焊的接头形式。

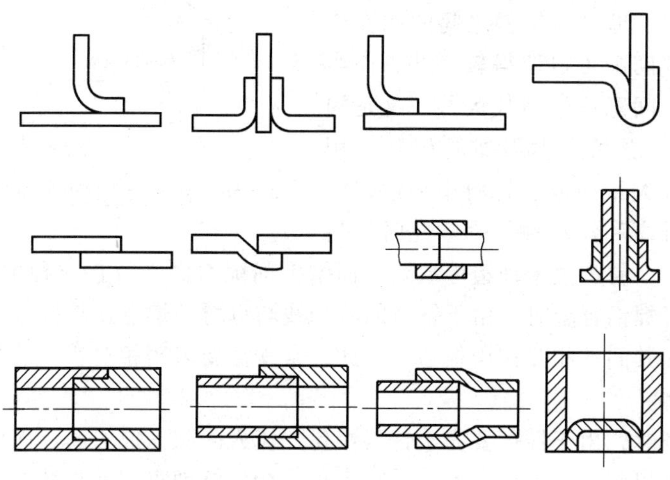

图7-19 钎焊的接头形式

7.4.2 钎焊接头间隙的选定

钎焊间隙的大小对接头有着明显的影响，不同形式的接头和不同类型的载荷，以及不同的母材和钎料组合，对间隙都有着不同的要求，因此，钎焊接头间隙的确定是一个非常复杂的问题。通常在确定接头间隙时要考虑以下几方面的因素：①母材与钎料的匹配及其力学性能；②钎焊接头的形式；③钎料与母材间的相互作用；④钎焊缺陷及钎着率等。

钎焊间隙是指在实施钎焊的条件下母材结合面之间的距离，这与室温下的装配间隙是不完全相同的。对采用压配合或紧配合来进行装配的同种材料的零件来说，比较容易保持钎焊间隙的稳定，而在有些零件中，需要采用间隔金属丝、薄垫片、冲孔凸点或喷砂等措施来保证适当的钎焊间隙，从而使钎料顺利流入间隙并使钎焊接头达到最佳强度。

在钎焊截面尺寸大致相当的同种金属焊件时，只需考虑室温下的间隙就能取得令人满意的结果。因为相同的热膨胀系数使它们在钎焊温度下仍可保持与在室温下基本相同的间隙值。而在钎焊截面尺寸相差较大的同种金属或热膨胀系数相差较大的异种金属时，就必须考虑钎焊温度下间隙的变化情况。要通过调整室温下的间隙，使其在钎焊温度下达到所需要的间隙值。对于异种材料的钎焊来说，影响钎焊间隙变化的主要原因是母材的热膨胀系数和加热方法。特别是套接形式的接头，母材热膨胀系数差异的影响最大。如果套接时内部零件的热膨胀系数比外部零件的热膨胀系数大，则在加热过程中间隙将变小；反之，加热时会使间隙增大。工件加热温度的不均匀也会引起钎焊间隙值的变化。

此外，钎焊时的去膜过程对间隙值的选用也有较大影响。采用钎剂去膜，在间隙中留下凝聚状的残渣，液态钎料填缝过程同时进行排渣过程，只有在较大间隙条件下，这些过程才能实现。气体介质去膜不形成残渣，液态钎料填缝时要排出的只是气体，特别是在真空条件下，气体是极其稀薄的，不会给液态钎料填缝带来困难，采用小间隙有助于提高接头强度。

图 7-20 给出了钎焊间隙与接头抗剪强度的关系。

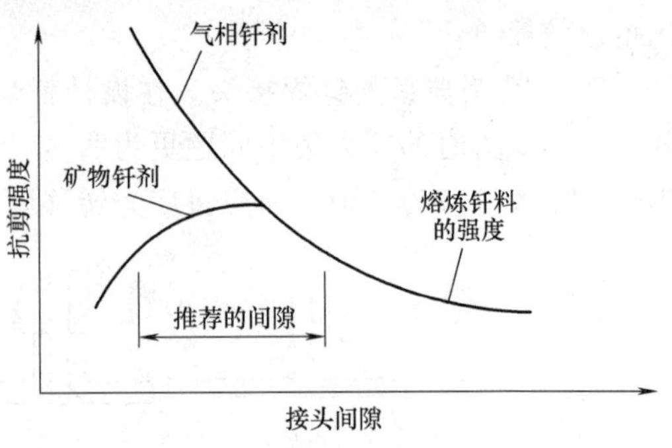

图 7-20 钎焊接头抗剪强度与钎缝间隙的关系

1. 母材与钎料之间相互作用对间隙确定的影响

一般来说，如果母材与钎料之间的相互作用程度较弱，钎焊间隙可以取得较小些；而当相互作用较强时，间隙应取得较大些。这是因为，当母材与钎料之间发生强烈的相互作用时，由于母材组分大量向液态钎料中溶解，将造成钎料的熔点升高和流动性下降。此时钎料难以迅速填满间隙，易产生未钎透等缺陷。而增大间隙有助于改善这种不利的情况。例如：当采用铝基钎料钎焊铝合金时，由于钎料的液相线与母材的熔点比较接近，并且是与母材为同基的材料，因此其间的相互作用很强，因此，常常需要采用相对较大的间隙值。

2. 钎剂的影响

采用无机钎剂时，由于钎剂要先于钎料熔化并流入间隙完成去膜，而后钎料熔化并依靠毛细作用将钎剂排出间隙，因此，如果间隙太小，会使钎剂牢固地夹持在间隙中，使液态钎料难以流入间隙；而当间隙太大时，有可能使液态钎料沿钎缝边缘优先流动，造成明显的“大包围”现象，从而产生大量的夹渣缺陷并影响接头的承载能力。

使用气相钎剂时，一般要求间隙相对较小。如果间隙处于垂直位置，当间隙超过 0.08mm 时，钎料就可能从接头中流出。当不得不采用较大的间隙时，可以采用固-液相温度区间较宽的钎料，并且温度低于其液相线的温度下进行钎焊，这样可以有效地避免钎料流失现象的发生。但在生产上不推荐使用这种方法，因为这种方法难以控制，容易造成接头承载能力下降。

3. 表面粗糙度对间隙确定的影响

对于毛细钎焊来说，如果母材表面非常光滑，将会使液态钎料的铺展填缝能力减弱，钎料可能难以在整个接头中流布，因此可能增加不致密性缺陷的比例，并因而影响接头的承载能力。为保证钎料流满接头间隙，特别是当间隙为零或紧配合时，接头的结合面应预先打磨，最好用与母材相匹配的清洁金属颗粒进行打磨，尽量不用非金属类物质以避免污染钎焊表面，造成接头强度下降。

4. 接头长度对间隙确定的影响

接头长度对确定间隙的大小也有比较大的影响，特别是当母材与钎料之间存在有明显的相互作用时更要注意这一点。当钎料进入间隙中时，在长钎缝中钎料可能会有足够的时间与母材发生相互作用，使钎料的熔点升高和流动性下降，造成未钎透缺陷。因此，在给定的钎焊条件下，接头越长，钎料填满间隙所需的时间越长，母材与钎料间的相互作用程度越大，间隙也就必须选得越大。这也是为什么要尽可能地缩短接头长度的重要理由。这与取得接头最佳强度是一致的。

复习思考题

1. 钎焊与熔焊有何根本区别?
2. 什么是钎料的润湿性? 影响钎料润湿性有哪些因素?
3. 钎焊的填缝过程如何进行?
4. 钎焊过程中液态钎料与母材之间发生了哪些相互作用?
5. 钎缝间隙对接头形成及性能有何影响?
6. 钎焊的主要工艺方法有哪些?

第8章

陶瓷材料的连接

8

陶瓷材料具有许多独特的性能，如耐高温、高强度、耐磨损、耐腐蚀等。这类材料可广泛用于机械、电子、航空航天、医学、能源等各个领域，成为现代高技术材料的重要组成部分。同时陶瓷材料的连接也日益受到人们的高度重视。在工业生产中应用比较多的是陶瓷与金属的焊接结构件，尤其在核工业和电真空器件生产中，陶瓷与金属的焊接占据着非常重要的地位。本章主要阐述陶瓷材料的焊接性问题。

8.1 陶瓷的分类、特点及性能

8.1.1 陶瓷的分类及特点

陶瓷是指以各种金属的氧化物、氮化物、碳化物、硅化物为原料，经适当配料、成形和高温烧结等方法，人工合成的无机非金属材料。先进陶瓷在组成、性能、制造工艺及应用等方面都与传统的陶瓷截然不同，组成已由原来的 SiO_2、Al_2O_3、MgO 等发展到了 Si_3N_4、SiC 和 ZrO_2 等。采用先进的物理、化学方法能够制备出超细粉末。烧结方法也已由普通的大气烧结发展到在控制气氛中的热压烧结和微波烧结等先进的烧结方法。先进陶瓷具有特定的精细组织结构和性能，在现代工程和高新技术中起着重要的作用。

根据陶瓷的应用特性，可分为结构陶瓷和功能陶瓷两大类。结构陶瓷又分为高温结构陶瓷和工程陶瓷，是先进陶瓷中发挥其机械、热、化学等效能的一大类材料，具有耐高温、耐腐蚀、高耐磨、高硬度、高强度、低蠕变速率等一系列的优异性能，可以承受金属材料和高分子材料等难以胜任的严酷工作环境。功能陶瓷是指具有电、磁、光、声、热等功能以及耦合功能的陶瓷材料，从性能上分有铁电、压电、光电、声光、磁光、生物等功能陶瓷。本章只讨论与焊接相关的结构陶瓷。

结构陶瓷的主要化学成分为地壳中含量最多的几种元素，如硅（Si）、碳（C）、氧（O）、氮（N）、铝（Al）等。常用的结构陶瓷主要有氧化铝、氮化硅、碳化硅以及部分稳定氧化锆陶瓷。按其化学组成分为氧化物陶瓷和非氧化物陶瓷两大类，见表 8-1。目前重点发展的结构陶瓷有氮化硅基陶瓷、碳化硅基陶瓷、增韧氧化物陶瓷、莫来石陶瓷以及多相复合陶瓷等。

表 8-1 常见结构陶瓷的分类

种类		组成材料
氧化物陶瓷		Al_2O_3、MgO、ZrO_2、SiO_2、UO_2、BeO 等
非氧化物陶瓷	碳化物	SiC、TiC、B_4C、WC、UC、ZrC 等
	氮化物	Si_3N_4、AlN、BN、TiN、ZrN 等
	硼化物	ZrB_2、WB、TiB_2、LaB_6 等
	硅化物	$MoSi_2$ 等

先进陶瓷又称为高性能陶瓷和高技术陶瓷，是以精制的高纯、超细人工合成的无机化合物为原料，采用精密控制的制备工艺获得的具有远胜过以往传统陶瓷性能的新一代陶瓷。广义的先进陶瓷包括人工单晶、非晶态、陶瓷复合材料、半导体材料等。

陶瓷作为高温结构材料用于航空发动机、切削刀具和耐高温部件等，具有广阔的应用前景。

8.1.2 陶瓷的性能及应用前景

1. 物理性能

陶瓷材料的物理性能与金属材料有较大的区别，主要表现在以下几个方面：陶瓷的线胀系数比金属低，一般在 10^{-5} ~ 10^{-6}/K 的范围；陶瓷的熔点（或升华温度、分解温度）比金属的要高得多，有些陶瓷可在 2000 ~ 3000℃ 的高温下工作且保持室温时的强度，而大多数金属在 1000℃ 以上就基本上丧失了强度。

2. 化学性能

陶瓷的组织结构十分稳定。在它的离子晶体中，金属原子被非金属（氧）原子所包围，受到非金属原子的屏蔽，因而形成了极为稳定的化学结构。一般情况下不再与介质中的氧发生反应，甚至在 1000℃ 的高温下也不会氧化。由于化学结构稳定，大多数陶瓷具有较强的抵抗酸、碱、盐类的腐蚀，以及抵抗熔融金属腐蚀的能力。

3. 力学性能

结构陶瓷强调材料的力学性能，在工程领域得到广泛应用。表 8-2 列出了常用结构陶瓷的物理性能和力学性能。陶瓷材料多为离子键构成的晶体（如 Al_2O_3）或共价键组成的共价晶体（如 Si_3N_4、SiC），这类晶体结构具有明显的方向性。多晶体陶瓷的滑移系很少，受外力作用时几乎不能产生塑性变形，常常发生脆性断裂，抗冲击能力较差。由于离子晶体结构的关系，陶瓷的硬度和室温弹性模量较高。陶瓷内部存在大量的气孔，致密度比金属差很多，所以抗拉强度很低。但因为气孔在受压时不会导致裂纹扩展，所以陶瓷的抗压强度还是比较高的。铸铁的抗拉强度与抗压强度之比一般为 1/3，而陶瓷则为 1/10 左右。

表 8-2 常用结构陶瓷的物理性能和力学性能

材料	熔点 /℃	密度 /(g·cm^{-3})	弹性模量 /GPa	线胀系数 /$10^{-6}K^{-1}$	热导率 /(W·cm^{-1}·K^{-1})	电阻率 /(Ω·cm)	相对介电常数	抗弯强度 /MPa
氧化铝 (Al_2O_3)	2025	3.9	382	9.2	0.314	$>10^{14}$	9.35	370 ~ 450
氧化锆 (ZrO_2)	2550	3.5	205	>10	0.0195	$>10^{14}$	—	650
氮化硅 (Si_3N_4)	1900	3 ~ 3.2	320	3	0.3	$>10^{13}$	9.4 ~ 9.5	65
氮化硼 (BN)	3000	2.27	—	7.5	—	$>10^{14}$	3.4 ~ 5.3	—
氮化铝 (AlN)	2450	3.32	279	4.5 ~ 5.7	0.7 ~ 2.7	$>10^{14}$	8.8	40 ~ 50
碳化硅 (SiC)	2600	3.2	450	4.6 ~ 4.8	0.81	10 ~ 10^3	45	78 ~ 90

结构陶瓷的应用可大致分为两大类。一类是在大热流和 1500℃ 高温下短时间（几秒钟到几十分钟）使用，主要用于如洲际导弹的端头、回收人造卫星的前缘、火箭尾部喷管喉

衬和航天飞机外蒙皮等；另一类是在中等热流和1200℃以上的高温下长时间（几百到数千小时）或常温下长期使用，主要用于能源工程，作为各种新型热机（如燃气轮机、绝热柴油机、发动机等）中的耐热、耐磨部件，如燃烧室、活塞顶、涡轮转子、气缸套等，同时广泛用于汽车、机械、石油化工等工业领域的耐磨、耐腐蚀零部件（如机械密封套、轴套等）。

先进陶瓷具有优异的物理化学和力学性能，如高强度、高硬度、耐磨、耐腐蚀、耐高温和抗热震性等，而且在电、磁、热、光、声、生物等方面具有卓越的功能。先进陶瓷原料丰富，产品附加值高，应用领域广阔。先进陶瓷的发展趋势包括如下三个方面。

1）由单相、高纯材料向多相复合陶瓷方向发展，包括纤维（或晶须）增强的陶瓷基复合材料、异相颗粒弥散强化复相陶瓷以及梯度功能复合陶瓷等。

2）从微米级尺度（从粉体到显微结构）向纳米级方向（1～数百纳米）发展，即向介于原子或分子与常规的微米结构之间的过渡性结构区发展，表现出与以往微米级陶瓷材料不同的化学和物理性能，如超塑性、电-磁性质的变化等。

3）先进陶瓷材料的形状设计、裁剪和加工成形。

8.2 陶瓷材料的焊接性分析

陶瓷材料连接（或陶瓷与金属的连接）中主要的焊接性问题包括：裂纹及焊接应力、界面润湿及界面反应、接头结合强度等。

8.2.1 裂纹及焊接应力

陶瓷与金属的化学成分和物理性能有很大的差别，特别是线胀系数差异很大，如SiC和Si_3N_4的线胀系数分别只有$4\times10^{-6}/K$和$3\times10^{-6}/K$，而铝和铁的线胀系数则分别高达$23.6\times10^{-6}/K$和$11.7\times10^{-6}/K$。此外，陶瓷的弹性模量也很高。在焊接加热和冷却过程中，陶瓷、金属产生差异很大的膨胀和收缩，在接头附近产生很大的热应力，使接头区产生裂纹，导致陶瓷接头的断裂破坏。尤其是用高能束热源进行熔焊时，靠近接头的陶瓷一侧产生高应力区，陶瓷本身属硬脆的材料，很容易在焊接过程或焊后产生裂纹。

陶瓷与金属的连接一般在高温下进行，因此焊接温度与室温之差也是增大接头残余应力的重要因素。为了减小陶瓷与金属焊接接头的应力集中，在陶瓷与金属之间加入塑性材料或线胀系数接近陶瓷线胀系数的金属作为中间层是有效的。例如在陶瓷与Fe-Ni-Co合金之间，加入厚为20μm的Cu箔作为过渡层，温度1050℃、保温时间10min、压力15MPa下可得到抗拉强度为72MPa的扩散焊接头。

中间层多选择弹性模量和屈服强度较低、塑性好的材料，通过中间层金属或合金的塑性变形减小陶瓷/金属接头区的应力。采用弹性模量和屈服强度较低的金属作为中间层是将陶瓷中的应力转移到中间层中，同时使用两种不同的金属作为复合中间层也是降低陶瓷/金属焊接应力的有效办法之一。一般是以Ni作为塑性金属，W作为低线胀系数材料使用。

常用作中间层的金属主要有Cu、Ni、Nb、Ti、W、Mo、铜镍合金、钢等。对这些金属的要求主要是线胀系数与陶瓷相近，并且在构件制造和工作过程中不发生同素异构转变，以免引起线胀系数的突变，破坏陶瓷与金属的匹配而导致焊接结构失效。中间层可以直接使用金属箔片，也可以采用真空蒸镀、离子溅射、化学气相沉积（CVD）、喷涂、电镀等方法将金属粉末预先置于陶瓷表面，然后再与金属进行焊接。

陶瓷与金属扩散焊时采用中间层，不仅降低了接头产生的残余应力，还可以降低加热温度，减小压力和缩短保温时间，促进扩散和去除杂质元素。Al_2O_3 陶瓷与铁素体不锈钢 06Cr13 扩散焊时，中间层厚度对降低残余应力的作用如图 8-1 所示。

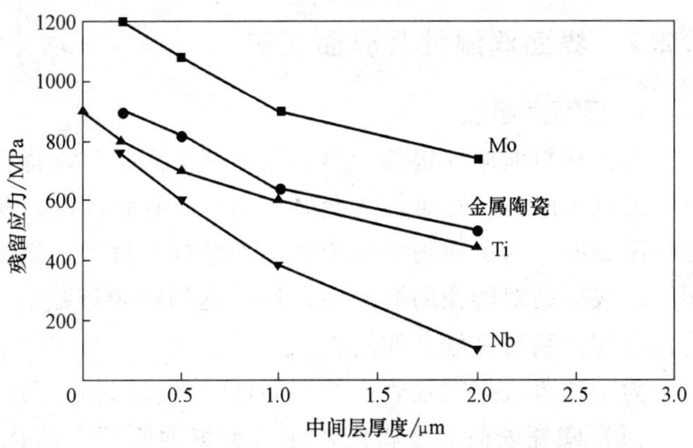

图 8-1　中间层厚度对 Al_2O_3/不锈钢接头残余应力的影响

（加热温度 1300℃，保温时间 30min，压力 100MPa）

中间层厚度增大，残余应力降低，Nb 与氧化铝陶瓷的线胀系数最接近，作用最明显。但是，中间层的影响有时比较复杂，如果界面有化学反应，中间层的作用会因反应物类型与厚度的不同而有所变化。中间层的选择很关键，中间层选择不当甚至会引起接头性能恶化。如由于化学反应激烈形成脆性反应物而使接头抗弯强度降低，或由于线胀系数不匹配而增大残余应力，或使接头耐蚀性降低等。

陶瓷与金属钎焊时，为了最大限度地释放钎焊接头的应力，可选用一些塑性好、屈服强度低的钎料，如纯 Ag、Au 或 Ag-Cu 钎料等；有时还选用低熔点活性钎料，例如，用 52Ag-20Cu-25In-3Ti 和 85In-15Ti 铟基钎料真空钎焊 AlN 和 Cu。铟基钎料对 AlN 陶瓷有很好的润湿性，控制钎焊温度和时间可以形成组织性能较好的钎焊接头，如图 8-2 所示。

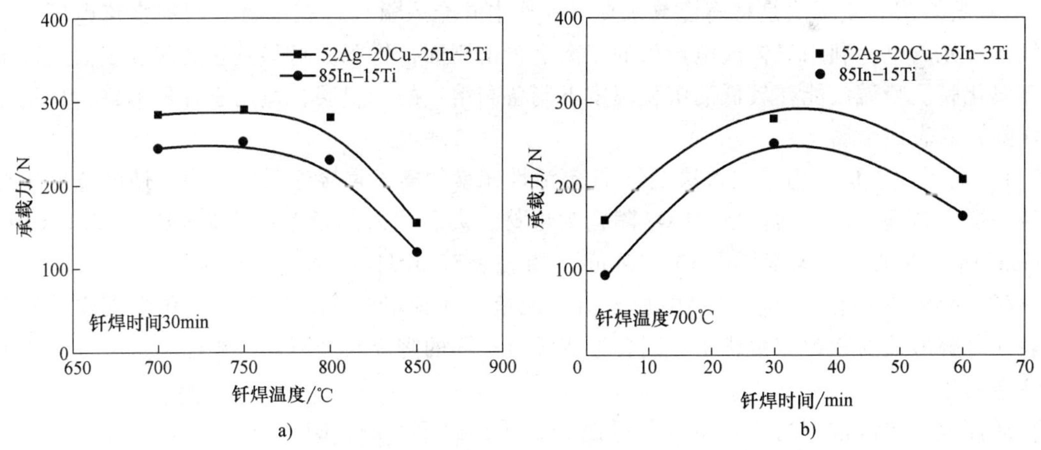

图 8-2　钎焊温度和时间对接头承载力的影响

a）钎焊温度的影响　b）钎焊时间的影响

为避免陶瓷与金属接头出现焊接裂纹，除添加中间层或合理选用钎料外，还可采用以下工艺措施：

1）合理选择被焊陶瓷与金属，在不影响接头使用性能的条件下，尽可能使两者的线胀系数相差最小。

2）应尽可能地减小焊接部位及其附近的温度梯度，控制加热和冷却速度，降低冷却速度，有利于应力松弛而使应力减小。

3）采取缺口、凸起和端部变薄等措施合理设计陶瓷与金属的接头结构。

8.2.2 界面润湿性及界面反应

1. 界面润湿性

陶瓷材料润湿性很差，或者根本就不润湿。陶瓷材料含有离子键或共价键，表现出非常稳定的电子配位，很难被含金属键的金属钎料润湿，所以用通常的熔焊方法焊接金属与陶瓷是很困难的。为了使陶瓷与金属达到钎焊的目的，最基本条件之一是使钎料对陶瓷表面产生润湿，或提高对陶瓷的润湿性，最后达到钎焊连接。例如，采用活性金属 Ti 在界面形成 Ti 的化合物，获得良好的润湿性。

为了改善被焊陶瓷表面的润湿性，可采用如下两种方法。

（1）陶瓷表面的金属化处理（也称为陶瓷金属化法） 陶瓷表面的金属化处理有 Mo-Mn 法、蒸镀法、喷溅法、离子注入法等。

1）Mo-Mn 法。Mo-Mn 法是在 Mo 粉中加入质量分数为 10% ~25% 的 Mn 以改善金属镀层与陶瓷的润湿性。Mo-Mn 法由陶瓷表面处理、金属膏剂化、配制与涂敷、金属化烧结、镀镍等工序组成，是最常用的一种陶瓷表面金属化法。

2）蒸镀法。蒸镀法是利用真空镀膜机在陶瓷上蒸镀金属膜。蒸镀陶瓷时，将清洗好的陶瓷包上铝箔，只露出需金属化的部位，放入真空室内。当真空度达到 4×10^{-3}Pa 后，将陶瓷预热到 300 ~400℃，保温 10min。先蒸镀 Ti，然后蒸镀 Mo，最后在 Ti、Mo 金属化层上再电镀一层厚度为 2μm 的镍。蒸镀法的优点是温度低（300 ~400℃），能适应各种不同的陶瓷。

3）喷溅法。喷溅法是将陶瓷放入真空容器中并充入氩气，在电极之间加直流电压，形成气体辉光放电，利用气体放电产生的正离子轰击靶面，将靶面材料溅射到陶瓷表面上，形成金属化膜。喷溅法能在较低的沉积温度下制备高熔点的金属层，适用于各种陶瓷，特别是 BeO 陶瓷的表面金属化。

4）离子注入法。离子注入法是将 Ti 等活性元素的离子直接注入陶瓷中，使陶瓷形成可以被一般钎料润湿的表面。以 Al_2O_3 陶瓷为母材，离子注入剂量范围为 2×10^{16} ~ 3.1×10^{17} 个/cm^2 时，Ti 的注入深度可达 50 ~100nm，陶瓷表面润湿性得到大大改善。

（2）活性金属化法 在钎料中加入活性元素，使钎料与陶瓷之间发生化学反应，使陶瓷表面分解形成新相，产生化学吸附，形成结合牢固的陶瓷与金属结合界面，这种方法称为活性金属化法。

活性金属化法常用的活性金属是过渡族金属，如 Ti、Zr、Hf、Nb、Ta 等。过渡族金属具有很强的化学活性，通过化学反应在陶瓷表面形成反应层，反应层可以被熔化的金属润湿。由于过渡族金属元素比较活泼，活性钎焊时应注意对活性元素的保护，防止活性元素被氧化。因此活性钎焊过程一般是在 10^{-2}Pa 以上的真空或在高纯惰性保护气氛中进行，一次完成钎焊过程的。

陶瓷与金属钎焊用钎料含有活性元素 Ti、Zr 或 Ti、Zr 的氧化物和碳化物，它们对氧化物陶瓷具有一定的活性，在一定的温度下能够直接发生反应。

采用 Ag-Cu-1.75Ti 钎料，在氩气中钎焊 Si_3N_4 陶瓷和 Cu 的研究表明，金属 Cu 表面越光滑，Si_3N_4/Cu 钎焊接头的抗剪强度越高。钎焊时稍施加压力（2.5kPa），使先熔化的富 Ag 钎料被挤出，钎缝中剩余的富 Cu 相增多，减缓接头应力，可以明显提高接头的抗剪强度。但在压力进一步增大后，钎料挤出太多，Ti 不足以与陶瓷反应并润湿陶瓷，会降低接头强度。

2. 界面反应

陶瓷与金属接头在界面间存在着原子结构能级的差异，陶瓷与金属之间的连接是通过过渡层（扩散层或反应层）而结合的。陶瓷/过渡层/金属之间的界面反应对接头的形成和性能有极大的影响。接头界面反应的组织结构是影响陶瓷与金属焊接性的关键。

陶瓷与金属扩散焊时，陶瓷与金属界面发生反应形成化合物，所形成的化合物种类与焊接条件（如加热温度、表面状态、中间合金及厚度等）有关。不同类型陶瓷与金属接头中可能出现的界面反应产物见表 8-3。

表 8-3　不同类型陶瓷与金属接头中可能出现的界面反应产物

接头组合	界面反应产物	接头组合	界面反应产物
Al_2O_3/Cu	$CuAlO_2$、$CuAl_2O_4$	Si_3N_4/Al	AlN
Al_2O_3/Ti	NiO · Al_2O_3、NiO · $SiAl_2O_3$	Si_3N_4/Ni	Ni_3Si、Ni（Si）
SiC/Nb	Nb_5Si_3、$NbSi_2$、Nb_2C、$Nb_5Si_3C_x$、NbC	Si_3N_4/Fe-Cr	Fe_3Si、Fe_4N、Cr_2N、CrN、Fe_xN
SiC/Ti	Ti_5Si_3、Ti_3SiC_2、TiC	AlN/V	V（Al）、V_2N、V_5Al_8、V_3Al

由于陶瓷和金属的物理化学性能差别很大，连接时界面处除存在着键型转换以外，还容易发生各种化学反应，在结合界面生成各种碳化物、氮化物、硅化物、氧化物以及多元化合物等。这些化合物硬度高、脆性大，是产生微裂纹和造成接头脆性断裂的主要原因。

确定界面脆性化合物相时，由于一些轻元素（C、N、B 等）的定量分析误差很大，需制备多种试样进行标定。多元化合物相结构一般通过 X 射线衍射方法和标准衍射图谱进行对比确定，但有些化合物没有标准图谱，使物相确定有一定的难度。

因此，用金属钎料钎焊陶瓷材料时，要么对陶瓷表面先进行金属化处理，使被焊陶瓷的表面改性，或是在钎料中加入活性元素，使钎料与陶瓷之间有化学反应发生，通过反应使陶瓷表面分解形成新相，产生化学吸附机制，这样才能形成牢固的陶瓷与金属的结合界面。

8.2.3　接头结合强度

扩散条件不同，界面反应产物不同，扩散焊接头性能有很大差别。加热温度提高，界面扩散反应充分，使接头强度提高。但是，温度过高可能使陶瓷的性能发生变化，或出现脆性相而使接头性能降低。此外，陶瓷与金属扩散焊接头的抗拉强度与金属的熔点有关，在氧化铝与金属扩散焊的接头中，金属熔点提高，接头抗拉强度增大。

陶瓷与金属扩散焊接头抗拉强度（σ_b）与保温时间（t）的关系为

$$\sigma_b = B_0 t^{1/2} \tag{8-1}$$

式中　B_0——常数，但是，在一定加热温度下，保温时间存在一个最佳值。

为了防止陶瓷与金属焊接结构件发生较大的变形，扩散焊时所加的压力一般较小。压力较小时，增大压力可以使接头强度提高，如 Cu 或 Ag 与 Al_2O_3 陶瓷、Al 与 SiC 陶瓷焊接时，施加压力对接头抗剪强度的影响如图 8-3a 所示。与加热温度和保温时间的影响一样，压力也存在一个获得最佳强度的值。

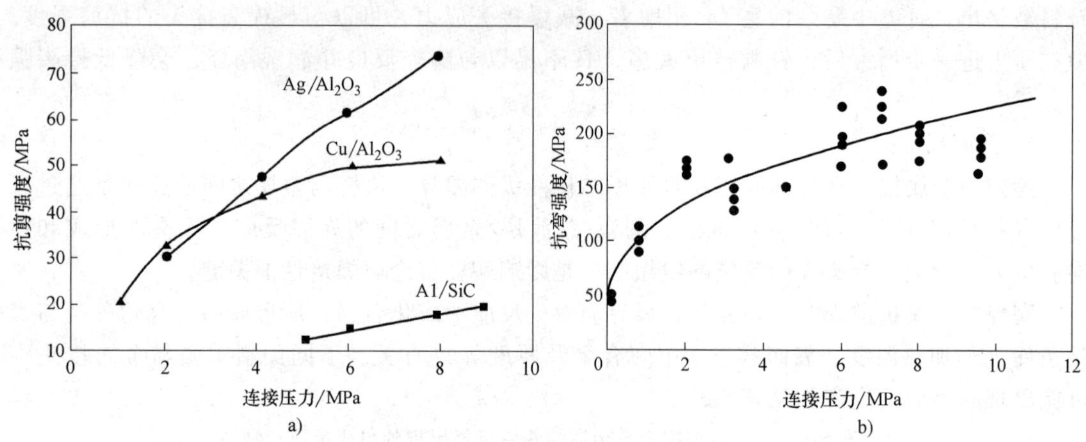

图 8-3 压力对扩散焊接头强度的影响

a）对抗剪强度的影响 b）对抗弯强度的影响

压力的影响与材料的类型、厚度以及表面氧化状态有关。贵金属（如金、铂）与 Al_2O_3 陶瓷焊接时，金属表面的氧化膜非常薄，随着压力的提高，接头强度提高到一个稳定值。压力对接头抗弯强度的影响如图 8-3b 所示。

表面粗糙会在陶瓷中产生局部应力集中而容易引起脆性破坏。表面粗糙度对扩散焊接头抗弯强度的影响如图 8-4 所示，表面粗糙度值由 0.1μm 变为 0.3μm 时，接头抗弯强度从 470MPa 降低到 270MPa。

陶瓷与金属连接的界面反应与焊接环境条件有关。在真空扩散焊中，避免 O、H 等参与界面反应，有利于提高接头的强度。图 8-5 所示为用 Al 作中间层扩散连接 Si_3N_4 时，环境条件对接头强度的影响。

由图 8-5 可见，在氩气保护下扩散焊接头的抗弯强度最高，抗弯强度可超过 500MPa。在空气中扩散焊时接头强度低，界面处由于氧化产生 Al_2O_3，沿 Al/Si_3N_4 界面产生脆性断裂。虽然加大压力能破坏氧化膜，但当氧分压较高时会形成新的氧化物层，使接头强度降低。

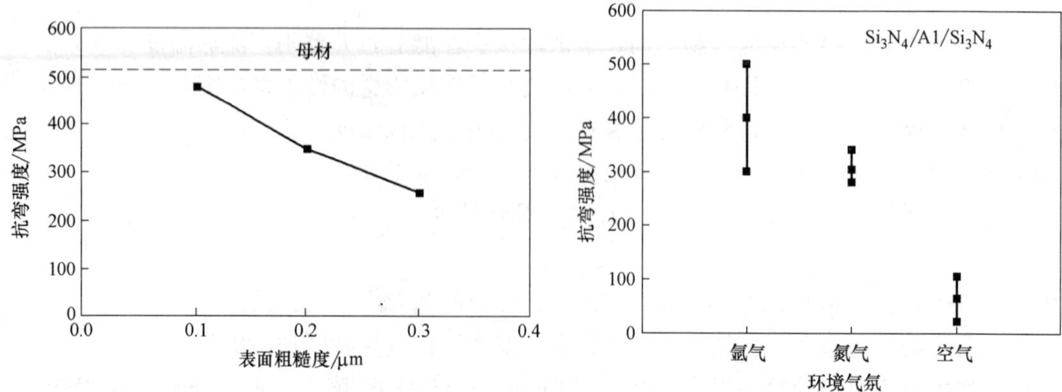

图 8-4 表面粗糙度对接头抗弯强度的影响

图 8-5 环境条件对接头抗弯强度的影响

此外，由于在高温下扩散连接 Si_3N_4 陶瓷容易分解形成孔洞，在 N_2 气氛中扩散焊可以限制 Si_3N_4 陶瓷的分解，N_2 压力高时接头抗弯强度较高。在 1MPa 氮气下，扩散焊的接头抗弯强度（280MPa）比在 0.1MPa 氮气中扩散焊的接头抗弯强度（220MPa）高 30%左右。

8.3 陶瓷材料的焊接工艺特点

8.3.1 陶瓷连接的特点及基本要求

1. 陶瓷连接的特点

由于陶瓷材料与金属原子结构之间存在本质上的差别，加上陶瓷本身特殊的物理化学性能，因此，无论是陶瓷材料本身的焊接，还是陶瓷与金属的焊接都存在不少问题。陶瓷材料焊接主要有如下特点和难点：

1）陶瓷材料主要有离子键和共价键，表现出非常稳定的离子配位，通过熔焊使陶瓷与金属产生熔合通常是不可能的，也很难被熔化的金属所润湿。因此，进行钎焊时需要对陶瓷进行金属化处理或用活性钎料进行钎焊才能获得可靠的钎焊接头。

2）陶瓷的线胀系数小，与金属的线胀系数相差较大，陶瓷与金属加热焊接时，接头区域会产生残余应力，削弱了接头的力学性能；残余应力较大时还会导致接头处产生裂纹，甚至引起断裂破坏。因此，进行陶瓷与金属的连接或用金属作为中间层连接陶瓷时，须考虑接头区的热应力问题。

3）由于陶瓷的热导率低，耐热冲击能力弱，集中加热时（尤其是用高能密度热源进行熔焊时）很容易产生裂纹。因此，在焊接时应尽可能地减小焊接接头区的温度梯度，并控制加热和冷却速度。

4）陶瓷的熔点高，硬度与强度高，不容易变形，因此陶瓷直接扩散焊很困难，对焊接件表面要求很严格，扩散时间也很长。如 Si_3N_4 陶瓷在直接扩散焊时，要求被焊表面加工到表面粗糙度 Ra 高于 0.1μm，连接温度达 1500～1750℃，因此通常都使用中间层以降低连接温度，而且金属的塑性变形可以降低对陶瓷表面的加工要求。

5）大部分陶瓷材料的导电性很差或基本上不导电，很难采用电弧焊方法进行连接，必须采用一些特殊的措施。

2. 对陶瓷连接的基本要求

陶瓷材料的加工性能差，塑性和冲击韧度低，耐热冲击能力弱以及制造尺寸大而形状复杂的零件较为困难，而且陶瓷通常都是与金属材料一起组成复合结构来应用。所以陶瓷与金属材料之间的可靠连接是陶瓷材料发挥作用的关键。焊接连接是陶瓷在生产中应用的一种重要的加工形式。在核工业和电真空器件生产中，陶瓷与金属的焊接占有非常重要的地位。从目前国内外的发展来看，陶瓷材料的焊接连接有如下几种形式。

1）陶瓷与陶瓷材料的连接。

2）陶瓷与金属材料的连接。

3）陶瓷与非金属材料（如玻璃、石墨等）的连接。

4）陶瓷与半导体材料的连接。

工业中应用比较多的是陶瓷与金属材料的焊接，这种焊接结构无论是用在电器制造、电子器件方面，还是在核能、航空航天等部门，随着应用范围的逐渐扩大，对陶瓷与金属焊接接头性能的要求也越来越高。陶瓷与金属的焊接方法包括钎焊、扩散连接、电子束焊等，见表 8-4，其中应用较多的方法是钎焊和扩散连接。

陶瓷与金属的熔焊方法包括电子束焊、激光焊、电弧焊等，见表 8-5。因为陶瓷材料极脆，塑性、韧性很低，使熔化焊方法受到很大限制。

陶瓷与金属连接的钎焊法、扩散连接法比较成熟，应用较广泛；电子束焊和激光焊也正在扩大其应用范围。此外，陶瓷与金属连接还可采用超声波压接、摩擦压接等方法。

无论采用哪种焊接工艺，陶瓷与金属焊接接头的性能须满足如下基本要求：

表 8-4　陶瓷与金属的连接方法

<table>
<tr><td rowspan="14">陶瓷与金属的连接方法</td><td rowspan="9">钎焊连接</td><td rowspan="5">陶瓷表面金属化法</td><td rowspan="2">烧结粉末金属化法</td><td>Mo-Mn 法</td></tr>
<tr><td>Mo-Fe 法</td></tr>
<tr><td rowspan="3">其他金属化法</td><td>蒸镀金属化法</td></tr>
<tr><td>溅射金属化法</td></tr>
<tr><td>离子涂覆</td></tr>
<tr><td rowspan="2">活性金属化法</td><td colspan="2">Ti-Ag-Cu 法</td></tr>
<tr><td colspan="2">Ti-Ni 法、Ti-Cu 法、Ti-Ag 法</td></tr>
<tr><td colspan="3">氧化物钎料法</td></tr>
<tr><td colspan="3">氟化物钎焊法</td></tr>
<tr><td rowspan="2">扩散连接</td><td colspan="3">直接扩散连接</td></tr>
<tr><td colspan="3">间接扩散连接（加中间层的扩散连接）</td></tr>
<tr><td rowspan="3">其他连接方法</td><td colspan="3">电子束焊</td></tr>
<tr><td colspan="3">激光焊</td></tr>
<tr><td colspan="3">超声波压接</td></tr>
</table>

表 8-5　陶瓷-金属熔化焊方法及适用材料

分类	原　理	适用材料	说　明
激光焊	用高能量密度的激光束照射陶瓷接头进行熔化焊。激光器采用输出功率大的脉冲振荡方式。焊前焊件需预热，以防止激光集中加热因热冲击而产生裂纹	氧化物陶瓷（Al_2O_3、莫来石等）、Si_3N_4、SiC 与陶瓷之间的连接	对 Al_2O_3 预热温度为 1300K。不采用中间层，可获得与陶瓷强度接近的接头强度。预热时可利用非聚焦的激光束。为增大熔深，焊接速度宜慢，但过慢会使晶粒粗大
电子束焊	利用高能量密度的电子束照射接头区进行熔化连接	与激光焊法相同。此外还可连接 Al_2O_3 与 Ta、石墨与 W	同激光焊法。还须在真空室内进行焊接
电弧焊	用气体火焰加热接头区，当温度升至陶瓷具有导电性时，通过气体火焰炬中的特殊电极在接头处加电压，使结合面间电弧放电产生高热以进行熔化连接	某些陶瓷-陶瓷连接，陶瓷与某些金属连接（如 ZrB_2 与 Mo、Nb、Ta，ZrB_2、SiC 与或 Ta）	具有导电性的碳化物陶瓷和硼陶瓷可直接焊接。焊接时需控制电流上升速度和最大电流值

1）陶瓷与金属的焊接接头，必须具有较高的强度，这是对焊接结构件的基本要求。

2）焊接接头必须具有真空的气密性。

3）接头残余应力应最小，焊接接头在使用过程中应具有耐蚀性和热稳定性。

4）焊接工艺应尽可能简化，工艺过程稳定，生产成本低。

8.3.2 陶瓷材料的钎焊连接

钎焊连接是利用陶瓷与金属之间的钎料在高温下熔化，其中的活性组元与陶瓷发生化学反应，形成稳定的反应梯度层使两种材料结合在一起。陶瓷与金属的钎焊工艺比金属材料之间的钎焊要复杂很多，多数情况下要对陶瓷表面金属化处理后才能进行钎焊。陶瓷与金属常用的钎焊工艺有两种：① 陶瓷金属化法（也称为两步法），先在陶瓷表面进行合金化后再进行钎焊连接；② 活性金属法（也称为一步法），采用添加活性元素的钎料直接对陶瓷与金属进行钎焊连接。

近年来陶瓷的直接钎焊已成为国内外研究的热点。直接钎焊技术可使陶瓷构件的连接工艺变得简单，而且能满足陶瓷在高温状态下使用的要求。直接钎焊陶瓷的关键是使用活性钎料，在钎料能够润湿陶瓷的前提下，还要考虑高温钎焊时陶瓷与金属热膨胀差异引起的裂纹，以及夹具定位等问题。

1. 陶瓷金属化法钎焊的工艺特点

陶瓷金属化法钎焊是采用烧结或其他方法在陶瓷表面涂敷一层金属作为中间层，然后再用钎料把金属涂敷层和金属钎焊在一起，也称为两步法。

陶瓷表面的金属化不仅可以用于改善非活性钎料对陶瓷的润湿性，还可在高温钎焊时保护陶瓷不发生分解产生孔洞。当用耐热钎料进行钎焊时，因为钎焊温度比较高，Si_3N_4 很容易分解，可以通过将 Si_3N_4 表面金属化或改变钎焊气氛加以解决。另外，在金属与 Si_3N_4 陶瓷之间设置金属中间层还可以防止在钎焊过程中 Si 扩散进入焊缝形成脆性硅化物。

例如，Si_3N_4 陶瓷在 10^{-3}Pa 真空中，1100℃以上时就发生分解，产生显微孔洞。通过将 Si_3N_4 表面涂敷 Ag-Cu-Ti 金属层，再用 Pd-Ni-Ti 钎料在 1050℃下钎焊可有效防止 Si_3N_4 的分解，接头室温抗弯强度可达 163MPa，700℃时还可以保持 105MPa，而无涂敷层的钎焊接头室温抗弯强度只有 62MPa。

陶瓷与金属钎焊的连接多是在氢气炉或真空炉中进行，采用陶瓷金属化法钎焊真空电子器件时，对钎料有如下的基本要求：

1）钎料不含有饱和蒸气压高的化学元素，如 Zn、Cd、Mg 等，以免钎焊过程中这些化学元素污染电子器件或造成电介质漏电。

2）钎料的含氧量不能超过 0.001%，以免在氢气中钎焊时生成水气。

3）钎焊接头要有良好的松弛性，能最大限度地减小陶瓷与金属线胀系数的差异而引起的热应力。

陶瓷金属化法钎焊常用的钎料见表 8-6。陶瓷金属化法钎焊应用广泛的是 BAg72Cu 钎料。也可以根据需要，选用其他的钎料。为了减小钎焊接头的应力，有时不得不选用一些塑性好、屈服强度低的钎料，如纯 Ag、Au 或 Ag-Cu 共晶钎料等。陶瓷金属化法在工业上已得到广泛应用，但这种传统的连接方法工艺较复杂。

以 Mo-Mn 法为例，陶瓷金属化钎焊连接的工艺流程如图 8-6 所示。具体步骤为：

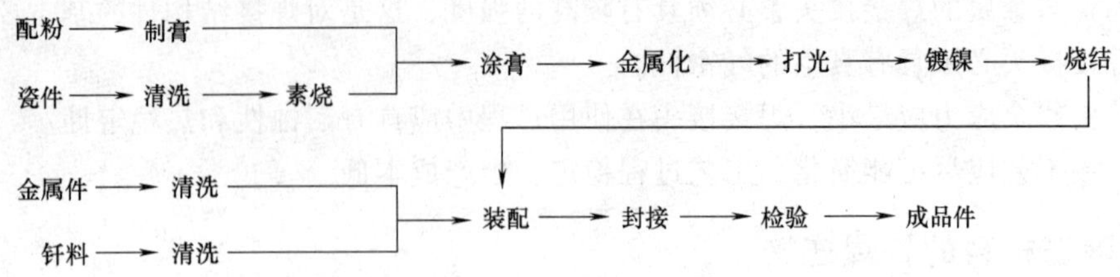

图 8-6 Mo-Mn 法陶瓷金属化钎焊连接的工艺流程

(1) 零件的清洗 陶瓷件可以在超声波清洗机中用清洗剂清洗，然后用去离子水清洗并烘干。金属件则要通过碱洗、酸洗的办法去除金属表面的油污、氧化膜等，并用流动水清洗、烘干。清洗过的零件应立即进入下一道工序，中间不得用裸手接触。

表 8-6 陶瓷金属化法钎焊常用的钎料

钎 料	成分（质量分数，%）	熔点/℃	钎焊温度/℃	用途
Cu	100	1083	1110 ~ 1140	陶瓷-陶瓷，陶瓷-铜
Ag	>99.99	961	990 ~ 1100	陶瓷-陶瓷，陶瓷-钛
Ag-Cu	Ag72、Cu 28	779	810 ~ 830	陶瓷-金属
Ag-Cu	Ag 50、Cu 50	824	880 ~ 900	陶瓷-金属
Ag-Cu-Pd	Ag 65、Cu 20、Pd 15	852	920 ~ 950	陶瓷-金属
Ag-Cu-Pd	Ag 58、Cu 32、Pd 10	824	880 ~ 900	陶瓷-金属
Ag-Cu-In	Ag 63、Cu 27、In 10	685	740 ~ 770	陶瓷-金属
Au-Cu	Au 80、Cu 20	889	920 ~ 950	陶瓷-陶瓷，陶瓷-钛
Au-Ni	Au 82.5、Ni 17.5	950	980 ~ 1000	陶瓷-镍
Au-Ag-Cu	Au 60、Ag 20、Cu 20	835	880 ~ 900	陶瓷-铜

(2) 涂膏剂 这是陶瓷金属化的重要工序，膏剂多由纯金属粉末加适量的金属氧化物组成，粉末粒度在 1 ~ 5μm 之间，用有机粘结剂调成糊状，用毛笔涂刷或喷涂的方法均匀地涂刷在需要金属化的陶瓷表面上。涂层厚度大约 30 ~ 60μm。

(3) 陶瓷金属化 将涂好膏剂的陶瓷件放入氢气炉中，在 1300 ~ 1500℃ 温度下保温 0.5 ~ 1h。

(4) 镀镍 金属化层多为 Mo-Mn 层，难与钎料浸润，必须镀上一层 4 ~ 5μm 厚的镍。

(5) 装架 将处理好的金属件和陶瓷件装配在一起，在焊缝处装上钎料。

(6) 钎焊 在氢气炉或真空炉中进行，钎焊温度由钎料而定。在钎焊过程中加热速度和冷却速度都不能过快，以防止陶瓷件炸裂。

(7) 检验 对一些特殊要求的陶瓷封接件，如真空器件或电器件，要进行漏气、热冲击、热烘烤和绝缘强度等检验。

不同组分的陶瓷要选用相应的金属化膏剂，这样才能达到陶瓷表面金属化的最佳效果。配方的正确选择是陶瓷表面金属化工艺的关键。表 8-7 给出了 Mo-Mn 法烧结金属粉末的配方和烧结参数示例。

一般钎料（如 Ag-Cu 钎料）对陶瓷金属化层的润湿性还不能达到钎焊的要求，所以通常要在 Mo-Mn 金属化层上再镀一层镍来增加金属化层对钎料的润湿性。镀镍层的厚度约为 4 ~ 6μm，镀镍后的陶瓷还需在氢气炉中在 1000℃ 的温度下烧结 15 ~ 25min，这道工序称之为二次金属化。

表 8-7 Mo-Mn 法金属化配方和烧结参数示例

序号	配方组成（质量分数,%）								适用陶瓷	涂层厚度/μm	金属化温度/℃	保温时间/min
	Mo	Mn	MnO	Al_2O_3	SiO_2	CaO	MgO	Fe_2O_3				
1	80	20	—	—	—	—	—	—	75% Al_2O_3	30 ~ 40	1350	30 ~ 60
2	45	—	18.2	20.9	12.1	2.2	1.1	0.5	95% Al_2O_3	60 ~ 70	1470	60
3	65	17.5	95% Al_2O_3 粉 17.5						95% Al_2O_3	35 ~ 45	1550	60
4	59.5	—	17.9	12.9	7.9	1.8 ($CaCO_3$)	—	—	95% Al_2O_3 (Mg-Al-Si)	60 ~ 80	1510	50
5	50	—	17.5	19.5	11.5	1.5	—	—	透明刚玉	50 ~ 60	1400 ~ 1500	40
6	70	9	—	12	8	1	—	—	99% BeO	40 ~ 50	1400	30
									95% Al_2O_3		1500	60

应用示例如下：

图 8-7 是某石油公司探测仪器中使用的陶瓷探针元件，材料为纯铜与不锈钢，元件之间用 Al_2O_3 陶瓷隔离，陶瓷起绝缘作用，要求钎焊后焊缝密封无泄漏。

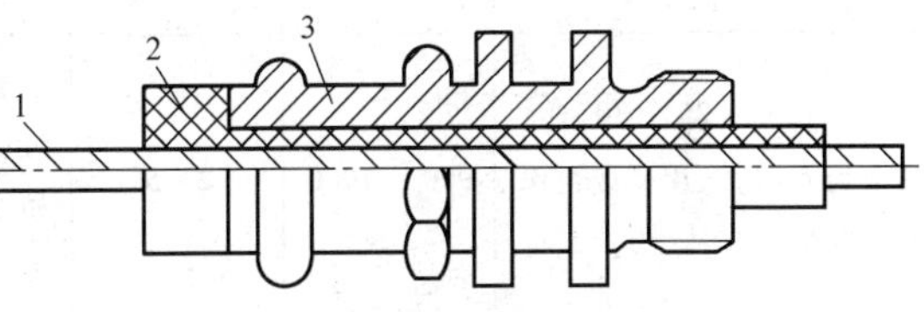

图 8-7 陶瓷探针元件

1—纯铜 2—陶瓷 3—不锈钢

钎焊工艺采用 Mo-Mn 法使 Al_2O_3 陶瓷管一端的孔内和管的外表面待焊部位金属化，然后在金属化层的外面再镀上厚度为 35μm 的镍层。使用 BAg72Cu 钎料，在真空度为 1.33×10^{-2}Pa、钎焊温度为 850℃ 的条件下，保温 5min 即可获得光洁致密的接头。

将处理好的金属件和陶瓷件装配在一起，在接缝处装上钎料。在氢气炉或真空炉中钎焊连接。在钎焊过程中加热速度和冷却速度均不能过快，以防止陶瓷件炸裂。

2. 活性金属化法钎焊工艺

过渡族金属（如 Ti、Zr、Hf、Nb、Ta 等）具有很强的化学活性，这些金属元素对氧化物、硅酸盐等具有较大的亲和力，可以通过化学反应在陶瓷表面形成反应层。反应层主要由金属与陶瓷的复合物组成，这些复合物在大多数情况下能表现出与金属相同的结构，可以被熔化的金属润湿，达到与金属连接的目的。

活性金属化法钎焊工艺简便，能满足陶瓷在高温状态下的使用要求。活性金属化法钎焊的关键是采用活性钎料，在钎料能够润湿陶瓷的前提下，还要考虑高温钎焊时陶瓷与金属热膨胀差异所引起的裂纹，以及夹具定位等问题。表 8-8 是陶瓷-金属活性金属化法钎焊工艺的特点及应用。

陶瓷直接钎焊，钎料的选定至关重要。这种钎料都含有活性元素 Ti、Zr 或 Ti、Zr 的氧化物和碳化物，对氧化物陶瓷能够直接发生反应。用于直接钎焊陶瓷的高温活性钎料见表 8-9。

其中二元系钎料以 Ti-Cu、Ti-Ni 为主，这类钎料的蒸气压较低，700℃ 时小于 1.33×10^{-3}Pa，可在 1200 ~ 1800℃ 范围使用。三元系钎料以 Ti-Cu-Be 或 Ti-V-Cr 为主，其中 49Ti-49Cu-2Be 具有与不锈钢相近的耐蚀性，并且蒸气压较低，在防泄漏、防氧化的真空密封接头中使用。不含 Cr 的 Ti-Zr-Ta 系钎料，也可以成功地直接钎焊 MgO 和 Al_2O_3 陶瓷。这种钎料获得的接头，能够工作在温度高于 1000℃ 的条件下。国内研制的 Ag-Cu-Ti 系钎料，能够直接钎焊陶瓷与无氧铜，接头抗剪强度可达 70MPa。

表 8-8 陶瓷-金属活性金属化法钎焊的特点及应用

钎料加入方式	钎焊温度 /℃	保温时间 /min	陶瓷材料	金属材料	特点及应用
在陶瓷表面预涂厚度为 20～40μm 的 Ti 粉，然后用厚度为 0.2mm 的 Ag72Cu28 钎料施焊	850～880	3～5	氧化物及非氧化物陶瓷，如 Al_2O_3、SiC、SiN 等	Cu、Ti、Nb	对陶瓷润湿性良好，接头气密性好。常用于高强度陶瓷和软金属的焊接。缺点是钎料含 Ag 多，蒸气压高，易沉积于陶瓷表面，降低接头的绝缘性
用厚度为 10～20μm 的 $w_{Ti}=71.5\%$、$w_{Ni}=28.5\%$ 的箔片作钎料施焊	990±10	3～5	氧化物陶瓷	Ti	钎焊温度较高，蒸气压较低，对陶瓷润湿性良好。缺点是钎焊温度范围窄，零件表面需严格清理
用 $w_{Ti}=(25～30)\%$、其余为 Cu 的箔片箔或粉作钎料施焊	900～1000	2～5	氧化物及非氧化物陶瓷，如 Al_2O_3、SiC 等	Cu、Ti、Ta、Nb、Ni-Cu	钎焊温度较高，蒸气压低，对陶瓷润湿性良好，合金脆硬，适用于高强度与金属的焊接

表 8-9 用于直接钎焊陶瓷的高温活性钎料

钎 料	熔化温度 /℃	钎焊温度 /℃	用途及接头性能
92Ti-8Cu	790	820～900	陶瓷-金属的连接
75Ti-25Cu	870	900～950	陶瓷-金属
72Ti-28Ni	942	1140	陶瓷-陶瓷，陶瓷-石墨，陶瓷-金属
50Ti-50Cu	960	980～1050	陶瓷-金属的连接
50Ti-50Cu（原子比）	1210～1310	1300～1500	陶瓷与蓝宝石，陶瓷与锂的连接
7Ti-93（BAg72Cu）	779	820～850	陶瓷-钛的连接
100Ge	937	1180	自粘接碳化硅-金属（$\sigma_b=400$MPa）
49Ti-49Cu-2Be	—	980	陶瓷-金属的连接
48Ti-48Zr-4Be	—	1050	陶瓷-金属
68Ti-28Ag-4Be	—	1040	陶瓷-金属
85Nb-15Ni	—	1500～1675	陶瓷-铌（$\sigma_b=145$MPa）
47.5Ti-47.5Zr-5Ta	—	1650～2100	陶瓷-钽
54Ti-25Cr-21V	—	1550～1650	陶瓷-陶瓷，陶瓷-石墨，陶瓷-金属
75Zr-19Nb-6Be	—	1050	陶瓷-金属
56Zr-28V-16Ti	—	1250	陶瓷-金属
83Ni-17Fe	—	1500～1675	陶瓷-钽（$\sigma_b=140$MPa）

活性金属化法钎焊所用的钎料通常以 Ti 作为活性元素，可适用于钎焊氧化物陶瓷和非氧化物陶瓷。有些钎料中还含有 In，以改善流动性和提高活性元素的活度。除 Ag、Cu 钎料外，还有一些以 Sn 或 Pb 为基的活性钎料。使用较方便的钎料是 50～200μm 的箔状钎料，

优点是形状、尺寸容易与接头配合，活性元素分布均匀。

除考虑钎料的选择外，活性金属化法钎焊工艺还应注意对活性元素的保护。活性元素极易被氧化，被氧化后就不再与陶瓷发生反应，因此活性金属化法钎焊一般都在真空或纯度很高的保护气氛下进行，钎焊时的真空度一般高于 10^{-2}Pa。

为了提高陶瓷与金属钎焊接头的性能，应严格控制钎焊温度（一般在钎料的液相线温度以上 50 ~ 100℃）和保温时间。钎焊温度一般在 800 ~ 1100℃之间，即使是采用熔点较低的 Sn 或 Pb 基活性钎料，由于需要足够的热力学活性，也应在这个温度范围钎焊。

以活性金属 Ti-Ag-Cu 为例，活性金属化法钎焊陶瓷的工艺流程如图 8-8 所示。

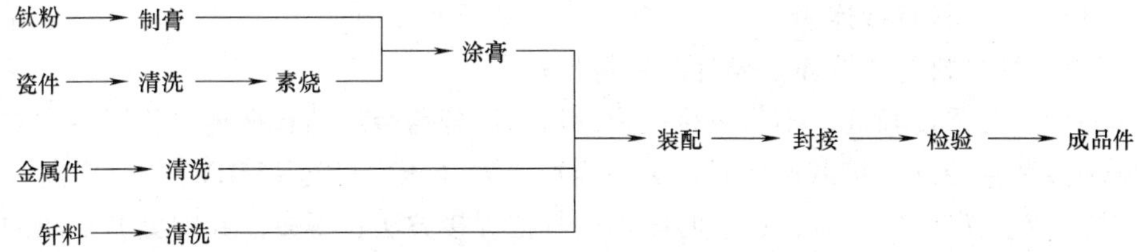

图 8-8　活性金属化法钎焊陶瓷的工艺流程

具体的活性金属化法钎焊的工艺步骤如下：

（1）零件的清洗　陶瓷件可以在超声波清洗机中用清洗剂清洗，然后用去离子水清洗并烘干。金属件要通过碱洗、酸洗的办法去除金属表面的油污、氧化膜等，并用流动水清洗、烘干。清洗过的零件应立即进入下一道工序，中间不得用裸手接触。

（2）制膏剂　制膏所用钛粉的纯度应在 99.7%（质量分数）以上，粒度为 40 ~ 55μm（270 ~ 360 目）。硝棉溶液为钛粉质量的一半，加上少量的草酸二乙酯稀释，调成膏状。

（3）涂膏剂　用毛笔或喷涂的方法将活性钎料膏剂均匀地涂覆在陶瓷的封接面上。涂层要均匀，厚度一般为 25 ~ 40μm。

（4）装配　膏剂晾干后与金属件及 AgCu28 钎料装配在一起。

（5）钎焊　在真空炉中进行钎焊。当真空度达到 5×10^{-3}Pa 时，逐渐升温到 780℃使钎料熔化，然后再升温至 820 ~ 840℃，保温 3 ~ 5min 后（温度过高或保温时间过长会使得活性元素与陶瓷件反应强烈，引起合金组织疏松，形成漏气）降温冷却。在加热或冷却过程中，注意加热速度和冷却速度，以避免因加热、冷却过快而造成陶瓷开裂。

（6）检验　对钎焊件要进行耐烘烤性能检验和气密性检验。对真空器件或电器件，要进行漏气、热冲击、热烘烤和电绝缘强度等检验。

8.3.3　陶瓷材料的扩散连接

1. 陶瓷材料的扩散连接特点

陶瓷与金属可以采用扩散焊的方法实现焊接。其主要特点是接头强度高，焊件变形小；不足之处是保温时间长，成本高，试件尺寸和形状受真空室限制。陶瓷与金属的扩散焊既可在真空中，也可在氢气中进行。金属表面有氧化膜时更易产生相互间的化学作用，因此在真空室中充以还原性的活性介质（使金属表面仍保持一层薄的氧化膜）会使扩散焊接头具有更牢固的结合，可以提高扩散焊接头的强度。

（1）直接扩散连接　要求被连接件的表面非常平整和洁净，在高温及压力作用下达到原子接触，进而实现连接界面原子的扩散迁移。

（2）间接扩散连接　在陶瓷焊接中，它是最常用的扩散连接方法。通过在被连接件间加入塑性好的金属中间层，在一定的温度和压力下完成连接。间接扩散焊可以使连接温度降低，避免被连接件组织粗大，减少了不同材料连接时热物理性能不匹配所引起的问题，因此是陶瓷与金属连接的有效手段。

陶瓷材料扩散连接的方式主要有：

1）同种陶瓷材料直接连接。

2）用另一种材料的薄层连接同种陶瓷材料。

3）异种陶瓷材料直接连接。

4）用第三种材料的薄层连接异种陶瓷材料。

陶瓷的硬度与强度较高，不易发生变形，所以陶瓷与金属的扩散连接除了要求被连接的表面非常平整和清洁外，扩散连接时还必须施加压力（压力可达 15MPa）、温度高（通常为 $0.5\sim0.9T_m$，T_m 为金属熔点），连接时间也比其他焊接方法长得多。在陶瓷与金属的扩散连接中，最常用的陶瓷材料为氧化铝陶瓷和氧化锆陶瓷。与此类陶瓷连接的金属有铜（无氧铜）、钛（TA1）、钛钽合金（Ti-5Ta）等。

氧化铝陶瓷材料具有硬度高、塑性低的特性，在扩散焊时仍将保持这种特性。即使氧化铝陶瓷内存在玻璃相（多半是散布在刚玉晶粒的周围），陶瓷也要加热到 1100～1300℃以上才会出现蠕性，陶瓷与大多数金属扩散焊时的实际接触首先是在金属的塑性变形过程中形成的。

陶瓷与金属之间直接用扩散焊连接有困难时，可以采用中间层的方法，而且金属中间层的塑性变形可以降低对陶瓷表面的加工精度。例如在陶瓷与 Fe-Ni-Co 合金之间，加入 20μm 厚的 Cu 箔作为过渡层，采用压力 15MPa，时间为 10min，在温度 1050℃工艺下可得到抗拉强度为 72MPa 的扩散焊接头。

这种中间过渡层可以直接使用金属箔片，也可以采用真空蒸镀、离子溅射、化学气相沉积（CVD）、喷涂、电镀等。还可以采用前面介绍的金属粉末或钎料等实行扩散连接。扩散焊工艺不仅用于金属与陶瓷的连接，也可用于微晶玻璃、半导体陶瓷、石英、石墨等与金属的连接。

2. 陶瓷扩散焊的工艺参数

影响扩散焊接头强度的主要因素是加热温度、保温时间、施加的压力、环境介质、被连接面的表面状态以及被连接材料之间的化学反应和物理性能（如线胀系数）的匹配。由于氧化铝陶瓷与无氧铜之间的扩散，在焊接温度达到 900℃时，就可得到合格的接头强度。更高的强度指标要在 1030～1050℃焊接温度下才能获得，因为此时铜具有很大的塑性，易在压力下产生变形，使实际接触面增大。

（1）加热温度　加热温度对扩散过程的影响最显著，连接金属与陶瓷时的温度一般达到金属熔点的 80% 以上。固相扩散焊时，元素之间相互扩散引起的化学反应，可以形成足够的界面结合。反应层的厚度（X）与加热温度和保温时间的关系如下：

$$X = K_0 t^n \exp(-Q/RT) \tag{8-2}$$

式中　K_0——常数；

t——保温时间（s）；

n——时间指数；

Q——扩散激活能（J/mol）；

T——加热温度（K）；

R——气体常数，$R=8.314\text{J/mol}\cdot\text{K}$。

加热温度对接头强度的影响也有同样的趋势，根据拉伸试验得到的温度对接头抗拉强度（σ_b）的影响可以用下式表示

$$\sigma_b = B_0 \exp(-Q_{app}/RT) \tag{8-3}$$

式中　B_0——常数；

Q_{app}——表观激活能，可以是各种激活能的总和。

加热温度的提高，使扩散焊接头强度提高，用 0.5mm 厚的铝作中间层连接钢与氧化铝陶瓷时，扩散焊接头抗拉强度与连接温度之间的关系如图 8-9 所示。但是，温度提高可能使陶瓷的性能发生变化，或出现脆性相而使接头性能降低。

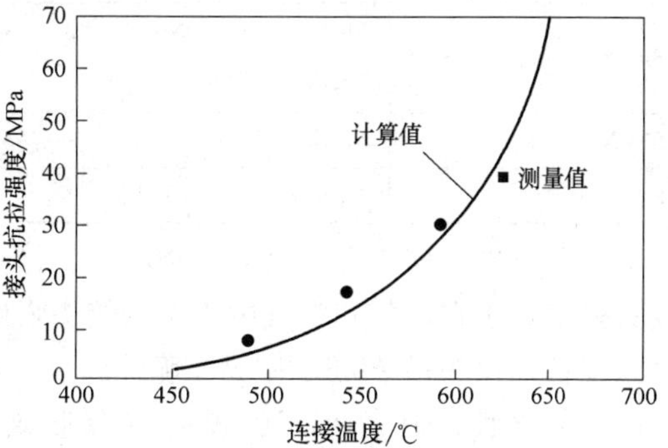

图 8-9　扩散焊接头抗拉强度与连接温度之间的关系

(2) 连接时间　在一定的试验温度下，连接时间存在一个最佳值。例如，Al_2O_3/Al 扩散焊接头中，连接时间对接头抗拉强度的影响如图 8-10 所示。用 Nb 作中间层扩散连接 SiC/06Cr19Ni10 不锈钢时，连接时间过长后出现了强度降低、线胀系数与 SiC 相差很大的 $NbSi_2$ 相，而使接头抗剪强度降低（图 8-11）。用 V 作中间层扩散连接 AlN 时，连接时间过长也会由于 V_5Al_8 脆性相的出现而使接头抗剪强度降低。

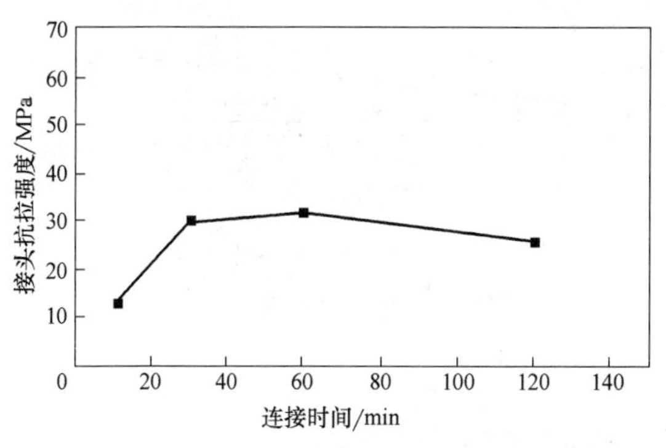

图 8-10　连接时间对接头抗拉强度的影响

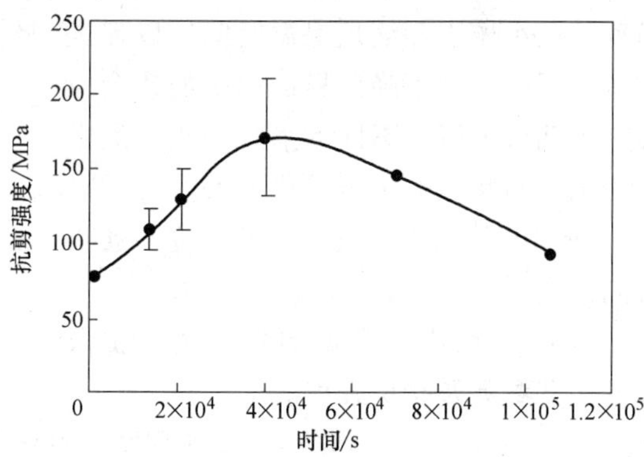

图 8-11　连接时间对 SiC/Nb/SiC 接头抗剪强度的影响

(3) 压力　扩散焊过程中施加压力是为了使接触面处产生塑性变形，减小表面不平整和破坏表面氧化膜，增加表面接触面积，为原子扩散提供条件。扩散焊时所加的压力通常足以减小表面不平整和破坏表面氧化膜。

增大扩散焊压力可以使接头强度提高。但压力提高后也存在最佳压力，以获得最佳的接头强度，如用 Al 连接 Si_3N_4 陶瓷、用 Ni 连接 Al_2O_3 陶瓷时，最佳压力分别为 4MPa 和 15 ~

20MPa。

（4）界面状态及化学反应　表面粗糙度对陶瓷与金属扩散焊接头强度的影响十分显著，表面粗糙度 Ra 由 0.1μm 变为 0.3μm 时，接头抗弯强度明显降低。

固相扩散连接陶瓷与金属时，陶瓷与金属界面会发生反应而形成化合物，所形成的化合物种类与连接条件（如温度、表面状态、杂质类型与含量等）有关。这种接头中可能出现的化合物见表 8-10。

表 8-10　接头中可能出现的化合物

接头组合	界面反应产物	接头组合	界面反应产物
Al_2O_3-Cu	$CuAlO_2$，$CuAl_2O_4$	Si_3N_4-Al	AlN
Al_2O_3-Ti	NiO · Al_2O_3，NiO · $SiAl_2O_3$	Si_3N_4-Ni	Ni_3Si，Ni（Si）
SiC-Nb	Nb_5Si_3，$NbSi_2$，Nb_2C，$Nb_5Si_3C_x$，NbC	Si_3N_4-Fe-Cr 合金	Fe_3Si，Fe_4N，Cr_2N，CrN，Fe_xN
SiC-Ni	Ni_2Si	AlN-V	V（Al），V_2N，V_5Al_8，V_3Al
SiC-Ti	Ti_5Si_3，Ti_3SiC_2，TiC	ZrO_2-Ni、ZrO_2-Cu	未发现有新相出现

扩散条件不同，界面反应产物不同，接头性能有很大差别。一般情况下，真空扩散焊的接头强度高于在氩气和空气中连接的接头强度。真空连接接头的强度最高，而在大气中连接时强度低，接头沿 Al/Si_3N_4 界面脆性断裂，可能是由于氧化产生 Al_2O_3 的缘故。虽然加压能够破坏氧化膜，但当氧分压较高时会形成新的金属氧化物层，而使接头强度降低。在 1500℃ 高温下直接扩散连接 Si_3N_4 陶瓷时，由于高温下 Si_3N_4 陶瓷容易分解形成孔洞，在 N_2 中连接可以限制陶瓷的分解，N_2 压力高时接头的抗弯强度较高。

扩散焊时采用中间层是为了降低扩散温度，减小压力和缩短保温时间，以促进扩散，同时也为了降低界面产生的残余应力。中间层可以以不同的形式加入，通常以粉末、箔状或通过金属化加入。

SiC-Nb 接头中，反应层的厚度与连接时间的关系如图 8-12 所示。

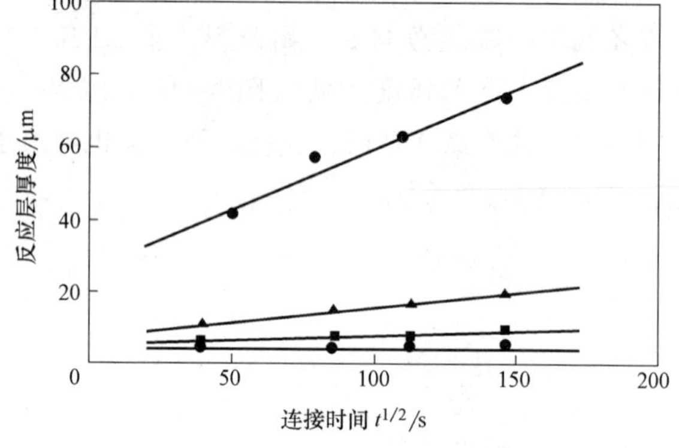

图 8-12　SiC-Nb 接头中反应层的厚度与保温时间的关系

表 8-11 列出了常见陶瓷与金属扩散焊的工艺参数及接头强度。

表 8-11　常见陶瓷与金属扩散焊的工艺参数及接头强度

材料	加热温度/℃	保温时间/min	压力/MPa	中间层及厚度	环境气氛	抗拉强度/MPa	抗剪强度/MPa	抗弯强度①/MPa
Al_2O_3/Al	600	1.7～5	7.5～15	—	H_2	—	—	95（A）
Al_2O_3/Cu	1025～1050	155	1.5～5	—	H_2	—	—	<153（A）
Al_2O_3/Ni	1350	20	100	—	H_2	—	—	<200（A）
Al_2O_3/Fe	1375	1.7～6	0.7～10	—	H_2	—	—	220～231（A）

（续）

材料	加热温度/℃	保温时间/min	压力/MPa	中间层及厚度	环境气氛	抗拉强度/MPa	抗剪强度/MPa	抗弯强度[①]/MPa
Al_2O_3/低碳钢	1450	120	<1	Co	真空	—	3~4	—
Al_2O_3/Nb	1600	60	8.8	—	真空	—	—	120(B)
Al_2O_3/Ag/Al_2O_3	900	120	6	—	真空	—	68	—
Al_2O_3/Cu/Al_2O_3	1025	15	50	—	真空	—	—	177(B)
Al_2O_3/Ni/Al_2O_3	1250	60	15~20	—	真空	75~80	—	—
Si_3N_4/WC-Co	610	30	5	Al	真空	—	—	<208(A)
	1050~1100	180~360	3~5	Fe-Ni-Cr	真空	—	—	>90(A)
Si_3N_4/Al/Si_3N_4	630	300	4	—	真空	—	100	—
Si_3N_4/Ni/Si_3N_4	1150	0~300	6~10	—	真空	—	20	—
SiC/Nb	1400	30	1.96	—	真空	—	87	—
SiC/Nb/Cr18Ni8	1400	60	—	—	真空	125	—	—
ZrO_2/Si_3N_4	1000~1100	90	>14	>0.2mmNi	真空	—	57	—
ZrO_2/Cu/ZrO_2	1000	120	6	—	真空	97	—	—

① A 代表四点弯曲试验，B 代表三点弯曲试验。

8.3.4 陶瓷材料的电子束焊

电子束焊是利用高能密度的电子束，轰击焊件使其局部加热和熔化而将焊件焊接起来的方法。陶瓷与金属的真空电子束焊是一种很有效的焊接方法，它有许多优点，由于是在真空条件下，能防止空气中的氧、氮等污染，有利于陶瓷与活性金属的焊接，焊后的气密性良好。电子束经聚焦能形成很细小的直径，可小到 0.1~1.0mm，功率密度可提高到 10^7~10^9 W/cm^2。电子束的穿透力很强，加热面积很小，焊缝熔宽小、熔深大，熔宽与熔深之比可达到 1:10~1:50。这样不仅焊接热影响区小，而且应力变形也极其微小。这对于精加工工件可作为最后一道工序，可以保证焊后结构的精度。

陶瓷与金属的电子束焊接时，焊件的接头形状有多种，比较合适的接头形式以平焊为宜，也可采用搭接或套接。焊件之间的装配间隙应控制在 0.02~0.05mm，不能过大，否则可能产生未焊透等缺陷。

陶瓷与金属真空电子束焊机，由电子光学系统（包括电子枪和磁聚焦、偏转系统）、真空系统（包括真空室、扩散泵、机械泵）、工作台及传动机构、电源及控制系统四部分组成。电子束焊机的主要部件是电子光学系统，它是获得高能量密度电子束的关键，在配以稳定、调节方便的电源系统后，能保证电子束焊接的工艺稳定性。电子束焊枪的加速电压有高压型（1100kV 以上）、中压型（40~60kV）和低压型（15~30kV），对于陶瓷与金属的焊接，最合适的是采用高真空度低压型。

陶瓷与金属真空电子束焊接的工艺过程包括：

1）把工件表面处理干净，放在预热炉内进行预热。

2）当真空室的真空度达到 10^{-2}Pa 之后，开始对工件进行预热，在 30min 内由室温上升到1600～1800℃。

3）在预热恒温下，让电子束扫射被焊焊件的金属一侧，开始焊接。

4）焊后降温退火，预热炉要在10min之内使电压降到零值，然后使焊件在真空炉内自然冷却1h以后出炉。

陶瓷电子束焊的工艺参数主要是：加速电压、电子束电流、工作距离（被焊焊件至聚焦筒底的距离）、聚焦电流和焊接速度等。陶瓷与金属电子束焊的工艺参数对接头质量的影响很大，尤其对焊缝熔深和熔宽的影响更加敏感。选择合适的工艺参数可以使焊缝形状、强度、气密性等达到设计要求。

氧化铝陶瓷（质量分数为85%、95%的Al_2O_3）、高纯度Al_2O_3、半透明的Al_2O_3陶瓷之间的电子束焊接时，可选择如下工艺参数：功率3kW，加速电压150kV，最大的电子束电流为20mA，采用电子束聚焦直径为0.25～0.27mm的高压电子束焊机进行直接焊接，可获得良好的焊接质量。

目前应用真空电子束焊接陶瓷与金属，多用于陶瓷与难熔金属（W、Mo、Ta、Nb等）的焊接，而且要使陶瓷的线胀系数与金属的线胀系数相近。如高纯度Al_2O_3陶瓷与难熔金属（W、Mo、Nb、Fe-Co-Ni合金）电子束焊接时，由于电子束的加热斑点很小，可以集中在一个非常小的面积上加热，这时只要采取焊前预热、焊后缓慢冷却以及合理设计接头形式等措施，就可以获得合格的焊接接头。

也可采用高压电子束焊机进行焊接。为避免接头处出现焊接裂纹，可用厚度为0.5mm的Nb箔片作为中间过渡层，进行两个半透明的Al_2O_3陶瓷对接接头的电子束焊接。还可以对ϕ1.0mm的金属钼针与氧化铝陶瓷实行电子束焊接。

陶瓷与金属电子束焊应用示例如下：

在石油化工等部门使用的一些传感器需要在强烈浸蚀性的介质中工作。这些传感器常常选用氧化铝系列的陶瓷作为绝缘材料，而导体就选用18-8型不锈钢。不锈钢与陶瓷之间应有可靠的连接，焊缝必须耐热、耐蚀、牢固可靠和致密不漏。

陶瓷是一根长为15mm、外径10mm、壁厚3mm的管子。陶瓷与金属管之间采用动配合。陶瓷管两端各留一个0.3～1mm的加热膨胀间隙。采用真空电子束焊方法焊接12Cr18Ni9不锈钢管与陶瓷管，接头为搭接焊缝，工艺参数示例见表8-12。

表8-12 陶瓷与12Cr18Ni9不锈钢电子束焊的工艺参数示例

陶瓷/金属	母材厚度/mm	电子束电流/mA	加速电压/kV	焊接速度/（$m \cdot min^{-1}$）	预热温度/℃	冷却速度/（$℃ \cdot min^{-1}$）
Al_2O_3/12Cr18Ni9	4+4	8	10	62	1250	20
Al_2O_3/12Cr18Ni9	6+6	8	12	60	1200	22
Al_2O_3/12Cr18Ni9	10+10	12	14	55	1200	25

焊接前先以40～50℃/min的加热速度将焊件加热到1200℃，保温4～5min后，关掉预热电源，对焊件的其中一端进行焊接。第一条焊缝焊好后，要重新将焊件加热到1200℃，然后才能进行第二条焊缝的焊接。焊后冷却过程中，由于收缩力的作用，陶瓷中首先产生轴向挤压力。所以焊件要缓慢冷却到300℃以下时才可以从加热炉中取出，以防挤压力过大，挤裂陶瓷。

复习思考题

1. 陶瓷材料的焊接性如何？简述在陶瓷材料的焊接性分析中应考虑什么问题？

2. 陶瓷与金属焊接时主要问题是产生裂纹，分析裂纹产生的主要原因。从焊接工艺上应采取哪些措施避免裂纹？

3. Al_2O_3 陶瓷与 Cu 焊接时可采用的焊接方法有哪些？在焊接工艺上有何特点？

4. 为什么采用常规的熔焊方法很难实现陶瓷-金属的可靠连接？采用固相焊方法时如何提高陶瓷-金属接头的性能？

5. 针对陶瓷材料的焊接有哪些基本要求？

6. 采用什么措施可以消除或降低陶瓷与金属焊接接头区的应力？

7. 陶瓷材料的活性金属钎焊法和表面金属化法各适用于何种场合？各有什么优缺点？

8. SiC 陶瓷与 Al 钎焊时常用的钎料有哪几种？可采用哪些方式填加钎料？

9. 陶瓷与金属的扩散焊有哪些工艺特点？如何选择合适的扩散焊工艺参数？

10. 陶瓷材料电子束焊有哪些优点、缺点以及适用性？

第9章

高温合金的焊接

9

高温合金是指以 Fe、Ni 或 Co 为基，为在承受较大的应力和要求具有良好表面稳定性的环境下高温服役而研制的一类合金，一般要求能在大约 600℃以上的高温下抗氧化或耐腐蚀，并能在一定应力作用下长期工作。这类合金的合金化程度很高，可使用温度和熔点差距小，是航空和航天发动机热端部件使用的关键材料。高温合金材料的研制和生产应用是高新技术发展的重要标志之一。

9.1 高温合金的分类及性能

高温合金是指在 600 ~ 1200℃高温下能承受一定应力并具有抗氧化或耐蚀能力的合金，可分为铁基高温合金、镍基高温合金和钴基高温合金。1940 年，用高温合金作涡轮叶片的第一批喷气发动机取代了活塞式发动机，从此航空工业进入了新的历史时期。燃气涡轮旋转叶片流入的气体温度越高，发动机的推力越大。从 1940 年至今，镍基超高温合金的工作温度已经由 700℃提高到 1050℃以上。超高温镍基合金在发动机中的用量日益增加，现在已经占发动机总质量的 40% 以上。为了进一步提高合金的高温强度，在镍基合金中加入钨、钼、钴等元素，增加铝、钛的含量，研制出一系列牌号的合金。在钴基合金中加入镍、钨等元素，制出多种高温合金。高温合金主要用于制造航空、舰艇和工业用燃气轮机的高温部件，还用于制造航天飞行器、火箭发动机、核反应堆、石油化工设备等。

9.1.1 高温合金的分类和强化方式

1. 高温合金的分类

高温合金又称为热强合金、耐热合金或超合金。我国的高温合金事业是从 1956 年研制 GH3030 开始的，其发展的历程与国际接轨。高温合金按基体成分可以分为镍基、铁基和钴基合金三类；按其强化方式可分为固溶强化和沉淀强化高温合金；按生产工艺可分为变形、铸造、粉末冶金和机械合金化高温合金。常用高温合金的牌号及化学成分列于表 9-1。

（1）镍基合金　发展最快，应用也最广泛。镍基高温合金是以镍为基体（质量分数一般大于 50%），在 650 ~ 1050℃范围具有较高的强度和良好的抗氧化、抗燃气腐蚀能力的高温合金。

（2）铁基合金　是在 Fe-Ni-Cr 合金基体上添加合金元素发展起来的。虽然在高温抗氧化性和组织稳定性方面，比同类镍基合金稍差，但在适当的温度范围内具有良好的综合性能，而且成本低，因此在航空发动机上被用于燃烧室、涡轮盘、机匣和轴类等零部件。

（3）钴基合金　具有良好的综合性能，但由于资源缺乏，发展受到一定的限制。

2. 高温合金的强化方式

高温合金主要采用固溶强化、第二相强化和晶界强化三种方式。

（1）固溶强化　固溶强化是通过提高原子结合力和晶格畸变，使 Fe、Ni 或 Co 基体中固溶体的滑移阻力增加，滑移变形困难而达到强化。镍基合金的屈服强度随着合金的晶格常数增大呈线性增加，其增加量与溶质元素的电子空位数有关。元素的种类对堆垛层错能也有一定的影响，因为堆垛层错的晶体结构与母体不同，造成堆垛层错中溶质元素的浓度与母体有所差别，当位错通过该溶质元素偏聚区时，要克服较多的能量。

表 9-1 常用高温合金的牌号及化学成分

牌号	化学成分(%)														
	w_C	w_{Cr}	w_{Ni}	w_W	w_{Mo}	w_{Nb}	w_{Al}	w_{Ti}	w_{Fe}	w_{Mn}	w_{Si}	w_B	w_{Zr}	w_S	w_P	$w_{其他}$
GH1015	≤0.08	19.0~22.0	34~39	4.8~5.8	2.5~3.2	1.0~1.6	—	—	余	≤1.5	≤0.6	≤0.01	—	≤0.015	≤0.02	Ce≤0.05
GH1140	0.06~0.12	20.0~23.0	35~40	1.4~1.8	2.0~2.5	—	0.2~0.6	0.7~1.2	余	≤0.7	≤0.8	—	—	≤0.015	≤0.02	Ce≤0.05
GH1131	≤0.10	19.0~22.0	25~30	4.8~6.0	2.8~3.5	0.7~1.3	—	—	余	≤1.2	≤0.8	≤0.005	—	≤0.02	≤0.02	N 0.15~0.30
GH2132	≤0.08	13.5~16.0	24~27	—	1.0~1.5	—	≤0.4	1.75~2.3	余	≤2.0	≤1.0	≤0.01	—	≤0.02	≤0.03	V 0.1~0.5
GH150	≤0.08	14.0~16.0	45~50	2.5~3.5	4.5~6.0	0.9~1.4	0.8~1.3	1.8~2.4	余	≤0.4	≤0.4	≤0.01	≤0.05	≤0.015	≤0.015	Ce≤0.02 Cu≤0.07
GH3030	≤0.12	19.0~22.0	余	—	—	—	≤0.15	0.15~0.35	≤1.0	≤0.7	≤0.8	—	—	≤0.010	≤0.015	Cu≤0.2
GH3039	≤0.08	19.0~22.0	余	—	1.8~2.3	0.9~1.3	0.35~0.75	0.35~0.75	≤3.0	≤0.4	≤0.8	—	—	≤0.012	≤0.02	Cu≤0.2
GH3044	≤0.10	23.5~26.5	余	13.0~16.0	≤1.50	—	≤0.50	0.3~0.7	≤4.0	≤0.5	≤0.8	—	—	≤0.013	≤0.013	—
GH3128	≤0.05	19.0~22.0	余	7.5~9.0	7.5~9.0	—	0.4~0.8	0.4~0.8	≤2.0	≤0.5	≤0.8	≤0.005	≤0.06	≤0.013	≤0.013	Ce≤0.05
GH22	0.05~0.15	20.5~23.0	余	0.2~1.0	8.0~10.0	—	≤0.5	≤0.15	1.7~2.0	≤1.0	≤1.0	≤0.01	—	≤0.02	≤0.025	Co 0.5~2.5 Cu≤0.5
GH4169	≤0.08	17.0~21.0	50~55	—	2.8~3.3	—	0.2~0.6	0.65~1.15	余	≤0.4	≤0.35	≤0.006	—	≤0.015	≤0.015	Nb 4.75~5.5
GH99	≤0.08	17.0~20.0	余	5.0~7.0	3.5~4.5	5~8	1.7~2.4	1.0~1.5	≤2.0	≤0.4	≤0.5	≤0.005	—	≤0.015	≤0.015	Ce≤0.02 Mg≤0.01
GH141	0.06~0.12	18.0~20.0	余	—	9.0~10.5	10~12	1.4~1.8	3.0~3.5	≤5.0	≤0.5	≤0.5	≤0.01	—	≤0.015	≤0.015	—
GH188	0.05~0.15	20.0~24.0	20~24	13.0~16.0	—	余	—	—	≤3.0	≤1.25	0.2~0.5	≤0.15	—	≤0.015	≤0.02	La 0.03~0.12
K213	0.1	15	36	5.5	—	—	1.75	3.5	余	—	—	0.08	—	—	—	—
K401	0.1	14~17	余	7~10	≤0.3	—	4.5~5.5	1.5~2.0	≤0.2	—	—	0.03~0.1	—	—	—	—
K403	0.11~0.18	10~12	余	4.8~5.5	3.8~4.5	—	5.3~5.9	2.3~2.9	≤2.0	—	—	0.012~0.02	0.03~0.08	—	—	Ce≤0.01
K406	0.1~0.2	14~17	余	—	4.5~6.0	—	3.25~4.0	2.0~3.0	≤5.0	—	—	0.05~0.10	≤0.10	—	—	—
K417	0.13~0.22	8.5~9.5	余	—	2.5~3.5	—	4.8~5.7	4.5~5.0	≤1.0	—	—	0.012~0.02	0.05~0.09	—	—	V0.6~0.9
K418	0.08~0.16	11.5~13.5	余	—	3.8~4.8	1.8~2.5	5.5~6.4	0.6~1.0	≤1.0	—	—	0.008~0.02	0.06~0.15	—	—	V≤0.1
DZ22	0.12~0.16	8~10	余	11.5~12.5	—	0.75~1.25	4.75~5.25	1.75~2.25	≤0.35	—	—	0.01~0.02	≤0.10	—	—	Hf1.0~2.0
DD3	≤0.01	9~10	余	5.0~6.0	3.5~4.5	—	5.5~6.2	1.7~2.4	≤0.5	—	—	0.005	0.005	—	—	—

在 Fe 基、Ni 基高温合金中，通常加入 Cr、Mo、W、Co、Al 等元素进行固溶强化。由于 Cr 在 Ni 和 Fe 中有较大的溶解度，所以合金的抗氧化性主要是通过 Cr 元素实现的。Cr 主要与 Ni 形成固溶体，少量 Cr 与 C 形成 $Cr_{23}C_6$ 型碳化物，可提高合金的高温持久性。W 和 Mo 也是强固溶强化元素，加入 W 和 Mo 可以提高原子结合力，产生晶格畸变，使扩散过程缓慢，同时合金的再结晶温度升高，从而提高了合金的高温性能。另外 W 和 Mo 是碳化物形成元素，主要形成 M_6C 型碳化物。当碳化物沿晶界分布时，对合金强化起更大作用。Co 元素的主要作用是降低基体层错能，提高合金的持久强度，减小蠕变速率，可以稳定合金的组织，减少有害相的析出。因此固溶强化型高温合金中均含有 Cr、W、Mo、Al、Co 等元素。

（2）第二相强化（弥散强化） 在高温合金基体中含有高度分散的第二相质点，可达到弥散强化的目的，因此又称为弥散强化或沉淀强化。只是第二相质点不是借助固相转变获得，而是以机械合金化方式直接混入基体。一般以 Al_2O_3、ThO_3 和 Y_2O_3 等氧化物作为弥散质点，控制其含量、大小和分布，可决定材料的强度。

第二相强化就是利用细小均匀分布的稳定质点阻碍位错运动，以达到高温强化的目的。这种稳定质点可以是液态凝固时析出的，还可以是用粉末冶金方法机械加入的。第二相强化是通过第二相的应力场对位错的阻碍作用、位错攀移、切割第二相以及位错弯曲绕过第二相时的阻碍作用实现的，使高温滑移变形或扩散变形比较困难。

高温合金第二相强化时会析出 γ'相和 γ''相。在 Fe 基和 Ni 基合金中，γ'相为 Ni_3Al 型面心立方晶体，与基体结构相同，为共格析出。γ'相十分稳定，有较高的强度和良好的塑性，容易控制其数量、大小和形态。γ'相还可以被强化，多数牌号的高温合金采用 γ'相沉淀强化。γ''相是一种亚稳定的强化相，它是以 Nb 代替 Al 的 Ni_3Nb 相。该相在中温时稳定，因此在中温条件下可使合金具有较高的强度和良好的塑性。

Al 和 Ti 是形成 γ'相的基本成分，几乎所有时效强化的 Fe 基和 Ni 基高温合金中都含有 Al 和 Ti。Al 和 Ti 同时存在，部分 Ti 代替 Al，γ'相变为 Ni_3（Al，Ti）。Ti 的加入能促进 γ'相析出，同时增加 γ'相的强度。合金中 Al 和 Ti 的总量基本决定了 γ'的数量。γ'数量越多，合金的高温性能越高。此外，加入大原子半径的 W、Mo、Nb、Ta 等元素，它们会不同程度地进入 γ'相，导致 γ'相数量增加，热稳定性提高。

在 Ni 基合金中 Fe 元素一般控制得很低，由于 Fe 含量增加，会使 γ'数量降低，并使 γ'呈不规则状；而且 Fe 含量增多，平均电子空位数增大，会出现 σ 相，导致合金的力学性能降低。

（3）晶界强化 高温合金在承受应力时，晶界会发生变形，并且变形比例随变形速度的减小而增加，因此对于高温合金的晶界强化也是一种重要的强化方式。

在合金中通常加入微量元素 B、Zr、Hf、Mg、La 和 Ce 等以强化晶界。其中 B 在晶界偏聚，可以减少晶界缺陷，提高晶界强度，改变晶界形状，影响晶界碳化物和金属间化合物的析出和长大，防止晶界片状、胞状相的析出，能够提高合金的热强性和持久寿命。Zr 的作用与 B 类似，但比 B 稍弱。微量 Mg 偏聚于晶界和相界，导致晶界碳化物球化，有效地抑制晶界滑移，减少楔形裂纹的形成，增加了空洞型裂纹的比例，从而改善合金的塑性和蠕变性能。铸造高温合金中加入微量 Hf，可以改善晶界和枝晶状态，显著改善合金的室温和高温塑性，有利于减小热裂倾向。

现代高温合金大多采用多种强化方式，以获得良好的综合性能。

9.1.2　高温合金的性能及应用

高温合金的性能主要是室温和高温下的强度和塑性，以及工作高温下有很高的持久性能、蠕变和疲劳强度。表 9-2 和表 9-3 分别列出部分高温合金的典型力学性能和物理性能。高温合金通常有棒材、板材、盘材、丝材、环形件和精密铸件等品种，主要应用在航空航天、

表 9-2　高温合金的热处理工艺及典型力学性能

牌号	热处理工艺	试验温度/℃	拉伸性能			持久性能	
			抗拉强度 σ_b/MPa	屈服强度 $\sigma_{0.2}$/MPa	伸长率 δ_5（%）	抗拉强度 σ_b/MPa	时间 t/h
GH1015	1150℃ AC	20	636（737）	（314）	40（48）	—	—
		800	（318）	（194）	（77）	（118）	（100）
		900	176（189）	（137）	40（103）	68（55）	20（100）
GH1140	1080℃ AC	20	637（637）	（255）	40（46）	—	—
		700	225（422）	（232）	40（47）	（235）	（100）
GH1131	1130～1170℃ AC	20	735（830）	—	34（43）	—	—
		900	177（215）	—	40（63）	（97）	（100）
GH2132	900～1000℃ AC +700～720℃ AC	20	885	—	20	—	—
		650	686	—	15	392	100
GH150	1120℃ AC	20	707（1231）	—	30（23）	—	—
		800	633（644）	—	10（28）	246（245）	30（97）
GH3030	980～1020℃ AC	20	686（730）	—	30（44）	—	—
		700	294（266）	—	30（72）	（103）	（100）
GH3039	1200℃ AC	20	735（841）	（436）	40（48）	—	—
		800	245（284）	（137）	40（76）	（78）	（100）
GH3044	1200℃ AC	20	735（785）	（314）	40（60）	—	—
		900	196（226）	（118）	30（50）	68（51）	100（100）
GH3128	交货状态	20	735（891）	—	40（54）	—	—
		950	176（198）	—	40（99）	55（42）	20（100）
GH22	交货状态	20	725（795）	304（368）	35（48）		—
		815	（327）	（219）	（89）	110	24
GH99	1140℃ AC	20	1128（1046）	（604）	30（50）	—	—
		900	373（478）	（361）	15（40）	118（118）	30（100）
GH141	1065℃4h AC + 760℃16h AC	20	1176（1014）	882	12（15）	—	—
		800	735（779）	637	15（18）	（300）	（100）
GH188	1180℃ WC 或 AC	20	860（958）	380（483）	45（56）	—	—
		815	（580）	—	（66）	165（154）	23（100）
GH605	交货状态	20	890	370	35	—	—
		815	—	—	—	165	23
	1120℃ WC	20	940	—	60	—	—
		800	480		30	165	100

注：1. 除 GH4169 为普通棒材外，其余均为薄板的性能。

2. 表中数据为技术条件规定的数值，括号中为试验数据。

3. 表中 AC 指空冷，WC 指水冷。

表 9-3 高温合金的物理性能

合金牌号	熔化温度/℃	热导率/W·(m·K)$^{-1}$					线胀系数 $\alpha/10^{-6}K^{-1}$					密度/10^3 kg·m^{-3}	电阻率 $\rho/(10^{-6}/\Omega\cdot m)$				弹性模量[①] E_D/GPa			
		100℃	400℃	600℃	800℃	900℃	20～100℃	20～400℃	20～600℃	20～800℃	20～1000℃		20℃	600℃	800℃	900℃	20℃	600℃	800℃	1000℃
GH3030[②]	1374～1420	15.1	19.3	22.2	25.1	26.4	12.8	15.0	16.1	17.5	—	8.4	1.10	—	—	—	191	137	93	—
GH3039	—	13.8	18.8	21.8	25.1	26.8	11.5	13.5	14.3	15.3	16.4	8.3	1.18	—	—	—	211	169	155	—
GH3044	1352～1375	11.7	15.9	18.4	21.8	24.7	12.3	13.1	13.5	14.9	16.3	8.89	—	—	—	—	210	176	161	142
GH3128	1340～1390	11.3	15.5	18.4	21.4	23.0	11.2	12.8	13.7	15.2	16.3	8.81	1.37	—	—	1.39	208	187	162	144
GH22	1288～1374	8.7	14.0	17.4	21.4	24.1	12.7	15.5	17.4	19.1	—	8.23	—	—	—	—	206	174	158	—
GH4169	1260～1320	14.6	18.8	21.8	24.3	26.0	13.2	14.0	15.0	17.0	18.7	8.24	—	—	—	—	205	169	—	—
GH99	1345～1390	10.5	15.9	19.7	23.5	27.2	12.0	13.0	14.2	15.1	17.4	8.47	1.37	1.46	1.42	1.39	223	194	178	146
GH141	1316～1371	8.4	15.1	19.5	23.4	26.0	10.5	12.8	13.5	15.0	—	8.27	—	—	—	—	221	188	175	—
GH1015	—	11.7	17.2	20.8	25.0	26.8	14.4	15.4	16.1	16.7	17.2	8.32	—	—	—	—	200	166	148	129
GH1140	—	15.2	19.3	22.1	25.0	26.3	12.7	14.6	15.4	16.3	17.5	8.09	1.07	—	—	—	192	159	143	—
GH1131	—	10.46	16.3	19.3	22.6	24.7	14.7	14.8	16.2	17.3	18.1	8.33	—	—	—		220	174	176	166
GH2132	1362～1424	14.2	18.8	22.2	25.5	27.6	15.4	16.8	18.1	19.6	—	7.93	0.19	1.16	1.21	1.23	198	157	139	—
GH150	1320～1365	11.3	16.2	18.9	23.6	—	12.5	13.9	14.8	15.8	17.8	8.26	1.21	1.34	1.36	1.37	204	171	157	135
GH188	1300～1360	11.7	18.9	23.1	23.2	—	11.4	14.2	17.0	16.8	—	9.13	—	—	—	—	227	187	166	158

① E_D 为动态模量。

② GH3030 合金为静态弹性模量。

冶金、动力等工业部门。

从 20 世纪 30 年代后期起，英、德、美等国就开始研究高温合金。第二次世界大战期间，为了满足新型航空发动机的需要，高温合金的研究和使用进入了蓬勃发展时期。20 世纪 40 年代初，英国首先在 80Ni-20Cr 合金中加入少量铝和钛，研制成第一种具有较高的高温强度性能的镍基合金。同一时期，美国开始用钴基合金制作发动机叶片。此外，美国还研制出 Inconel 镍基合金，用以制作喷气发动机的燃烧室。

在先进的军用航空发动机中，高温合金用量占发动机总质量的 60% 以上。高温合金还在能源、医药、石油化工等工业部门中的高温耐蚀、耐磨等领域得到广泛应用，是国防和国民经济建设中必不可缺的一类重要材料。

在航空航天工业部门中，高温合金主要用于涡轮发动机的高温部件，如燃烧室的火焰筒、点火器和机匣、加热燃烧室的加热屏以及涡轮燃气导管等均采用了板材冲压焊接结构，工作温度为 800℃ 的 GH3039、GH1140 合金，工作温度为 900℃ 的 GH1015、GH1016、GH1131、GH3044 和时效强化的 GH99 合金，少量采用工作温度为 980℃ 的 GH170 和 GH188 合金。涡轮部件中的涡轮盘主要采用了 GH4169 和 GH4133 合金。涡轮叶片和导向叶片大部分采用铸造高温合金，如 K403、K417、K6C、DZ22、DZ125 等。

工业燃气轮机中的叶片广泛采用 K413、K218、GH864 等合金。柴油机增压涡轮还采用了 K218 合金。石油化工乙烯裂解高温部件采用了 GH180、GH600 等合金。冶金工业连轧导板，炉子套管采用了 K12、GH128、GH3044、GH3039 等高温合金。

9.2　高温合金的焊接性分析

高温合金的焊接性是指在某一焊接工艺条件下，合金产生裂纹的敏感性、接头组织的均匀性、接头力学性能和工艺措施的复杂性的综合评价。焊接性是高温合金选用的科学依据之一，也是设计焊接件和制订焊接工艺的重要依据。

9.2.1　高温合金的裂纹敏感性

（1）结晶裂纹　高温合金具有不同程度的结晶裂纹敏感性。结晶裂纹敏感性常采用变拘束十字形裂纹敏感性试验方法进行评价。表 9-4 列出了常用高温合金氩弧焊工艺的裂纹敏感性，由表可以看出，固溶强化的高温合金具有较小的结晶裂纹敏感性。裂纹敏感性系数 K 小于 10%，适宜制造复杂形状的焊接构件。铝钛含量较低（$w_{Al+Ti}<4\%$）的沉淀强化高温合金具有中等的结晶裂纹敏感性，裂纹敏感性系数 K 在 10% ~15% 之间，属于可焊合金，适宜制造结构简单的焊接件。铝钛含量高的沉淀强化合金和铸造高温合金具有较大的结晶裂纹敏感性，裂纹敏感性系数 K 大于 15%，为难焊合金，不适宜制造熔焊的焊接构件，只适用于采用真空钎焊和扩散焊等特殊焊接工艺。

表 9-4　常用高温合金氩弧焊的裂纹敏感性

合金牌号	w_{Al+Ti}（%）	w_B（%）	焊丝牌号	裂纹敏感性系数 K（%）
GH3033	0.50	—	HGH3033	5.5
GH3044	1.20	—	HGH3044	6.0
GH1140	1.55	—	HGH1140，HGH3113	7.5，5.0

（续）

合金牌号	w_{Al+Ti}（%）	w_B（%）	焊丝牌号	裂纹敏感性系数 K（%）
GH3128	1.60	0.005	HGH3128	8.0
GH2132	2.70	0.010	HGH2132	8.8
GH99	3.35	0.005	GH99	8.3
GH150	3.1	0.006	GH150，GH533	13.0，7.8
GH2018	3.0	0.015	GH2018	15.0
K406	6.25	0.10	HGH3113	25.2
K403	8.9	0.018	HGH3113	35.2
K417	10.0	0.018	HGH3113	47.2

固溶强化型合金中的强化元素 W、Mo、Cr、Co、Al 等在镍中的溶解度很大，几乎全部溶入基体中，形成面心立方的 γ 固溶体。在焊接过程中，合金不会产生相变，对形成结晶裂纹影响不大。但微量元素聚集于晶界，会形成低熔点共晶组织，导致结晶裂纹形成。通过对 GH22 合金进行微量元素影响的研究证实，微量元素 S、P、C、B 会明显增加结晶裂纹敏感性，Si 和 Mg 元素会稍微增大裂纹敏感性，尤其多种元素共同作用，更会显著增大其裂纹敏感性。

沉淀强化高温合金的裂纹敏感性随 B 和 C 含量的增加而增大。Al、Ti、Nb 是沉淀强化高温合金的主要强化元素。Al、Ti 对高温合金的焊接性有较大的影响，随着两者含量的提高，合金的焊接性变差。在 Al 和 Ti 总量相近的情况下，Al 和 Ti 之比高的合金具有高的裂纹敏感性，应控制 Al 和 Ti 之比小于 2。

Al 和 Ti 含量对高温合金焊接性的影响如图 9-1 所示。图中将高温合金分为三类：A 类为易焊合金，为 Al 和 Ti 含量低（$w_{Al+Ti}<2\%$）的固溶强化合金；B 类为可焊合金，为 Al 和 Ti 含量较高（w_{Al+Ti}达到 4%）的沉淀强化合金；C 类为难焊合金，为 Al 和 Ti 含量更高（$w_{Al+Ti}>6\%$）的沉淀强化铸造合金或工艺性差的变形合金，此时合金的裂纹敏感性显著增加，焊接性变差。

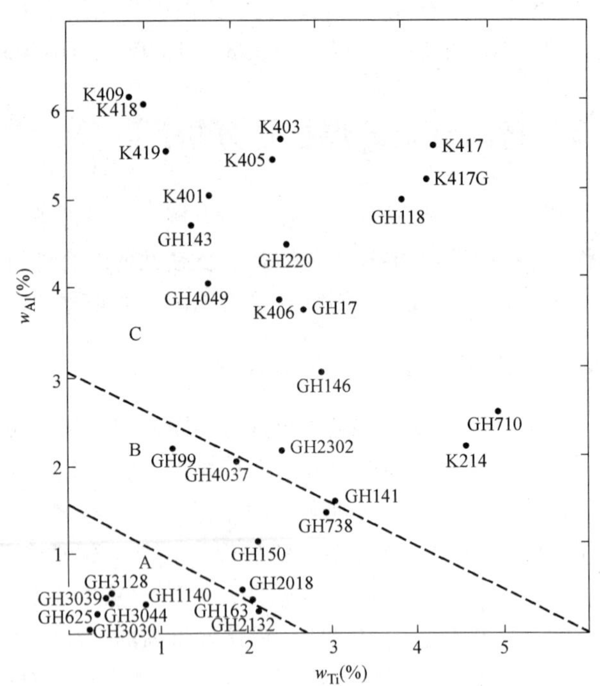

图 9-1 Al 和 Ti 含量对高温合金焊接性的影响

A—易焊合金 B—可焊合金 C—难焊合金

高温合金的状态也会影响合金的裂纹敏感性。固溶状态的合金比时效状态的合金具有较小的裂纹敏感性（表 9-5），合金固溶状态比平整和冷轧状态具有较小的裂纹敏感性（表 9-

5）。因为在平整和冷轧后，合金强度和硬度增加，塑性下降（图9-6）。时效处理也是如此，使焊接件的拘束度增大，裂纹敏感性也增加。

表9-5 GH2018合金不同热处理状态的裂纹敏感性

焊前热处理状态	合金拉伸性能		裂纹敏感性系数 K（%）	工艺条件
	抗拉强度 σ_b/MPa	伸长率 δ（%）		
1130℃固溶	686	48	15.2	用变拘束十字形试验方法，板厚1.5mm，氩弧焊工艺
1130℃固溶+1130℃16h时效	1176	25	27.0	

表9-6 HGH1140合金不同状态的裂纹敏感性

焊前状态	不同成分裂纹敏感性系数 K（%）			工艺条件
	上限成分	中限成分	下限成分	
固溶处理	15	8	5	用变拘束十字形试验方法，板厚1.5mm，氩弧焊工艺
平整[①]	—	16.5	17	
冷轧[②]	30	31	—	

① 平整变形量为3%～5%。

② 板材冷轧变形量为30%。

消除焊接结晶裂纹可以采取的措施首先是在制订焊接工艺时，选用较小的焊接电流，减小焊接热输入，改善熔池结晶形态，减小枝晶间偏析；其次，采用抗裂性优良的焊丝，如HGH3113、SG-1、SG-5、GH533等；建议在固溶状态或淬火软化状态下焊接。

（2）液化裂纹 高温合金中由于合金元素较多，大部分高温合金都具有液化裂纹的倾向，并随合金元素含量的增加，合金液化裂纹越显著。液化裂纹产生在近缝区，具有沿晶开裂，从熔合区向热影响区扩散的特征。由于合金中较多的强化元素在晶界上会形成碳化物相，其中部分为共晶组织，部分相会产生溶解和析出相变。焊接时，靠近焊接熔合区的某些相被迅速加热到固-液相区的温度，晶界上的相来不及发生转变，在原相界面上形成液膜，于是造成晶界液化。晶界液化的液膜承受不住拘束应力的作用，则被拉裂形成液化裂纹。

减小和避免液化裂纹的办法是尽可能地降低热输入和减小过热区及母材高温的停留时间。

（3）应变时效裂纹 铝钛含量高的沉淀强化高温合金和铸造高温合金焊接后，在时效处理过程中，熔合区附近会产生一种沿晶扩展的裂纹，称为应变时效裂纹。应变时效裂纹的形成与焊接残余应力和拘束应力引起的应变以及时效过程中塑性损失引起的应变时效有关。

不同的焊接工艺对应变时效裂纹敏感性也不相同。手工氩弧焊的应变时效裂纹敏感性最大，电子束焊的裂纹敏感性最小。经测定垂直于焊缝方向上的应力，手工氩弧焊焊缝和近缝区存在较大的拉应力，其最大应力接近合金的屈服应力；电子束焊的残余拉应力最小，焊后采用机械方法消除拉应力，形成压应力则可消除应变时效裂纹。

消除应变时效裂纹的措施有：

1）选择含Al、Ti含量较低，或用Nb代替部分Al、Ti的高温合金。

2）在接头设计时，选用合理的接头形式和焊缝分布，减小焊接件的拘束度。

3）控制焊接参数，调节焊接热循环，避免热影响区中碳化物促使相变产生而引起的脆性。

4）焊后对焊缝和热影响区进行合理的锤击或喷丸处理，改拉应力状态为压应力状态。

9.2.2 接头组织的不均匀性

固溶强化高温合金的组织比较简单，这类合金焊接后，焊缝金属由变形组织变为铸态结晶组织。由于焊接熔池冷却速度快，焊缝金属会因晶内偏析而形成层状组织。当偏析严重时，会在枝晶间形成共晶组织。接头热影响区产生沿晶界的局部熔化和晶粒长大，其程度依合金成分和焊接工艺不同而异。如 GH3044 合金比 GH3039 合金的晶粒长大明显，在焊缝两侧形成两条粗晶带，直接影响接头的拉伸和疲劳性能。

沉淀强化型高温合金和铸造高温合金的组织比较复杂，这类合金的焊接接头组织，不论是焊缝还是热影响区也都比较复杂。焊缝金属经历了熔化凝固的过程，原来的 γ′或 γ″、碳化物相、硼化物相等均溶入基体中，形成单一的 γ 固溶体。焊缝金属冷却速度快，形成横向枝晶很短、主轴很长的树枝状晶，在树枝状晶间和主轴之间存在较大的成分偏析，在焊缝中会产生共晶组织。接头热影响区在周期性加热的温度梯度很大的热循环区域会引起 γ′、γ″强化相溶解，碳化物相转变，使热影响区的组织变得十分复杂，影响高温合金的性能。

Ti 含量对析出强化的影响，与 Al 含量的影响类似，也有一个最佳值（图 9-2）。Ti 含量少时，γ′相的数量不足以产生足够的强化效果；但 Ti 含量较多时，开始优先析出 α′亚稳定相，使合金脆化而降低热强性。

9.2.3 焊接接头的力学性能

图 9-3 所示为试验温度对 γ′相（Ni_3Al）屈服强度的影响。一般地，合金的屈服强度随着温度的上升而下降，但 γ′相（Ni_3Al）的屈服强度却出现随温度的上升而升高的特异现象，在 700℃左右达最大值之后，才又随温度的上升而下降。从 -196℃到 700℃，屈服强度几乎提高了 6 倍。

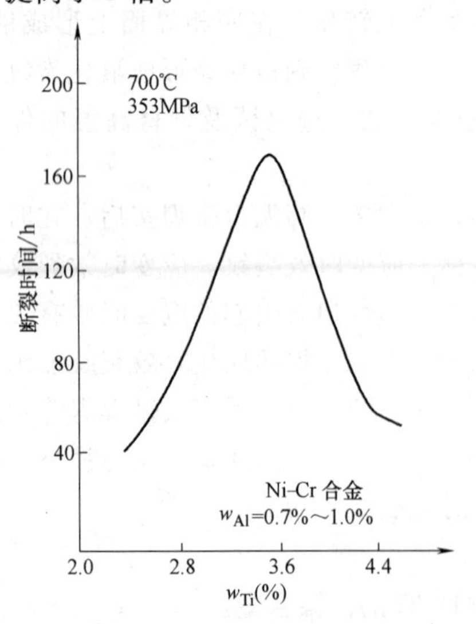

图 9-2 Ti 的析出强化与含量的关系

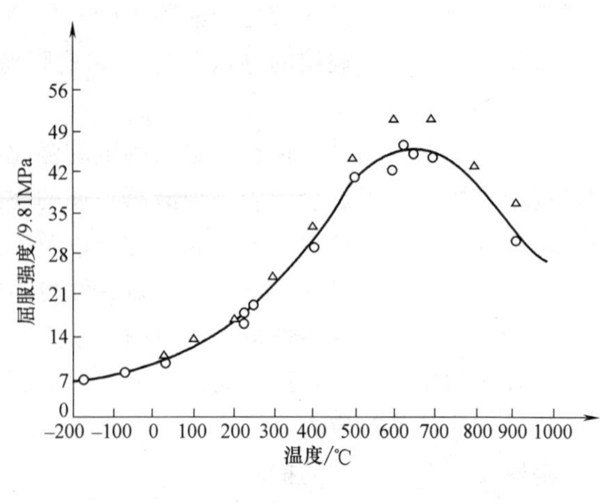

图 9-3 温度对 γ′相（Ni_3Al）屈服强度的影响

γ′相除了自身的强化和使合金得以强化之外，它还有相当的塑性。图 9-4 所示为温度对

γ′相（Ni_3Al）单晶在<001>位相上伸长率和断面收缩率的影响，随着温度的提高，伸长率及断面收缩率先降低，后升高，也存在一个低谷（约为816℃）。这一规律与屈服强度的变化相对应。

对高温合金焊接接头的要求与母材相同，应抗氧化、耐腐蚀，具有良好的高温强度、塑性和疲劳性能，而且希望接头与母材等强。焊接接头的等强性常用接头强度系数 K_σ（接头抗拉强度与母材抗拉强度之比）表征。

焊接接头强度系数主要取决于接头区的组织特性。尤其是热影响区中晶粒长大，γ′强化相和碳化物的溶解形成了弱化区，直接影响接头强度，在拉伸过程中，弱化区与硬化区阻碍试样的均匀变形。焊缝的存在也同样影响接头的均匀变形，使大部分塑性变形发生在弱化区，最终颈缩和断裂大多发生在热影响区。

固相扩散焊时，随着扩散界面的移动而使结合界面消失是非常重要的。但是在含 Al、Ti 较多的镍基高温合金的结合界面上容易形成 Al_2O_3、TiO_2、TiC 或 TiN、$NiTiO_3$ 等，阻止扩散界面的移动，削弱了扩散界面的结合性能，这就降低了焊接接头的抗蠕变性能。

过渡液相扩散焊时，也与固相扩散焊时一样，特别是产生的液相容易与氧反应形成氧化物。这种氧化物残留在结合界面，是导致结合界面强度性能下降的原因。

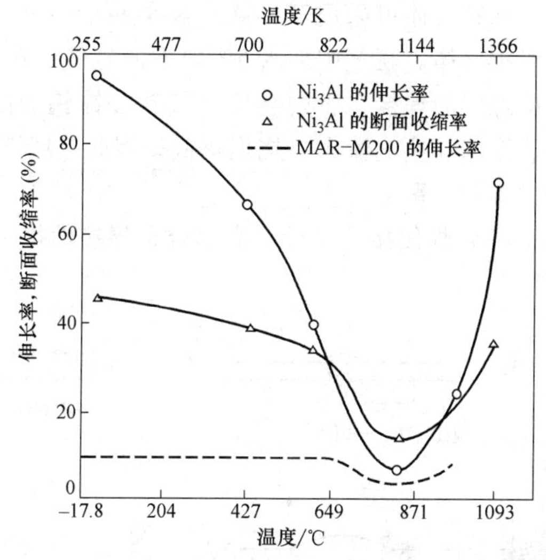

图9-4　温度对γ′相（Ni_3Al）单晶在<001>位相上伸长率和断面收缩率的影响

此外，接头强度系数与高温合金的类型及焊接方法有关。固溶强化型高温合金手工氩弧焊和自动氩弧焊的接头强度系数为90%~95%；电子束焊的接头强度系数可以达到95%~98%。沉淀强化型高温合金的接头强度系数普遍较低，如氩弧焊时为82%~90%，只有焊后经固溶和时效处理后的接头强度可以接近母材的水平。当采用非同质焊丝时，接头的强度更难以达到母材的水平。

9.3　高温合金的焊接工艺特点

高温合金焊接通常采用惰性气体保护焊、等离子弧焊、电子束焊、钎焊和扩散焊，很少采用焊条电弧焊和埋弧焊，也不宜采用氧-乙炔焊。

9.3.1　惰性气体保护焊

1. 钨极氩弧焊（TIG）

（1）焊接特点　固溶强化型高温合金钨极氩弧焊具有良好的焊接性，焊接时，只要采取较小的焊接热输入和稳定的电弧，则可避免结晶裂纹产生，获得良好质量的接头。

沉淀强化型高温合金采用氩弧焊时，焊接性较差。必须要求合金在固溶状态下进行焊接；接头设计和焊接顺序要合理，使焊接件具有较小的拘束度；焊接时，采用较小的焊接电流，改善焊接熔池结晶状态，避免形成热裂纹。

高温合金钨极氩弧焊熔池的熔深较小，不足碳钢的一半，为奥氏体不锈钢熔深的2/3左右，因此在接头设计时，应加大坡口、减小钝边高度和适当加大根部间隙，在操作中应注意防止未焊透和根部缺陷。

(2) 焊接材料 焊接固溶强化型高温合金和铝钛含量较低的沉淀强化合金时，可选用与母材化学成分相同或相近的焊丝，以获得与母材性能相近的接头。焊接铝钛含量较高的沉淀强化合金或拘束度大的焊接件时，为了防止产生裂纹，推荐选用抗裂性好的Ni-Cr-Mo系合金焊丝，如HGH3113、SG-1、SG-5等。这类焊缝金属不能经热处理进行强化，接头强度低于母材。钴基高温合金可采用与母材成分相同或Ni-Cr-Mo系合金的焊丝。

保护气体可采用氩、氦或氩-氦混合气体。氩气成本低、密度大，保护效果好，是常用的保护气体。氩气中加入5%以下的氢气，在焊接过程中有还原作用，但只用于第一层焊道或单道焊的焊接，否则会产生气孔。铈钨极的电子发射能力强、引弧电压低、电弧稳定性好、许用焊接电流大、烧损率低，因此一般选用铈钨极，直径应根据焊接电流选定，并加工成尖锥形。

(3) 焊接接头设计 高温合金焊接件接头的设计形式如图9-5所示。

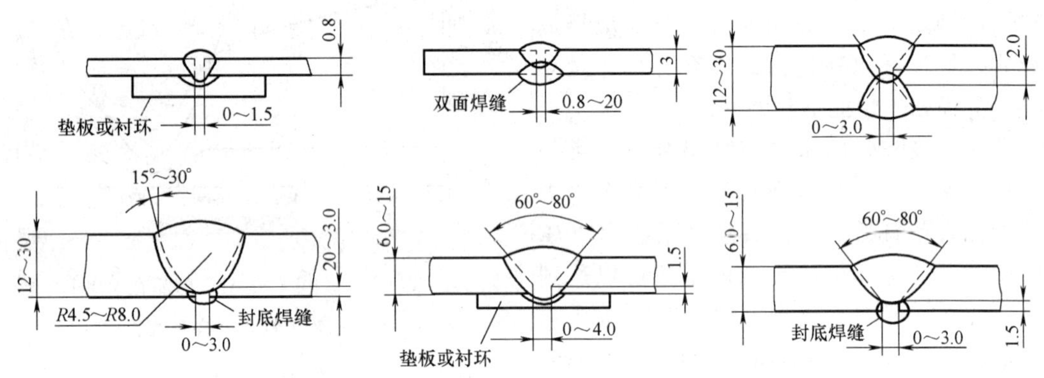

图9-5 高温合金氩弧焊对接接头形式

(4) 焊接工艺 焊前应彻底清除焊接处和焊丝表面的氧化物、油污等，并保持清洁。定位焊宜在夹具上进行，以保证装配质量。为使焊接区快速冷却，常采用激冷块和垫板。垫板开有适宜尺寸的成形槽。成形槽一般为弧形，槽内有均匀分布的通入保护气体的小孔，以保证焊缝背面成形良好。激冷块和垫板用纯铜制成。焊接钴基高温合金时，应采用表面镀铬的纯铜垫板。焊缝两端可预装能拆除的引弧板和收弧板，牌号应与母材相同，以避免引弧和收弧缺陷。

焊接时采用直流电流、正极性和高频引弧，焊接电流可控制递增和衰减。典型的焊接参数列于表9-7。在保证焊透的条件下，应采用较小的焊接热输入。多层焊时，应控制层间温度。焊接时效强化型合金及热裂敏感性大的合金时，应严格限制焊接热输入。保证电弧稳定燃烧，焊枪保持在接近垂直的位置。弧长尽量短，不加焊丝时，弧长小于1.5mm；加焊丝时，弧长与焊丝直径相近。薄件焊接时，焊枪不作摆动。多层焊时，为使熔敷金属与母材和前焊道充分熔合，焊枪可作适当摆动。

表 9-7　典型的焊接参数

母材厚度/mm	焊丝直径/mm	钨极直径/mm	保护气体		焊接电流/A
			气体种类	气体流量/$L \cdot min^{-1}$	
0.5	0.5~0.8	1.0~1.5	Ar	8~10	15~25
0.8	0.8~1.0	1.0~1.5	Ar	8~10	20~45
1.0	1.0~1.2	1.5~2.0	Ar	8~12	35~60
1.2	1.0~1.6	1.5~2.0	Ar	8~12	45~70
1.5	1.2~2.0	1.5~2.0	Ar	10~15	50~85
1.8	1.6~2.0	2.0~2.5	Ar	10~15	65~100
2.0	2.0~2.5	2.0~2.5	Ar	12~15	75~110
2.5	2.0~2.5	2.0~2.5	Ar或He	12~15	95~120
3.0	2.5	2.5~3.0	Ar或He	15~20	100~130
5.0	2.5	2.0~3.0	Ar或He	15~20	120~150

薄板高温合金焊件焊前无需预热，厚板件因拘束度大，焊前可以适当预热，焊后应及时进行去应力退火，以防止裂纹产生。钴基合金件推荐采用钨极氩弧焊，焊接时应注意低熔点元素的污染。铸造高温合金的焊接性很差，这类合金如需要与其他合金组合焊接时，除应防止焊缝产生热裂纹外，还应注意防止热影响区产生液化裂纹。焊接时应采用很小的焊接热输入，熔敷金属尽量少和熔深尽量小，焊前预热，焊后立即进行去应力退火。

（5）焊接缺陷及防止　钨极氩弧焊接头的缺陷，一般可分为两类。一类为不允许存在的缺陷，如裂纹、烧穿、未熔合和焊瘤；另一类是允许适量存在的焊接缺陷，如气孔、未焊透、夹杂物、咬边、凹坑和塌陷。但最容易产生、危害最大的缺陷是裂纹，防止措施有：合理设计焊接接头并安排焊接次序，减小结构的拘束度；选用抗裂性优良的焊丝；采用小的焊接电流，减小焊接热输入；填满收弧弧坑，防止弧坑裂纹。

气孔和夹杂也是氩弧焊高温合金易产生的缺陷，防止措施有：注意焊前对焊件和焊丝的清理，最好采用化学清理方法；注意铜垫板的清洁；焊接时应保持稳定的电弧电压，电弧稳定；钨极直径与焊接电流相适应，防止在焊接时钨极与熔池接触，造成钨夹杂。在引弧和收弧时，注意气孔和缩孔的产生，以保证焊接质量。

（6）接头组织及力学性能　在固溶和焊态下高温合金钨极氩弧焊接头的组织为单相奥氏体和少量碳、氮化物质点。焊缝金属为铸态结晶组织，边缘处为联生结晶组织，中心处为等轴晶。时效强化合金经固溶和时效处理后为单相奥氏体和残留奥氏体及少量碳化物相，焊缝金属的枝状晶部分消失。

高温合金钨极氩弧焊接头的力学性能较高，接头强度系数可达90%。焊接接头的抗氧化性和热疲劳性与母材接近。异种合金组合焊接的接头性能也较高，能够满足使用性能要求。各类高温合金板材钨极氩弧焊接头的力学性能列于表9-8，GH1140合金氩弧焊接头的抗氧化性能列于表9-9。

表 9-8　各类高温合金板材钨极氩弧焊接头的力学性能

合金牌号	焊接方法	试样状态	试验温度/℃	拉伸性能 σ_b/MPa	拉伸性能 K_σ（%）	持久性能 σ_b/MPa	持久性能 t/h
GH3030	手工氩弧焊	焊态	20	725	100	—	—
			800	199	100	—	—
	自动氩弧焊（不加焊丝）		20	654	95	—	—
			700	397	98	—	—
GH3039	手工氩弧焊		20	794	98	—	—
			800	276	97	58.8	>100
	自动氩弧焊		20	818	100	—	—
			800	346	92	58.8	100
GH3044	手工氩弧焊		20	763	98	—	—
			900	299	97	51.0	83
	自动氩弧焊		20	765	95	—	—
			900	265	95	51.0	50
GH3128	手工氩弧焊	焊态	20	755	96	—	—
			950	186	95	34.0	>100
GH22	手工氩弧焊		20	800	100	—	—
			650	586	100	294	>200
	自动氩弧焊		20	806	100	—	—
			650	514	98	294	>250
GH4169	手工氩弧焊	焊后固溶时效	20	1260	—	—	—
			800	623	—	—	—
GH99	手工氩弧焊	焊态	20	970	95	—	—
			900	478	91	117	47
		焊后固溶时效	20	1097	96	—	—
			900	499	98	117	52
GH141	手工氩弧焊	焊态	20	980	92	—	—
			900	480	95	117	>100
		焊后固溶时效	20	1250	98	—	—
			900	520	97	117	98
GH3030 + GH3044	手工氩弧焊	焊态	20	720	—	—	—
GH1140 + GH3039				667	—	—	—
GH1140 + GH3030				659	—	—	—
GH99 + GH3030				735	—	—	—
GH3030 + GH150				735	—	—	—
GH1015	手工氩弧焊	焊态	20	785	100	—	—
			900	180	92	51	150
	自动氩弧焊		20	735	—	—	—
			900	211	51	51	151

（续）

合金牌号	焊接方法	试样状态	试验温度/℃	拉伸性能		持久性能	
				σ_b/MPa	K_σ（%）	σ_b/MPa	t/h
GH1140	手工氩弧焊	焊态	20	648	98	—	—
			800	223	86	—	—
	自动氩弧焊		20	696	100	—	—
			900	186	100	—	—
GH1131	自动氩弧焊		20	841	—	—	—
			900	205	—	—	—
GH2132	手工氩弧焊	焊态	20	602	—	—	—
	自动氩弧焊	焊后固溶时效	20	960	—	—	—
			650	710	—	588	>100
	手工氩弧焊	焊后固溶时效	20	916	—	—	—
			650	663	—	—	—
GH150	手工氩弧焊	焊态	20	856	—	—	—
			800	727	—	490	>30
		焊后固溶时效	20	1290	—	—	—
			700	970	—	490	
GH188	手工氩弧焊	焊态	20	960	—	—	—

表9-9 GH1140合金氩弧焊接头的抗氧化性能（静态空气中）

焊丝	增重/g		腐蚀速度/g·$(m^2 \cdot h)^{-1}$	
	50h	100h	50h	100h
HGH3030焊丝接头	0.00130	0.00193	0.0363	0.0271
HGH3113焊丝接头	0.00123	0.00233	0.0347	0.0310
SG-5焊丝接头	0.00140	0.00253	0.0380	0.0350
结论	三种焊丝的接头属于同类，均为抗氧化极			

2. 熔化极氩弧焊（MIG）

（1）焊接特点　固溶强化型高温合金可用熔化极氩弧焊进行焊接，高Al、Ti含量的沉淀强化型高温合金和铸造高温合金因裂纹敏感性较大，不推荐采用这种焊接方法。因为析出强化型高温合金的合金元素在MIG焊的过渡中易于烧损。MIG焊时可用滴状过渡、短路过渡、喷射过渡和脉冲喷射过渡。考虑到高温合金因过热会产生晶粒长大和热裂纹敏感性，建议采用喷射过渡形式。

（2）焊接材料　为避免形成结晶裂纹，可选用抗裂性良好的Ni-Cr-Mo系合金焊丝，焊丝直径取决于熔滴过渡形式和母材厚度。当采用脉冲喷射过渡形式时，焊丝直径可大一些，可选用直径为1.0~1.6mm的焊丝。

保护气体可用纯氩气、氦气或氩-氦混合气体。气体流量大小取决于接头形式、熔滴过渡形式和焊接位置，一般控制在15~25L/min范围。为减小飞溅和提高液态金属的流动性，推荐采用氩气中加入15%~20%氦的混合气体。

（3）接头形式　用 MIG 焊方法焊接高温合金时，要求坡口角度大，钝边高度小，根部间隙大。如带衬垫（环）的 V 形坡口，坡口角度 80°～90°。U 形对接坡口，底部 $R=5\sim8$mm，坡口向外扩 3～3.5mm，保留适当钝边。

（4）焊接工艺　焊前清理同 TIG 焊。高温合金 MIG 焊的焊接参数示例见表 9-10。在焊接过程中，应保持焊丝与焊缝呈 90°角的位置，以获得良好的保护和焊缝成形。焊接时应适当控制电弧长度，以减小飞溅。为防止未熔合和咬边，焊丝摆动于两端时可短时停留。研究表明，采用适当焊接参数的高温合金接头强度系数可达 90% 以上。

表 9-10　高温合金 MIG 焊的工艺参数示例

<table>
<tr><th rowspan="2">母材厚度/mm</th><th rowspan="2">熔滴过渡形式</th><th colspan="2">焊丝</th><th rowspan="2">保护气体</th><th rowspan="2">焊接位置</th><th rowspan="2">焊接电流/A</th><th colspan="2">电弧电压/V</th></tr>
<tr><th>直径/mm</th><th>熔化速度/m·min⁻¹</th><th>平均值</th><th>脉冲</th></tr>
<tr><td rowspan="3">6</td><td>喷射</td><td>1.6</td><td>5.0</td><td>氩</td><td>平焊</td><td>265</td><td>28～30</td><td>—</td></tr>
<tr><td>脉冲喷射</td><td>1.1</td><td>3.6</td><td>氩或氦</td><td rowspan="2">立焊</td><td>90～120</td><td>20～22</td><td>44</td></tr>
<tr><td>短路</td><td>0.9</td><td>6.8～7.4</td><td>氩或氦</td><td>120～130</td><td>16～18</td><td>—</td></tr>
<tr><td rowspan="2">3</td><td rowspan="2">短路</td><td>1.6</td><td>—</td><td rowspan="2">氩或氦</td><td rowspan="2">平焊</td><td>160</td><td>15</td><td>—</td></tr>
<tr><td>1.6</td><td>4.7</td><td>175</td><td>15</td><td>—</td></tr>
</table>

9.3.2 等离子弧焊

用等离子弧焊焊接固溶强化和 Al、Ti 含量较低的时效强化高温合金时，填充焊丝或不加焊丝，均可获得良好质量的焊缝。一般厚板采用小孔型等离子弧焊，薄板采用熔透型等离子弧焊，箔材用微束等离子弧焊。焊接电源采用陡降外特性的直流正极性，高频引弧，焊枪的加工和装配要求精度较高，并有很高的同心度。等离子气流和焊接电流均要求能递增和衰减控制。

焊接时，采用氩或氩中加适量氢气作为保护气体和等离子气体，加入氢气可以使电弧功率增加，提高焊接速度。氢气加入量一般在 5% 左右。焊接时是否采用填充焊丝根据需要确定。选用填充焊丝的牌号与钨极惰性气体保护焊的选用原则相同。

高温合金等离子弧焊的焊接参数与焊接奥氏体不锈钢的基本相同，应注意控制焊接热输入。典型镍基高温合金等离子弧焊的焊接参数见表 9-11。在焊接过程中应控制焊接速度，速度过快会产生气孔，还应注意电极与压缩喷嘴的同心度。高温合金等离子弧焊接头的力学性能较高，接头强度系数一般大于 90%。

表 9-11　典型镍基高温合金等离子弧焊的焊接参数

<table>
<tr><th>合金</th><th>厚度/mm</th><th>小孔直径/mm</th><th>等离子气流量/L·min⁻¹</th><th>焊接电流/A</th><th>电弧电压/V</th><th>焊接速度/cm·min⁻¹</th></tr>
<tr><td rowspan="2">76Ni-16Cr-8Fe</td><td>5.0</td><td>—</td><td>6.0</td><td>155</td><td>31</td><td>43</td></tr>
<tr><td>6.6</td><td>—</td><td>6.0</td><td>210</td><td>31</td><td>43</td></tr>
<tr><td rowspan="3">46Fe-33Ni-1Cr</td><td>3.2</td><td>—</td><td>4.7</td><td>115</td><td>30</td><td>46</td></tr>
<tr><td>4.8</td><td>—</td><td>4.7</td><td>185</td><td>27</td><td>41</td></tr>
<tr><td>5.8</td><td>—</td><td>6.0</td><td>185</td><td>32</td><td>43</td></tr>
</table>

（续）

合金	厚度 /mm	小孔直径 /mm	等离子气流量 /L·min^{-1}	焊接电流 /A	电弧电压 /V	焊接速度 /cm·min^{-1}
Ni 200	8.3	3.5	4.7	310	31.5	22.9
	7.3	3.5	4.7	250	31.5	25.4
	6.0	3.5	4.7	245	31.5	35.6
	3.2	3.5	4.7	160	31.5	50.8

9.3.3　电子束焊和激光焊

1. 电子束焊

（1）焊接特点　采用电子束焊不仅可以成功地焊接固溶强化型高温合金，也可以焊接电弧焊难以焊接的沉淀强化型高温合金。焊前最好是固溶状态或退火状态。对某些液化裂纹敏感的合金应采用较小的焊接热输入，而且应调整焦距，减小焊缝弯曲部位的过热。

（2）接头形式　电子束焊接头可以采用对接、角接、端接、卷边接，也可采用丁字接和搭接形式。推荐采用平对接、锁底对接和带垫板对接形式。接头的对接端面不允许有裂纹、压伤等缺陷，边缘应去毛刺，保持棱角。端面加工的表面粗糙度为 $Ra \leqslant 3.2\mu m$。锁底对接接头的清根形式及尺寸如图9-6所示。

（3）焊接工艺　焊前对有磁性的工作台及装配夹具均应退磁、其磁通量密度不大于 2×10^4T。焊接件应仔细清理，表面不应有油污、油漆、氧化物等杂质。经存放或运输的零件，焊前还需要用绸布蘸丙酮擦拭焊接处，零件装配应使接头紧密配合和对齐。局部间隙不超过0.08mm或材料厚度的0.05倍，错边量不大于0.75mm。当采用压配合的锁底对接时，过盈量一般为0.02～0.06mm。

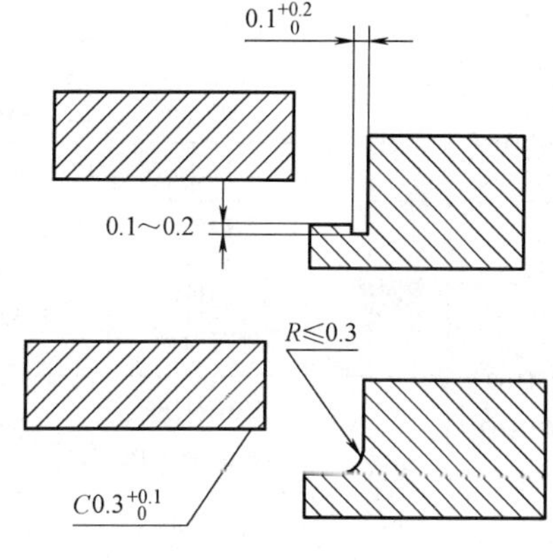

图9-6　锁底对接接头的清根形状及尺寸

装配好的焊接件应先进行定位焊。定位焊点位置应布置合理，保证装配间隙不变。定位焊点应无焊接缺陷，且不影响电子束焊接。对冲压的薄板焊接件，定位焊更为重要，应布置紧密、对称、均匀。

焊接参数应根据母材牌号、厚度、接头形式和技术要求确定。推荐采用低热输入和小焊接速度的焊接参数。表9-12列出了高温合金电子束焊的焊接参数示例。

表9-12　高温合金电子束焊的焊接参数示例

合金牌号	厚度 /mm	接头形式	焊机功率 /kW	电子枪形式	工作距离 /mm	束流 /mA	加速电压 /kV	焊接速度 /m·min^{-1}	焊道数
GH4169	6.25	对接	18	固定枪	100	65	50	1.52	1
	32.0				82.5	350		1.20	
GH188	0.76	锁底对接	6		152	22	100	1.00	

（4）焊接缺陷及防止　高温合金电子束焊的焊接缺陷主要是热影响区的液化裂纹及焊

缝中的气孔、未熔合等。热影响区的裂纹多分布在焊缝转角处，并沿熔合区延伸。形成裂纹的几率与母材裂纹敏感性、焊接参数和焊接件的刚度有关。

防止焊接裂纹的措施有：采用含杂质低的优质母材，减少晶界的低熔点相；采用较低的焊接热输入，防止热影响区晶粒的长大和晶界局部液化；控制焊缝形状，减小应力集中；必要时填加抗裂性好的焊丝。

焊缝中的气孔形成与母材纯净度、表面粗糙度、焊前清理有关，并且在非穿透电子束焊时容易在根部形成长气孔。防止气孔的措施有：加强铸件和锻件的焊前检验，在焊接端面附近不应有气孔、缩孔、夹杂等缺陷；提高焊接端面的加工精度；适当限制焊接速度；在允许的条件下，采用多道焊接的方法。

电子束焊的焊缝偏移容易导致未熔合和咬边缺陷。其防止措施有：保证零件表面与电子束轴线垂直；对夹具进行完全退磁，防止残余磁性使电子束产生横向偏移，形成偏焊现象；调整电子束的聚焦位置。电子束焊固有的焊缝下凹缺陷，可以采用双凸肩接头形式和填加焊丝的方法弥补。

（5）接头性能　高温合金电子束焊接头的力学性能较高，焊态接头强度系数可达95%左右，焊后经时效处理或重新固溶、时效处理的接头强度可与母材相当。但焊接接头塑性不理想，仅为母材的60%～80%，表9-13列出了几种高温合金电子束焊接头的力学性能。

表9-13　几种高温合金电子束焊接头的力学性能

<table>
<tr><th rowspan="2">母材牌号</th><th rowspan="2">焊前状态</th><th rowspan="2">焊后状态</th><th colspan="3">室温拉伸</th><th colspan="3">600℃拉伸</th></tr>
<tr><th>σ_s/MPa</th><th>σ_b/MPa</th><th>δ(%)</th><th>σ_s/MPa</th><th>σ_b/MPa</th><th>δ(%)</th></tr>
<tr><td rowspan="2">GH4169</td><td rowspan="2">固溶</td><td>焊态</td><td>525(95%)</td><td>845(98%)</td><td>38.3(77%)</td><td>453(84%)</td><td>656(91%)</td><td>34.3(69%)</td></tr>
<tr><td>双时效处理</td><td>1215(96%)</td><td>1348(99%)</td><td>18.9(84%)</td><td>965(95%)</td><td>1016(97%)</td><td>23.6(81%)</td></tr>
<tr><td rowspan="4">GH4169 + GH907</td><td rowspan="2">固溶</td><td>焊态</td><td>544</td><td>801</td><td>29.7</td><td>362</td><td>593</td><td>33.9</td></tr>
<tr><td>按GH4169规范时效</td><td>1033</td><td>1083</td><td>9.98</td><td>757</td><td>847</td><td>9.75</td></tr>
<tr><td rowspan="2">固溶 + 时效</td><td>按GH4169规范时效处理</td><td>960</td><td>1008</td><td>12.88</td><td>740</td><td>789</td><td>13.8</td></tr>
<tr><td>按GH907规范时效处理</td><td>918</td><td>994</td><td>13.2</td><td>661</td><td>782</td><td>14.8</td></tr>
<tr><td>GH4033</td><td>固溶</td><td>焊态</td><td>475</td><td>800</td><td>20.6</td><td>—</td><td>—</td><td>—</td></tr>
</table>

注：表中括号内的百分数表示焊缝的强度系数或塑性系数。

2. 激光焊

激光焊可以焊接各类高温合金，包括电弧焊难以焊接的含高Al、Ti的时效处理合金。用于焊接的激光发生器一般为CO_2连续或脉冲激光发生器，功率调节范围很大。

激光焊的保护气体，推荐采用氦气或氦气与少量氩的混合气体。氦气成本较高，但是氦气可以抑制离子云，增加焊缝熔深。高温合金激光焊的接头形式一般为对接和搭接接头，母材厚度可达10mm。接头制备和装配要求很高，与电子束焊类似。激光焊的主要参数是输出功率和焊接速度等，是根据母材厚度和其物理性能通过试验确定的。高温合金激光焊接头的力学性能较高，接头强度系数为90%～100%。表9-14列出几种高温合金激光焊焊接接头的力学性能。

表 9-14　几种高温合金激光焊焊接接头的力学性能

母材牌号	厚度/mm	状态	试验温度/℃	拉伸性能			强度系数(%)
				抗拉强度 σ_b/MPa	屈服强度 $\sigma_{0.2}$/MPa	伸长率 δ_5 (%)	
GH141	0.13	焊态	室温	859	552	16.0	99.0
			540	668	515	8.5	93.0
			760	685	593	2.5	91.0
			990	292	259	3.3	99.0
GH3030	1.0	焊态	室温	714	—	13.0	88.5
	2.0			729	—	18.0	90.3
GH163	1.0	固溶+时效		1000	—	31.0	100
	2.0			973	—	23.0	98.5
GH4169	6.4			1387	1210	16.4	100

9.3.4　钎焊和扩散焊

1. 钎焊

(1) 钎焊特点　高温合金中熔焊焊接性较差的铸造高温合金、镍-铝基高温合金均可采用钎焊进行焊接。钎焊不但可以焊接结构简单的焊接件，也可以焊接结构复杂的焊接件。

高温合金中含有较多的 Cr、Al、Ti 等活性元素，在合金表面形成稳定的氧化膜，会影响钎料的润湿和填缝能力，因此去除氧化膜和在钎焊高温下防止合金再氧化成为高温合金钎焊的首要问题；另外，钎料中也含有 Cr 等活性元素，呈液态的钎料更要防止氧化，因此高温合金一般采用真空钎焊和在保护气氛炉中钎焊。

钎焊时，要求钎焊工艺参数与母材的固溶处理制度相匹配。钎焊温度过高，会造成晶粒长大，影响合金性能；温度过低则达不到固溶处理的效果，钎焊温度是钎焊高温合金最主要的参数。由于高温合金焊件使用于高温条件下，有时要承受大的应力，为适应这种使用条件，提高钎缝组织的稳定性和重熔温度、增强接头强度，往往在钎焊后要进行扩散处理。

(2) 钎料　钎料的选择，首先应考虑钎焊部位的工作条件及要求，如使用温度、工作介质、承受何种应力等；二是应考虑母材的特性和热处理制度的要求；三是应考虑接头形式、焊接部位厚度、装配间隙、焊后加工处理等因素。

1) 镍基和钴基钎料。镍基和钴基钎料具有良好的抗氧化性、耐蚀性和热强性能，并具有较好的钎焊工艺性能，经钎焊热循环不会产生开裂，因此适用于高温合金部件的钎焊，是应用最多的钎料。常用镍基和钴基钎料的化学成分及钎焊温度列于表 9-15。

表 9-15　常用镍基和钴基钎料的化学成分及钎焊温度

钎料牌号	化学成分(%)							钎焊温度/℃
	w_{Cr}	w_{Si}	w_B	w_{Fe}	w_C	w_{Ni}	$w_{其他}$	
BNi74CrSiB	13~15	4.0~5.0	2.75~3.50	4.0~5.0	0.6~0.9	余量	0.5	1065~1205
BNi75CrSiB	13~15	4.0~5.0	2.75~3.50	4.0~5.0	0.06	余量	0.5	1075~1205
BNi82CrSiB	6.0~8.0	4.0~5.0	2.75~3.50	2.5~3.5	0.06	余量	0.5	1010~1175

（续）

钎料牌号	化学成分（%）							钎焊温度/℃
	w_{Cr}	w_{Si}	w_{B}	w_{Fe}	w_{C}	w_{Ni}	$w_{其他}$	
BNi92SiB	—	4.0～5.0	2.75～3.50	0.5	0.06	余量	0.5	1010～1175
BNi93SiB	—	3.0～4.0	1.5～2.2	1.5	0.06	余量	0.5	1010～1175
BNi71CrSi	18～19	9.8～10.5	0.03	—	0.10	余量	0.5	1150～1205
BNi76CrP	13～15	0.1	0.1	0.2	0.08	余量	P9.7～10.5	925～1040
BNi68CrWSiB	9.5～10.5	3.0～4.0	2.0～2.8	3.0～4.0	0.3～0.5	余量	W11.5～12	1150～1205
BNi80CrSiB	10～12	3.0～4.0	2.0～2.5	3.0～4.0	0.5	余量	—	1150～1200
BNi70CrSiB	15～17	4.0～5.0	1.0～1.8	2.0～4.0	<0.1	余量	—	1080～1200
BNi71CrSi MoB	14～18	3.5～5.5	3.0～4.5	≤5	—	余量	Mo 2.5～3.5	1120
BNi77CrSiB	8～10	5.5～7.0	2.0～2.4	5.0～7.0	<0.1	余量	Al<0.5	1100
BNi78CrSiB	14.0	4.5	3.25	4.5	<0.1	余量	—	1110～1150
BCo50Cr NiW	18～20	7.5～8.5	0.7～0.9	—	0.4	16～18	W3.5～4.5 Co余量	1175
BCo47Cr WNi	25.0	2.75	3.0	2.0	—	11.0	W 10.0 Co余量	1175～1230

从表中可以看出，镍基钎料是在镍基中加入 Cr、Mn、Co 形成固溶体，加入 B、Si、P、C 形成共晶元素，以控制钎料的热强性，提高钎料的高温强度，还可以提高钎料在高温合金中的润湿能力。钴基钎料一般为 Co-Cr-B 系合金，为了降低钎料的熔点和提高其高温性能常加入适量的硅和钨。钎料中加入不同含量的合金元素其性能不同，应用也不同。表 9-16 列出了镍基和钴基钎料的适用范围。

表 9-16 镍基和钴基钎料的适用范围

应用范围及牌号	钎料牌号									
	BNi74CrSiB	BNi75CrSiB	BNi82CrSiB	BNi92SiB	BNi93SiB	BNi71CrSi	BNi89P	BNi76CrP	BNi6MnSiCu	300
高温下受大应力部件	A[①]	A	B	B	C	A	C	C	C	B
受大静力部件	A	A	A	B	B	A	C	C	C	A
薄壁构件	C	C	B	B	B	A	A	A	A	C
核反应堆构件	X	X	X	X	X	A	C	A	A	X
大的可加工的钎角	B	B	C	C	C	C	C	C	A	C
与液体钠或钾接触件	A	A	A	A	A	A	C	A	X	A
用于紧密件的接头	C	C	B	B	B	B	A	A	A	C
接头强度	1[②]	1	1	2	3	1	4	2	1	2
与钎焊母材的溶解和扩散作用	1	1	2	2	3	4	4	5	3	5
流动性	3	3	2	2	3	2	1	1	1	6

（续）

应用范围及牌号	钎料牌号									
	BNi74CrSiB	BNi75CrSiB	BNi82CrSiB	BNi92SiB	BNi93SiB	BNi71CrSi	BNi89P	BNi76CrP	BNi6MnSiCu	300
抗氧化性	1	1	3	3	5	2	5	5	4	1
推荐钎焊温度/℃	1175	1175	1040	1040	1120	1190	1065	1065	1065	1200
接头间隙/mm	0.05～0.125	0.05～0.10	0.025～0.125	0～0.05	0.05～0.10	0.025～0.10	0～0.075	0～0.075	0～0.05	0.1～0.4

① A最好；B满意；C不大满意；X不适用。

② 接头强度中1最高，6最低。

由于镍基和钴基钎料中含有较多的B、Si或P元素，会形成较多的硼化物、硅化物和磷化物脆性相，使钎料变形能力较差，不能制成丝或箔材，通常以粉状供应，使用时需要用粘结剂调成膏状涂于焊接处。但用粘接方法装置钎料，既不方便又不易控制钎料加入量，可采用非晶态工艺制成的箔状钎料或粘带钎料。

非晶态镍基箔状钎料的带宽为20～100mm、厚度为0.025～0.05mm，带材具有柔韧性，可冲剪成形，使用量容易控制，装配也方便。粘带镍基钎料是由粉状镍基钎料和高分子粘结剂混合经轧制而成。粘带钎料宽度为50～100mm、厚度为0.1～1.0mm。粘带钎料中的粘结剂在钎焊后不留残渣，不影响钎焊质量。它可以控制钎料用量并均匀地加入，很方便用于焊接面积大和结构复杂的焊件。

2）铜基和银基钎料。铜基和银基钎料可用于工作温度为200～400℃的铁基和镍基固溶合金结构件。铜基钎料不能用于钎焊钴基合金，因为铜会污染钴基母材，引起微裂纹。铜磷钎料不适用于钎焊高温合金。铜基和银基钎料仅用于工作温度低、受力很小的一般制件，如导管等。

3）其他钎料。金基钎料适用于钎焊各类高温合金。这类钎料具有优异的钎焊工艺、塑性、抗氧化性和耐蚀性，好的高温性能，与母材作用弱等优点，在航空航天和电子工业得到了广泛的应用。典型的金基钎料有BAu80Cu和BAu82Ni。但这类钎料中含有较多的贵金属，价格昂贵。

锰基钎料可用于在600℃工作的高温合金构件。这类钎料塑性良好，可制成各种形状，与母材作用弱，但其抗氧化性较低。锰基钎料主要采用保护气体钎焊，不适用于火焰钎焊和真空钎焊。

含钯钎料主要有银-铜-钯、银-钯-锰和镍-锰-钯等系钎料，这类钎料具有良好的钎焊工艺性。银-铜-钯系钎料的综合性能最好，但钎焊接头的工作温度较低（不高于427℃）。虽然镍-锰-钯系钎料的熔点较低，但接头高温性能较高，可在800℃下工作。

（3）接头设计　因为高温合金钎缝的强度低于母材，不能满足高温使用要求，一般不采用对接形式，推荐采用搭接接头，通过调整搭接长度增大接触面积，提高接头强度。此外，搭接接头的装配要求也相对比较简单，便于生产。接头的搭接长度一般为组成接头中薄件厚度的3倍，对于在700℃以下工作的接头，其搭接长度可增大到薄件厚度的5倍。

接头的装配间隙对钎焊质量和接头强度有影响。间隙过大时，会破坏钎料的毛细作用，钎料不能填满接头间隙，钎缝中存在较多硼、硅脆性共晶组织，还可能出现硼对母材晶界渗入和熔蚀的问题。高温钎焊接头的间隙一般为 0.02 ~ 0.15mm，适宜的间隙可根据母材的物理化学性能、母材与钎料的浸润性和钎焊工艺等因素通过试验确定。

（4）焊前清理及钎焊工艺　焊前应彻底清除焊件和钎料表面上的氧化物、油污和其他外来物，并在储运和装配、定位等工序中保持清洁。清理方法可采用化学法清除氧化物，用超声波清除污物。焊件应精密装配，保证装配间隙，控制钎料加入量，并用适当的定位方法保持焊件和钎料的相对位置。高温合金钎焊前的状态推荐为固溶或退火状态，尤其是对铝、钛含量较高的时效强化合金。

钎焊温度和保温时间是保护气体钎焊和真空钎焊的主要工艺参数。钎焊温度一般应高于钎料液相线温度 30 ~ 50℃。某些流动性差的钎料的钎焊温度需要比液相线温度高出 100℃。适当提高钎焊温度，可降低钎料的表面张力，改善润湿性和填充能力。但钎焊温度过高，会造成钎料流失，还可能导致因为钎料与母材的作用过分而引起熔蚀、晶界渗入、脆性相形成，以及母材晶粒长大等问题。保温时间取决于母材特性、钎焊温度以及装炉质量等因素。保温时间过长，也会出现与钎焊温度过高的类似问题。在确定高温合金钎焊工艺参数时，还应考虑母材的热处理制度匹配。

（5）接头缺陷及防止　钎焊接头中的缺陷主要有未焊透、熔蚀和气孔。

未焊透对气密性要求严格的接头是不允许的缺陷，因此应避免。消除未焊透提高钎着率的措施有：正确设计钎焊接头各参数，特别是钎缝面积大时，应设计有排气沟槽；加强焊前处理，使钎料能很好地在母材上铺展和填充；调整钎焊工艺参数，使钎料流满钎缝。

当钎料选择不合适或钎焊工艺参数不当时，易引起钎料过度溶解母材而形成熔蚀。这种缺陷，在钎焊薄件时应特别注意。防止方法是：选择含硼、碳元素低的钎料；限制钎焊温度最高值和限制保温时间。

大间隙钎焊时经常出现缩孔缺陷。当缩孔较小时，对接头性能影响不大，但连续的较大面积的缩孔缺陷应避免。可通过调整装配间隙，适当提高钎焊温度和控制冷却速度的工艺措施来消除缩孔。

（6）接头组织与力学性能　高温合金钎焊接头组织及性能与母材化学成分、所用钎料、钎缝间隙、钎焊工艺参数和焊后处理等因素有关。研究表明，采用硅、硼含量较高的镍基钎料时，会引起钎料和母材发生作用而导致熔蚀和钎料元素沿母材晶界渗入的现象，并且这两种现象均随钎焊温度升高和保温时间延长而加剧，其中钎焊温度的影响较大。防止熔蚀和晶界渗入现象的措施是选用硅、硼含量较低的钎料和在保证钎焊过程正常进行的情况下，采用较低的钎焊温度和较短的保温时间。

选用适当的钎料和钎焊工艺，可获得性能较好的钎焊接头。几种高温合金钎焊接头的力学性能列于表 9-17。

2. 大间隙钎焊工艺

高温合金铸件锻件的钎焊，其间隙一般大于 0.3mm，局部可达到 0.6mm 以上，由此产生了大间隙钎焊工艺。大间隙钎焊的原理是采用金属粉或合金粉作为高熔点组分与钎料（低熔点组分）组成粘度大的粘滞物，填充并滞留在间隙中，依靠液态钎料润湿，流布于母材和合金粉之间，并相互作用而形成牢固的钎焊接头，将零件连接起来。大间隙钎焊工艺过程包括接头准备、钎料和合金粉的选用及填加、钎焊和扩散处理等工艺环节。

（1）接头准备　大间隙钎焊的接头设计除产品结构有特殊要求外应设计为有利于合金

粉和钎料填加的形式，如丁字接头、小搭接长度的搭接接头。钎焊间隙因钎焊工艺的不同而不同，一般为0.3～0.8mm。接头在钎焊前应该仔细清理待焊表面。

表9-17 高温合金钎焊接头的力学性能

合金牌号	钎料牌号	钎焊条件	试验温度	接头强度		备注
				σ_b/MPa	σ_s/MPa	
GH1140	BNi70CrSiMoB (HLNi-2)	1200℃氩气保护钎焊	20 900	— —	570 73.5	钎料中 w_{Nb} ≤0.1%
GH3030	BNi75CrSiB (GHL-6) BNi70CrSiB (GHL-6)	1100℃氩气保护钎焊 1080～1118℃真空钎焊	600 700 800 600 700 800	— — — — —	570～630 360～390 200～220 220 228 224	
GH3044	BNi70CrSiBMo (HLNi-2) BNi77CrSiB (GHL-6)	1080～1180℃真空钎焊 1100℃氩气保护焊	20 900 1100 20 800 900	— — — — —	234 162 74 300 270 114	
GH4169	BAu82N i(HLAuNi17.5)	1030℃真空钎焊	20 538	— —	320 220	
GH141	BNi70CrSiB (HL-5)	1170℃真空钎焊	25 648 870	370 400 245	230 255 150	
GH188	BNi70CrSiB (HL-5)	1170℃真空钎焊	20 648 870	— — —	308 260 90	
合金牌号	钎料牌号	钎焊条件	试验温度	接头强度		备注
				σ①/MPa	t/h②	
K403＋G H3044	BNi70CrSiB (HL-5) BNi77CrBSi＋40 %Ni粉	1080～1180℃真空钎焊 1200℃氩气保护焊	800 900 20 900 1000	49.0 9.8 310 220 150	≥80 ≥70 — — —	钎料中 w_C＝0.5%
K403	BNi77CrBSi	1130℃真空钎焊	950	270	—	

① σ为持久拉伸应力（MPa）。

② t为相应拉伸应力下的断裂时间（h）。

（2）合金粉和钎料的选择和填加　合金粉和钎料应根据焊件使用要求、母材特性和接头形式来选择。常用合金粉有镍粉、80Ni-20Cr粉、K3合金粉、K5合金粉、FGH95合金粉等。选用与母材相同成分的合金粉为最好。

当焊件工作温度低，承受应力小时，选用纯镍粉。当焊件工作温度高，承受应力较大时，选用 K3、K5 或 FGH95 合金粉。钎料的选用除一般原则外应选择固-液相温度区间较大的钎料，这种钎料流动性差，易滞留在接头间隙中。合金粉和钎料的粒度不宜过大或过小。粒度越小，表面积越大，合金粉与钎料作用面积越大，易使混合料熔点升高，钎缝中形成缩孔；粒度过大，合金粉之间空隙过大，钎料填充后形成大块共晶组织。一般合金粉粒度为0.071～0.154mm。合金粉与钎料的比例一般为（35～45）:(65～55）之间。

合金粉与钎料应加入间隙中，有混合法和预置法两种，预置法中又分静压法和预烧结法两种。

混合法是将一定成分、一定粒度的合金粉和钎料按照一定的比例混合均匀，然后放置在钎焊间隙中并捣实。该方法的优点是合金粉与钎料可以按比例加入，混合料用量也便于控制；其缺点是混合料是粉末状态，钎焊后钎缝金属收缩，造成钎缝仍未填满和钎缝中有较多的缩孔。

预置法是将一定成分和粒度的合金粉预先置入接头间隙中，静压使合金粉密实或进行烧结，再在钎缝口处填加钎料，当加热到钎焊温度时，钎料熔化，沿合金粉空隙流满钎缝，形成牢固接头。预置法的优点是可以消除钎缝中的大部分孔洞，防止大块脆性相；其缺点是合金粉与钎料的比例不能控制，并且增加了一道烧结工序。若从保证钎焊质量出发，最好采用预置烧结法。

（3）钎焊工艺　大间隙钎焊的主要工艺参数包括钎焊温度和保温时间。钎焊温度不宜过低，一般应高于正常钎焊温度 10℃左右。钎焊温度偏低，钎料与合金粉作用较弱，钎料中的硼很少扩散，使钎缝中形成较多的硼化物脆性相。若钎焊温度高一些，钎料与合金粉相互溶解，硼向合金粉的扩散增强，钎缝中镍的固溶体比例增加，大块镍-硼化物共晶消除，钎缝中仅存在不连续分布的复合化合物相，改善了钎缝组织。保温时间也应比正常钎焊的保温时间长。时间过短，钎缝中的合金粉与钎料作用不充分，易出现大块共晶组织，而且孔洞缺陷也多。只有充分的保温时间，组织才较均匀，缺陷也会减少。

扩散处理是为改善钎缝组织，提高钎缝质量和重熔温度，提高钎焊接头的力学性能、尤其高温持久性能而进行的。扩散温度一般选择母材固溶处理温度或比钎焊温度稍高的温度。温度较高时，加快 B、Si 元素的扩散，促使共晶组织产生转变，形成高熔点的化合物相，呈不连续分布。扩散时间一般较长，为 2～3h，依不同合金粉、钎料和母材而选择不同时间，以达到组织改善或均匀化目的。

3. 高温合金扩散焊

固相扩散焊几乎可以焊接各类高温合金，如机械合金化型高温合金，含高 Al、Ti 的铸造高温合金等。高温合金中含有 Cr、Al 等元素，表面氧化膜很稳定，难以去除，焊前必须严格加工和清理，甚至要求表面镀层后才能进行固相扩散连接。

高温合金的热强性高，变形困难，同时又对过热敏感，因此必须严格控制焊接参数，才能获得满足使用要求焊接接头。扩散焊的主要工艺参数是焊接温度、焊接压力、保温时间，以及接头扩散处理时的温度和时间等。高温合金扩散焊时，需要较高的焊接温度和压力，焊接温度约为 $0.8 \sim 0.85T_m$（T_m 为合金的熔化温度）。

焊接压力通常为略低于相应温度下合金的屈服应力。其他参数不变时，焊接压力越大，界面变形越大，粗糙度降低，有效接触面积会增大，接头性能越好。但焊接压力过高，会使设备结构复杂，造价昂贵。焊接温度较高时，接头性能提高，但温度过高会引起晶粒长大，塑性降低。表9-18 给出了几种高温合金固相扩散焊的工艺参数，图9-7是焊接压力和温度对接头力学性能的影响。

表 9-18 高温合金扩散焊的工艺参数

合金牌号	焊接温度/℃	焊接压力/MPa	焊接时间/min	真空度/Pa
GH3039	1175	29.4 ~ 19.6	6 ~ 10	3.3×10^{-2}
GH3044	1000	19.6	10	
GH99	1150 ~ 1175	39.2 ~ 29.4	10	
K403	1000	19.6	10	

固态扩散焊含铝、钛高的沉淀强化高温合金时，由于结合面上会形成 Ti（CN）、$NiTiO_3$ 沉淀物，造成接头性能降低。若加入较薄的 Ni-35% Co 中间层合金，则可以获得组织均匀的接头，同时可以降低工艺参数变化对接头质量的影响。

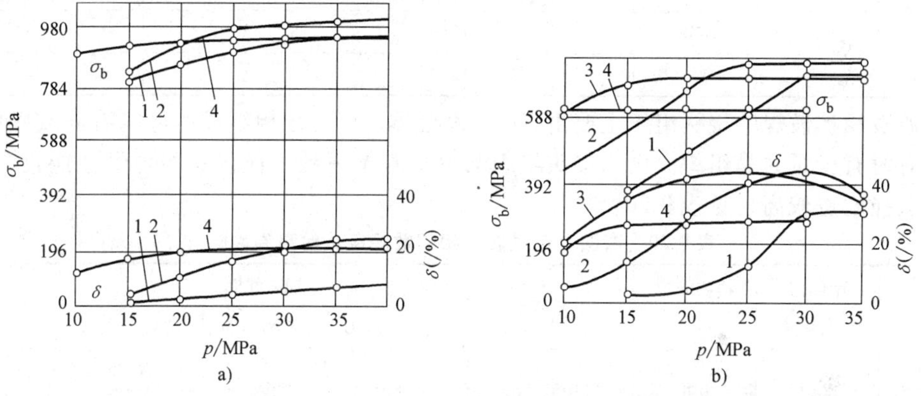

图 9-7 焊接压力和温度对接头力学性能的影响

a）GH99 b）GH3039

1—1000℃ 2—1150℃ 3—1175℃ 4—1200℃

4. 过渡液相扩散焊（TLP）

过渡液相扩散焊是用一种特殊成分、熔化温度较低的中间薄层作为连接合金，放置在焊接面之间，施加小的压力或不施加压力，并在真空条件下加热到中间层合金熔化，液态的中间层合金润湿母材，在焊接面间形成均匀的液态薄膜，经过一定的保温时间，中间层合金与母材之间发生扩散，合金元素趋向于平衡，熔点升高达到扩散焊加热温度而进一步扩散，形成牢固的连接。由此可见它是与钎焊不同的连接方法。这种方法尤其适用于焊接性较差的铸造高温合金。

过渡液相扩散焊所用的中间层合金是关系到焊接成败的重要因素。中间层合金的成分应保证过渡液相扩散焊工艺顺利进行，即应有合适的熔化温度（大约为 $0.8\sim0.9T_m$，T_m 为母材熔点），应能使接头区在连接温度下达到等温凝固；扩散接头的组织与母材相近，不产生新的有害相。中间层合金成分还应保证接头性能与母材相近，达到使用性能要求。

一般中间层合金以 Ni-Cr-Mo 或 Ni-Cr-Co-W（Mo）为基，加入适量 B 或 Si 元素而构成。如 DZ22 定向凝固高温合金的中间层合金 Z2P 和 Z2F，DD3 单晶合金的 D1F 均是这样设计和研制的。有时中间层合金中也适当加入或调整固溶强化元素 Co、Mo、W 的比例，如 Ni_3Al 基高温合金的中间层合金 I6F、I7F、D1F。

中间层合金的品种有粉状和非晶态箔材。非晶态箔材的厚度为 0.02 ~ 0.04mm。

过渡液相扩散焊的工艺参数有加热温度、保温时间、压力、中间层合金的厚度和真空度等。压力仅仅是以焊件结合面能良好地接触为目的，因此可以不加压力或施加较小的压力，往往是加静压力。连接温度和保温时间对接头质量影响很大，它取决于母材性能、中间层合金成分和熔化温度。对要求质量高、强度高的接头，应选择较高的连接温度和较长的保温时间，使中间层合金与母材充分扩散，消除焊缝中 B、Si 的共晶组织。中间层合金的厚度以能形成均匀液态薄膜为原则，一般选用 0.02 ~ 0.05mm 为宜。表 9-19 列出了几种高温合金过渡液相扩散焊的工艺参数示例。

表 9-19 高温合金过渡液相扩散焊的工艺参数示例

合金牌号	中间层合金及厚度/mm	焊接温度/℃	焊接压力/MPa	保温时间/h
GH22	Ni 0.01	1158	0.7 ~ 3.5	4.0
DZ22	Z2F 0.04 × 2	1210	无	24
	Z2P 0.1	1210	无	24
DD3	D1P 0.01	1250	无	24

过渡液相扩散焊的接头组织主要由 Ni-Cr 固溶体、γ′强化相组成，可能有硅或硼的化合物相，有时有少量共晶组织。由于接头组织与母材基本一致，使接头的力学性能较为理想，高温持久强度也较高，见表 9-20。

表 9-20 高温合金过渡液相扩散焊接头的高温性能

<table>
<tr><th rowspan="2">母材</th><th rowspan="2">中间层合金</th><th rowspan="2">接头间隙/mm</th><th rowspan="2">工艺参数</th><th colspan="3">持久性能</th><th rowspan="2">断裂位置</th></tr>
<tr><th>试验温度/℃</th><th>应力/MPa</th><th>持久寿命/h</th></tr>
<tr><td rowspan="7">DZ22</td><td rowspan="2">Z2P</td><td rowspan="2">0.1</td><td rowspan="2">1210℃/36h</td><td rowspan="2">980</td><td rowspan="2">166</td><td>77:25</td><td rowspan="2">接头</td></tr>
<tr><td>51:10</td></tr>
<tr><td rowspan="5">Z2F</td><td rowspan="5">0.08</td><td rowspan="4">1210℃/24h</td><td rowspan="4">980</td><td rowspan="2">166</td><td>129:10</td><td rowspan="2"></td></tr>
<tr><td>203:00</td></tr>
<tr><td rowspan="2">186</td><td>80:20</td><td rowspan="2">接头</td></tr>
<tr><td>116:40</td></tr>
<tr><td>1210℃/36h</td><td>980</td><td>166</td><td>166:00</td><td></td></tr>
<tr><td rowspan="4">DD3</td><td rowspan="4">D1F</td><td rowspan="4">0.08</td><td rowspan="2">1250℃/24h
+870℃</td><td rowspan="4">980</td><td rowspan="2">181</td><td>198:00</td><td rowspan="2">母材</td></tr>
<tr><td>379:35</td></tr>
<tr><td rowspan="2">1250℃/36h
+870℃/32h</td><td rowspan="2">203</td><td>137:00</td><td rowspan="2"></td></tr>
<tr><td>124:00</td></tr>
</table>

过渡液相扩散焊主要用于焊接沉淀强化高温合金、单晶和定向凝固的铸造高温合金以及 Ni_3Al 化合物基高温合金、氧化物弥散强化高温合金等，如单晶和定向凝固的航空发动机涡轮叶片、涡轮导向叶片等受力高温部件。

复习思考题

1. 何谓高温合金？它是如何进行分类的？主要合金成分起什么作用？

2. 高温合金有哪几种强化方式？各有什么特点？
3. 高温合金一般应用于何种场合？对焊接接头性能有什么要求？
4. 高温合金的焊接性分析应考虑哪几个方面？
5. 采用惰性气体保护焊方法焊接高温合金是否合适？容易出现什么问题？如何解决？
6. 用钎焊方法焊接高温合金容易出现什么问题？如何选用钎料？
7. 用扩散连接方法焊接高温合金容易出现什么问题？在工艺上应采取些什么措施？
8. 电子束焊和激光焊是否适于焊接高温合金，为什么？

第 10 章

复合材料的焊接

10

复合材料是指由金属、无机非金属或有机高分子等几类不同材料通过材料设计和复合工艺复合而成的新型材料。复合材料与一般材料的简单混合有本质区别，复合材料各组分的性能互相补充，除了保留原组成材料的主要特性外，还通过复合效应获得原组分所不具备的优越性能，是一种很有发展前景的先进材料，日益受到人们的重视。

10.1 复合材料的分类、特点及性能

什么是复合材料？从广义上讲，复合材料是指由两种或两种以上的物理和化学性质不同的组分，按一定方式、比例及分布方式组合而成的一种具有特殊性能的多相固体材料。但在现代材料学界，复合材料专指用经过选择的一定数量比的两种或两种以上的组分，通过人工复合，组成多相、三维结合且各相之间有明显界面的、性能互补和具有特殊性能的材料。

10.1.1 复合材料的分类

复合材料一般有两个基本相：一个是连续相，称为基体；另一个是分散相，称为增强体。用于增强体的材料有长纤维、短纤维、晶须、颗粒等多种形式。复合材料的最大特点是具有优异的综合性能和可设计性，可以根据需要选择不同的基体和增强体，确定基体和增强体的比例、分布和复合形式，从而极大地提高工程结构的效能。按照基体材料的不同，复合材料有树脂基复合材料、金属基复合材料、陶瓷基复合材料和碳-碳复合材料等。

复合材料主要分为结构复合材料和功能复合材料两大类，包括常用复合材料和先进复合材料。常用复合材料（如玻璃钢等）性能稳定，价格低，已广泛用于船舶、车辆、化工管道和贮罐、建筑结构、体育用品等方面。复合材料的分类方法，目前主要是按基体材料类型、增强相形态和材质等进行分类，见表10-1。

表10-1 复合材料的分类

分类依据	大类	小类或特征
按用途分类	结构复合材料	利用其优异的力学性能
	功能复合材料	利用其力学性能以外的其他性能，如电、磁、光、热、化学、辐射屏蔽性等
	智能复合材料	能检知环境变化，具有自诊断、自适应、自愈合和自决策的功能
按基体材料类型	金属基复合材料（MMC）	铝基、钛基、镁基、金属间化合物基等
	无机非金属基复合材料	陶瓷基（CMC）、碳/碳基（C/C）
	树脂基复合材料	热塑性树脂基、热固性树脂基等
按增强相形态	连续纤维增强复合材料	纤维排布具有方向性，长纤维的两个端点位于复合材料的边界，复合材料具有各向异性
	非连续纤维增强复合材料	短纤维、颗粒、晶须等增强相在基体中随机分布，复合材料具有各向同性
按增强相材质	无机非金属增强复合材料	碳纤维、硼纤维、碳化硅晶须颗粒、Al_2O_3 颗粒与晶须等
	金属增强复合材料	钨丝、不锈钢丝增强铝基或高温合金基复合材料，铁丝增强树脂基复合材料等
	有机纤维增强复合材料	芳纶纤维增强环氧树脂复合材料，尼龙丝增强树脂复合材料等

先进复合材料指用高性能增强体（如碳纤维、芳纶纤维等）与高性能耐热高聚物构成的复合材料，以及金属基、陶瓷基、碳（石墨）基和功能复合材料，性能优良，主要用于航空航天、电子信息、精密仪器、先进武器、机器人结构件和高档体育用品等。

先进复合材料具有高比强度、高比模量、耐热性好、抗疲劳、低膨胀等优异的综合性能。先进复合材料的增强体有高性能碳纤维、芳纶纤维、有机纤维等。根据材料的用途，可分为结构复合材料、功能复合材料和智能复合材料。

结构复合材料主要用于各种机械、仪器、装备等零部件，基本上由能承受载荷的增强体组元与能联接增强体组元成为整体材料同时又起传递力作用的基体组元构成。结构复合材料的主要特点是可根据材料在使用中工况的要求进行组分选材设计和复合结构设计，即增强体排布设计，以满足工程结构需求。

1. 金属基复合材料

金属基复合材料是以金属作为基体的复合材料，增强体可以是纤维，也可以是晶须、颗粒等弥散分布的填料。金属基复合材料的焊接性不但取决于基体性能、增强体的类型，而且与双相界面性质和增强体的几何特征有着密切的关系。金属基复合材料的增强体包括碳纤维（C/C）、碳化硅、硼纤维、氧化铝纤维、陶瓷晶须、颗粒和片材等。

金属基复合材料的分类有多种方法。根据增强体形态，可分为连续纤维增强、非连续纤维增强和层板金属基复合材料；根据基体材料，分为铝基、钛基、镁基、铜基、镍基、不锈钢和金属间合物基等复合材料。不同基体的金属基复合材料的使用温度可以大致划分为：铝、镁及其合金为450℃以下，钛合金为450～650℃，镍基、金属间化合物为650～1200℃。金属基复合材料是工程中应用广泛的一类，有着很好的应用前景。

2. 树脂基复合材料

树脂基复合材料又称为聚合物基复合材料，分为热固性树脂基和热塑性树脂基复合材料两类。早期由于热塑性树脂加工工艺存在一些问题，热稳定性差，因此长期以来以热固性树脂基为主。近年来新研究开发的一些高性能热塑性树脂基复合材料的使用温度有了很大提高，不仅耐热性好，而且具有优异的韧性、吸水率低、湿态条件下力学性能好，特别是可再生使用和焊接性好等，成为先进树脂基复合材料发展的主流。

树脂基复合材料由于密度小、强度高、隔热抗蚀、吸声以及设计成形自由度大，被广泛应用于航空航天、船舶与车辆制造、建筑、电器、化工等领域。

3. C/C 复合材料

C/C 复合材料的研究开始于20世纪50年代。C/C 复合材料是以碳为基体，采用碳纤维或其制品（碳毡或碳布）增强碳（石墨）基体的复合材料。C/C 复合材料具有质量轻，强度高，良好的力学性能、耐热性、耐蚀性、减振特性以及热、电传导特性等，在航空航天、核能、军事以及许多工业领域有很好的应用前景。几种常用碳纤维的品种和性能见表10-2。目前 C/C 复合材料除在航天方面用作耐烧蚀材料和热结构材料外，还用于高超声速飞机的制动摩擦片以及发热元件和热压模等。

4. 陶瓷基复合材料

陶瓷基复合材料是20世纪60年代为了克服陶瓷材料的脆性而发展起来的。陶瓷具有耐高温、耐腐蚀、高硬度和高强度等优异性能，但由于其固有的定向共价键而使其脆性大，限制了它的应用。克服陶瓷脆性的有效措施是限制微裂纹尖端的扩展。陶瓷基复合材料通过在陶瓷基体中添加纤维或晶须，使裂纹扩展时受阻或转向，限制了微裂纹尖端的扩展，从而避免了脆性断裂。另外，纤维的断裂和拔出特点也是断裂过程中消耗能量、提高韧性的原因。

表 10-2 几种常用碳纤维的品种和性能

性能	碳纤维				石墨纤维	
	通用型	T-300	T-1000	M40J	通用型	高模型
密度/$g \cdot cm^{-3}$	1.70	1.76	1.82	1.77	1.80	1.81 ~ 2.18
抗拉强度/MPa	1200	3530	7060	4410	1000	2100 ~ 2700
比强度/$GPa \cdot (g \cdot cm^{-3})^{-1}$	7.1	20.1	38.8	24.9	5.6	9.6 ~ 14.9
拉伸模量/GPa	48	230	294	377	100	392 ~ 827
比模量/$GPa \cdot (g \cdot cm^{-3})^{-1}$	2.8	13.1	16.3	21.3	5.6	21.7 ~ 37.9
伸长率（%）	2.5	1.5	2.4	1.2	1.0	0.5 ~ 0.27
体积电阻率/$10^{-3} \times \Omega \cdot cm$	—	1.87	—	1.02	—	0.89 ~ 0.22
线胀系数/$10^{-6}℃^{-1}$	—	-0.5	—	—	—	-1.44
热导率/$W \cdot (m \cdot K)^{-1}$	—	8	—	38	—	84 ~ 640
w_C（%）	90 ~ 96				>99	

由于陶瓷复合材料的耐磨性、耐高温和耐化学腐蚀的能力，使其成为一种很好的隔热和耐烧蚀材料，可用作防热结构，如航天飞机的隔热瓦、火箭和导弹发动机燃烧室的隔热内衬和高超声速飞行器的蒙皮和翼前缘等，还能用作发动机上的高速轴承、活塞及活塞环、密封环、阀座和阀门导轨等要求转速高和耐热耐磨的部件。

20 世纪 80 年代末，纳米复合材料受到人们的关注。纳米复合材料是由两种或两种以上的固相至少在一维以纳米级大小（1 ~ 100nm）复合而成的复合材料。这些固相可以是非晶质、半晶质或晶质，可以是无机物、有机物或二者兼有。由于分散相与连续相的界面面积非常大，界面间具有很强的相互作用，使界面模糊。纳米复合材料目前处于研究阶段，对推进复合材料的发展将产生重要的影响。

10.1.2 复合材料的特点及性能

1. 复合材料的特点

与单一材料相比，复合材料的最大特点是具有优异的综合性能和可设计性。它是根据预期的性能指标将不同材料（包括有机高分子、无机非金属和金属材料）通过复合工艺按一定的设计要求和工艺复合在一起，充分发挥其优点，如比强度和比模量高，耐高温、耐低温、耐热冲击，线胀系数小、尺寸稳定性好、耐磨和耐蚀等，利用复合效应使复合后的材料具有单一材料无法达到的优异性能。温度对复合材料比强度和比模量的影响如图 10-1 所示。

从 20 世纪 40 年代开始到现在，复合材料的发展已经历了三个阶段：第一代复合材料的代表是玻璃钢，其使用温度和弹性模量均较低；第二代复合材料是 20 世纪 60 年代中后期发展起来的以碳纤维和芳酰胺纤维等高性能增强体和一些耐高温树脂基构成的树脂基复合材料；第三代是近年来发展起来的金属基复合材料、陶瓷基复合材料和碳/碳复合材料等。这些复合材料在航空航天等领域发挥了重要的作用，并在能源、交通运输、化工、机械等领域

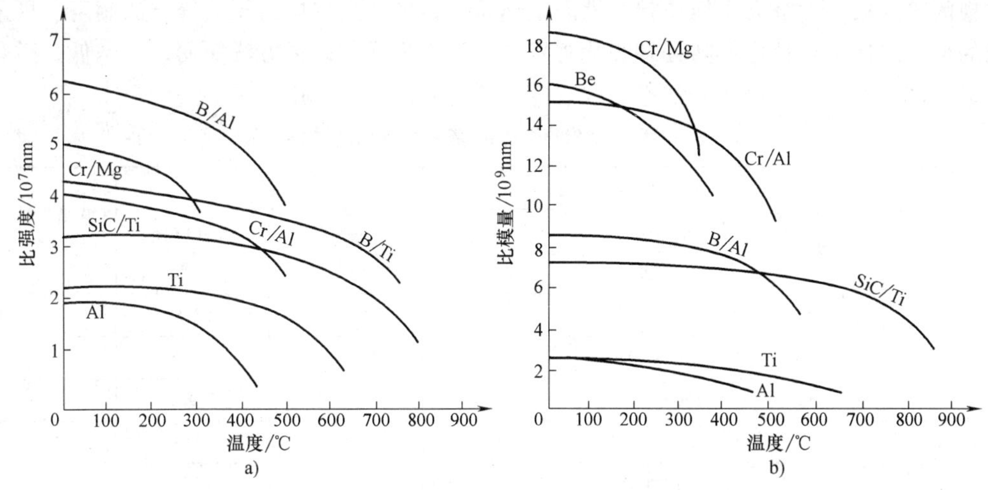

图 10-1　温度对复合材料比强度和比模量的影响

a）比强度　b）比模量

得到了广泛的应用。

复合材料的命名是以复合材料的相为基础，命名的方法是将增强相（或分散相）材料放在前面，基体相（或连续相）材料放在后面，之后再缀以“复合材料”。例如，由碳纤维和环氧树脂构成的复合材料称为“碳纤维环氧复合材料”；为了书写简便，在增强相材料与基体材料之间划一斜线（或一个半字线）再加复合材料。增强相包括颗粒增强、晶须增强及纤维增强，分别以下标 p、w、f 表示。例如，碳化硅粒子增强铝基复合材料表示为 SiC_p/Al。

增强相是粘接在基体内以改进其力学性能的高强度材料，不同基体材料中加入性能不同的增强相，目的在于获得性能优异的复合材料。增强体在复合材料中是分散相，对于结构复合材料，增强体的主要作用是承载，能大幅度地提高复合材料的强度和弹性模量。增强相是根据对制品的性能要求，如力学性能、耐热性能、耐蚀性能等，以及对制品的成形工艺和成本要求来确定的。

2. 金属基复合材料的性能特点

（1）连续纤维增强金属基复合材料　连续纤维增强金属基复合材料纤维的端点位于复合材料的边界，纤维排布有明显的方向性，复合材料具有各向异性。与非连续纤维增强金属基复合材料相比，连续纤维增强复合材料在纤维方向上具有很高的强度和模量。因此，这对结构设计很有利，是航空航天领域中的一种理想的结构材料。但其制造工艺复杂，价格昂贵，而且焊接性比非连续增强的金属基复合材料差得多。

连续纤维增强金属基复合材料常用的纤维有 B 纤维、C 纤维、SiC 纤维、Al_2O_3 纤维、B_4C 纤维、W 纤维等。这些纤维具有很高的强度、模量及很低的密度，用于增强金属时，可使强度显著提高，而密度变化不大。表 10-3 和表 10-4 给出了几种连续纤维增强金属基复合材料的性能。

（2）非连续增强金属基复合材料　非连续增强金属基复合材料是由短纤维、晶须、颗粒为增强相与金属基体组成的复合材料，其中发展最早和应用最广的是 Al 基复合材料，如 SiC_p/Al、SiC_w/Al、Al_2O_{3p}/Al、Al_2O_{3f}/Al 等。非连续增强金属基复合材料最大的特点是可以用常规的粉末冶金、液态金属搅拌、液态金属挤压铸造、真空压力浸渍等方法制备。可采用传统的金属二次加工技术和热处理强化技术进行加工成形，制造方法简便，成本低，适合于大批量生产，在汽车、电子、航空、仪表等工业中有广阔的应用前景。

表 10-3 B 纤维增强 Al 基复合材料的性能

基体	纤维体积分数（%）	纵向		横向		纵向断裂应变（%）
		抗拉强度/MPa	弹性模量/GPa	抗拉强度/MPa	弹性模量/GPa	
纯 Al	25	737～837	146.9	98～117	88.8	—
	35	960～1020	191.5	88～117	118.8	—
	50	1200～1270	245.0	69～79	139.1	—
1100Al	20	519～540	136.7	98～117	77.9	—
2024Al	52	1721.0	—	—	—	—
	64	1527.6	—	—	—	0.72
	70	1927.6	—	—	—	—
6061Al	50	1343.4	217.2	—	—	0.695

表 10-4 SiC 纤维增强 Ti 基复合材料的性能（SiC 体积分数为 28%）

复合材料	试验温度/℃	纤维排列方向/（°）	抗拉强度/MPa	比例极限/MPa	断裂应变/$\mu m \times mm^{-1}$	弹性模量/GPa		线胀系数/$10^{-6}K^{-1}$
						拉伸	弯曲	
SiC 纤维增强 Ti-6Al-4V（SiC_f/Ti-6Al-4V）	室温	0	979.2	806.1	—	250	—	—
		15	930.1	806.1	—	240	—	—
		30	779.2	716.6	—	220	—	—
		45	737.9	516.8	—	210	—	—
		90	655.1	365.2	—	190	—	—
涂敷 SiC 的硼纤维增强 Ti-6Al-4V（$B_{SiC,f}$/Ti-6Al-4V）	21	0	965	—	3440	286.2	2.37	1.39
		15	689	—	3220	253.8	2.29	—
		45	454.7	—	4220	215.2	2.19	—
		90	289.4	—	3130	205.5	1.15	1.75
SiC 纤维增强 6061Al（SiC_f/6061Al）	室温	0	585	415	—	131	—	—

非连续增强金属基复合材料的增强相包括单元素（如 C、B、Si 等）、氧化物（如 Al_2O_3、TiO_2、SiO_2、ZrO_2 等）、碳化物（SiC、B_4C、TiC、VC、ZrC 等）、氮化物（Si_3N_4、BN、AlN 等）的颗粒、晶须及短纤维。基体金属包括 Al、Mg、Ti 等轻金属，Cu、Zn、Ni、Fe 等金属及金属间化合物。增强相在基体中随机分布，其性能是各向同性。非连续增强相的加入，明显提高了金属的耐磨、耐热、高温力学性能以及弹性模量等。表 10-5 给出了几种非连续增强金属基复合材料的性能。

1）晶须增强金属基复合材料。基体金属主要有 Al、Mg、Ti 等轻金属，Cu、Zn、Ni、Fe 等金属及金属间化合物、高温合金等，使用最多的是轻金属（主要是 Al）。这是因为轻金属基复合材料的性能更能体现复合材料的高比强度、高比模量的性能特点。使用的晶须有：SiC、Si_3N_4、Al_2O_3、B_2O_3、$K_2O\cdot 6TiO_2$、TiB_2、TiC 和 ZnO 等。对于不同的基体，要选用不同的晶须，以保证获得良好的浸润性，而又不产生界面反应，损伤晶须。如对铝基复合材料，大多选用 SiC、Si_3N_4 晶须；对钛基则选用 TiB_2、TiC 晶须。

表 10-5　几种非连续增强金属基复合材料的性能

材　料	增强相的体积分数（%）	密度 /g·cm^{-3}	弹性模量 /GPa	屈服强度 /MPa	抗拉强度 /MPa	伸长率（%）
Al_2O_{3p}/6061Al	10	2.80	81	297	338	7.6
	15	—	88	386	359	5.4
	20	—	99	359	379	2.1
Al_2O_{3p}/2024Al	10	—	84	483	517	3.3
	15	—	92	476	503	2.3
	20	—	101	483	503	0.9
SiC_w/6061Al	20	—	120	440	585	14
	30	—	140	570	795	2
SiC_p/6113Al	20	2.80	104.8	379.2	—	5.0
SiC_p/6092Al	25	2.82	113.8	379.2	—	4.0
SiC_p/7475Al	15	2.85	97.9	586.1	—	3.0
B_4C_p/6061Al	12	2.69	97.9	310.3	—	5.0
B_4C_p/6092Al	15	2.68	95.2	379.2	—	5.0

这类复合材料具有高强度和模量，综合力学性能好，还具有良好的耐高温性、导电、导热、耐磨损、尺寸稳定性好等特点。例如，20% SiC 晶须增强铝基材料，室温抗拉强度可达800MPa，弹性模量为120GPa，比强度、比模量超过钛合金，使用温度为300℃，缺点是塑性和断裂韧度较低。晶须增强铝基复合材料制备工艺成熟，正向实用化发展。

2）颗粒增强金属基复合材料。这是一类容易批量生产、成本较低和研发比较成熟的复合材料。这类复合材料的组成范围广泛，可根据工作条件需要选择基体金属和增强颗粒。基体金属主要有 Al、Mg、Ti、Cu、Fe、Co 及其合金等；常用的增强颗粒有 SiC、TiC、B_4C、WC、Al_2O_3、Si_3N_4、TiB_2、BN 和石墨等。增强颗粒尺寸一般 3.5 ~ 10μm（也有小于 3.5μm 和大于 30μm 的），质量分数为 5% ~75% （一般为 15% ~30%），视需要而定。

典型的颗粒增强金属基复合材料有 SiC/Al、Al_2O_3/Al、TiC/Al、SiC/Mg、B_4C/Mg、TiC/Ti、WC/Ni、C/Al 等。例如，质量分数为 10% ~20% 的 Al_2O_3 增强铝基复合材料可将基体铝的弹性模量由原来的 69GPa 增加到 100GPa，屈服强度可增加 10% ~30%，耐磨性、耐高温性能也相应提高。这类材料在航空航天、汽车、电子等领域有很好的应用前景。

10.2　复合材料的焊接性

10.2.1　金属基复合材料的焊接性分析

金属基复合材料的基体是塑、韧性好的金属，焊接性一般较好；增强相则是一些高强度、高熔点、低线胀系数的非金属纤维或颗粒，焊接性较差。金属基复合材料焊接时，不仅要解决金属基体的结合，还要考虑到金属与非金属之间的结合。因此，金属基复合材料的焊接问题，关键是非金属增强相与金属基体以及非金属增强相之间的结合。

1. 界面反应

金属基复合材料的金属基体与增强相之间，在较大的温度范围内是热力学不稳定的，焊接加热到一定温度时，两者的接触界面会发生化学反应，生成对材料性能不利的脆性相，这种反应称为界面反应。例如在 B_f/Al 复合材料加热到 430℃左右时，B 纤维与 Al 发生反应，生成 AlB_2 反应层，使界面强度下降。C_f/Al 复合材料加热到 580℃左右时发生反应，生成脆性针状组织 Al_4C_3，使界面强度急剧下降。SiC_f/Al 复合材料在固态下不发生反应，但在基体 Al 熔化后也会反应生成 Al_4C_3。此外，Al_4C_3 还与水发生反应生成乙炔，在潮湿的环境中，接头处易发生低应力腐蚀开裂。因此，防止界面反应是这类复合材料焊接中要考虑的首要问题，可通过冶金和工艺两方面的措施来解决。

（1）冶金措施　加入一些活性比基体金属更强的元素或能阻止界面反应的元素来防止界面反应。例如加 Ti 可以取代 SiC_f/Al 复合材料焊接时 Al 与 SiC 反应，不仅避免了有害化合物 Al_4C_3 的产生，而且生成的 TiC 还能起强化相的作用；提高基体 Al 中的 Si 含量或利用 Si 含量高的焊丝也可抑制 Al 与 SiC 之间的界面反应。

金属基复合材料过渡液相扩散焊时，为避免发生界面反应，应选用能与复合材料的基体金属生成低熔点共晶或熔点低于基体金属的合金作为中间层。例如，焊接 Al 基复合材料时，可采用 Ag、Cu、Mg、Ge、Zn 及 Ga 金属或 Al-Si、Al-Cu、Al-Mg 及 Al-Cu-Mg 合金作为中间层。采用 Ag、Cu 等纯金属作中间层时，过渡液相扩散焊的焊接温度应超过 Ag、Cu 与基体金属的共晶温度。共晶反应时焊接界面处的基体金属发生熔化，重新凝固时增强相被凝固界面推移，增强相聚集在结合面上，降低接头强度。因此，应严格控制焊接时间及中间层的厚度。而采用合金作中间层时，只要加热到合金的熔点以上就可形成过渡液相。

（2）改善焊接工艺　通过控制加热温度和焊接时间来避免或限制界面反应的发生或进行。例如采用低热量输入或固态焊的方法，严格控制焊接热输入，降低熔池的温度并缩短液态 Al 与 SiC 的接触时间，可以控制 SiC_f/Al 复合材料的界面反应。

采用钎焊法时，由于温度较低，基体金属不熔化，加上钎料中的元素阻止作用，不易引起界面反应。采用 Al-Si-Mg 等硬钎料焊接 B_f/Al 复合材料时，在纤维表面涂一层厚度为 0.01mmSiC 的 B 纤维增强 Al 基复合材料，由于 SiC 与 Al 之间的反应温度较高，可完全避免界面反应。

采用扩散焊时，为防止发生界面反应，必须严格控制加热温度、保温时间和焊接压力。随着温度的增加，界面反应越容易发生，反应层厚度增大的速度加快，但加热和保温一定时间以后，反应层厚度增大速度变慢，如图 10-2 所示。SCS-6 是一种专用于增强钛基复合材料的 SiC 纤维，直径约 140μm，表面有一层厚度为 3μm 的富 C 层。

采用中间层可以避免界面上纤维的直接接触，使界面易于发生塑性流变，因此用直接扩散焊及过渡液相扩散焊能较容易地实现焊接。但是直接扩散焊所需的压力仍较大，金属基体一侧变形过大；采用过渡液相扩散焊时，所需的焊接压力较低，金属基体一侧变形较小。采用 Ti-6Al-4V 钛合金中间层扩散焊接含有体积分数为 30% 的 SiC 纤维增强的 Ti-6Al-4V 复合材料时，中间层厚度对接头强度的影响如图 10-3 所示。

当中间层厚度为80μm时，复合材料接头的抗拉强度达到850MPa。再增加中间层的厚度，接头的强度不再增大，这是由于接头的强度由基体金属间的结合强度控制。当中间层厚度达到80μm后，基体金属间的结合已达到最佳状态，再增加厚度时基体金属的结合情况不再发生变化，整个接头的强度也就不再变化。

还可以采用一些非活性材料作为增强相，如用Al_2O_3或B_4C取代SiC增强Al基复合材料Al_2O_3/Al、B_4C/Al，使得界面较稳定，焊接时一般不易发生界面反应。

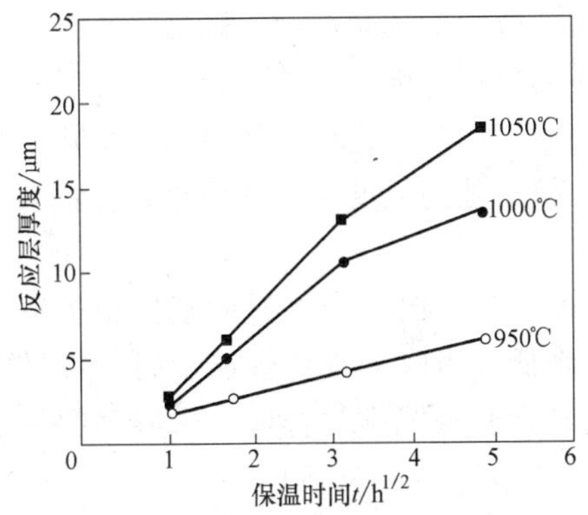

图10-2 扩散焊温度和保温时间对$(SCS\text{-}6)_f$/Ti-6Al-4V复合材料界面反应层厚度的影响

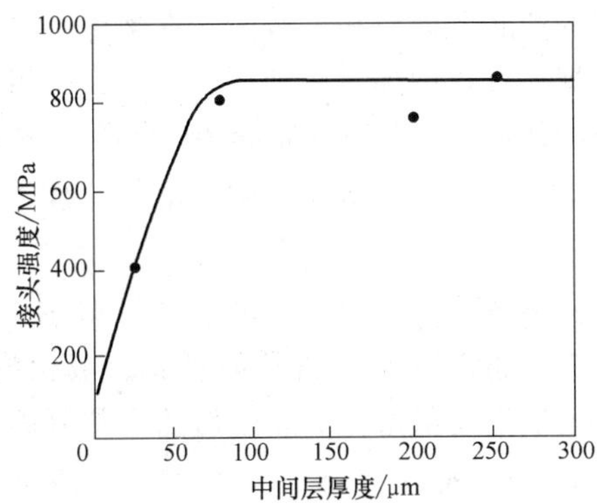

图10-3 中间层厚度对接头强度的影响

2. 熔池流动性和界面润湿性差

基体金属与增强相的熔点相差较大，熔焊时基体金属熔池中存在大量未熔化的增强相，这大大增加了熔池的粘度，降低了熔池金属的流动性，不但影响了熔池的传热和传质过程，还增大了气孔、裂纹、未熔合和未焊透等缺陷的敏感性。

采用熔焊方法焊接纤维增强金属基复合材料时，金属与金属之间的结合为熔焊机制，金属与纤维之间的结合属于钎焊机制，因此要求基体金属对纤维具有良好的润湿性。当润湿性较差时，应添加能改善润湿性的填充金属。例如，采用高Si焊丝不仅可改善SiC_f/Al复合材料熔池的流动性，还能够提高熔池金属对SiC颗粒的润湿性；采用高Mg焊丝有利于改善Al_2O_3/Al复合材料熔池金属对Al_2O_3的润湿作用。

采用电弧焊方法焊接非连续增强金属基复合材料时，基体金属不同时，复合材料焊接熔池的流动性也明显不同。基体金属中Si含量较高时，熔池的流动性较好，裂纹及气孔的敏感性较小；Si含量较低时，熔池的流动性差，容易发生界面反应。因此，为了改善焊接熔池的流动性，提高接头强度，应选用Si含量较高的焊丝。

采用软钎焊焊接金属基复合材料时，由于钎料熔点低，熔池流动性好，可将钎焊温度降低到纤维性能开始变差的温度以下。采用95Zn-5Al和95Cd-5Ag钎料对复合材料B_f/Al与6061Al铝合金进行氧-乙炔焰软钎焊的研究表明，用95Zn-5Al钎料钎焊的接头具有较高的高温强度，适用于216℃温度下工作，但钎焊工艺较难控制；用95Cd 5Ag钎料钎焊的接头具有较高的低温强度（93℃以下），焊缝成形好，焊接工艺易于控制。

共晶扩散钎焊是将焊接表面镀上中间扩散层或在焊接面之间加入中间层薄膜，加热到适当的温度，使母材基体与中间层之间相互扩散，形成低熔点共晶液相层，经过等温凝固以及均匀化扩散等过程后形成成分均匀的接头。因此，采用共晶扩散焊、形成低熔点共晶液相层也能增强熔池的流动性，适用于 Al 基复合材料共晶扩散钎焊的中间层有 Ag、Cu、Mg、Ge 及 Zn 等，中间层的厚度一般控制在 1.0μm 左右。

3. 接头强度低

金属基复合材料基体与增强相的线胀系数相差较大，在焊接加热和冷却过程中会产生很大的内应力，易使结合界面脱开。由于焊缝中纤维的体积分数较小且不连续，致使焊缝与母材间的线胀系数也相差较大，在熔池结晶过程中易引起较大的残余应力，降低接头强度。

焊接过程中如果施加压力过大，会引起增强纤维的挤压和破坏。此外，电弧焊时，在电弧力的作用下，纤维不但会发生偏移，还可能发生断裂。两块被连接焊件中的纤维几乎是无法对接的，因此在接头部位，增强纤维是不连续的，接头处的强度和刚度比复合材料本身要低得多。

采用 Al-Si 钎料钎焊 SiC_w/6061Al 时，在保温过程中，Si 向复合材料的基体中扩散，随着基体金属扩散区 Si 含量的提高，液相线温度相应降低。当降低至钎焊温度时，母材中的扩散区发生局部熔化。在随后的冷却凝固过程中，SiC 颗粒或晶须被推向尚未凝固的焊缝两侧，形成富 SiC 层，使原来均匀分布的组织分离为由富 SiC_w 区和贫 SiC_w 区所组成的层状组织，使接头性能降低。钎焊时，复合材料纤维组织的变化与钎料和复合材料之间的相互作用有关。经挤压和交叉轧制的 SiC_w/6061Al 复合材料中，Si 的扩散较明显；但在未经过二次加工的同一种复合材料的热压坯料中，Si 扩散程度很小，不会引起基体组织的变化。

采用搭接接头时，接头强度可通过调整搭接面积来改善，随着搭接面积的增加而增加。当搭接面积增加到一定值时，接头的承载能力可达到母材的承载能力。但搭接接头增加了焊接结构的质量，而且接头形式是非连续的，因此其应用受到限制。理想的接头形式是台阶式和斜口式的对接接头，这种接头的特点是将不连续的纤维分散到不同的截面上。台阶的数量和斜口的角度可根据工件的受力情况进行设计。为保证增强纤维的连续性，合理的焊接接头形式如图 10-4 所示。

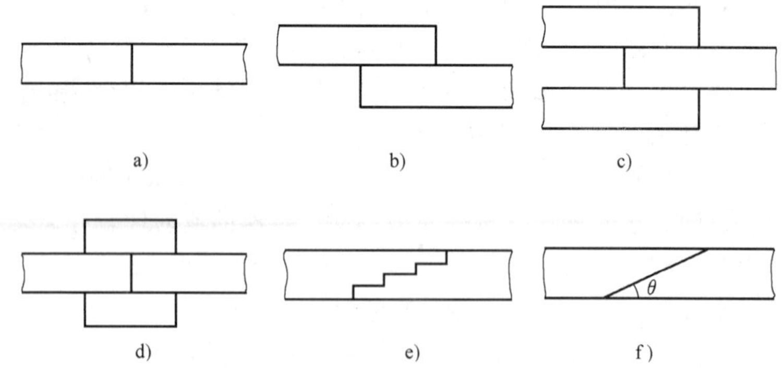

图 10-4 连续纤维增强金属基复合材料合理的接头形式

a）对接 b）单搭接 c）双搭接 d）双盖板对接 e）台阶式对接 f）斜口式对接

连续纤维增强金属基复合材料在纤维方向上具有很高的强度和弹性模量，保证纤维的连续性是提高纤维增强金属基复合材料焊接接头性能的重要措施，这就要求焊接时必须合理设计接头形式。采用对接接头时，由于焊缝中增强纤维的不连续性，不能实现等强匹配，接头强度远远低于母材。

过渡液相扩散焊时中间层类型、厚度以及工艺参数影响接头的强度。表10-6列出利用不同中间层焊接体积分数为15%的Al_2O_3颗粒增强的6061Al复合材料接头的强度。用Ag与BAlSi-4作中间层时能获得较高的接头强度。用Cu作中间层时对焊接温度较敏感，接头强度不稳定。

表10-6　不同中间层焊接体积分数为15%的Al_2O_3颗粒增强的6061Al复合材料接头的强度

中间层		工艺参数		强度性能		
材质	厚度/μm	加热温度/℃	保温时间/s	抗剪强度/MPa	屈服强度/MPa	抗拉强度/MPa
Ag	25	580	130	193	323	341
Cu	25	565	130	186	85	93
BAlSi-4	125	585	20	193	321	326
Sn-5Ag	125	575	70	100	—	—

焊接时间较短时，中间层来不及扩散，结合面上残留较厚的中间层，限制了接头抗拉强度的提高。随着焊接时间的增长，残余中间层减少，强度逐渐增加。当焊接时间增长到一定值时，中间层消失，接头强度达到最大。继续增加焊接时间时，由于热循环对复合材料性能的不利影响，接头强度不但不再提高，反而降低。

过渡液相扩散焊的压力对接头强度有很大的影响。压力太小时，塑性变形小，焊接界面与中间层不能达到紧密接触，接头中会产生未焊合的孔洞，降低接头强度；压力过高时将液态金属自结合界面处挤出，造成增强相偏聚，液相不能充分润湿增强相，也会导致显微孔洞形成。例如，用厚度0.1mm的Ag作中间层，在580°C×120s条件下焊接Al_2O_3/Al复合材料时，当焊接压力为0.5MPa时接头的抗拉强度约为90MPa，而当压力小于0.5MPa时，结合界面上存在明显的孔洞，接头强度降低。

非连续增强金属基复合材料焊接时，除了界面反应、熔池流动性差等问题，还存在较强的气孔倾向、结晶裂纹敏感性和增强相的偏聚问题。由于熔池金属粘度大，气体难以逸出，因此焊缝及热影响区对形成气孔很敏感。为了防止气孔的形成，需在焊前对复合材料进行真空除氢处理。此外，由于基体金属在结晶前沿对颗粒的推移作用，结晶最后阶段液态金属中的SiC颗粒含量较大，流动性很差，易产生结晶裂纹。粒子增强复合材料重熔后，增强相粒子易发生偏聚，如果随后的冷却速度较慢，粒子又被前进中的液/固界面所推移，致使焊缝中的粒子分布不均匀，降低了粒子的增强效果。

10.2.2　树脂基复合材料的连接特点

先进的树脂基复合材料在航空航天等领域有着广阔的应用，新一代战机中树脂基复合材料的用量已占结构质量的25%～30%，主要用于机身、机翼蒙皮、壁板等。树脂基分为热固性树脂和热塑性树脂两大类。树脂基复合材料的焊接一般是针对热塑性树脂而言的。

1. 热固性树脂基复合材料的连接

热固性树脂的成形是在一定温度下加入固化剂后通过交联固化反应，形成三维网络结构。由于这是一个不可逆过程，因此固化后的结构不能再溶解和熔化。热固性树脂基复合材料的聚合物基体为交联结构，在高温下不仅不能熔化，还会因碳化而被破坏，所以这类材料不能进行熔化焊接，只能采用机械固定和胶接的方法进行连接。

2. 热塑性树脂基复合材料的连接

热塑性树脂的高分子聚合物链是通过二次化学键结合在一起的，当加热时二次化学键弱化或受到破坏，于是这些聚合物键能自由移动和扩散，热塑性树脂基体变为熔融状态。因此，这类树脂可反复加热熔融和冷却固化。这就使得这类材料可以在一定的温度和压力下进行热成形加工，还可以通过熔焊方法进行连接。

（1）热塑性树脂基复合材料的熔化特点　热塑性树脂基分为两类：一是无定形的非晶态热塑性树脂基，二是半结晶态的热塑性树脂基。这两类树脂基的熔化连接临界温度是不同的。

对于无定形的非晶态热塑性树脂基复合材料，非晶区内高分子链是无序排列的。非晶态树脂基的熔化连接临界温度为其玻璃化转变温度（T_g）。

对于半结晶态的热塑性树脂基，同时具有非晶区和结晶区两部分，结晶区内高分子链段是紧密堆积的，原子密集到足以形成结晶的晶格。半结晶态树脂基的熔化连接临界温度为晶体熔化温度（T_m）。但是，这两类热塑性树脂基的熔化连接温度的上限都不能超过其热分解温度。

大多数适于连接热塑性塑料的方法也能用于连接热塑性树脂基复合材料，其连接过程类似于塑料的连接。一般是将树脂基复合材料加热到熔融的流动状态，并加压进行连接。树脂基复合材料中由于有增强纤维或晶须，会影响加热熔化连接时的热过程、熔融树脂的流动和凝固后的致密性，因此连接时的加压尤为重要，这有助于促使界面紧密接触、高分子链扩散和消除显微孔洞等。熔化连接的冷却速度也影响接头的性能，因为冷却速度会影响晶体比例，较高的晶体比例会降低复合材料的韧性。

（2）热塑性树脂基复合材料的连接方法　树脂基复合材料比较常用的连接方法有热气焊、热板焊（包括电阻或感应加热焊）、红外或激光焊、超声波焊等。

1）热气焊。热气焊是采用热气流加热的树脂基复合材料的连接方法。由于采用热气流作为热源，是一种非常灵活的连接方法，不受被连接面形状的限制，还可以外加填充材料实现两部件的连接，适用于低熔化温度、变几何形状、小体积部件的树脂基复合材料的连接。但这种方法的连接速度慢、连接面积小；在连接增强的树脂基复合材料时，很难通过增加连接面积达到补强的作用，影响接头的承载能力。

2）热板焊。热板焊（包括电阻和感应加热焊）又称为热工具焊，是应用较广泛的一种树脂基复合材料的连接方法。这种方法的加热过程与低温钎焊时的电烙铁加热类似，通过加热介质将热量传给工件，使焊件熔化或熔融，然后施加压力完成连接。热板焊的工艺步骤如下：

①　表面处理。对于热塑性树脂基复合材料，由于表面涂有脱模剂，表面处理是很重要的，一般脏污的连接处表面可以用机械打磨或化学方法进行处理。

②　加热和加压。先将作为热源的热板放置在被连接的焊件之间，使被连接面直接与热板接触，将两个需要连接的表面加热软化，然后迅速移出热板，同时对被连接焊件加压，使分子充分扩散，最终达到实现连接的目的。由于热板与连接表面直接接触加热，因此焊接效率比较高，一次能很快地将整个连接表面实现加热和连接。焊接加热时须使焊件适当支撑，以减小变形等不必要的影响。

③　分子间扩散。结合表面间的分子扩散和分子链间的缠绕对接头强度有明显的影响。

对于非晶态聚合物，扩散时间依赖于材料温度和玻璃化温度的差别；对于半晶态聚合物，分子间的扩散只有超过熔融温度时才会发生，因此熔融温度明显高于玻璃化温度，但扩散时间很短。

④ 冷却。冷却是焊接工艺的最后一步，这时热塑性树脂基重新硬化——保持焊件和连接结构一体化。在冷却过程中所加的载荷一定要保持到基体材料足以抵抗软化和扭曲为止。在这一步，半晶态基体重新结晶并形成了最终的微观结构。

由于被焊件直接与热板接触，容易造成焊件与热板的粘连。为了防止粘连，可在金属热板表面涂敷聚四氟乙烯涂层；对于高温聚合物，可采用特制的青铜板以减少粘连。采用非接触热板加热也可以防止粘连，但是须提高加热板的温度，依靠对流和辐射加热被连接件的表面。

热板加热焊接对被焊件形状的适应性差，由于受到加热面形状和尺寸的限制，这种方法适合于形状单一的小部件大批量生产。这种连接方法不适合高导热性增强相的复合材料（如碳纤维复合材料），因为热板抽出后，被连接件在对中和加压之前表面的温度下降很快，无法进行可靠的连接。

红外和激光焊接是利用红外光或激光直接照射热塑性树脂基复合材料的连接表面（由于电磁辐射被表面吸收而加热），将其迅速加热到熔融状态，然后对焊件快速加压，直至凝固冷却。这一过程类似于热板焊，只是加热的方式不同。

电阻加热焊是将电阻加热元件插入到被连接件表面之间，通电后电阻元件产生热量而实现焊接。加热结束后并不将电阻加热元件抽出，而是直接加压，连接结束后，加热元件留在接头内部，成为接头的一个组成部分。因此，这种焊接方法要求植入的加热元件与树脂基复合材料具有良好的相容性，并且能很好地结合在一起。

感应加热焊与电阻加热焊的差别在于产生热量的原理不同。电阻加热焊是直接通入电流，依靠电阻热加热工件。感应加热焊是将加热元件嵌入被连接件表面间，根据磁场感应产生的涡流来产生热量。感应焊接所用的加热元件一般是金属网或含有弥散金属颗粒的热塑性塑料膜，这种方法可用来连接非导电（或导电）纤维复合材料。对于导电纤维复合材料，应在连接表面间放入比增强纤维导电性好的加热元件，使界面优先加热。

3）超声波焊。与金属材料的超声波焊相同，依靠超声波振动时被连接件表面的凹凸不平处产生周期性的变形和摩擦，并产生热量，导致熔融而实现连接。为了改善材料的焊接性和加速熔化，通常人为地在连接表面制造一些凸起。为了将超声波能量施加到待焊构件上，振动声波极和底座之间应加一定的压力，必要时还需放大振幅。冷却时仍需施加压力，以保证获得成形良好的接头。超声波焊接接头的强度不仅取决于选择的超声波能量、压力，还与接头形式有关。采用超声波焊接较小的热塑性树脂基复合材料时，接头强度可达到压缩模塑零件的强度。用断续焊和扫描焊两种超声波焊工艺连接大件时，接头强度为压缩模塑的 80%。

超声波焊是一种较好的连接热塑性树脂基复合材料的方法。这种方法便于实现机械化和自动化，并有可能通过对焊缝质量的监测来实现焊接过程的闭环控制。

10.2.3 C/C 复合材料的连接特点

1. C/C 复合材料连接的主要问题

C/C 复合材料由于具有高比强度和优异的高温性能而在航空航天领域成为一种很有吸引

力的高温结构材料，已用于飞机制动摩擦片、航天飞机的鼻锥和翼前缘以及涡轮发动机部件，如燃烧室和增压器的喷嘴等。由于其优异的热-力学性能、很低的中子激活以及很高的熔点和升华温度，也适合于在核聚变反应堆中应用。由于C/C复合材料主要在一些具有特殊要求的极端环境下工作，将其连接成更大的零部件或将C/C复合材料与其他材料连接使用具有重要的意义。C/C复合材料在连接中可能出现的主要问题如下。

1）在连接过程中如何保证C/C复合材料原有的优异性能不受破坏，这是连接工艺要解决的问题。

2）如何获得与C/C复合材料性能相匹配的接头区（或连接层），这是连接材料要解决的问题。

针对以上两个问题，要实现C/C复合材料的连接，在目前的各种连接方法中，真空扩散焊和钎焊是最有希望获得成功的连接技术。但是，由于C/C复合材料的工作条件特殊，在选择连接材料时必须考虑到C/C复合材料应用中的特殊要求。例如，作为宇航结构材料其主要要求为高比强度和高温性能；而作为核聚变反应堆材料则除了热-力学性能外，还必须满足特殊的低激活准则。

2. C/C复合材料的扩散连接

一般采用加中间层的方法对C/C复合材料进行扩散连接，中间层材料可以采用石墨（C）、硼（B）、钛（Ti）或$TiSi_2$等。不管是哪种方式，都是通过中间层与C的界面反应，形成碳化物或晶体从而达到相互连接的目的。

（1）加石墨中间层的C/C复合材料扩散连接　采用能与碳作用生成碳化物的石墨作为中间层材料。在扩散焊加热过程中，先通过固态扩散连接或液相与C/C复合材料母材相互作用，生成热稳定性较低的碳化物过渡接头。然后，加热到更高温度使碳化物分解为石墨和金属，并使金属完全蒸发消失，最终在连接层中仅剩石墨晶片。

从接头的微观组成考虑，这种接头结构的匹配较为合理，即接头结构形式为：（C/C复合材料）/石墨/（C/C复合材料），其中除了C以外没有任何其他的外来材料。但是从实际试验结果看，所得接头的强度性能并不令人满意，主要原因是接头中石墨晶片的强度不足。作为提高石墨晶片强度的措施，以Mn作为填充材料生成石墨中间层扩散连接C/C复合材料可获得相对较好的效果。

采用这种形成石墨中间层扩散连接C/C复合材料的方法时，获得性能良好接头的关键在于：

1）所加的中间层和填充金属要能与C/C复合材料中的C反应，形成完整的碳化物连接层。应当指出，碳化物只是扩散连接过程中的中间产物，但碳化物的形成也很关键，没有碳化物连接层，就不能获得最终的石墨连接层。

2）借助高温下碳化物的分解和金属元素（或碳化物形成元素）的蒸发，形成石墨晶片连接层。应当指出，形成碳化物连接层后不一定能形成完整的石墨连接层，还取决于所形成的碳化物连接层在高温下能否充分分解，分解后的金属又能否彻底蒸发掉。

研究表明，那些蒸气压过高的金属、易氧化的金属、生成的碳化物在很高温度（>2000℃）下分解的金属以及高温下不易蒸发的金属，都不适合用做形成石墨中间层扩散连接C/C复合材料的填充金属。有研究者曾用Mg、Al作为填充材料加石墨中间层扩散连接C/C复合材料，但未获成功。

以下是用 Mn 作填充材料生成石墨中间层扩散连接 C/C 复合材料获得成功的实例。

1）试验材料。扩散连接 C/C 复合材料（C-CAT-4）的试样尺寸：25.4mm × 12.7mm × 5mm，两块。用纯度为 99.9%（质量分数）、粒度为 100 目（≤150μm）金属锰粉做成的乙醇稀浆作为中间层填充材料，放在试样的被连接表面间。

2）连接工艺要点。通过加热和加压进行扩散连接。在加热的开始阶段，即中间层开始熔化前（1250℃左右）以及在连接过程后期，金属完全转变为固态碳化物相后（约 1700℃），在接触面上保持最低压力为 0.69MPa，最高压力为 5.18MPa。在有液相的温度区间为了防止液相流失引起 Mn 元素损失，将所加压力调整为 0。

3）扩散连接过程分析。整个扩散连接过程可分为两个阶段：第一阶段是碳化物形成阶段；第二阶段是碳化物分解和石墨晶形成阶段。

① 第一阶段内中间层中的填充材料 Mn 与 C/C 复合材料中的 C 发生反应，生成 Mn 的碳化物。这一阶段中碳化物逐渐增加，Mn 逐渐减少，直至完全消失，并形成碳化物连接层。第一阶段内为了生成更多的碳化物，减少金属 Mn 的蒸发损失，不应在真空条件下进行，而是在充氦（He）条件下进行，氦气纯度 99.99%（体积分数），p_{He}蒸气压约为 27.5kPa。

② Mn 与 C 形成碳化物的反应从固态（<1100℃）就开始进行，一直到 Mn 熔化后。在生成的碳化物中，Mn_7C_3 的稳定性最高，可以达到 1333℃。

③ 进入第二阶段，当温度进一步升高时，Mn_7C_3 会分解为石墨和 Mn-C 的溶液，即碳化物分解和石墨晶形成阶段。在第二阶段中为了加速 Mn 的蒸发，需在真空条件下进行。Mn 的沸点为 2060℃，其蒸气压在 1850℃时为 28.52kPa。因此，在真空条件下，Mn 在低于 1850℃很多时能很快蒸发。

④ 加热到 1850～2200℃之间时，真空度突然下降，表明此时分解出来的 Mn 或一些没有反应完的 Mn 开始大量蒸发。因此，加热到 2200℃后，经保温使中间层中的 Mn 完全蒸发掉，最终获得全部由石墨晶组成的中间层。

4）接头强度性能。中间层的石墨晶形成过程进行的越充分，剪切断口石墨晶的面积百分比越高，接头强度也越高。为了获得完整的石墨连接层，应采用较厚的中间填充材料（约 100μm），并防止在 1246℃ ≤ T < 1700℃温度区间由于液相流失导致的 Mn 量不足。

（2）提高 C/C 复合材料扩散连接强度的措施　针对加石墨中间层的 C/C 复合材料扩散焊接头强度低的问题，为了获得耐高温的接头，可采用形成碳化物的难熔金属（如 Ti、Zr、Nb、Ta 和 Hf 等）作为中间层，在 2300～3000℃下进行扩散连接。因此，用难熔的化合物（如硼化物和碳化物）作为连接 C/C 复合材料的中间层可以提高接头的高温强度。

用 B 或 B + C 中间层扩散连接 C/C 复合材料时，B 与 C 在高温下发生化学反应，形成硼的碳化物。图 10-5 是连接温度对 C/C 复合材料接头抗剪强度的影响。所用试件的尺寸为 25.4mm × 12.7mm × 6.3mm，三维纤维增强。

由图 10-5 可知，扩散连接温度低于 2095℃时，B 中间层的接头强度比 B + C 中间层的强度高；温度超过 2095℃以后，由于 B 的蒸发损失，导致扩散接头强度急剧下降。扩散连接压力对接头抗剪强度有很大影响，在 1995℃的连接温度下，扩散连接压力由 3.10MPa 增加到 7.38MPa 时，扩散接头在 1575℃的抗剪强度由 6.94MPa 增加到 9.70MPa。这表明压力高时接头中间层的致密度较高，因此接头强度也较高。但过高的压力会导致 C/C 复合材料的性能受损。

图 10-6 为试验温度对用 B 作中间层的 C/C 复合材料接头抗剪强度的影响。所有试验都是在最佳连接条件下（加热温度 1995℃，保温时间 15min，压力 7.38MPa）获得的。由图 10-6 可见，开始时接头的抗剪强度随试验温度的升高而增加，原因可能与高温下 C/C 复合材料的强度较高和残余连接应力降低有关。但超过约 1600℃ 以后，抗剪强度急剧下降，原因可能与连接中间层的强度下降有关。

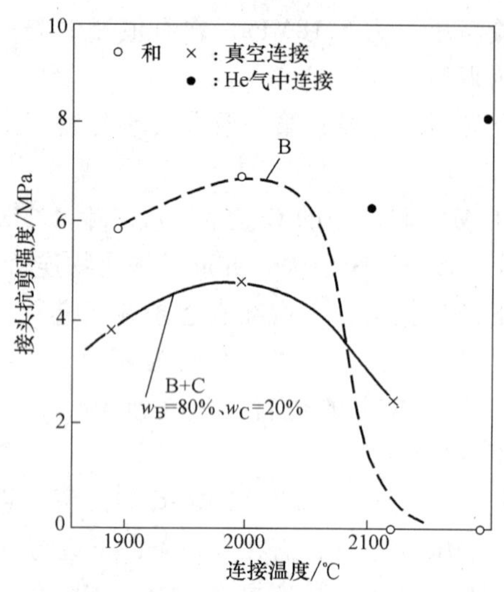

图 10-5 连接温度对 C/C 复合材料接头抗剪强度的影响

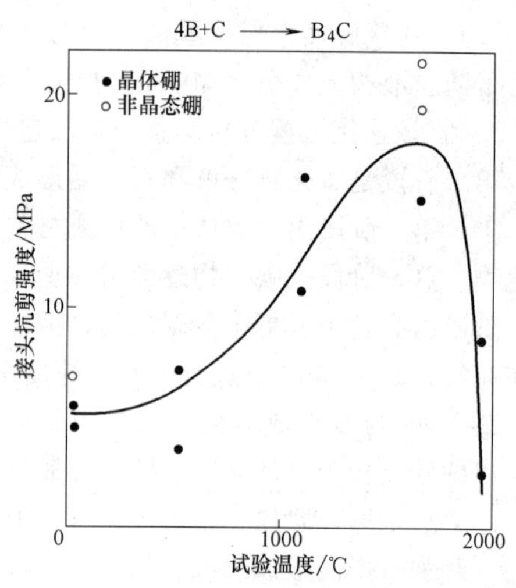

图 10-6 试验温度对用 B 作中间层的 C/C 复合材料接头抗剪强度的影响

3. C/C 复合材料的钎焊连接特点

（1）钎焊连接要点 C/C 复合材料在加热过程中会释放出大量的气体，对钎焊工艺和接头质量有很大的影响。因此，钎焊前应在真空或氩气中、高于钎焊温度 100 ~ 150℃ 条件下对 C/C 复合材料进行除气处理。由于 C/C 复合材料存在一定的孔隙，钎料难以保持在表面，将向母材中渗入，致使钎焊接头强度降低。

C/C 复合材料的钎焊连接一般是在气体保护的环境中进行的，最适宜的接头形式是搭接。可添加不同的填充材料对 C/C 复合材料进行钎焊连接，所加的填充材料可以是金属，也可以是非金属，主要有硅（Si）、铝（Al）、钛（Ti）、玻璃、化合物等。其中钎焊连接效果比较好的是用 Si 作填充材料。钎焊温度为 1400℃ 时，虽然 Si 与 C 发生反应生成 SiC，但是试验结果表明这对接头强度没有太大的影响，接头的力学性能良好。

（2）C/C 复合材料钎焊示例 用厚度为 750μm 的硅片作填充材料钎焊连接 C/C 复合材料。C/C 复合材料的试样尺寸为 5mm × 10mm × 3.1mm，在钎焊温度为 1700℃、保温时间为 90min 的条件下进行钎焊连接。钎焊时采用 Ar 气保护。焊后对钎焊接头进行拉伸型的剪切试验，试样接头状态如图 10-7 所示。剪切试验结果表明，接头的平均抗剪强度为 22MPa（C/C 复合材料的层间抗剪强度为 20 ~ 25MPa）。

对钎焊接头剪切试样的断裂途径进行分析表明，断裂（裂纹扩展）以多平面的方式通过 Si、SiC 和 C/C 复合材料，没有发现单纯地在某一层发生断裂，也没有出现单纯地沿着 C/C 复合材料和 SiC 界面（或 SiC/Si 的界面）的剪切断裂。因此，这种多层结构接头的综

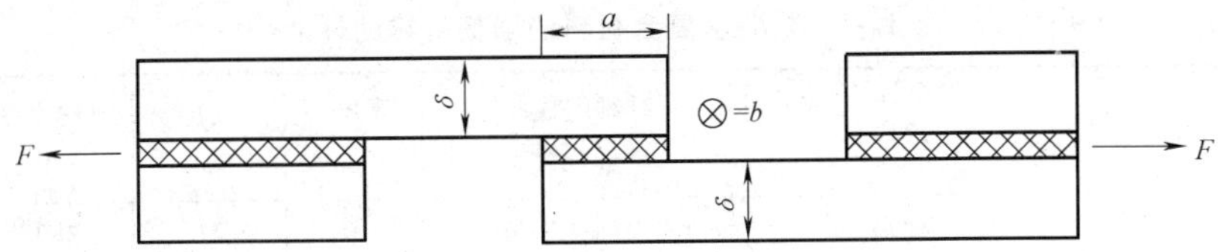

图10-7 C/C复合材料钎焊接头的拉伸型剪切试样

a—接头长度 b—接头宽度 δ—复合材料厚度 F—施加的力

合力学性能良好，钎焊接头的平均抗剪强度与C/C复合材料固有的抗剪强度相当，SiC反应层并没有减弱钎焊接头的力学性能。

（3）用Ti作中间层的C/C复合材料扩散钎焊 这种方法主要是为了能用于核聚变装置中C/C复合材料保护层与铜冷却套的连接。采用厚度为0.01mm的钛箔（Ti）作中间层，通过形成Ti-Cu共晶连接C/C复合材料与铜冷却套的扩散钎焊。

为了改善用Ti作为中间层扩散钎焊C/C复合材料与Cu的结合强度，钎焊前可先对C/C复合材料表面进行预镀处理，然后再插入钛箔与Cu一起进行扩散钎焊。所采用的预镀处理方法有如下两种：

1）在C/C复合材料连接表面进行Ti、Cu的多层离子镀；

2）在C/C复合材料表面涂敷纯Ti粉和纯Cu粉加有机粘结剂的膏状物。

以上两种预镀方法所得的镀层或涂敷层均需经1100℃、300s真空重熔处理后再进行扩散钎焊。

扩散钎焊的工艺参数为在加热温度为1000℃、保温时间为300s的真空下加热钎焊，并在试件上压具有一定质量的重物（施加一定的压力）。C/C复合材料的纤维垂直于无氧铜的连接表面。分析表明，用钛箔作为中间层的扩散钎焊接头的连接界面上有很薄的反应层以及厚度约为0.05mm的合金化层；在与连接界面相邻处有粒状沉淀析出物的凝聚。

对扩散钎焊接头室温的三点弯曲强度试验表明，C/C复合材料表面无预处理时平均抗弯强度为50MPa，用离子镀预处理后接头抗弯强度为62～63MPa，用膏状涂敷层预处理后接头抗弯强度约为72MPa。由此可见，C/C复合材料表面预镀处理可以提高它与Cu扩散钎焊接头的抗弯强度，采用预涂敷Ti-Cu膏剂时的效果最好。

10.2.4 陶瓷基复合材料的连接

1. 陶瓷基复合材料特点

陶瓷材料虽然具有耐高温、抗氧化、高温强度好、高硬度、高耐磨性等优异的性能特点，但也存在突出的弱点，即脆性，它不能承受剧烈的机械冲击和热冲击。研究表明，用粒子、晶须或纤维增韧增强的陶瓷基复合材料，可大大改善其脆性。因此，陶瓷基复合材料（CMC）是目前备受重视的耐高温结构材料。

陶瓷基复合材料分为粒子增强、短纤维（晶须）增强、连续纤维增强三种增强机制。目前，颗粒和晶须增韧陶瓷的效果仍比较有限，连续纤维增韧的陶瓷基复合材料由于其独特的增韧机制可大幅度提高陶瓷材料的断裂韧度，增强的效果最好，特别是近年来陶瓷增韧纤维及CMC复合材料制备工艺的进展，使其具有广阔的应用前景。

用于工业化的陶瓷基复合材料的增韧纤维主要有四类，见表10-7。

表 10-7 陶瓷基复合材料的增韧纤维的性能

纤维类型	品种	生产厂家	纤维组成（质量分数）	密度 /g·cm^{-3}	直径 /μm	弹性模量 /GPa	抗拉强度 /GPa
氧化铝纤维	FP	杜邦	α-Al_2O_3 >99%	3.9	21	380	1.38
	PRD166	杜邦	Al_2O_3，ZrO_2	4.2	21	380	2.07
	Sumitomo	住友	85% Al_2O_3，15% SiO_2	3.9	17	190	1.45
	Nextel312	3M	62% Al_2O_3，14% B_2O_3，24% SiO_2	2.7	11	154	1.75
	Nextel440	3M	70% Al_2O_3，2% B_2O_3，20% SiO_2	3.1	12	189	2.1
	Nextel480	3M	70% Al_2O_3，2% B_2O_3，28% SiO_2	3.1	12	224	2.3
碳化硅纤维	SCS-2	AVCO/Textron	C 芯，表面 C 涂层	3.05	140	407	3.45
	SCS-6	AVCO/Textron	C 芯，表面 C、SiC 涂层	3.05	142	410	3.45
	Sigma	Berghof	C 芯 SiC	3.4	100	410	3.45
	Nicalon	日本炭素公司	Si-C-O	2.55	10	200	2.8
	Tyranno	日本宇部	Si-Ti-C-O	2.5	10	193	2.76
	MPS	Dow Corning/Celanese	Si-C-O	2.6	12	210	1.4
氮化硅纤维	TNSN	东亚燃料工业公司(日)	Si-N-O	2.5	10	296	3.3
	Fiberamics	Rhone-Poulene	Si-C-N-O	2.4	15	220	1.8
	MPDZ	Dow Corning	Si-C-N-O	2.3	10	210	2.1
	HPZ	Dow Corning	Si-C-N-O	2.35	10	210	2.45
碳纤维	T300R	Amoco	C	1.8	10	276	2.76
	T40R	Amoco	C	1.8	10	276	3.45

氧化铝纤维的高温抗氧化性能优良，有可能用于 1400℃ 以上的高温场合。目前作为连续纤维增强材料主要存在以下两个问题。

1）高温下晶体相变、粗化及玻璃相蠕变，导致纤维的高温强度下降。

2）在高温成形和使用过程中，氧化物纤维易与陶瓷基体（尤其是氧化物陶瓷）形成强结合的界面，导致复合材料的脆性破坏，丧失了纤维的增韧作用。

碳化硅纤维分为两类：一是由化学气相沉积法制备的高温性能好的 CVD-SiC 纤维，但由于直径太粗（>100μm）不利于成形复杂形状的陶瓷基复合材料构件，而且价格昂贵；二是由有机聚合物制备的 SiC 纤维，但是纤维中含有氧和游离碳杂质，导致其高温性能受到影响，在 1000℃ 时即出现较大的强度下降。

氮化硅纤维实际上是由 Si、N、C、O 组成的复相纤维，这类纤维也是由有机聚合物制备的，性能与碳化硅纤维相近，也存在着与碳化硅纤维类似的问题。

碳纤维是目前开发最成熟、性能最好的纤维之一，已被广泛用作复合材料的增韧。碳纤维的高温性能也非常突出，惰性气氛中在 2000℃ 以上保持强度不下降，是目前增强纤维中高温性能最好的一种。但是，碳纤维的最大弱点是高温抗氧化性能差，在空气中 360℃ 以上即出现氧化和强度下降，采取纤维表面涂层的方法可以解决这个问题。因此，涂层碳纤维是连续纤维增强的陶瓷基复合材料的最佳候选材料。

目前应用较多的是以 Si_3N_4、SiC、ZrO_2、Al_2O_3 等陶瓷为基的复合材料，另外，新发展的高性能纳米复合陶瓷也是很有发展前景的复合材料。

2. 陶瓷基复合材料的连接特点

陶瓷基复合材料的连接不仅具有连接陶瓷材料的难点，例如：高熔点及有些陶瓷的高温分解使熔焊困难，陶瓷的电绝缘性使之不能用电弧或电阻焊进行连接，陶瓷的固有脆性使之无法承受焊接热应力，陶瓷材料的塑性韧性差使之不能施加很大的压力进行固相连接，陶瓷的化学惰性使之不易润湿而造成钎焊困难等。连接陶瓷基复合材料时应注意以下几个方面。

1）陶瓷基复合材料连接时，在选择连接方法与材料时，要考虑对基体材料与增强材料的适应性。

2）应考虑避免增强相与基体之间的不利界面反应，不能造成增强相（如纤维）的氧化及性能的降低等，因此连接温度与时间不能太高和太长。例如，加热到 1425℃用 Si 作中间层连接 SiC_f/SiC 复合材料时，保温 45min 时 SiC 性能严重降低，而保温时间降低到 1min 时，基体的性能基本上不受影响。

3）由于纤维增强的陶瓷基复合材料的耐压性能较差或受到限制，连接过程中不能施加较大的压力。

陶瓷基复合材料的连接方法主要有钎焊、无压固相反应连接、过渡液相扩散连接、微波连接等。陶瓷基复合材料的钎焊连接与陶瓷钎焊基本相同，可采用含有 Ti、Zr 等元素的钎料进行活性钎焊，也可以先在复合材料表面进行金属化后，再用一般的钎料进行钎焊连接。无压固相反应连接是利用高温下活性元素与陶瓷基体的反应，形成化合物，将陶瓷基复合材料连接起来，连接时不能施加很大的压力。这种连接方法可以形成致密的接头并且可以耐高温，但接头力学性能不高，不能承受载荷。

10.3 金属基复合材料的焊接工艺特点

10.3.1 连续纤维增强金属基复合材料的焊接特点

连续纤维增强金属基复合材料的焊接方法主要有氩弧焊、激光焊、钎焊、扩散焊等。表 10-8 给出了连续纤维增强金属基复合材料常用的焊接方法及接头强度示例。

表 10-8　连续纤维增强金属基复合材料常用的焊接方法及接头强度示例

焊接接头	焊接方法	接头形式	抗拉强度/MPa
W_f/Ti	TIG	对接	612
B_f/Al 接头	钎焊	搭接 双盖板对接 斜口对接	590 820 640
B_f/Al 与 Ti-6Al-6V-2Sn 接头	钎焊	双搭接	496

（续）

焊接接头	焊接方法	接头形式	抗拉强度/MPa
SiC_f/Al 接头	扩散焊	对接	60
	激光焊	堆焊	—
SiC_f/Al 与 Al 接头	扩散焊	对接	60
SiC_f/Ti 接头	激光焊	对接	550
	扩散焊	对接	850
		12°斜口对接	1380
		双盖板对接	1300
SiC_f/Ti 与 Ti-6Al-6V 接头	激光焊	—	850～900

1. 氩弧焊（TIG、MIG）

用氩弧焊（TIG、MIG）焊接连续纤维增强金属基复合材料时，只能采用对接接头及搭接接头。由于连续增强金属基复合材料熔池的流动性很差，为了能够焊透，需要开大角度坡口，坡口角度通常为60°～90°。

连续纤维增强金属基复合材料氩弧焊的主要问题是易引起界面反应、易导致纤维断裂等。为了防止界面反应，常采用脉冲 TIG、MIG 进行焊接，并严格控制焊接热输入、缩短熔池存在时间。添加适当的填充焊丝，可降低电弧对增强纤维的破坏程度。

W_f/Ti 复合材料手工交流 TIG 焊的工艺参数及接头力学性能见表 10-9。

表 10-9　W_f/Ti 复合材料 TIG 焊的工艺参数及接头力学性能

纤维体积分数（%）	母材厚度/mm	试件类型	焊接电流/A	焊接电压/V	焊接速度/$mm \cdot s^{-1}$	抗拉强度/MPa	屈服强度/MPa	伸长率（%）
0	2.5	母材	60	10	2.54	612	477	29.0
		对接接头				640	503	17.5
		板上堆焊				701	568	14.0
4.5	2.5	母材	60	10	2.54	705	568	15.8
		对接接头				700	558	11.7
		板上堆焊				894	734	4.5
9.8	2.5	母材	60	10	2.54	714	656	3.4
		板上堆焊				905	119	4.0

2. 钎焊

钎焊的焊接温度较低，基体金属不熔化，不易引起界面反应。通过选择合适的钎料，甚至可以将钎焊温度降低到纤维性能开始变差的温度以下。钎焊一般采用搭接接头，这在很大程度上把复合材料的焊接简化为基体自身的焊接，因此这种方法比较适合于复合材料焊接，已成为金属基复合材料焊接的主要方法之一。

（1）硬钎焊　20世纪70年代，国外利用钎焊技术连接了 B_f/Al 复合材料，成功地制造了航空器上的加强筋。利用 Al-Si、Al-Si-Mg 等硬钎料焊接时，由于钎焊温度为577～616℃，而 B-Al 在550℃就可能发生明显的界面反应，生成脆性相 AlB_2，使接头的强度大大下降，因此 B_f/Al 不适于用硬钎焊进行焊接。但用同样的工艺钎焊纤维表面涂一层厚度为

0.01mm SiC的B纤维增强的Al基复合材料（B_f/Al）时，可完全避免界面反应，这是由于SiC与Al之间的反应温度较高（593~608°C），具有保护B纤维的作用。硬钎焊可采用真空钎焊和浸渍钎焊两种工艺。浸渍钎焊的接头强度较高（T形接头断裂强度可达310~450MPa），但耐蚀性较差；真空钎焊的接头强度较低（T形接头断裂强度235~280MPa），耐蚀性较好。

采用真空钎焊方法可将单层B_f/Al复合材料带制造成多层的平板或各种截面的型材。例如将单层的B_f/Al复合材料带之间夹上Al-Si钎料箔，密封在真空炉中加热到577~616℃，并施加1030~1380Pa的压力，保温一定时间后就可得到平板。利用这种方法制造的B_f-45%（纤维体积分数为45%）/Al平板复合材料的抗拉强度为978~1290MPa。截面复杂的构件更适合于在热等静压容器中进行钎焊。真空钎焊所需的压力比扩散焊的压力低。与扩散焊相比，B_f/Al复合材料钎焊接头的强度约低20%~30%，但焊接成本也较低。

利用钎焊焊接SiC_f/Al复合材料时，存在一个最佳的钎焊温度，在该温度下焊接的接头强度最高。焊接温度低于该最佳温度时，断裂发生在焊缝上；焊接温度高于该最佳温度时断裂发生在母材上。这表明，尽管在钎焊时SiC与Al不会发生界面反应，但钎焊热循环对材料的性能还是有影响的。

（2）软钎焊　可用95%Zn-5%Al、95%Cd-5%Ag及82.5%Cd-17.5%Zn三种钎料对B_f/Al复合材料进行软钎焊，这些钎料的熔化温度分别为656K、672K和538K。软钎焊时，复合材料的表面处理对接头强度有很大的影响，在B_f/Al复合材料的焊接表面上镀一层0.05mm厚的Ni可显著改善润湿性并提高结合强度。采用化学镀时，接头强度比采用电镀时的接头强度提高10%~30%。这是因为暴露在表面的B纤维是不导电的，利用电镀不能可靠地将Ni镀到B纤维上，因此钎料对B纤维的润湿性仍很差；而利用化学镀时则不存在这个问题。

表10-10给出了利用这三种钎料焊接的B_f/Al复合材料与6061Al（T6）铝合金接头的抗剪强度，钎焊工艺采用加熔剂的氧乙炔焰钎焊。

表10-10　B_f/Al复合材料软钎焊接头的力学性能

钎料成分	抗剪强度/MPa	试验温度/℃	失效方式①
95%Cd-5%Ag	81	294	1
	89	366	1
	69	422	1
	47	478	3
	29	533	2
	5.6	588	2
95%Zn-%Al	80	294	1
	94	366	1
	30	588	3
82.5%Cd-17.5%Zn	74	294	1
	90	366	1
	59	422	3

① 失效方式中：1—复合材料层间剪切；2—从钎缝处断裂；3—1与2均会发生。

用95%Zn-5%Al钎料钎接的接头具有较高的高温强度，适用于589K温度下工作，但钎焊工艺较难控制；用95% Cd-5% Ag钎料焊接的接头具有较高的低温强度（366K以下），而且焊缝成形好，焊接工艺易于控制；用82.5% Cd-17.5% Zn钎料焊接的接头非常脆，冷却过程中就可能发生断裂。

（3）共晶扩散钎焊　共晶扩散钎焊的工艺过程是：将焊接表面镀上中间扩散层或在焊接表面间加入中间层薄膜，加热到适当的温度，使母材基体与中间层相互扩散，形成低熔点共晶液相层，经过等温凝固和均匀化扩散等过程后形成一个成分均匀的接头。适用于Al基复合材料共晶扩散钎焊的中间层有：Ag、Cu、Mg、Ge及Zn，它们与Al形成共晶的温度分别为839K、820K、711K、697K及655K。中间层的厚度应控制在1μm左右。

与单一金属材料的共晶扩散钎焊相比，共晶钎焊复合材料时，由于增强纤维阻碍了中间层元素向金属基复合材料基体中的自由扩散，使扩散均匀化速度急剧降低，因此接头中的脆性层很难最终完全通过扩散而消除。所以控制中间层厚度是非常重要的，而且还应适当延长扩散均匀化的时间，以防止接头性能降低得过于严重。

用厚度为1.0μm的Cu箔焊接B_f-45%/1100Al基复合材料，加热温度稍高于548℃，均匀化处理温度为504℃，保温时间为2h。在加热过程中Cu和Al之间逐渐发生扩散，当温度超过548°C时形成共晶液相（Al-Cu33.2%），然后进行保温，随着保温过程的进行，Cu不断向基体Al中扩散，当Cu的浓度降到低于5.65%时，接头就等温凝固。进行504℃×2h的均匀化处理后，接头中的Cu浓度梯度进一步降低。采用该方法所得焊态下的接头抗拉强度为1103MPa，接头强度有效系数达到86%。Ag中间层比Cu中间层的均匀化容易，接头性能更高一些。

3. 激光焊

纤维增强金属基复合材料激光焊时可将加热区控制在很小的范围内，还可将熔池存在的时间控制得很短，而且当激光束不直接照射纤维时，纤维受到的机械冲击力很小，因此只要适当控制激光束的照射位置就可防止增强纤维断裂及移位。但激光焊的熔池温度很高，电阻率较大的增强相优先被加热，容易引起增强相熔化、溶解、升华及界面反应，不适合于易发生界面反应的复合材料，如C_f/Al及SiC_f/Al等；只能焊接一些化学相容性较好的复合材料，如SiC_f/Ti等。

纤维增强金属基复合材料激光焊的关键是严格控制激光束的位置，应使增强纤维处于激光束照射范围之外。例如焊接SiC_f/Ti-6Al-4V复合材料与钛合金Ti-6Al-4V时，应将激光束适当偏向钛合金一侧，使SiC纤维处于熔池中的小孔之外，避免SiC的熔化和升华。激光束位置对接头性能的影响如图10-8所示。

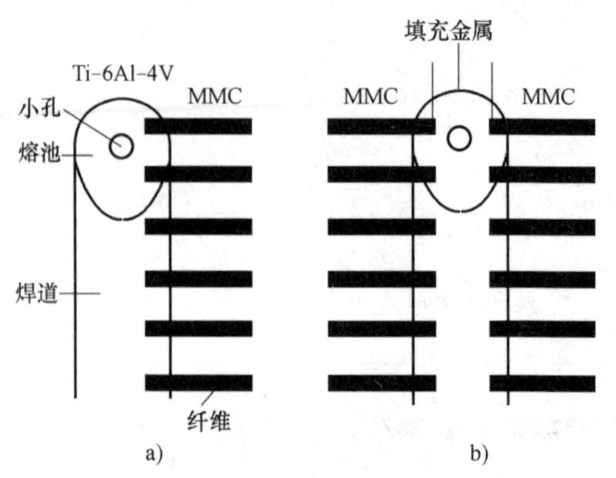

图10-8　激光束位置对接头性能的影响
a）复合材料与金属　b）复合材料与复合材料

激光焊接头强度主要取决于焊接参数及激光束中心与复合材料边缘之间的距离（d）。激光焊工艺参数一定时，有一最佳距离范围d^*，在该距离范围内，接头抗拉强度较高。

当$d<d^*$时，SiC纤维损伤程度增大，且增强纤维附近产生C和Si的偏析，致使接头强度下降。当$d>d^*$时，易导致未熔合且复合材料与 Ti 合金的结合界面处易出现明显的晶界，会降低接头强度。

10.3.2 非连续增强金属基复合材料的焊接特点

非连续增强金属基复合材料保持了连续纤维增强金属基复合材料的大部分优点，而且制造工艺简单、原材料成本低、便于二次加工，因此近年来发展极为迅速。这类材料的焊接性虽然比连续纤维增强金属基复合材料好，但与单一金属及合金的焊接相比仍是非常困难的。

非连续增强金属基复合材料可采用熔焊、固相焊、钎焊三类焊接方法。表 10-11 为非连续增强金属基复合材料不同焊接方法的比较。

表 10-11 非连续增强金属基复合材料不同焊接方法的比较

焊接方法		优 点	缺 点
熔焊	氩弧焊（TIG、MIG）	1. 可通过选择适当的焊丝来抑制界面反应，改善熔池金属对增强相的润湿性 2. 焊接成本低，操作方便，适用性强	1. 增强相与基体间发生界面反应的可能性较大 2. 采用均质材料的焊丝焊接时，焊缝中颗粒的体积分数较小，接头强度低 3. 气孔敏感性较大
	电子束焊	1. 不易产生气孔 2. 焊缝中增强相分布极为均匀 3. 焊接速度快	1. 焊接参数控制不好时增强相与基体间会发生界面反应 2. 焊接成本较高
	激光焊	不易产生气孔，焊接速度快	难以避免界面反应
固相焊	扩散焊	1. 通过利用中间层可优化接头性能，基体与增强相间不会发生界面反应 2. 可焊接异种材料	生产率低、成本高，参数选择较困难
	摩擦焊	1. 通过焊后热处理可获得与母材等强度的接头 2. 可焊接异种金属 3. 不会发生界面反应	只能焊接尺寸较小、形状简单的部件
钎焊		1. 加热温度低，界面反应的可能性小 2. 可焊接异种金属及复杂部件	需要在惰性气氛或真空中焊接，并需要进行焊后热处理

1. 氩弧焊（TIG、MIG）

非连续增强金属基复合材料可采用钨极氩弧焊（TIG），也可采用熔化极氩弧焊（MIG）。厚度小于 3mm 时采用 TIG 焊，大于 3mm 时采用 MIG 焊。

焊接 SiC_p/Al 或 SiC_w/Al 时，热输入选择不当会引起严重的界面反应，生成针状 Al_4C_3。因此最好采用脉冲 TIG 焊及 MIG 焊，以减小热输入，减弱或抑制界面反应。脉冲电弧对熔池有一定的搅拌作用，可部分改善熔池的流动性、焊缝中的颗粒分布状态及结晶条件。

非连续增强金属基复合材料的焊接工艺要点如下：

1）利用有机溶剂清理坡口附近的油污，并采用钢丝刷清理表面的氧化膜。

2）采用脉冲 TIG 或脉冲 MIG 焊，以减小热输入，加上脉冲电弧对熔池的搅拌作用，可部分改善熔池的流动性以及焊缝中的增强相分布状态。

3）基体金属中 Si 含量较低时，应选用 Si 含量较高的焊丝，以免发生界面反应，提高接头性能。

4）焊接下一道焊缝之前，应清除前道焊缝的焊渣及残留的增强相颗粒。

5）控制层间温度为 150℃。

6）对于双面 V 形坡口，焊接背面焊道之前，应刨焊根检查根部是否熔透，确保熔透后再进行焊接。

基体金属不同时，SiC_p/Al 或 SiC_w/Al 复合材料的焊接性有明显的不同。基体金属含 Si 量较高时，界面反应较轻，熔池的流动性也较好，裂纹及气孔的敏感性较小。基体金属含 Si 量较低时，应选用含 Si 量较高的焊丝进行焊接，以避免界面反应发生，提高接头的强度。SiC_p/Al 或 SiC_w/Al 复合材料的气孔敏感性很强，氩弧焊的焊缝及热影响区易产生大量的氢气孔，严重时甚至出现层状分布的气孔，因此焊前须对复合材料进行真空去氢处理。处理工艺是在 $10^{-2}\sim10^{-4}$Pa 的真空下，加热到 500℃，保温 24～48h。

与 SiC_p/Al 复合材料不同，用熔焊方法焊接 Al_2O_{3p}/Al 复合材料时不存在增强相与液态 Al 之间的界面反应问题，此时焊接的主要问题是熔池粘度大、流动性差以及溶池金属对 Al_2O_3 增强相的润湿性不好等。采用含 Mg 量较高的填充材料可增加熔池流动性并改善熔池金属对 Al_2O_3 增强相的润湿性。

表 10-12 为几种非连续增强金属基复合材料的焊接参数及接头性能示例。

表 10-12 几种非连续增强金属基复合材料的焊接参数及接头性能示例

接 头	焊接参数						接头的热处理条件	抗拉强度/MPa
	焊接方法	焊接电流/A	电弧电压/V	焊 丝	氩气流量/$L\cdot min^{-1}$	焊前处理方式		
SiC_p-10%/LD_2-Al	脉冲 TIG	$I_p=150$ $I_b=50$	12～14	311 (Al-Si)	—	真空去氢	焊态	210
						未处理	焊态	131
				LF6 (Al-Mg)	—	真空去氢	焊态	165
						未处理	焊态	122
SiC_w-18.4%/6061Al	TIG	145～160	12～14	4043	16.5～19	真空去氢	焊态	181
						未处理	焊态	105
	MIG	100～110	19～20	5356	5.7～7.1	真空去氢	焊态	245
						真空去氢	T6	257
SiC_p-20%/2028Al	TIG	154	12	4047	—	—	固溶+时效	218
		145	11.5		—	—		196
		149	12		—	—		153
		147	11.5		—	—		175
		147	12.8		—	—		125

2. 钎焊

并不是所有能钎焊 Al 合金的钎料均可用来钎焊 Al 基复合材料，这是因为钎焊复合材料时不但要求对基体金属有良好的润湿性，还要能够润湿增强相颗粒或晶须。而且，要求钎焊温度尽量低，避免热循环对增强颗粒或晶须的不利影响。Al-Si、Al-Ge 和 Zn-Al 这几种铝合

金用钎料对 $SiC_w/6061Al$、SiC_p/LD_2 等有较好的润湿性，可钎焊铝基复合材料。钎焊中的主要问题是熔化的 Al-Si、Al-Ge 钎料中的 Si 或 Ge 易向复合材料基体中扩散，破坏基体原有的组织结构。

在钎焊的保温过程中，Si 或 Ge 向复合材料的基体中扩散，随着基体金属扩散区内含 Si 或 Ge 量的提高，液相线温度相应降低。当液相线温度降低至钎焊温度时，母材中的扩散区发生局部熔化，在随后的冷却凝固过程中 SiC 颗粒或晶须被推向尚未凝固的焊缝两侧，在此处形成富 SiC 层，使复合材料的组织遭到破坏。原来均匀分布的组织分离为由富 SiC_w 区和贫 SiC_w 区所构成的层状组织，而且在贫 SiC 区内，含有来自共晶合金的高浓度的 Si 和 Ge，使接头性能降低。比较而言，Zn-Al 共晶与复合材料之间的相互作用较小，Zn 向基体金属中的扩散程度较低。

钎料与复合材料之间的相互作用与复合材料的加工状态有关，经挤压和交叉轧制的 $SiC_w/6061Al$ 复合材料中 Si 和 Ge 的扩散程度较大，但在未经过二次加工的同一种复合材料的热压坯料中，Si 和 Ge 的扩散程度很小，不会引起复合材料组织的变化。这可能是因为复合材料经过挤压和交叉轧制加工后，基体中的位错密度增大，这些位错与层错及晶界一起为 Si 和 Ge 原子的扩散提供了快速扩散的通道。

钎焊这类复合材料时须对钎焊工艺参数进行优化，正确匹配钎焊温度及保温时间。

3. 扩散焊

由于表面氧化膜的存在阻碍焊接表面之间的扩散结合，非连续增强铝基复合材料直接扩散焊需要较高的温度、压力和真空度，因此多采用加中间层的方法。加中间层后，不但可在较低的温度和较小的压力下实现扩散焊接，而且可将原来结合界面上的增强相-增强相（P-P）接触改变为增强相-基体（P-M）接触，如图 10-9 所示，从而提高了接头强度。这是由于 P-P 几乎无法结合，而 P-M 间可形成良好的结合，使接头强度大大提高。

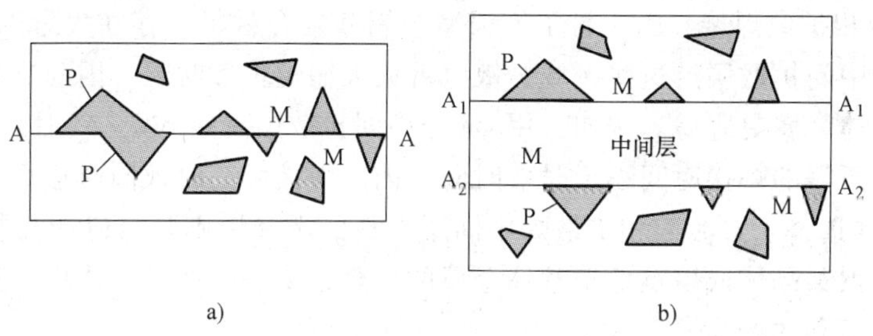

图 10-9　加中间层前后的界面结合情况
a）无中间层　b）有中间层

根据所选用的中间层，有两种扩散焊方法：采用中间层的固态扩散焊及过渡液相扩散焊。因此，非连续增强铝基复合材料扩散焊的关键是选择合适的中间层。应在较小的变形下去除中间层的氧化膜，使之易于发生塑性流变，且与基体金属及增强相不发生不利的相互作用。常用的中间层金属及合金有 Ag、Cu、Al-Cu、Al-Mg、Al-Cu-Mg 等。

利用 Ag、Cu 等金属作中间层，在共晶反应时界面处的基体金属发生熔化，凝固时增强相聚集在结合面上，降低了接头强度，因此应控制保温时间及中间层的厚度。采用 Al-Cu、Al-Mg 等合金作中间层时，只要加热到合金的熔点以上就能保证基体金属的少量熔化，可避免颗粒的偏聚。

（1）采用中间层的固态扩散焊　这种方法的关键是选择中间层，选择中间层的原则是，中间层能够在较小的变形下去除氧化膜，易于发生塑性流变，且与基体金属及增强相不发生不利的相互作用。可用作中间扩散层的金属及合金有 Al-Li 合金、Al-Cu 合金、Al-Mg、Al-Cu-Mg 及纯 Ag 等。

Li 具有较高的活性，与 Al_2O_3 能反应生成一些比 Al_2O_3 容易破碎或较易溶解的氧化物 Li_2O、$LiAlO_2$、$LiAl_3O_5$ 等，因此通过化学机制 Al-Li 合金具有破碎氧化膜的作用。所以，利用含 Li 中间层焊接 SiC_w/2124Al 时，在较低的变形量（<20%）下，就能得到强度较高（70.7MPa）的接头。

Al-Cu 合金对基体 Al 的润湿性较差，接头只有在较大的变形量（>40%）下才能获得较高的强度。这是因为，利用这种材料作中间层时，结合界面上氧化膜的破坏完全是靠塑性流变的机械作用。在中等变形（20%～30%）的焊接条件下，氧化膜很难有效去除，所得接头的抗剪强度是很低的。

Ag 作中间扩散层时，焊缝与母材间的界面上会形成一层稳定的金属间化合物 δ 相，δ 相的形成有利于破碎氧化膜，促进焊接界面的结合。但 δ 相含量较大时，特别是当形成连续的 δ 层时，接头将大大脆化，且强度降低。当中间扩散层足够薄时（2～3μm），可防止焊缝中形成连续的 δ 化合物，接头的强度仍较高。例如，将焊接表面镀上厚度为 3μm 的一层 Ag 时进行扩散焊（470～530℃，1.5～6MPa，60min），得到的接头抗剪强度为 30MPa。

破坏界面氧化膜实现焊接的机制有两种：一种是机械机制，另一种是化学机制。仅靠机械机制，如采用超塑性 Al-Cu 合金作中间层时，焊件结合界面上的变形很大，难以用于实际制品的焊接。化学机制太强时，可能会产生对接头性能不利的脆性相，例如，用 Ag 作中间层时，如果厚度超过 3μm，将形成连续分布的脆性金属间化合物，使接头强度降低。因此，破除氧化膜最理想的方式是这两种机制相结合的方式。

（2）过渡液相扩散焊接　由于粒子增强型金属基复合材料中存在大量的位错、亚晶界、晶界及相界面，中间扩散层沿这些区域扩散时可大大缩短扩散时间，因此这种材料的过渡液相扩散焊要比基体金属更容易。例如，用 Ga 作中间扩散层焊接 SiC_p/Al 时，在 423K 的温度下进行扩散焊时所需的焊接时间小于时效时间，因此焊接可与时效同时进行。

1）中间层的选择。过渡液相扩散焊中间层材料的选择原则是：应能与复合材料中的基体金属生成低熔点共晶体或熔点低于基体金属的合金，易于扩散到基体中并均匀化，且不能生成对接头性能不利的产物。

Al 基复合材料过渡液相扩散焊时，可用作中间层的金属有 Ag、Cu、Mg、Ge、Zn 及 Ga 等，可用作中间层的合金有 Al-Si、Al-Cu、Al-Mg 及 Al-Cu-Mg 等。用 Ag、Cu 等金属作中间层时，共晶反应时焊接界面处的基体金属要发生熔化，重新凝固时增强相被凝固界面所推移，增强相聚集在结合面上，降低了接头强度，因此，应严格控制焊接时间及中间层的厚度。而用合金作中间层时，只要加热到合金的熔点以上就可形成过渡液相，不需要在焊接过程中通过中间层和母材之间的相互扩散来形成过渡液相，基体金属熔化较轻，可避免颗粒的偏聚问题。

表 10-13 为加不同中间层焊接的 $(Al_2O_3)_p$-15%/6061Al 复合材料接头的强度及焊接参数。用 Ag 与 BAlSi-4 作中间层时始终能获得较高的接头强度。用 Cu 作中间层时对焊接温度敏感，接头强度不稳定。这与扩散焊界面上 Al_2O_3 的偏聚及存在一些孔洞有关。

表 10-13　加不同中间层焊接的 $(Al_2O_3)_p$-15%/6061Al 复合材料接头的强度及焊接参数

中间层		焊接参数			强度/MPa		
材质	厚度/μm	温度/℃	压力/MPa	时间/s	抗剪强度	屈服强度	抗拉强度
Al_2O_{3p}-15%/6061Al（母材）		—	—	—	—	317	358
Ag	25	580	—	130	193	323	341
Cu	25	565	—	130	186	85	93
BAlSi-4	125	585	—	20	193	321	326
Sn-5Ag	125	575	—	70	100	—	—

中间层厚度太薄时，过渡液相不能去除焊接界面上的氧化膜，不能充分润湿焊接界面上的基体金属，甚至无法避免 P-P 接触界面，因此接头强度不会很高。中间层太厚时，焊接过程中难以完全消除氧化膜，也限制了接头强度的提高，有时中间层太厚时还会形成对接头性能不利的金属间化合物。

表 10-14 为加不同中间层焊接的 $(Al_2O_3)_{sf}$-5%/6063Al 复合材料接头的强度及焊接参数。不加中间层时，尽管也能得到强度较高的接头，但工艺参数的选择范围非常窄。而用 Cu、2027Al 或 Ag 作中间扩散层时，在宽广的焊接参数范围均能获得接近母材性能的接头。

表 10-14　加不同中间层焊接的 $(Al_2O_3)_{sf}$-15%/6063Al 复合材料接头的强度及焊接参数

中间层		焊接参数			抗拉强度/MPa	断裂位置
材质	厚度/μm	温度/℃	压力/MPa	时间/s		
无	—	873	2	—	98 97	—
Ag	16	873	2	1800 1800	188 145	焊接界面
Cu	5	883	1	1800	125	焊接界面
		873	2	1800 1800	179 181	母材 焊接界面
			1	1800	162	焊接界面
		823	1	1800	119	焊接界面
Al-Cu-Mg（A2017）	75	883	1	1800	161	焊接界面
		873	2	1800 1800	184 181	母材
			1	1800	173	焊接界面
Al-Cu-Mg（A2017）	30	883	1	1800	177	焊接界面
		873	2	1800	187	焊接界面

2）加热温度和保温时间。Ag、Cu、Mg、Ge、Zn 及 Ga 与 Al 形成共晶的温度分别为 839K、820K、711K、697K、655K 及 420K。用这些金属作中间层时，过渡液相扩散焊的加热温度应超过其共晶温度，否则就不是过渡液相焊，而是加中间层的固态扩散焊。同样，用 Al-Si、Al-Cu、Al-Mg 及 Al-Cu-Mg 合金作中间层时，焊接温度应超过这些合金的熔点。焊接时温度不宜太高，在保证出现所需过渡液相的条件下，尽量采用较低的温度，以防止高温对

增强相的不利作用。

保温时间是影响接头性能的重要参数。时间过短时，中间层来不及扩散，结合面上残留了较厚的中间层，限制了接头抗拉强度的提高。随着保温时间的增大，残留中间层逐渐减少，强度逐渐增加。当保温时间增大到一定程度时，中间层基本消失，接头强度达到最大。继续增加保温时间时，接头强度不但不再提高，反而降低，这是因为保温时间过长时，热循环对复合材料的性能有不利的影响。

例如，用厚度 0.1mm 的 Ag 作中间层，在 580°C 的焊接温度、0.5MPa 的压力下焊接 Al_2O_{3sf}-30%/Al 复合材料。当保温时间为 20s 时，接头中间残留较多的中间层，接头抗拉强度的平均值约为 56MPa。当保温时间为 100s 时，抗拉强度达到最高值，约 95MPa。当保温时间为 240s 时，接头的抗拉强度降到 72MPa 左右。

3）焊接压力。过渡液相扩散焊时，压力对接头性能也有很大的影响。压力太小时塑性变形小，焊接界面与中间层不能紧密接触，接头中会产生未焊合的孔洞，降低接头强度。压力过高时可将液态金属自结合界面处挤出，造成增强相偏聚，液相不能充分润湿增强相，因此也会形成孔洞。例如，用 0.1mm 厚的 Ag 作中间层，在 580°C 的焊接温度下焊接 Al_2O_{3sf}-30%/Al 时，压力小于 0.5MPa 及压力达到 1MPa 时，结合界面上均存在明显的孔洞，接头强度较低。在 1MPa、120s 条件下的接头抗拉强度小于 60MPa，而在 0.5MPa、120s 条件下的接头抗拉强度约为 90MPa。

复习思考题

1. 复合材料是如何分类的，有什么突出的特点？

2. 何谓复合材料的增强相，它由哪些物质组成？

3. 简述颗粒、晶须、纤维对复合材料的增强效果，对焊接性各有什么影响？

4. 金属基复合材料常用的增强相有哪些？这些增强相对金属基复合材料的焊接性有何影响？金属基复合材料的焊接性应考虑哪几个问题？

5. 简述焊接金属基复合材料常用的方法。各有什么特点？

6. 树脂基复合材料的焊接性如何？可采用何种方法连接树脂基复合材料？

7. 陶瓷基复合材料的连接性如何？常采用哪几种方法，须采取何种工艺措施？

8. 简述 C/C 复合材料的连接特点和须采取的工艺措施。

9. 连续增强金属基复合材料和非连续增强金属基复合材料的焊接性有何差异，为什么？针对这两种材料焊接性的不同，各应采用何种焊接方法，为什么？

10. B_f/Al 复合材料焊接时会产生什么问题？针对这些问题应采取什么样的工艺措施？

参考文献

[1] 武传松 . 焊接热过程与熔池形态 [M] . 北京：机械工业出版社，2008.

[2] 中国机械工程学会焊接学会 . 焊接手册 [M] . 3 版 . 北京：机械工业出版社，2008.

[3] Wu C S, Zhao P C, Zhang Y M. Numerical simulation of transient 3-D surface deformation of full-penetrated GTA weld pool [J] . Welding Journal, 2004, 83 (12): 330-335.

[4] Zhang W, Kim C H, DebRoy T. Heat and fluid flow in complex joints during gas metal arc welding-Part I: Numerical model of fillet welding [J] . Journal of Applied Physics, 2004, 95: 5210-5219.

[5] 张文钺. 焊接冶金学（基本原理）[M] . 2 版. 北京：机械工业出版社，2004.

[6] 陈伯蠡. 金属焊接性基础 [M]. 北京：机械工业出版社，1982.

[7] 杜则裕，等 . 工程焊接冶金学 [M] . 北京：机械工业出版社，1993.

[8] 孙俊生，武传松，等 . GMAW 焊接传热及其对 HAZ 奥氏体晶粒长大过程的影响 [J] . 焊接学报，2000，21 (3)：27-31.

[9] 英若采 . 熔焊原理及金属材料焊接 [M] . 北京：机械工业出版社，1990.

[10] 许祖泽 . 新型微合金钢的焊接 [M] . 北京：机械工业出版社，2004.

[11] 张汉谦 . 钢熔焊接头金属学 [M] . 北京：机械工业出版社，2000.

[12] 张文钺 . 焊接物理冶金 [M] . 天津：天津大学出版社，1991.

[13] 张文钺，等 . 低合金高强钢焊接冷裂敏感性研究 [J]. 焊接与切割，1991，1 (5)：82-89.

[14] 牛济泰 . 材料和热加工领域的热模拟技术 [M] . 北京：国防工业出版社，1999.

[15] 中国机械工程学会焊接学会 . 焊接金相图谱 [M] . 北京：机械工业出版社，1987.

[16] 陈祝年 . 焊接工程师手册 [M] . 北京：机械工业出版社，2002.

[17] 关绍康 . 材料成形基础 [M] . 长沙：中南大学出版社，2009.

[18] 陈铮 . 材料连接原理 [M] . 哈尔滨：哈尔滨工业大学出版社，2001.

[19] Nevasmaa, Pekka. Predictive Model for the Prevention of Weld Metal Hydrogen Cracking in High-strength Multipass Welds [M] . Oulu : Oulu University Press, 2003.

[20] 李亚江 . 焊接组织性能与质量控制 [M] . 北京：化学工业出版社，2005.

[21] 陈伯蠡 . 焊接冶金原理 [M] . 北京：清华大学出版社，1991.

[22] 左景伊 . 应力腐蚀破裂 [M] . 西安：西安交通大学出版社，1985.

[23] K. Stelling, et al. Hot Cracking Phenomena in Welds [M] . Heidelberg : Springer-Verlag, 2005.

[24] 刘金合 . 高等密度焊 [M] . 西安：西北工业大学出版社，1995.

[25] 李志远，钱乙余，张九海，等 . 先进连接方法 [M] . 北京：机械工业出版社，2000.

[26] 陈彦宾 . 现代激光焊接技术 [M] . 北京：科学出版社，2005.

[27] Mahrle A. Hybrid laser beam welding——classification, characteristics and applications [J] . Journal of Laser Applications, 2006, 18 (3): 169-180.

[28] Defalco J. Practical applications for hybrid laser welding [J] . Welding Journal, 2007, 86 (10): 47-51.

[29] 任家烈，吴爱萍 . 先进材料的连接 [M] . 北京：机械工业出版社，2000.

[30] 中国机械工程学会，中国材料研究学会，中国材料工程大典编委会 . 中国材料工程大典：第 23 卷 材料焊接工程 [M] . 北京：化学工业出版社，2006.

[31] 方洪渊，冯吉才 . 材料连接过程中的界面行为 [M] . 哈尔滨：哈尔滨工业大学出版社，2005.

[32] 李亚江 . 特殊及难焊材料的焊接 [M] . 北京：化学工业出版社，2003.

[33] 吴爱萍，邹贵生，任家烈 . 先进结构陶瓷的发展及其钎焊连接技术的进展 [J] . 材料科学与工程，

2002, 20 (1): 104-106.

[34] 冯吉才，靖向盟，张丽霞，等. TiC 金属陶瓷/钢钎焊接头的界面结构和连接强度 [J]. 焊接学报，2006, 27 (1): 5-8.

[35] 于启湛，史春元. 耐热金属的焊接 [M]. 北京：机械工业出版社，2009.

[36] 车剑飞，黄洁雯，杨娟. 复合材料及其工程应用 [M]. 北京：机械工业出版社，2006.

[37] 魏月贞. 复合材料 [M]. 北京：机械工业出版社，1987.

[38] Ibrahim I A, et al. Particle reinforced metal matrix composite——A review [J]. Journal of Materials Science, 1991 (26): 1137-1156.

[39] Hirose A, Fukumoto S, Kobayashi K F. Joining process for structure application of continuous fibre reinforced MMC [J]. Key Engineering Material, 1995 (104-107): 853-872.

[40] Hall I W, et al. Microstructure analysis of isothermally exposed Ti/SiC MMC [J]. Journal of Materials Science, 1992 (27): 3835-3842.

[41] Blue C A, et al, Infrared transient-liquid-phase joining of SCS-6/β21S Ti matrix composite [J]. Metallurgical and Material Transactions, 1996 (27A): 4011-4018.

[42] 陈茂爱，等. 金属基复合材料的焊接性研究 [J]. 材料开发及应用，1997 (3): 34-40.

[43] 陈茂爱. 复合材料的焊接 [M]. 北京：化学工业出版社，2005.

[44] Suzumura Akio, et al. Diffusion brazing of Al_2O_3sf/Al MMC, Material Transaction [J]. JIM, 1976, 5 (37): 1109-1115.

[45] Hoffman E K, et al. Effect of braze processing on SCS-6/β21S Ti matrix composite [J]. Welding Journal, 1994, 73 (8): 185-191.

[46] Blue C, et al. Infrared transient-liquid-phase joining of SCS-6/β21S Ti matrix composite [J]. Metallurgical and Material Transactions, 1996 (27A): 4011-4018.